序

中共党史学会副会长、原中央党史研究室副主任
李忠杰

毛泽东诞辰已经 130 多年，离开这个世界也已将近半个世纪。无论从什么角度考察，毛泽东的生平和思想，都已经给中国和世界打上了特殊的烙印。毛泽东已经与历史融为一体，也留下了一座历史的宝藏。

这是一座思想的宝藏，也是一座智慧的宝藏。经验是宝藏，教训也未尝不是宝藏。从这座宝藏中，我们党已经获得了很多教益；继续挖掘这座宝藏，仍然可以获得很多新的教益。

90 多年前，以毛泽东、朱德为代表的中国共产党人，在井冈山创建了第一个农村革命根据地，为中国革命探索出"农村包围城市，武装夺取政权"的道路。井冈山因此被称为"中国革命的摇篮"。对井冈山道路，我们早已非常熟悉，但深入挖掘，仍然有很多问题可以探讨。王超同志《毛泽东井冈山时期的领导艺术》，从领导艺术切入，不是作纯粹的历史研究，而是着重从历史中分析提炼实在、管用的经验，非常切合领导干部从历史中汲取智慧的需要，是一个很好的角度，给人以耳目一新的感觉。

1

井冈山道路的开辟，不仅需要勇气，也需要工作方法和领导艺术。这条正确的道路是怎样探索出来的？毛泽东当时既不是党的领袖，也不是军事科班出身的将领，他在井冈山是怎样把大家拢起来、统起来，形成一个团结的整体，战胜各种困难，取得胜利的？这体现了怎样的领导力？在创建井冈山根据地过程中毛泽东采取了哪些科学有效的领导方法和艺术？表现出了怎样的智慧？这些领导方法、智慧和艺术对我们今天的工作和生活有哪些指导和借鉴意义？对这些问题加以研究，是对历史宝藏的进一步挖掘，对提高我们当今各方面领导工作的水平是很有帮助的。

多年来，研究毛泽东的书籍很多，专门研究毛泽东领导智慧和艺术的书也不少，这些书大多突出了知识性和学术性。而王超同志所著的这本书，更多的是侧重于实践性和可操作性，紧贴领导干部和领导工作的实际，别具一格，富有特色。主要有以下几个特点：

一是坚持问题导向。作者首先系统地分析了毛泽东当年到井冈山面临的困难和问题。1927 年 9 月 19 日，毛泽东在文家市主持召开了前委扩大会议，作出了"向萍乡退却"的正确决定。虽然决定南撤了，但接下来，又面临一系列问题，主要是四个大问题：第一，要上井冈山，可是袁文才、王佐坚决不同意，怎么办？这是面临的上山问题。第二，工农革命军①上了山，一个小山村突然来了近千人，本来这个小山村就很贫瘠，吃饭问题

---

① 从 1927 年秋至 1928 年春，中国共产党先后发动了 100 多次武装起义。这些起义的部队，最初叫国民革命军，1927 年 8 月以后，陆续改叫工农革命军。1928 年 5 月以后，改称中国工农红军，简称红军。

如何解决？伤病员如何安置？这临时凑起来的七八支队伍如何拢起来、统起来，形成一个团结的整体？如何取得当地老百姓的支持和拥护？怎样建立巩固的根据地？这是面临的生存问题。第三，面对敌人"进剿""会剿"怎么办？如何打败敌人的进攻？怎样长期立于不败之地？这是面临的建设问题。第四，工农革命军的最终目标不是当"山大王"，而是要解放全中国，如何立足井冈山、走向全国？这是面临的发展问题。这些就是工农革命军和毛泽东当时遇到的困难和问题，而且是刻不容缓、必须解决的问题。不解决这些问题，工农革命军就难以在井冈山立足，而且随时有被敌人消灭的危险。

二是聚焦领导方法、智慧和艺术。针对这些困难和问题，毛泽东采取了哪些应对措施？在战胜这些困难和问题过程中展现出哪些智慧和艺术？对此作者作了深入的分析，并按"上、建、守、下"4个方面来展开。比如，上井冈山的智慧：从落脚点的选择，到袁文才、王佐的拒绝，再到袁、王像迎接亲人那样欢迎工农革命军上井冈山，短短几天，作出如此重要的决策、发生如此戏剧性的变化，原因何在？就在于毛泽东充分调研、综合考虑，选择正确的地点；确立了团结改造的政策，调动一切积极因素；抓主要矛盾，选择合适的突破口；以诚待人、消除疑虑、打动人心，这其中，最为精彩、最为成功的是毛泽东说服袁文才的智慧和艺术。再比如，建井冈山的智慧：到了井冈山，如何在此扎根？毛泽东大力宣传共产党的政策主张，说明工农革命军是人民自己的队伍；打土豪、分土地、开仓放粮，使广大农民得到实实在在的利益，从而赢得了民心；建立革命根据地，成立苏维埃、农会等各种组织，调动各方面的积极性、主动性；颁布"三项任务""三大纪律、六项注意",建立了新型的军民关系,使工农革命军得到了广大人民群众的衷心拥护和大力支持;建立士兵委员会制度,实行官兵平等,反对军阀作风,增强了部队的凝聚力和官兵的革命热情;率先垂范,一心为民,为部队官兵树立了标杆,赢得了人民群众的信赖和拥戴。这其中,最为亮眼的是毛泽东改造袁、王队伍的智慧和艺术。再比如,守井冈山的智慧:面对敌人的"进剿""会剿",如何打败敌人的不断进攻,确保工农革命军在井冈山长期立于不败之地? 毛泽东千方百计实现朱毛会师,迅速扩大了武装力量;科学回答"红旗到底打得多久"的疑问,在低潮和迷茫中指明了正确的方向和道路;因地制宜,广泛采取"十六字诀"等一整套游击战术;实行人民战争,充分调动各方面的积极性;成功改造了国民党起义部队,为后来的国民党军队投诚起义开了好头。这其中,最为重要的是千方百计实现"朱毛会师"的智慧和艺术。再比如,下井冈山的智慧:工农革命军的目标是解放全中国,毛泽东克服种种困难,千方百计迎回28团;迎接红五军上山,继续扩大军事力量;大力恢复和巩固根据地,积累了一整套成功的经验;制定并实施我们党的第一部土地法,开始了怎样从事土地革命的探索;深谋远虑、反复论证,确定到赣南开辟新的根据地。这其中,最为突出的是把红四军和红五军连成一个有机整体的智慧和艺术。

三是突出实践性、实用性。作者是中央党校研究生院党建专业毕业的法学硕士、中欧国际工商学院高级管理人员工商管理硕士。曾在基层和中央机关10多个岗位工作,从事党务工作近40年,工作能力很强,业绩突出,具有丰富的实践经验,也有很好的理论修养。他结合自己的工作实际,结合干部职工的实际需求，"聚焦"毛泽东的领导方法、智慧和艺术，在"接地气"上下功夫，在"实用管用"上下功夫。通过深入研究毛泽东创建井冈山革命根据地的成功经验，从中梳理挖掘出一系列成功有效的领导方法、智慧和艺术。这些可谓是毛泽东当年引兵井冈、建立根据地、取得胜利的法宝。毛泽东这些成功的经验，具有超越时空的价值，把这些经验提炼和总结出来，也是一个重要的贡献。而且，王超同志还把这些经验运用到自己的工作中。所以说，这本书的主要特点，就是接地气、实用管用，对各级领导干部抓班子、带队伍都有重要的借鉴意义。

王超同志的这本书，对如何从百年党史中汲取前进的智慧和力量作了有益和很有新意的探索。相信这本书对各级党政干部、企事业单位领导和管理者、社会各界人士、广大青年学生能带来全新的视角，产生有益的启示，奉献管用的方法，增强领导力，增加正能量，从而为中国式现代化和中华民族伟大复兴作出新的贡献。

2024 年 2 月 12 日

引　言

　　90多年前,以毛泽东、朱德为代表的中国共产党人在井冈山创建了第一个农村革命根据地,为中国革命探索出了"农村包围城市、武装夺取政权"这样一条前人没有走过的正确道路。井冈山因此被称为"中国革命的摇篮"。朱德同志称之为"天下第一山",彭真同志称之为"中华人民共和国的奠基石"。这条正确的道路是如何探索出来的?毛泽东当时既不是党的领袖,也不是军事科班出身的将领,他在井冈山是怎样把大家拢起来、统起来,形成一个团结的整体的?体现了怎样的领导力?在创建井冈山根据地的过程中采取了哪些科学有效的领导方法智慧和艺术?这些领导方法智慧和艺术对我们今天的工作和生活是否还有指导借鉴意义?对于这些问题的研究,是对百年党史的进一步挖掘,对提高当今各方面领导工作的水平具有重要的现实指导意义。

　　为了更好地探讨这些问题,有必要对领导方法、领导智慧、领导艺术和领导力等概念作必要的界定和说明。

　　何谓领导方法?何谓领导智慧?何谓领导艺术?何谓领导力?教科书上的表达比较抽象深奥,笔者想用通俗易懂的语言和事例来说明这几个概念。

领导方法

方法，是指为了达到某种目标而采取的途径、步骤、手段等，是人类认识和改造客观世界的明灯和路标。

领导方法，就是在领导活动中所采取的途径、步骤、手段等。毛泽东曾强调，"我们不但要提出任务，而且要解决完成任务的方法问题。我们的任务是过河，但是没有桥或没有船就不能过。不解决桥或船的问题，过河就是一句空话。不解决方法问题，任务也只是瞎说一顿。"①这里所说的方法，就相当于"桥"和"船"，十分形象，通俗易懂。可见方法十分重要，方法得当，就能事半功倍；方法失当，则会事倍功半。方向正确以后，方法便为王。工作中只有掌握科学的工作方法，才能确保高效、圆满完成各项任务，提升工作的质量和水平。

领导智慧

智慧，一般是指生命所具有的基于生理和心理器官的一种高级创造思维能力，包括对自然与人文的感知、记忆、理解、分析、判断、升华等所有能力。

领导智慧，主要是指在领导活动中辨析判断、发明创造、更好解决问题的能力。比如，在整体资源劣势的情况下可以创造出局部优势，进而有机会获得整个战役或事件的胜利，达到以弱胜强、以少胜多、以劣势资源取得优势效果的目标，田忌赛马、围魏救赵、草船借箭等就是典型例子。

---

① 《毛泽东选集》第一卷，人民出版社1991年版，第139页。

一位哲人说,智慧的可靠标志就是能够在平凡中发现奇迹。大家都熟悉的田忌赛马这个典故,在司马迁《史记·孙子吴起列传》中有记载,说的是战国时期齐国的大将田忌同齐威王进行跑马比赛,双方各下赌注,每次比赛共设三局,胜两次以上的为赢家。然而,每次比赛,田忌总是输给齐威王。后来孙膑给田忌出主意,让他第一局派出下等马对阵齐威王的上等马,第二局派出上等马对阵齐威王的中等马,第三局派出中等马对阵齐威王的下等马。三局两胜,田忌赢得了比赛。由于事先田忌下了很大的赌注,这一次就把前几次输掉的银子都赚了回来,还略有盈余。孙膑出的这个主意,仅仅是变换了出场的顺序,但这个顺序的改变,就是一种智慧。田忌在整体实力上不如齐威王,但采取了孙膑的智慧就赢得了胜利。这充分说明智慧的重要性和必要性。

领 导 艺 术

艺术,是指用形象来反映现实但比现实有典型性的社会意识形态,包括文学、绘画、雕塑、建筑、音乐、舞蹈、戏剧、电影、曲艺等。周润发在电影《无双》里说的一句话比较贴切,就是:"任何事情,做到了极致就是艺术。"

领导艺术,是指在领导的方式方法上表现出来的创造性和有效性。从广义上来说,是指领导者的人格魅力、智慧、学识、胆略、经验、作风、品格、方法和能力在领导实践中的具体体现。它是领导者在一定的科学文化知识、理论修养、领导经验、思维能力基础上,创造性地运用领导科学的原理和方法所表现出来的高超技巧。狭义上说,是指领导者运用领导科学的一般原理、原则或领导方法的高超技巧。

一加一等于二,二加二等于四……这是科学;而一加一等于三、等于十、等于五十……;四两拨千斤;一箭双雕、一箭多雕,这是艺术。换句话来说,艺术,就是一件事的效果远大于这件事的本身。比如,楚庄王的绝缨之宴;刘邦称帝后总结自己的"三不如"(夫运筹帷幄之中,决胜千里之外,吾不如子房;镇国家,抚百姓,给饷馈,不绝粮道,吾不如萧何;连百万之众,战必胜,攻必取,吾不如韩信);曹操在官渡之战后的"当众烧信";唐太宗的用人唯贤、不拘一格,虚心纳谏、从善入流等。

曹操"当众烧信"和楚庄王"绝缨之宴"的故事能较好地说明领导艺术这个概念,这里不妨展开介绍一下。

曹操"当众烧信"的故事在《三国演义》第三十回有记载。大家都熟悉官渡之战,公元 200 年(建安五年),曹操与袁绍在官渡(今河南省中牟东北)决战,打败了袁绍。袁绍父子仅率 800 余骑北逃。曹操从袁绍遗弃的图书车仗金帛中,发现了很多书信,这些书信都是曹操手下的文臣武将寄给袁绍的,用现在的话来说都是投敌叛变的证据。曹操身边的人建议说:"可逐一点对姓名,收而杀之。"曹操没有这样做,而是把文臣武将召集起来,说:大战之前,袁绍有 10 多万人,我们只有两三万人,敌强我弱,能否打败袁绍,我心里都没有底,何况你们呢? 你们提早给自己留条后路,可以理解。然后下令,当众把这些信件全部烧掉。无论是写信的还是没有写信的人,都被曹操的宽宏大量所感动! 可以想象,那些对曹操不够忠诚的人还会有二心吗? 很显然,曹操这一举动,把拥护他的人增多了,把反对他的人减少了。这就是一加一等于三、等于十、等于五十的例子。这就是曹操的领导艺术。

楚庄王"绝缨之宴"的故事在汉朝刘向《说苑·复恩》和冯梦龙《智慧全集》中都有记载。

公元前 605 年,楚国发生了叛乱。楚庄王迅速回兵平定了这场叛乱。回到郢都(湖北荆州江陵)后,大摆宴席庆功,史称"太平宴"。文武官员都来参加,从中午喝到晚上。高兴之余,楚庄王让他最喜欢的许姬出来给大臣们敬酒。许姬长得十分漂亮,大家都看呆了。就在这时,一阵狂风刮来,大厅里的蜡烛全被吹灭了。一位大臣在黑暗中拉住她的袖子,并捏她的左手。许姬不动声色,趁那个人不备,把他帽子上的缨带揪了下来,吓得那个人赶快放开许姬的手。许姬拿着帽缨摸到楚庄王的身边,悄悄告诉了楚庄王刚才的事情,并将帽缨交到楚庄王的手里,让楚庄王点亮蜡烛后察看谁的帽缨不在了,查出并严惩那个冒犯她的人。就在服务人员拿来火种准备点燃蜡烛的时候,楚庄王站起身来说:"等一下,既然今天我们喝得如此尽兴,那么大家就不要太拘束了,都把帽缨摘下来吧。"大臣们对国王的命令感到莫名其妙,不过还是把帽缨摘了下来。接着,楚庄王叫人把蜡烛点着,继续喝酒。

许姬不明白楚庄王的意思,散席回到宫里埋怨楚庄王不为她主持公道。楚庄王说:"其实我也不知道拉你袖子的人是谁,但是大家为楚国平定叛乱而高兴,都喝了不少酒,见到你这个美貌女子,能不动心吗? 现在要是办罪,不是弄得大家都没趣了吗? 这件事只有你我知道,又有什么坏处呢?"许姬这才明白楚庄王的用意。

3 年后,楚庄王率领军队攻打郑国,不料被前来支援的晋军伏兵围住,正在危机之时,楚国的一名副将唐狡单人匹马冲入重围,救出了楚庄王。为了表彰唐狡的功劳,楚庄王亲自接见了这位猛将,要重重奖赏他。然而,唐狡婉言谢绝了,说:"大王你已经给了我优厚的赏赐,我报效你是理所应当的,你的赏赐我不能再接受了。"楚庄王十分奇怪,问道:"在此之前我还不认识你,什么时候赏赐过你呢?"唐狡犹豫一下,回答道:"实不相瞒,在那次宴会上,拉许姬袖子的人就是我,承蒙大王不杀之恩,如今唐狡甘愿舍命相报。"

楚庄王明白了整个事件的来龙去脉,安慰唐狡说:"酒后失态是人之常情,不足为怪,你不要挂在心上。"楚庄王仍给唐狡记了头功。消息传出,全国上下更加佩服楚庄王宽以待人的开阔心胸。楚庄王的绝缨故事,赢得了人心,调动了无数人的积极性和主动性。这就是历史上著名的"绝缨之宴"。

古人讲:"君则敬,臣则忠。"楚庄王能够成为"春秋五霸"之一,与其心胸宽阔、知人善任不无关系。假如没有楚庄王的绝缨,唐狡早就被处死了,也许就没有伐郑的胜利,也就难以成就楚庄王的春秋霸业。这就是楚庄王高超的领导艺术。

再比如,新中国成立之初我们抗美援朝的胜利,赢得了世界上自汉唐以来少有的尊重,赢得了新中国成立之后70多年的和平环境。六七十年代我国成功研制的"两弹一星",遏制了第三次世界大战的爆发,赢得了改革开放的良好外部环境。这些都是一加一等于十、等于五十、等于一百的例子。这充分说明,当时作出这些决策的最高领导者具有高超的领导艺术。

领 导 力

领导力,简单地说,就是动员团队解决难题的能力。说得详细一点,就是在管辖的范围内充分地利用人力、物力、财力和客观条件,以较小的成本、较高的效率,办成所要做的事、达到预期目标的能力。它是领导者采取科学有效的领导方法智慧和艺术,以及领导者本人利用自己的品质、作风、知识、行为榜样对被领导者施加影响所带来的结果。它包括感召力、前瞻力、影响力、决断力、控制力等。

一个人靠单打独斗,解决问题,取得胜利,可以说是英雄。一个人动员一群人,齐心协力,解决问题,取得胜利,才是领导者,才可能成为领袖。领导力,又分为权力领导力(靠职务、职权和地位带来的影响力)和非权力领导力(靠自己的品质、作风、知识、行为榜样等带来的影响力)。

有这样一个例子,能很好地说明领导力这个概念。中国历史上第一个草根皇帝,48 岁起兵,51 岁封王,55 岁称帝,短短七年就成就了千秋帝业,开创了一个伟大的王朝。这不能不说是一个传奇,他就是汉高祖刘邦。48 岁之前,他的职务是泗水亭亭长(相当于现在乡一级的派出所长)。在公元前 209 年 10 月,刘邦起义的时候,他已经 48 岁,而此时的项羽还不到 30 岁。论武艺,他和项羽差十万八千里;论军事,他和韩信差几个档次;论治国理政,他和萧何差的也不是一星半点,然而他从一介平民逆袭为开国皇帝,缔造了万世基业。项羽对自己败给刘邦就很不服气,他说:我起兵八年,经历 70 余战,战无不胜,攻无不克,从未失败过,没有想到今天困于垓下,"此天亡我,非战之罪也。"可见,项羽到死也没有明白他为什么会输给刘邦。果真是天意吗,显然不是。到底刘邦比项羽强在哪里呢? 强在:一是心胸开阔,能伸能屈;二是屡败屡战,锲而不舍;三是懂得变通,计谋深远;四是招贤纳士,从谏如流等。这些都是领导力的范畴。这就是说,刘邦的领导力远在项羽之上。虽然项羽称得上是战神、是英雄,但他不是领袖;而刘邦不是战神、不是英雄,但是领袖。刘邦靠他的杰出领导力最终战胜了项羽,让汉朝的威名传遍四方。所以说,对领导干部来说,领导力是至关重要的。一个人是否具有领导力,决定这个人能否成为合格的领导。一个具有杰出领导力的人,才能成为领袖。不仅政治如此,企业也是这样。2003 年,美国著名投资家巴菲特在自己的母校内布拉斯加大学作了一场经典演讲,其中讲到:企业做到最后,就是领导力的问题。

第一章　上井冈山的智慧

作为党的创始人之一、一大代表，毛泽东为什么要上井冈山呢？这还要从头说起。

1927年8月7日，中共中央在湖北汉口召开紧急会议，史称"八七会议"。会议由瞿秋白、李维汉主持，共产国际代表罗米那兹参加了会议。针对国民党的血腥屠杀，会议确定了土地革命和武装反抗国民党反动派的总方针。毛泽东在会上提出"政权是由枪杆子中取得的"著名论断，并当选为中央临时政治局候补委员。在8月9日中央临时政治局第一次会议上，大家认为，湖南省委不断组织力量追赶南昌暴动部队的做法不可取（湖南省委打算组织一个师开赴广东），于是，共产国际代表罗米那兹提议，决定派毛泽东去湖南，改组湖南省委、领导秋收起义。毛泽东搞过工人运动、农民运动、学生运动，但没有搞过军事工作，这是毛泽东第一次组织领导武装暴动。八七会议后，毛泽东以中央特派员身份到湖南传达八七会议精神、改组省委，并部署秋收起义。

9月初，毛泽东在安源张家湾召开军事会议。参加会议的有安源市委书记蔡以忱、安源市委委员宁迪卿和杨俊、浏阳县委书记潘心源、赣西农民自卫军总指挥兼安福县农军负责人王兴亚、醴陵县委书记邓乾元、护送毛泽东到安源的毛泽民等。会议听取蔡以忱、潘心源、王兴亚关于湘赣边界武装力量情况的详细报告。蔡以忱报告安源工人暴动的准备情况和集结在安源的各路军情况,王兴亚报告袁文才、王佐与贺敏学、贺子珍的农民自卫军联合行动的经过以及井冈山的简要情况,潘心源报告武汉政府警卫团和平、浏农军驻扎修水、铜鼓的情况。综合这些新的情况,毛泽东立即改变平江、浏阳、醴陵、安源发起暴动的部署,扩大暴动范围,由湖南秋收暴动发展为湘赣边界秋收暴动,联合驻修水和铜鼓的革命武装共同举行起义。

会议果断决定:组建工农革命军第一军第一师。余洒度(黄埔二期生,原为武汉政府警卫团一营营长)任师长,余贲民(平江农民自卫军负责人)任副师长,钟文璋(黄埔二期生,原为武汉政府警卫团二营营长)任参谋长,下辖三个团。"第一团驻在修水,以卢德铭警卫团(又称武汉政府警卫团)为骨干,由平江工农义勇军和崇阳、通城农民自卫军组成,团长钟文璋(兼),计 2000 余人;第二团驻在安源,由安源工人纠察队、安源矿警队和安福、永新、莲花、萍乡、醴陵等县部分农民自卫军组成,团长王兴亚,计 1600 余人;第三团驻在铜鼓,以浏阳工农义勇军和警卫团一个营组成,团长苏先俊("骏"也有人写为"俊",黄埔四期生,在同期 2716 名学生中为第一名,获得蒋介石奖励的望远镜和金手表——作者注),计 1600 余人。共产党员卢德铭从汉口回部队后任起义总指挥。全师共计 5000 余人。"①并且确定了标有五角星、镰刀、斧头图案和"工农革命军第一军第一师"番号的军旗式样。

会上,正式组成以各路军主要负责人为委员、毛泽东为书记的前敌委员会,统一领导湘赣边界秋收起义。

起义部队分三路向长沙攻击前进,"第一路以安源工人及矿警队为主力,首先由工人暴动,夺取矿警武装,枪决反动官长,然后再进

---

① 余伯流、陈钢著:《井冈山革命根据地全史》,江西人民出版社 2010 年版,第 32 页。

攻萍乡与醴陵,向长沙取包围形势。但无论如何,不能放弃萍安,使敌人断绝我们的退路……第二路是以平江农民及义勇队为主力。平江义勇队由修水向平江进攻,鼓动平江农民在各地暴动,夺取平江后,再向长沙进展。第三路是以浏阳农民及义勇队及余洒度之一团为主力,由铜鼓向浏阳进攻,鼓动浏阳农民在四乡暴动。在这三路中,又以浏阳为主力军,因为这路军事势力较厚,地势较险,浏阳又逼近长沙,进可以攻,退可以守。"①

这次会议解决了两个大问题:一是湘赣两省党组织的统一问题,二是湘赣边界秋收起义武装力量的统一问题。从党的关系来看,浏阳、平江县委,安源市委属于湖南省委管辖;安福、莲花、永新县委属于江西省委管辖。从武装力量来看,武汉政府警卫团既不属于湖南省委管辖,也不属于江西省委管辖,平江、浏阳农军,安源工人纠察队及矿警队属于湖南管辖,赣西和安福农民自卫军属于江西管辖。通过这次会议,解决了湘赣边界党组织和武装力量的统一问题。安源张家湾军事会议确定了工农革命军名称、番号和军旗,改变了过去工农武装名称番号旗帜不统一的现象,标志着中国共产党领导的工农革命武装从此有了自己统一的标识。因此,这是人民军队建军史上的一次极为重要的会议。

1927年9月9日,以毛泽东为书记的中共湖南省委前敌委员会,率领临时组成的工农革命军第一师,发动了湘赣边界秋收起义。在攻打中心城市长沙受挫后,毛泽东果断改变计划,率部队退到浏阳文家市集中。

1927年9月19日,毛泽东在文家市主持召开了前委会议。会上出现两种不同意见:一种是毛泽东等人的意见,"以保卫实力,应

①　中央档案馆编:《秋收起义》(资料选辑),中共中央党校出版社1982年版,第157页。

退萍乡";一种是余洒度等人的意见,"仍主张取浏阳直攻长沙"。经过激烈的争论,毛泽东的意见得到了卢德铭、余贲民等多数前委委员的支持,最后会议作出了"向萍乡退却"的正确决定。从进攻大城市转向农村进军,这是中国人民革命发展史上具有决定意义的新起点。

虽然决定南撤了,但接下来,毛泽东又面临一系列问题,比如要到什么地方去?后来决定上井冈山,可是袁文才、王佐坚决不同意,怎么办?之后,做通了袁、王的工作,近千人突然来到一个小山村,本来这个小山村就很贫瘠,吃饭问题如何解决?伤员如何安置?再后来,敌人"进剿""会剿",怎么办?怎样建立巩固的根据地?如何解放全中国的劳苦大众?这一系列问题中,最主要的是这样四个问题:一是上山问题,这是要解决"安家"的大问题;二是建山问题,这是要解决生存问题;三是守山问题,这是要解决建设问题;四是下山问题,这是要解决发展问题。

毛泽东通过三湾改编,解决了工农革命军内部思想不统一的问题,在确定党对军队绝对领导的原则和体制后,召开前委会议决定,工农革命军下一步要上井冈山。但井冈山的"寨主"袁文才、王佐拒绝工农革命军上山。这是毛泽东当时遇到的第一个问题,也是最难的一个问题。不解决这个问题,工农革命军就无法找到可靠的立足点,就难以解决当时的困难,面临着失败和解散的危险。如何解决这个难题,确实考验着毛泽东和工农革命军的智慧。

第一节　毛泽东的应对方法

在领导创建井冈山革命根据地的过程中,无论遇到了什么样的困难和问题,毛泽东都没有被困难所吓倒,而是迎难而上,探索尝试,逐一化解了各种困难和问题,推动革命事业不断前进。

一、落脚点的选择

文家市前委会议虽然作出了"向萍乡退却"的正确决定,但要到什么地方去,没有明确下来。

9月20日毛泽东在文家市里仁学校的操场给战士作动员讲话,说到"我们马上就要出发了,到罗霄山脉中段去找一个好的落脚点"①。这里只说要找一个"好的落脚点",没有讲具体地点。9月21日毛泽东率领部队由文家市出发,沿着罗霄山脉南下,向江西萍乡、莲花前进……这是不是脚踩西瓜皮滑到哪里算哪里呢?肯定不是这样的。文家市会上,毛泽东只说要到罗霄山脉中段去,但没有说具体到什么地方去。虽然在安源会议上王兴亚说到了井冈山,这时王兴亚已经失踪,井冈山的具体情况还不清楚,加之余洒度、苏先俊等人强烈反对,所以毛泽东没有贸然提出上井冈山去。这就是说,从文家市向南转移时并没有明确的落脚点。但作为前委书记,作为战略家,毛泽东不能不考虑这样的大问题。所以,在转移途中,他一直在思考这个问题。

一是密切关注当时的形势。当时的形势是什么?外有国民党的围追堵截,内有领导层的意见分歧。秋收起义爆发后,国民党反动当局立即下令:"通令各军,如获毛逆者,赏洋5000元。"国民党的围追堵截,给工农革命军的转移造成了极大的困难,使南下路途充满了险情,必须尽快找到一个安全可靠的落脚点。时任工农革命军第一军第一师第一团卫生队党代表、新中国成立后任地质部副部长、全国政协副主席的何长工同志回忆说:"如果我们不转到农村来,我们就会全部被消灭。这就是文家市转折、引兵罗霄山脉、步上井冈的意义。"②这是

---

① 《何长工回忆录》,解放军出版社1987年版,第98页。
② 《星火燎原》第一辑(井冈山斗争专辑),解放军出版社1986年版,第158页。

外部环境的逼迫。从内部来看，文家市前委会上激烈争论，虽然最后决定南下，但大多数人想象的落脚点应该是湘南，因为中央曾经批准过湘南暴动计划。而这个计划正是毛泽东本人起草的，所以说，毛泽东当时心中的最初方案可能也是去湘南。

二是秋收起义前了解的情况。在安源张家湾军事会议上，王兴亚"介绍了安福、莲花、永新、宁冈四县农军的状况，以及在1927年7月间攻打永新县城的经过"。"他还向毛泽东建议：如果起义失败，可投奔我的朋友袁文才、王佐，他们在宁冈、遂川均保有枪支人马。"[1]通过王兴亚的介绍，毛泽东对井冈山有了初步的了解。

三是充分调研。1927年9月25日，工农革命军在芦溪冲破敌人的伏击后，进入了莲花县境。当天宿营高滩村时，毛泽东立即召开调查会，听取中共莲花县党组织负责人甘明山、贺国庆等关于莲花、永新一带敌情及地形的汇报。同时对宁冈、永新一带的相关情况作了进一步调查。9月26日，工农革命军打下莲花县城后，毛泽东又召开莲花县党组织负责人会议，听取朱亦岳等人的汇报，再一次询问了永新、宁冈等地的情况，并和莲花县的同志一起研究了部队的行军路线。

四是江西省委的来信。在莲花，这时起义军三团团部文书宋任穷带来了江西省委书记汪泽楷写给秋收起义部队的一封密信（用药水写的），立即交给了毛泽东。信上说："宁冈有我们党的武装，有几十条枪。"[2]之前，在安源张家湾军事会议上，毛泽东曾听王兴亚说过宁冈的情况，如今江西省委进一步明确提出"宁冈有我们党的武装"，"这对于毛泽东引兵井冈和工农革命军后来在宁冈

---

① 余伯流、陈钢著：《井冈山革命根据地全史》，江西人民出版社2010年版，第32页。
② 李小三主编：《井冈山革命根据地和中央苏区大事记实》，江西人民出版社2006年版，第6页。

茅坪安家,建立以宁冈为中心的工农武装割据局面,无疑是有重大影响的。"①

五是深入思考。在了解基本情况之后,毛泽东还要考虑这里适合不适合做落脚点,主要是考虑了这样四个因素:第一,地理位置合适。井冈山地处罗霄山脉中段,地势险要,易守难攻。离长沙、南昌、武汉、广州较远,地形有利于作战,便于开展游击战争。第二,群众基础较好。大革命时期湘赣边界各县曾经建立过党的组织和农民协会,这里的旧式农民武装愿意同工农革命军联合。第三,经济基础较好。井冈山各县有自给自足的农业经济,便于筹粮筹款,解决部队的给养。第四,国民党这里的力量薄弱。国民党的主力集中在江西、湖南北部大中城市,在井冈山的农村地区力量薄弱,同时湘赣两省军阀之间存在矛盾,对这里关注更弱。

经过密切关注形势、认真调研、听取各方面意见、深入思考,加上江西省委的来信,开始坚定了毛泽东引兵井冈的决心和信心。

上井冈山的信心是有了,决心也很大,但阻力重重、非常艰难。因为师长余洒度、三团团长苏先俊等部分旧军官极力反对。何长工同志曾说:"秋收起义和引兵井冈山,是在中国革命急剧变化的紧急关头的一个转危为安的伟大转折点,其间经历了许多惊心动魄和艰难曲折的过程。"②自起义以来,余洒度与毛泽东在军事上、政治上一直有分歧,他坚持继续攻打长沙、不愿意南撤,更不愿意钻山沟打游击。在行动上,余洒度也不太听毛泽东的指挥,甚至多次顶撞毛泽东。"这时,起义军内部发生了严重问题。担任工农革命军第一师师长的余洒度,原来并不归湖南省委领导,也没有把毛泽东任书记的

---

① 余伯流、陈钢著:《井冈山革命根据地全史》,江西人民出版社 2010 年版,第 57 页。

② 井冈山革命根据地党史资料征集编研协调小组、井冈山革命博物馆编:《井冈山革命根据地》(下),中共党史资料出版社 1987 年版,第 105 页。

湖南省前敌委员会真正放在眼里。""进莲花县城后,毛泽东去参加他召集的军事会议,得知他警惕性不高,将抓获的县保安队长放走,严厉地批评他:县保安队离城里只有几公里,我们这些人的生命都交在你手上了,你还开什么会? 余洒度不但不接受批评,反而轻蔑地说:'什么! 你怕死吗? 我可以担保,你若死了,我抵你的命。'"①关系僵到这个份上,可想而知,毛泽东的工作难度有多大。尽管如此,但在毛泽东的坚持和耐心说服下,工农革命军放弃了去湘南的计划,于9月27日从莲花县城出发,向永新县方向前进。"毛泽东脚痛行动不便,坚持不坐担架,与大家一起行走。"②9月29日,部队抵达永新县三湾村,在这里,毛泽东对部队进行了著名的"三湾改编"。

二、打通障碍,引兵井冈

井冈山上有两支绿林式的农民武装,一支是袁文才的队伍,驻扎在井冈山北麓的宁冈茅坪;另一支是王佐的队伍,驻扎在井冈山茨坪和大小五井等处。两支队伍"各有一百五六十人、六十支枪"③,互为掎角,相互配合。在当地有相当的社会基础,许多群众都拥护他们。毛泽东的部队要想上山,没有袁、王的同意和支持,那是不可能的。当时毛泽东是怎样做的呢?

第一步,给袁文才写了一封信。毛泽东来到三湾村的当天,立即写了一封信,随后托当地老俵给袁文才送去,表达了想在井冈山暂时落脚、希望得到他支持的愿望。据三湾改编时参军的三湾村人,新中

---

① 中央文献研究室编,逄先知、金冲及主编:《毛泽东传》(一),中央文献出版社 2011 年版,第 155 页。
② 中共中央党史和文献研究院编:《毛泽东年谱》第一卷,中央文献出版社 2023 年版,第 218 页。
③ 中央文献研究室编,逄先知、金冲及主编:《毛泽东传》(一),中央文献出版社 2011 年版,第 161 页。

国成立后担任贵州省长、全国政协常委的李立同志回忆："毛泽东同志来到三湾的当天,就写了一封信,由本村李德胜(李立的叔叔——作者注)送到宁冈茅坪交给了他们。"①据《井冈山革命根据地全史》一书记载:"三湾村中的'毛司令'却给他写来了一封信,信的主旨是恳求与袁文才部合作,共谋大业。"②根据时任秋收起义战士、新中国成立后任工程兵司令、中央军委委员的陈士榘上将的回忆,大意如下:"袁文才总指挥拜鉴:久闻大名,难得幸会。今我工农军路过贵地,为工农革命,打土豪惩劣绅,奉上标语数条,为我军主张宗旨。择日拜访,愿同贵军结为友好,联合一致,共对反动军阀。中国工农革命军毛泽东"。③ 毛主席在这封信中主要表达了四层意思:一、这支队伍的性质是工农革命军;二、路过贵地,不会久留;三、队伍的宗旨是打土豪惩劣绅,为工农革命;四、想与袁文才"结为友好,联合一致"。这封信写得简单明了,既表明了工农革命军的性质、宗旨和意图,又非常客气、有理有节,体现出对袁文才的尊重。

袁文才接信后,召集大小头目开会商量。有的表示担忧,有的提出要防止弱肉强食,有的支持去接头,多数人是担忧毛泽东的队伍会借机吃掉他们,但陈慕平则不然,他完全相信毛泽东是真诚的。他说:"毛泽东是共产党的中央委员,是我在武昌农民讲习所学习时的老师,他前不久在湘东赣西领导了秋收暴动。"④陈慕平是谁? 他是宁冈县茅坪乡石佛村人,1902 年出生。1926 年协助袁文才改编农民自卫军。同年赴武昌中央农民讲习所学习。1927 年 6 月结业后,受

---

① 井冈山革命根据地党史资料征集编研协调小组、井冈山革命博物馆:《井冈山革命根据地》(下),中共党史资料出版社 1987 年版,第 215 页。

② 余伯流、陈钢著:《井冈山革命根据地全史》,江西人民出版社 2010 年版,第 62 页。

③ 《浴血罗霄——井冈山革命根据地历史》(修订版),中国发展出版社 2014 年版,第 57 页。

④ 余伯流、陈钢著:《井冈山革命根据地全史》,江西人民出版社 2010 年版,第 62 页。

中共宁冈县委的委派,到袁文才的队伍中担任军事教官兼袁文才的文书。尽管陈慕平作了真实的介绍,但是,因不摸底细、不知虚实,加上绿林出身,袁文才、王佐等还是顾虑重重,他们担心毛泽东设鸿门宴,会"鸠占鹊巢",如去接头恐有不测。于是,袁文才给毛泽东写了一封回信,婉言拒绝毛部上山。这封信的内容是:"毛委员:敝地民贫山瘠,犹汪池难容巨鲸,片林不棲大鹏。贵军驰骋革命,请另择坦途。敬礼! 袁文才叩首。"[1]信虽然写得很客气,也有一定文采,但核心就是两字:拒绝。出于礼貌,他派龙超清、龙国恩(两人为宁冈县党组织负责人)、陈慕平为代表,去三湾与毛泽东会面。

第二步,与龙超清、陈慕平等见面。1927 年 10 月 2 日,龙超清一行三人来到三湾。毛泽东热情接待了他们。陈慕平一见毛泽东,开口就喊:"毛老师,你好!"毛泽东一看陈慕平,马上记起来了:"你不会游泳,大家都喊你旱鸭子!"师生相谈甚欢,虚实问题无需多言。毛泽东阅信后知道袁文才已经拒绝,但他没有灰心,仍耐心地、诚恳地向这三人说明工农革命军上山的政治主张和意图,再次表示与袁文才合作、一同革命的愿望。临走时,毛泽东送给龙超清、龙国恩、陈慕平每人一支马枪。陈慕平回来后,袁文才见到马枪,对毛泽东的慷慨表示敬仰。

第三步,在古城召开前委扩大会议,研究部署下一步行动。1927年 10 月 3 日中午时分,部队来到宁冈古城。古城,又名老三街,曾经是县治所在地,位于深山之中,只有一条短短的石板路,荒凉破败,人烟稀少。古城一带已是袁文才的活动范围,袁文才肯不肯合作还没有明确,虽然与龙超清交换了意见,但毕竟未得到袁文才的应允。此时,部队经过三湾改编,军心稳了,纪律也好多了,但仍然存在着不稳

---

[1]　余伯流、陈钢著:《井冈山革命根据地全史》,江西人民出版社 2010 年版,第 63 页。

定的因素。余洒度、苏先俊等没有了军职,编在军官队,队长是吕赤,他俩能服从吕赤的管理吗?会不会出意外?伤病员越来越多,人少枪多,部队不可能再远走了,必须尽快找个落脚点安顿下来。于是,毛泽东决定召开一次前委扩大会议,总结一下秋收起义以来的经验教训,研究如何争取袁文才的同意,尽快解决安家落脚等紧迫问题。从 10 月 3 日晚上到 5 日,毛泽东利用两天多的时间,在古城联奎书院的文昌宫召开了扩大会议,即"古城会议"。出席会议的有前委委员余洒度、余贲民、陈浩、何挺颖、宛希先、熊寿祺以及工农革命军营以上干部。同时邀请了宁冈县党组织负责人龙超清、谢汉昌、肖子南以及袁文才的代表,共 40 人。会议的主要内容是:传达中央八七会议精神,总结秋收起义的经验教训,确定了团结、改造袁文才、王佐部队的方针,着重讨论在罗霄山脉中段建立根据地的问题。①

这次会议重点解决了以下三个紧迫问题:

一是如何看待秋收起义的失利?解决了士气消沉的问题。自起义以来,由于战斗频繁而迭遭失利,部队中弥漫着一股消沉的情绪,"这真是一场严重的考验"。② 为此,毛泽东初步总结了秋收起义的经验教训,他指出:"秋收起义有几个仗没有打好,兵力太分散了,不应该一个团打一个县,要南北配合起来。三个团集中到修水、铜鼓之间攻打浏阳就好了。秋收暴动虽然遭受挫折,军事上失利了,但战略上没有失败。他号召大家;我们现在要鼓足信心,放下担子,轻装上阵,建立后方。"③他这样一讲,让大家明白了:我们在军事上暂时受了挫折,但在战略上并没有失败,我们是主动退回来的,是战略退却,

---

① 余伯流、陈钢著:《井冈山革命根据地全史》,江西人民出版社 2010 年版,第 63 页。
② 井冈山革命根据地党史资料征集编研协调小组、井冈山革命博物馆编:《井冈山革命根据地》(下),中共党史资料出版社 1987 年版,第 176 页。
③ 《浴血罗霄——井冈山革命根据地历史》(修订版),中国发展出版社 2014 年版,第 60—61 页。

是要到敌人统治力量薄弱的山区农村去,换个法子跟敌人斗争。这样就提振了精神,鼓舞了士气。

二是到哪里安营扎寨? 解决了建立根据地的问题。下一步要到哪里安家? 这是大家最为关心的问题。会上,大家听取了龙超清对宁冈和边界情况的详细介绍。随后,毛泽东又根据自己的调查了解和深入思考,进一步分析了罗霄山脉北段、中段、南段的优缺点,比较之后,认为中段适合建立革命根据地。罗霄山脉中段地处湘、赣两省边界,包括江西的莲花、永新、宁冈、遂川和湖南的酃县、茶陵等县。"他认为,这一带在大革命时是工农群众人人起来过的地方,都曾经有过大规模的农民运动。宁冈的土、客两籍革命派相结合,赶跑了反动派派来的几任县长,发动了保卫团起义,建立了农民自卫军,成立了县政权,控制了宁冈达一年之久,在'马日事变'后,袁文才、王佐部均各保存了 60 支枪,宁冈的党组织依然在坚持斗争。袁文才、王佐部还联合安福王兴亚及莲花的农民自卫军,大战永新城,解救了永新县在反革命白色恐怖中被关押的革命同志。同时,这里有自给自足的农业经济,盛产大米、油菜、竹木,可供军需。这里的山势雄伟,可进可退,易于藏兵,有回旋余地,并且远离南昌、长沙、武汉等大城市,是反动派统治势力薄弱的地方,而革命的影响不但可以影响到湘赣两省,而且可以影响到两省的下游。因此,在这样的地方建立革命根据地,进行长期的武装割据,无疑是很理想的。"① 为什么建立根据地呢? 当年随毛泽东上山、新中国成立后任北京军区政委的朱良才上将回忆说:"毛主席打了一个通俗有趣的比喻,说革命要有根据地,好像人要有屁股一样。因为一个人假如没有屁股,便不能坐下来,要老是走着,老是站着,定然是不会持久的。脚走酸,站软了,就

---

① 《浴血罗霄——井冈山革命根据地历史》(修订版),中国发展出版社 2014 年版,第61 页。

会倒下去。革命有了根据地,才能够有地方休整,恢复气力,补充力量,再继续战斗,扩大发展,走向胜利。"①

毛泽东紧扣当地的实际,讲得条条是道,分析得入情入理,除余洒度、苏先俊等少数人外,大家一致同意毛泽东的意见。"但在这时,袁文才的代表却提出:……可以接济工农革命军一些给养,请革命军'另择高山'。袁文才代表的'另择高山',同袁文才信中的'另择坦途',意思是一样的。毛泽东见状,即向袁文才的代表,晓以大义,陈述利弊,并靠着龙超清等的帮助,说服了袁文才的代表。"②这样,就解决了大家十分关心的安家问题、建立根据地的问题。

三是对袁文才、王佐部应采取怎样的态度? 确定了团结、改造袁文才、王佐部队的方针。要上井冈山建立根据地,没有袁文才、王佐的同意,是做不到的。这就遇到了如何对待袁文才、王佐部队的问题。当袁文才的代表提出"请革命军'另择高山'",并提前离开会场、要向袁总指挥禀报时,有人气愤地说:简直就是水泊梁山的王伦,太没有气量了! 干脆,咱们就把袁部武力解决掉算了! 毛泽东明确表态:我们不能那样做。那样做,我们在此地就难以立足! 再说,袁文才还是共产党员嘛,王佐虽不是党员,但他杀富济贫,大革命失败后也没有向敌人缴枪嘛! 因此,我们对待袁、王两部要采取团结、改造的方针,千万不能火并,而且还要真心实意地与他们和衷共济! 何长工同志回忆说:"会议讨论确定了对袁文才、王佐部队的方针问题。这是建立井冈山根据地首先要解决的一个问题。袁文才、王佐,一个在山下,一个在山上,虽然都叫'农民赤卫军',可不是我们党领导的。他们劫富济贫,是标准的'绿林豪杰'。对他们到底持什么态

---

① 余伯流、陈钢著:《井冈山革命根据地全史》,江西人民出版社2010年版,第44页。
② 《浴血罗霄——井冈山革命根据地历史》(修订版),中国发展出版社2014年版,第61页。

度？当时不少人主张武力消灭他们，毛泽东同志却不同意。他说：谈何容易，你们太狭隘了，度量太小了。三山五岳的朋友还多着呢，历史上有哪个朝代把三山五岳的'土匪'消灭掉的？我们要团结改造他们，把三山五岳连成一个大队伍，统治阶级就拿我们没有办法。何况，他们大多数都是贫苦农民，与地主阶级矛盾很深。虽然有地方主义、'绿林'习气等缺点，但是可以教育改造的。我们不能采取旧军阀大鱼吃小鱼的吞并办法。现在的形势逼迫他们要革命，要靠近我们，因此，此时绝不可以动武，应该主动搞好关系，积极争取他们革命，并通过他们团结井冈山的广大群众。经过讨论，统一了认识，确定了对袁、王部队采取团结、改造的方针。"[1]这个方针体现了毛泽东的战略眼光、宽阔胸怀和过人胆识。毛泽东深知，如果和袁、王发生矛盾，或者消灭他们，就等于结下仇恨的种子，那么工农革命军就难以在井冈山立足。因此，只有团结、改造地方武装才是万全之策。

不难看出，古城会议作出了两项重大决策：一是讨论通过了在以宁冈为中心的罗霄山脉中段建立根据地的问题。二是确定了团结、改造袁文才、王佐部队的方针。"从三湾改编到古城会议，解决了军队建设和建立根据地的一些重大问题。"[2]

第四步，与袁文才在大苍会见。古城会议后，毛泽东向龙超清提出，明日他想见见袁文才，进一步商谈有关问题，请他即与袁文才商定。[3] 龙超清当即赶到茅坪，向袁文才转达了毛泽东的意见。但王佐还是说：我就没见过有枪不抢地盘的。袁文才也说，小心驶得万年船，还是让毛泽东来咱们的地盘见面。毛泽东是大官，如屈尊登门，

---

① 《何长工回忆录》，解放军出版社1987年版，第105页。
② 《何长工回忆录》，解放军出版社1987年版，第106—107页。
③ 《浴血罗霄——井冈山革命根据地历史》（修订版），中国发展出版社2014年版，第63页。

说明他有诚意,心里没有鬼。退一步讲,如果和这近千人的队伍联合,在方圆百里就没有人敢跟咱们过不去。想来思去,还是决定让毛泽东过来见面。随后袁文才答应见面,但地点安排在茅坪与古城之间的大苍林风和家里。之所以如此安排,在袁文才看来这是一着"妙计":一是显示了自己礼重朋友,亲自远门相会;二是阻挡了毛泽东等人进入自己的"巢穴"茅坪,谈不成也不至于让外人知道"内情";三是可试探一下毛泽东的诚意,是否有吞并之意;四是在龙超清急忙赶往古城向毛泽东禀报时,预先在林家祠堂埋伏了20人、20条枪,心里的盘算是:谈成就喝酒,谈崩就让毛泽东有来无回。这是典型的"鸿门宴"。很快龙超清又来到古城,向毛泽东报告了袁文才的意见和安排。毛泽东召集大家商量如何应对。陈浩等人说,两次打交道可以看出,袁文才诚意不够,是反对上山的,要防止是鸿门宴。如果毛泽东去就要带大队人马过去。毛泽东说:咱们是客,人家是主,客随主便。为了取得他们的信任,我明天一个人去,咱坦坦荡荡,不要怕人家是鸿门宴。大家不同意,最后商量,毛泽东带少数几个人过去。当天"共来了7个人5匹马。"①

面对"鸿门宴",毛泽东"单刀赴会"。1927年10月6日,毛泽东与袁文才在大苍正式会面。大苍,是位于古城和茅坪之间的一个小山村,居住着明末清初从福建迁徙过来的十几户客籍山民,林风和是村里的大户。宁冈苏区老干部、当年在林家守卫的学生苏兰春回忆说:"会见那天,毛委员在林家吃了中饭。他和袁文才从上午10点谈到太阳快挨山边。离开林家时,袁文才给了毛委员1000块大洋。其中袁文才只带200元,在马沅坑钟家借了300元,在林风和家借了500元。毛委员还决定赠送100支枪给袁文才。毛泽东离开时是从

---

① 余伯流、陈钢著:《井冈山革命根据地全史》,江西人民出版社2010年版,第68页。

林家门口一条山路经木鸡陇回古城的。"①

这就是说，毛泽东与袁文才谈了七八个小时，结果谈得很好，从袁文才临时借钱凑够一千元赠给革命军这一细节来看，说明谈判结果出乎他的预料。一场"鸿门宴"变成了"同心宴"。毛泽东是如何谈呢？

首先，毛泽东阐释了工农革命军的性质、主张和意图。他说：我们是共产党领导的工农革命军，是穷人的队伍，我们的任务是打土豪、分田地，为的是解放天下的劳苦大众。其次，充分肯定了袁文才在宁冈等地开展革命活动的成绩，赞扬了袁文才的革命精神。毛主席说：你在井冈山一带打击恶霸，劫富济贫，为老百姓做了不少好事，得到了群众的拥护，我们向你表示敬意！再次，强调了革命军与袁、王队伍的一致性。毛泽东说：我们是穷人的队伍，你们也为当地老百姓做了很多好事，咱们都是为老百姓服务的，代表着群众的利益，咱们的目标是一致的。我们叫革命军，你们叫农民自卫军，咱们都是一家人嘛，我们和你们会和衷共济、风雨同舟的！第四，提出了下一步的打算。毛泽东说：秋收暴动失败了，我们暂时遇到了困难，伤员需要治疗，队伍需要一个落脚点，需要补充给养，等队伍稳定下来，我们会到宁冈周边的几个县继续打游击，打土豪、分田地，成立人民政权，建立革命根据地，逐步扩大到其他省市，最后夺取全国的胜利。如果你们愿意，咱们就一块革命，不要局限于一个井冈山，咱们要走出江西、湖南，走向全国。当然，眼下的困难，我们希望能够得到你的鼎力帮助！第五，既然咱们是一家人了，我给你带来了见面礼，送你们一百支枪，请笑纳。毛泽东的雄才大略让袁文才佩服不已，毛泽东的慷慨相赠让袁文才感动不已！他立刻表示，一定尽

---

①　余伯流、陈钢著：《井冈山革命根据地全史》，江西人民出版社2010年版，第68页。

全力帮助革命军解决各种困难,并答应部队进驻茅坪,回赠 1000 块银元、200 担谷子。

三、严明纪律,茅坪安家

毛泽东、袁文才在大苍会面后,一个回到古城,一个回到茅坪,各自忙得不亦乐乎。袁文才、龙超清等动员群众行动起来,准备用最隆重的礼仪欢迎革命军的到来。毛泽东在古城细致安排了去茅坪的行军路线,并宣布了部队的纪律要求和应注意的事项,特别强调"老百姓的东西连一根禾草也不能动"。① 10 月 7 日,工农革命军来到茅坪。袁文才组织群众,以当地传统的最高礼节——杀猪迎接。戏班子敲响锣鼓,吹起唢呐,老俵点放鞭炮,热烈欢迎工农革命军的到来。场面热烈隆重,亲切感人,让很多工农革命军指战员深受感动,有的高兴地流了眼泪,真好像是到家了。毛泽东作了简短的讲话,他说:工农革命军是共产党领导的队伍,是专门为穷苦百姓打天下的队伍,一路上历尽艰辛万苦,今天来到茅坪,终于有了落脚点了。这个地方很好,山高林密,地利人和,又有袁总指挥的帮助,我们一定要同袁总指挥和农民兄弟亲密合作,共创大业。袁文才、龙超清分别作了欢迎革命军到来的讲话。至此,毛泽东率领工农革命军将红旗插到了井冈山上。

第二节　毛泽东的领导智慧和艺术

从落脚点的选择,到袁文才、王佐的拒绝,再到袁、王像迎接亲人那样欢迎工农革命军上山,短短几天,作出如此重要的决策、发生如

---

① 张国君编著:《谭政大将》,四川人民出版社 2009 年版,第 44 页。

此戏剧性的变化,原因何在? 就在于毛泽东高超的领导智慧和艺术,主要是:

一、毛泽东上井冈山的智慧

1. 充分调研、综合考虑,选择正确的地点

当时工农革命军要到什么地方去? 落脚点选在哪里? 这是一个十分重要的问题,决定着工农革命军的生存发展,决定着工农革命军能否突破敌人的围追堵截、取得最后的胜利。余洒度、苏先俊等提出要到湘南去,毛泽东1927 年 8 月初拟定的《湘南运动大纲》也获得中央通过。如去湘南,对毛泽东个人来说是最省劲的,也是最安全的,因为中央已经批准了。但是,为了工农革命军的前途命运,毛泽东没有这样轻率地作出决定,而是根据形势的变化,根据自己的亲身经历,根据深入的调查研究,从政治、军事、社会、地理、敌情等多方面,综合考虑,反复权衡,最后作出引兵井冈的决策。如果不是去井冈山,而是去湘南,那是危险的。因为后来朱德、陈毅率领的南昌起义余部,战斗力远比秋收起义余部强,虽然在湘南也组织了轰轰烈烈的一系列暴动,但最终也没有立住,而且面临被敌人消灭的危险。所以说,毛泽东把工农革命军的落脚点定在井冈山,是艰难的选择,也是正确的决定。

2. 确立了对地方武装团结、改造的政策,调动一切积极因素

毛泽东在《中国社会各阶级的分析》一文中提出:"谁是我们的敌人? 谁是我们的朋友? 这个问题是革命的首要问题。"[1]如何对待地方武装? 这是一个立场问题、原则问题。毛泽东还分析说:"此外,还有数量不小的游民无产者,为失了土地的农民和失了工作机

---

① 《毛泽东选集》第一卷,人民出版社 1991 年版,第 3 页。

会的手工业工人。他们是人类生活中最不安定者。他们在各地都有秘密组织，如闽粤的'三合会'，湘赣黔蜀的'哥老会'，皖豫鲁等省的'大刀会'，直隶及东三省的'在理会'，上海等处的'清帮'，都曾经是他们的政治和经济斗争的互助团体。处置这一批人，是中国的困难的问题之一。这一批人很能勇敢奋斗，但有破坏性，如引导得法，可以变成一种革命力量。"①在这里，毛主席对"三合会""哥老会""在理会""清帮"等旧中国的一些民间团体的性质、特点、作用作了分析，指出对这些团体如果引导得法，可以变成一种革命力量，关键是要"引导得法"。古城会议上，毛泽东称那些占山为王的地方武装为"三山五岳的朋友"，确立了团结改造的政策。这是一种全新的政策，符合党的利益，符合人民的利益，能够化消极因素为积极因素，扩大革命力量。这一政策的确立，为正确解决井冈山两支农民武装的问题奠定了坚实的理论基础。

3. 抓主要矛盾，选择合适的突破口

袁文才、王佐被称为"井冈双雄"。没有他俩的同意，工农革命军要上井冈山是不可能的。然而，这两个人又有不同的特点，"袁文才是知识分子，又是党员，比较通情达理"②；王佐没有文化，不是党员，是蛮牛，"阶级观念模糊，流寇思想严重，游民习气很重"，"更富有江湖意气，不讲政策，乱打乱杀，捉到人要拿钱来，不拿钱来赎就把人杀了。"③对这两个人，先做谁的工作更好呢？毛泽东先做通袁文才的工作，后做通王佐的工作。为什么要这样呢？这是因为，毛泽东对这两个人的总体情况、性格特点作了充分的了解，认为袁文才最为关键，而且袁文才有文化，通情理，又是党员，便于沟通，做通了袁文

---

① 《毛泽东选集》第一卷，人民出版社 1991 年版，第 8—9 页。
② 《何长工回忆录》，解放军出版社 1987 年版，第 247 页。
③ 《何长工回忆录》，解放军出版社 1987 年版，第 248 页。

才的工作,王佐的工作就能迎刃而解,因为王佐佩服袁文才,比较听他的话。反之,如果先做王佐的工作,一是他很粗鲁,又不太懂道理,可能一时难以谈通;二是即使与他谈通了,袁文才那里也未必能通过。所以,毛泽东决定先与袁文才会谈。后来的实践证明,与袁文才先谈,这就抓住了"主要矛盾",选准了合适的"突破口",取得了显著成效。

4. 以诚待人、消除疑虑、打动人心

工农革命军来到古城,要上井冈山,作为"寨主"的袁文才、王佐必然会产生疑虑,担心工农革命军会"鸠占鹊巢""大鱼吃小鱼"。在这种情况下,该怎么办? 一般有三种办法:一是以诚待人,设法消除对方的顾虑,采取令人信服的行动,取得袁、王等人的信任;二是居高临下,以武力威胁,凭自己的人多、枪多,逼迫袁、王就范;三是假意周旋,寻找机会,采取武力措施,将袁、王的部队一网打尽,然后上山。第一种办法,应该是上策,第二种是中策,第三种是下策。如果采取第二种、第三种做法,必然要产生委曲求全或火并现象,必然会对双方造成重大损失,同时失去社会基础、群众基础。毛泽东采取的是第一种办法,是上策,迅速赢得了袁、王的信任和欢迎,为工农革命军扎根井冈山建立了牢固的基础。

二、毛泽东说服袁文才的智慧与艺术

这其中,最为精彩、最为成功的是,毛泽东说服袁文才的智慧和艺术。

1. 大格局、大胸怀,着眼全局和长远

毛泽东站在团结扩大革命力量的高度来考虑问题,着眼长远,从革命军如何长远立足井冈山的高度来看问题,不是那种军阀争夺地盘、大鱼吃小鱼、只顾眼前利益的鼠目寸光和急功近利。

2. 洞悉人性，规避"土匪"的称谓

自古以来，土匪都是坏人的别称。人们不愿意或鄙视做土匪，即使被迫做了土匪，也不愿意让别人叫他土匪。水浒传中的宋江，之所以招安，一个重要原因是，他曾经做过县吏，被迫上了梁山，他心里知道梁山上的好汉是被朝廷骂为土匪的，所以，他想通过招安洗去土匪的恶名。俗话说，秃子护头、瞎子护眼。可以说，袁文才最忌讳的是被人看作土匪。毛泽东处处留意，言语之间和行为举止，丝毫没有把对方看成是土匪，没有恃强凌弱的傲气，平等待人，让人感到亲切振奋。在古城会议上，当着袁文才代表的面，毛泽东多次肯定袁文才的成绩，赞扬他的革命精神，口称"三山五岳的朋友"。与袁文才见面，毛泽东再次赞扬他的成绩和革命精神，反复说工农革命军和袁文才队伍是一家人。这是谈话取得成功的重要前提和基础。俗话说，话不投机半句多。如果谈话中，把他们视为土匪并流露出来，谈话肯定进行不下去，说不准会刀枪相见。

3. 设身处地，消除顾虑

应该说，当时袁文才最害怕、最担心的是，革命军吃掉他们，"鸠占鹊巢"。毛泽东看透了这一点，换位思考，站在袁文才的角度来想，理解他们的担心和顾虑。在古城会议上，他说：人家怕的就是咱们人多枪多，做人嘛，要大气一些。咱们要真心实意，团结他们，改造他们，与他们一起干革命。与袁文才谈话时，讲到革命军不是来抢你们地盘的，不是来弱肉强食的，不是来鸠占鹊巢的，而是暂时遇到困难，来请你们帮忙的，是来与你们一起建立根据地、干革命的。时任红四军战士、新中国成立后任广州军区副参谋长的赖春风（宁冈县人）少将回忆说："1927年10月6日，即古城会议后，毛委员等共七人，骑五匹马，由龙国恩陪同去大苍村见袁文才。""当时袁文才很恐惧，他怕毛委员缴他的枪。毛委员看出了袁文才恐惧的心情，亲切耐心地向他讲,工农革命军是在中国共产党领导下的全心全意为人民服务的军队,……最后,毛委员还告诉袁文才,我们不是来占你的地盘,不缴你的枪,也不编你的军队,我们还要帮助你扩大军队。你们守山,我们出去打仗。"[①]

4. 描绘愿景,憧憬未来

袁文才也是穷苦人出身,虽然占山为王,但也经常遭到反动势力的袭击、围剿,将来的前途是什么,也只能是过一天算一天。他们最期盼的是,有一个稳定的美好未来。毛泽东谈到革命军的性质、目标和任务,谈到了袁文才的农民自卫军也是穷苦人出身,劫富济贫,两支队伍目标是一致的,是一家人,将来要一起干革命,为全国的劳苦大众翻身得解放而共同奋斗,革命军是来与你们一起打天下的。毛泽东的一番话,为他们展示了美好的未来,让他们看到了希望。

5. 急人所需,雪中送炭

袁文才的队伍一百五六十人,只有 60 余支枪。当时他们最想要的东西是枪。古城会议上,毛泽东说:我考虑,交朋友,要送一份大礼,送给他们一些枪支。这样他们就会真心诚意地欢迎我们。与袁文才谈话时,毛泽东灵活把握时机,当袁文才明白革命军不是来抢地盘,逐步消除顾虑,开始动心的时候,毛主席提出要送给他一百支枪。在"有枪便是草头王"的动乱年代,身为草莽英雄的袁文才,深为感动,彻底消除顾虑,立即答应赠送一千银元给毛主席,并表示:革命军吃的粮食,伤病员的安置,都包在他身上。可以说,慷慨馈赠,有虚有实,使毛泽东的谈话更加丰满坚实,让他们对毛泽东的谈话更加信服。赖春风说:"袁文才听后,解除了疑虑,要部属杀鸡、杀猪款待毛委员,并当面同意工农革命军在他们的地盘建立根据地,进行土地革

---

① 《星火燎原》第一辑(井冈山斗争专辑),解放军出版社 1986 年版,第 432 页。

命。他还表示要尽力帮助工农革命军筹备粮款、安置伤病员,愿意上山去做王佐的工作。"①

不少人认为,送给袁文才一百条枪,是袁文才同意革命军上山的最主要原因。我认为,持这种看法的人,忽略或看轻了毛泽东是宣传鼓动家、是谈话大师这一重要事实。

第一点理由,赠枪当然很重要,但退一步讲,即使赠给他们一百支枪,如果心中没有诚意,还是可以把他们消灭掉的。为此,王佐与袁文才有个私下对话。"在人数上,毛的部队比马刀会(土匪组织,袁文才、王佐曾经是该会成员——作者注)多出近一倍。王有一次对袁谈起了他的疑虑。'要是毛夺了我们的权怎么办?'他说,'他们会不动声色地吞并我们的人马。'狡猾的袁于是想出了一个旨在把毛与他们拴在一起的主意。"②这个"主意",就是刻意推荐他老同学贺敏学的妹妹贺子珍做毛泽东的方言翻译,撮合他们的婚姻。

第二点理由,谈话是一门科学,也是一门学问高深、可以点石成金的艺术!同样的谈话,不同的人谈会产生不同的效果。

毛泽东之所以带领工农革命军不断走出危机,还有一个重要原因是他富有感染力,讲话打动人心,能赢得他人的信赖。他在传播革命道理时,既朴实通俗,又风趣幽默,不但让人易于理解、记忆深刻,而且让人感到亲切振奋。正如开国中将邝任农(曾任民航总局局长、交通部副部长、空军副司令员等职)初见毛泽东时所感受到的,"毛泽东同志讲话时,很富感染力,语气坚定,经常用手势,他虽然很年轻,但他说话时的动作表情显出一个成熟革命家的气质。"

毛泽东与袁文才的谈话,可以说非常成功!他洞悉人性、入情入

---

① 《星火燎原》第一辑(井冈山斗争专辑),解放军出版社1986年版,第433页。
② [俄]亚历山大·潘佐夫著:《毛泽东传》(上),卿文辉、崔海志、周益跃译,中国人民大学出版社2015年版,第280页。

理,紧扣袁文才他们最忌讳、最担心、最期盼的问题和最想要的东西,条分缕析,鞭辟入里,深入浅出,鼓动人心,及时出手,彻底打消了他们的顾虑,深深地打动了他们的心!大苍会谈,是一次卓有成效的谈话,也是一次攻心战。它彻底打消了袁文才的戒备、拒绝心理,敲开了革命军"上山"的大门,为井冈山革命根据地的建立奠定了坚实的基础。上了井冈山以后,袁文才最佩服毛泽东,也最听毛泽东的话,与这次谈话和其他谈话有一定的关系。与此相反,在此后的两年零四个月的时间里,边界特委、中央巡视员等不止一次与袁文才、王佐谈话,可袁、王最后被杀,说明他们的谈话是不成功的。

实践证明,思想上的问题,只有用思想的方法、真挚的感情,并辅之其他实际内容,打动内心、触动灵魂,才能彻底解决。所以说,袁文才同意革命军上山,赠枪是一个重要方面,更重要的是毛泽东高超的谈话艺术以及背后的大格局、大胸怀。

第二章　建井冈山的智慧

工农革命军上了井冈山，一个小山村突然来了近千人，如何解决吃饭住宿、伤员治疗问题？如何获得老百姓的认同，并建立良好的军民关系？如何解决长期扎根的问题？这是毛泽东遇到的第二个难题，也是工农革命军面临的生存问题。

第一节　毛泽东的应对方法

为了迎接工农革命军进驻茅坪，袁文才和龙超清等动员茅坪群众彻夜砻谷，以解决部队用粮；"通知茅坪百姓，腾房子，下门板，打地铺，垫好稻草，以备部队住宿"[①]；着人买了 2 头大肥猪，以山区特隆重的礼仪来欢迎革命军的到来……工农革命军终于在井冈山安了家。接下来，毛泽东又与袁文才等人商量，还要解决一系列具体问题。

一、建立红军医院

当时部队有伤兵 100 多人，急需诊治。在宁冈党组织和袁文才的帮助下，立即在茅坪攀龙书院创办了第一所红军医院——茅坪后方医

---

① 余伯流、陈钢著：《井冈山革命根据地全史》，江西人民出版社 2010 年版，第 69 页。

院。院长曹嵘,党代表赵发仲,医务人员 40 人左右。医院可容纳四五十个病人。尽管条件简陋、缺医少药,但毕竟解决了燃眉之急。100 多名伤病员得到妥善安置,既减去了伤病员连续行军的痛苦,又免去了部队的拖累,增强了战斗力。毛泽东非常关心医院的工作。

一是对医院工作高度重视、对伤病员无微不至关心。他要求医院"土、洋"结合,发挥土郎中、中草药的优势,经常到医院检查指导工作、看望伤病员,及时帮助解决医院工作中的问题和伤病员遇到的困难。时任茅坪医院看护班战士的肖明同志回忆说:"毛委员对医院很关心,有一天晚饭后,毛委员来到了医院,问医院有多少伤病员?重伤的有多少? 轻伤的有多少? 并且挨个地问每个伤员伤在什么部位? 生活有什么困难? 使伤病员十分感动。""当时群众每逢过年过节也都来慰问伤病员。送红薯片、板栗、冻米糖给伤病员吃。医院的医务人员经常把自己省下来的东西给伤病员用,有些什么好吃的东西总是给伤病员吃,很多伤病员在医院治好了病后重返前方,经常向医务人员表示感谢。"①据当时小井红军医院管理员、医务主任董青云回忆:"毛委员对医院、药品、伤病员很关心,他经常对部队说,缴获到敌人的药品要全部送到井冈山。他每次来到医院,常常问药品缺不缺,他也曾派人到白区去购买中、西药,所以在 1928 年,医院的药品还是比较齐。他经常到医院探望伤病员,每次路过小井时,总要看看,问问医院药品、生活等情况。他每次遇到我们和伤病员,总是非常和蔼地对我们笑笑,问我们是哪个地方人,什么时间参加革命的,在哪里负的伤,伤病好转的情况以及有什么困难等。"②当年红军

---

①　井冈山革命根据地党史资料征集编研协调小组、井冈山革命博物馆:《井冈山革命根据地》(下),中共党史资料出版社 1987 年版,第 572 页。

②　井冈山革命根据地党史资料征集编研协调小组、井冈山革命博物馆:《井冈山革命根据地》(下),中共党史资料出版社 1987 年版,第 564 页。

生活很艰苦,红军不分官兵夫俘,每人每天菜金五分。"毛主席说医院伤病员要特别照顾,每人每天要给一角钱的菜金。一角钱的菜金,我们不能吃光,还要想办法节余一点,将节余的钱,发给每个伤病员零用。""毛主席有时还要部队和区、乡政府送些猪肉、牛肉,来改善伤病员的生活。"①对于伤病员的一些生活细节,毛泽东都亲自过问。董青云回忆说:"由于条件有限,米弄得很粗糙,米里有不少谷子,煮的饭不好吃,伤病员有意见。毛委员知道后,便找我们谈话。当时我想,我所得的零用钱,一个未花,全部垫到伙食里去了。米弄得不好,我有什么办法。毛委员说,怎么没有办法,只要请老表嫂用筛子筛一筛,就能把谷子筛掉。果然这个办法很好,谷一筛就全部筛掉了,伤病员对煮的饭也再没有什么意见。我才认识到我们对伤病员确实是不够关心,遇到这一点问题就说没有办法。"②时任红军医院看护班长的王云霖回忆说:"毛主席非常关心红军伤病员。每打一次胜仗会缴获一些战利品,有罐头、鞋子、衣服之类。毛主席把其中最好的东西派人送到红军医院,供红军伤病员使用。打土豪缴获到的东西,毛主席也会派人送到医院。在打杨如轩和杨池生后,每人还发了八元钱。毛主席还经常到医院看望伤病员,向伤病员问长问短。"③王云霖还回忆说:"红军伤病员对于毛泽东同志无微不至的关心他们,心里很受感动。所以,还没有等把病治好,有些伤病员就急着想出院,想争取早一点回到战场上去打敌人。"④

二是非常重视对伤病员进行政治思想教育。毛泽东不仅关心伤

---

① 《星火燎原》第一辑(井冈山斗争专辑),解放军出版社1986年版,第245页。
② 井冈山革命根据地党史资料征集编研协调小组、井冈山革命博物馆:《井冈山革命根据地》(下),中共党史资料出版社1987年版,第562—563页。
③ 《星火燎原》第一辑(井冈山斗争专辑),解放军出版社1986年版,第255页。
④ 井冈山革命根据地党史资料征集编研协调小组、井冈山革命博物馆:《井冈山革命根据地》(下),中共党史资料出版社1987年版,第568页。

病员的伤病治疗情况,而且非常重视对伤病员进行政治思想教育。他每次来医院都问伤病员的思想反映,亲自做伤病员的思想教育工作。有一次与伤病员谈话,"当谈到困难的时候,毛主席总是耐心地鼓励我们说,闹革命就要不怕困难,不怕牺牲,现在吃苦,今后就好了。记得有一次,他问我们大家,你们出来干什么?大家回答说,出来闹革命。他又问闹革命干什么,大家回答说打仗。打什么仗,回答说,打土豪劣绅,打国民党反动派。为什么要打国民党反动派,回答说,他们专门压迫、剥削我们。毛委员说:你们说得对,我们就是为了不受压迫,要翻身作主人才出来闹革命的。他又说,要翻身作主人可不是一件容易的事啊!我们大家要学习,要学文化。大家说没有纸、没有笔怎么学呢?他笑着指向地下说,这不是我们学习用的纸吗?接着又指向树枝说,这不是我们学习用的笔吗!他又接着说,识字的同志教不识字的同志,识字多的同志教识字少的同志,一天学 10 个,100 天就学 1000 个。从此以后,不少同志一休息就坐在地上互相教识字、练字,许多同志过去连自己的名字都不认识,后来不仅认得,而且还能写,有的还能写宣传标语。"①还有一次,伤病员在议论井冈山生活艰苦的情形时,毛泽东听到后及时给大家做了思想工作。时任卫生队看护排长的吴树隆回忆说:"毛主席听了以后说,今天我们在山上住茅棚,只有大小五井,将来南京、上海、全中国都是我们的。毛主席又说,中国是穷人多还是富人多?国民党军队里为官的,是穷人多还是富人多?大家都说,中国是穷人多,当官的是富人多,穷人只是当炮灰,那些当官的人是有钱人家的,是怕死鬼。毛主席接着说,对啊!因此我们要宣传自己人不要打自己人,要他们回家乡去打土

---

① 井冈山革命根据地党史资料征集编研协调小组、井冈山革命博物馆:《井冈山革命根据地》(下),中共党史资料出版社 1987 年版,第 564 页。

豪分田地。"①毛泽东的一席话给大家以极大的鼓舞,提振了士气! 在那样艰难的情况下,毛泽东敢说将来南京、上海、全中国都是我们的。这确实让人不能不佩服他的正确预见和伟大气魄! 此外,他还要求医院的管理人员多做伤病员的思想工作。董青云说:"我们根据毛主席的指示,各管理组每天都要开一次会,对伤病员讲讲前方打仗的情况和医院存在的实际困难,并且针对伤病员的反映,作些思想教育工作。"②王云霖回忆说:"在医院里,我们对伤病员经常进行思想教育。教育的主要内容有:群众纪律的教育(如三大纪律、六项注意),阶级教育,教育伤病员怎样搞好军民关系,怎样做群众工作。""所以,虽然条件很艰苦,伤病员的精神很饱满,根本看不出什么悲观情绪。""病房里经常可以听到他们嘹亮的歌声,用唱歌来相互鼓舞。"③

三是优待俘虏伤病员。这是毛泽东制定的对待俘虏政策的一项重要内容。在毛泽东看来,瓦解敌军之原则须体现在宣传敌军、优待敌军俘虏、医治敌军伤员等工作上,否则事实上巩固了敌军的团结,与瓦解之目的适得其反。董青云回忆说:"对俘虏伤病员我们也一样对待。七溪岭那次战斗,一天就送来200多个国民党军队的伤病员,对于他们在治疗、生活上都和红军的伤病员一样对待,每次结余的伙食尾子也一样分给他们,伤病治好后,或留或走由他们选择。他们很多人说,红军不仅不杀我们,还把我们送到医院治疗,和亲兄弟一样对待,世界上哪里找得到这样好的军队,我就是死也要当红军,只有个别的回家(我们还发给路费),绝大多数都参加了红军。"④王

---

① 《星火燎原》第一辑(井冈山斗争专辑),解放军出版社1986年版,第104页。
② 《星火燎原》第一辑(井冈山斗争专辑),解放军出版社1986年版,第246页。
③ 井冈山革命根据地党史资料征集编研协调小组、井冈山革命博物馆:《井冈山革命根据地》(下),中共党史资料出版社1987年版,第569页。
④ 井冈山革命根据地党史资料征集编研协调小组、井冈山革命博物馆:《井冈山革命根据地》(下),中共党史资料出版社1987年版,第563—564页。

云霖说："在红军医院里，我们也要给敌军俘虏中的伤病员治病，在井冈山上，这作为一条政策规定下来。我们不仅口头上对敌人是这样宣传的，而且在实际行动中也是这样做的。正因为这样，对敌军震动很大。"①吴树隆深有感触地说："为什么国民党的军队不能打仗，而我们的队伍能打呢？因为我们的队伍纪律好，有正确的俘虏政策。"②

四是免费给老百姓看病。"在井冈山上，老百姓只要有病，当地苏维埃政府开了介绍信，就可以到我们红军医院来治疗。有时，我们发现哪一家老百姓有病人，我们也会请他们到我们医院来治疗。我们从不收他们的钱，还让他们在医院治病、吃饭。总像对待自己的亲人一样治好他们的病。"与此同时，"群众对我们的帮助也很大，他们经常送东西给我们，特别是逢年过节，送给红军医院的东西就更多了。平时，妇女组织了妇救会，替红军伤病员洗衣服，打草鞋，做布鞋给我们，作为慰劳品。过节时，老百姓来到我们医院里，用江西地方戏演几个节目，慰问红军伤病员，没有群众是不行的。""确实，井冈山根据地的老百姓非常好，非常热情，政治水平也很高，在非常困难的情况下，经常帮助我们，这体现了当时的军民关系，部队和老百姓的鱼水关系。"③朱毛会师后，部队扩大，伤病员增多，1928年11月，又在小井创建了一所规模较大的医院，有病床500余张。这样，基本解决了伤病员的医治问题。

《井冈山革命根据地全史》的作者余伯流、陈钢教授对此也总结说："毛主席对红军医院的建设甚为关心，经常去看望伤病员和医护人员，问寒问暖，还把当地群众送给他的鸡蛋转送给伤病员吃。靠着

①　井冈山革命根据地党史资料征集编研协调小组、井冈山革命博物馆：《井冈山革命根据地》（下），中共党史资料出版社1987年版，第569页。

②　《星火燎原》第一辑（井冈山斗争专辑），解放军出版社1986年版，第104页。

③　井冈山革命根据地党史资料征集编研协调小组、井冈山革命博物馆：《井冈山革命根据地》（下），中共党史资料出版社1987年版，第568—569页。

这种官兵一致,同甘共苦的精神,红军医院不仅是医治疾病的场所,而且成为一个政治大课堂。"①一般说来,医院就是医治疾病的场所,可毛泽东能把它建成了一个振奋精神、鼓舞士气的政治大课堂,一个密切军民关系、党群关系的重要桥梁,一个宣传政策、瓦解敌军的有效阵地。这就是毛泽东的过人之处、伟大之处!

二、设立后方留守处

工农革命军还在茅坪建立了一个留守处,设在茅坪的象山庵,负责统管军官队、卫生队、辎重队、机炮连等后勤单位,安置辎重和军需物资。副师长余贲民担任主任。"这是我军第一个后方留守处。"②在当时极为险恶的环境中,能建立一个留守处,有了稳定的后方,就能稳定军心,增强部队的战斗力。毛泽东对此很看重,特地安排副师长、前委委员而且是毛泽东称之为"余老"的余贲民来挑这副重担,当"后勤部长"。革命元老何长工同志回忆说:"毛泽东同志说,我们这个终点,已经终点了,引兵井冈山区,终点在宁冈,后方在茅坪。以后湘赣边界特委,边界工农兵政府放在茅坪。毛泽东同志活动主要在茅坪,《中国的红色政权为什么能够存在?》和《井冈山的斗争》也是在那里写的。"③留守处的建立,发挥了不可替代的保障作用。"后方留守处的设置,使初来乍到、鞍马劳顿的工农革命军放下了'担子',解除了后顾之忧。这对于部队轻装上阵,开始沿湘赣边界出击,起了重要的作

---

① 余伯流、陈钢著:《井冈山革命根据地全史》,江西人民出版社 2010 年版,第72—73 页。

② 井冈山革命根据地党史资料征集编研协作小组、井冈山革命博物馆:《井冈山革命根据地》(下),中共党史资料出版社 1987 年版,第 116 页。

③ 井冈山革命根据地党史资料征集编研协作小组、井冈山革命博物馆:《井冈山革命根据地》(下),中共党史资料出版社 1987 年版,第 116 页。

用。作为副师长的余贲民负责这摊工作,也是功不可没的。"①

三、沿湘赣边界各县开展游击活动

为什么要开展游击活动? 一是为了解决部队的给养问题。部队虽在茅坪安了家,建立了医院和留守处,安置了受伤的战士和后勤辎重,有袁文才和党组织的支持,但井冈山毕竟只是一个小山村,队伍来到这里后,只能住在破旧的茅草屋中,那时天气已经逐渐寒冷,很多战士还穿着破旧的单衣,而且这里粮食匮乏,老百姓的资助也是杯水车薪,无法解决根本问题。二是为了打消袁文才的顾虑,表明革命军说到做到。在大苍会谈时,袁文才"同意革命军在茅坪(这是一个有六十多户人家的村子)建立后方医院和留守处,答应上山做王佐的工作"②。同时,袁文才对毛泽东说:"你们既然来了,就有福同享,有难同当,伤员和部队的粮油我管,但钱宁冈有限,还需要到酃县、茶陵、遂川一带去打土豪。"③袁文才这些话虽然有推托之意,但也是实情,他的能力确实有限。当时毛泽东也表态,革命军不会与井冈山的群众去争食,只是以此为根据地,在井冈山周围地区开展游击战争。三是为了扩大政治影响,以创建井冈山武装割据的基础。基于以上考虑,毛泽东决定革命军主力在井冈山周围各县盘旋打游击。10月10日左右,即派出部队向酃县挺进,筹款子,熟悉周围环境。经宁冈大陇、酃县十都,10月中旬到达酃县水口。通过游击活动,不仅解决了部队的给养问题,而且还充分宣传了党的主张,扩大了工农革命军

① 余伯流、陈钢著:《井冈山革命根据地全史》,江西人民出版社2010年版,第74页。
② 中共中央文献研究室编,逄先知、金冲及主编:《毛泽东传》(一),中央文献出版社2011年版,第164页。
③ 中共中央文献研究室编,逄先知、金冲及主编:《毛泽东传》(一),中央文献出版社2011年版,第164页。

的影响力。时任工农革命军第一军第一师第一团班长、新中国成立后任南京军区副政委的赖毅中将回忆说:"古城会议后部队分兵活动……毛主席给我们说,要下去。分几路下去,要扩大政治影响……下去以后要张贴布告,要宣传我们部队的宗旨、性质"。① 时任工农革命军第一军第一师第一团三营连长、新中国成立后任军委副总参谋长兼军训部长的张宗逊上将回忆说:"我们那时去的水口、大汾都是比较大的地方,去这些地方都为解决吃饭穿衣的问题。"②毛泽东率领工农革命军出击一个月后,又返回茅坪。随后将湘赣边界特委、湘赣边工农兵政府等机关设在茅坪。这样,在此安营扎寨,建立了大本营,真正在茅坪安了家。

四、开展深入系统的调查研究

善于调查研究,是毛泽东同志的鲜明特色。尤其难能可贵的是,毛泽东是在行军打仗过程中忙里抽闲做的这些调查。作为前委书记,他完全可以安排手下的人去干这些活,但他始终是亲力亲为。当时党内许多同志不理解,也不重视。毛泽东为什么十分重视调查研究呢? 这是因为毛泽东率领工农革命军来到井冈山,要创建革命根据地,涉及党的建设、政权建设、群众工作、经济发展、军事斗争等一系列问题,需要制定各种各样的政策,由于当时与中央和湖南省委的交通中断,无法及时得到上级的指示,这些都需要前委和毛泽东从实际和需要出发,作出正确的判断和决策,以指导边区的各项工作。对毛泽东来说,这些都是全新的内容,也是严峻的挑战! 怎么办? 下去调查研究。1927 年 11 月,工农革命军主力攻打茶陵时,毛泽东因为脚伤,在大陇送别队伍后,回到茅坪。随后,毛泽东在茅坪的坝上、洋

---

① 余伯流、陈钢著:《井冈山革命根据地全史》,江西人民出版社 2010 年版,第 77 页。

② 余伯流、陈钢著:《井冈山革命根据地全史》,江西人民出版社 2010 年版,第 78 页。

桥湖、马沅一带进行社会调查。1928 年 2 月下旬,毛泽东又到永新的秋溪乡调查。调查采取开座谈会或个别访问的形式。"自己口问手写,并同别人开展讨论",然后将获得的材料整理成文。先后写了《宁冈调查》《永新调查》。正是因为做了这些深入系统的调查研究,毛泽东对井冈山的实际情况才有了全面的了解和把握,才作出一系列的正确决策,有效地推进了井冈山革命根据地的创建。

当然,也有人对此不以为然。1928 年 6 月,湖南省委巡视员杜修经来到井冈山,毛泽东将这些调查报告送给他看。若干年后杜修经回忆说:"我一看,这些写在商人账本'总簿'、'坐簿'上的农村调查,一本一本地叠了一尺多高。由于我不理解这些是毛泽东同志为我们党制定方针政策的依据,对这些调查材料,只当作一些故事或情况阅读,一天的功夫就看完了。毛泽东同志见我启而不发,知道我没有看懂,失望地把这些退回来的调查材料收捡起来。"①杜修经还说:"随后,他(指毛主席——作者注)就把他在井冈山搞的许多农村调查从秘书处拿来给我看,这些调查很可能就是他在'农村调查'的《序言和跋》里讲的'丢了'的调查。那时,我的水平太低了,理解不了,看了几个小时,就把它交给他了。看过后的一些印象是有宁冈的调查,永新的调查,还有莲花的情况。是用账簿写的,共有 10 多本,一尺多高,是用兰布面子装成的,这些调查是 1928 年去湘南以前写成的,调查的方法是毛泽东同志上井冈山后脚病期间,在农村找了贫苦农民、工人、商人、教师、区、乡政府干部交谈后,把情况汇集起来而成的。里面的内容有关于江西的概述,万寿宫是怎么来的,江西做生意的人为什么都设万寿宫,然后记述了宁冈、永新的政治、经济、土地、人口、社会风俗等情况。"②

---

① 余伯流、陈钢著:《井冈山革命根据地全史》,江西人民出版社 2010 年版,第 122 页。
② 井冈山革命根据地党史资料征集编研协调小组、井冈山革命博物馆:《井冈山革命根据地》(下),中共党史资料出版社 1987 年版,第 423 页。

35 岁的毛泽东辛辛苦苦调查形成的报告,却遭到年仅 20 岁的杜修经如此的慢待,可以设想,他有说不出的委屈。与此同时,也可以看出,伟人之所以是伟人,就是因为能够站在常人所企及不到的高度,看到常人所看不到的东西。

从毛泽东和杜修经对待调查研究的不同态度,让我想到一个问题。毛泽东与他同时代的人相比,他对形势和问题的判断往往更准确,作出的决策和采取的措施往往更正确、更有效,毛泽东为什么能够做到这些? 或者说毛泽东比他同时代的人高明在什么地方? 密码在哪里? 为此,我们可以从毛泽东对土地问题的看法、在井冈山开展调查研究、制定正确的土地革命路线这一主题来探寻他成功的秘诀在哪里。

大家知道,八七会议确定了土地革命和武装反抗国民党反动派的总方针,通过了《最近农民斗争的决议案》,决定组织秋收起义。在这次会议上,毛泽东提出:"1. 大中地主标准一定要定,不定则不知何为大地主中地主。我意以为可以五十亩为限,五十亩以上不管肥田瘦田通通没收。2. 小地主问题是土地问题的中心问题。困难的是在不没收小地主土地,如此,则有许多没有大地主的地方,农协则要停止工作,所以要根本取消地主制,对小地主应有一定的办法,现在应解决小地主问题,如此方可以安民。"①1927 年 11 月,中共中央临时政治局扩大会议通过的《中国共产党土地问题党纲草案》和《中国现状与共产党的任务决议案》,提出了没收一切土地、土地所有权国有或公有的主张。这个主张是错误的。

八七会议后,毛泽东以中央特派员的身份,与彭公达一起到湖南,改组省委,领导秋收起义。在 8 月 18 日召开的中共湖南省委会

---

① 中国井冈山干部学院编:《井冈山斗争时期文献导读》,党建读物出版社 2015 年版,第 6 页。

议上,讨论了土地问题。出现了三种意见:(1)易礼容(时任湖南省委委员、第五届中央委员、秋收起义行动委员会书记)主张只没收大地主及反革命分子的土地,不没收小地主的土地;(2)夏明翰(时任湖南省委委员兼组织部长)主张全部没收土地,确定土地国有的原则;(3)毛泽东主张没收一切地主(大中小)的土地,分给农民,以满足农民的要求,对被没收的地主,要有一个妥善的办法,给予安插。上述三种意见,易礼容的主张偏右,夏明翰的主张偏左,毛泽东的意见则是正确的。毛泽东通过调查了解到,中国小地主多、大地主少,不没收小地主的土地便不能满足农民的要求,因而提出没收一切地主土地的主张,同时提出给被没收土地后的地主以生活出路的意见,这是难能可贵的。

毛泽东到井冈山后是怎么做的呢?在发动群众开展打土豪的同时,先后在宁冈、永新进行了深入系统的社会调查,初步掌握了湘赣边界土地占有状况和农村阶级关系,为制定土地革命的政策找到了客观依据,为开展土地革命作了充分准备。井冈山土地革命,大体经历了三个阶段:(1)从1927年冬到1928年2月,为准备阶段;(2)从1928年3月到7月,为全面开展阶段;(3)1928年冬,总结经验,制定了《井冈山土地法》。这部土地法"是毛主席把地方干部请来开会,经过调查研究亲自起草的。开始中央主张按劳动力分田,他没有听中央的,自己搞调查研究,以乡为单位,以贫雇农为核心"①。

这是我们党的第一个土地法,它第一次用法律的形式肯定了农民分配土地的神圣权利,在土地革命史上占有重要地位。但这部土地法由于缺乏经验和受中央"左"的土地政策影响,也存在三条错误:"(一)没收一切土地而不是只没收地主土地;(二)土地所有权属

---

① 《星火燎原》第一辑(井冈山斗争专辑),解放军出版社1986年版,第72页。

政府而不是属农民,农民只有使用权;(三)禁止土地买卖。"①

1929年1月中旬,毛泽东、朱德率领红四军挺进赣南。4月,毛主席主持制定了《兴国土地法》,把《井冈山土地法》中"没收一切土地"改为"没收一切公共土地及地主阶级的土地"。7月,在毛泽东指导下召开的中共闽西第一次代表大会,通过了《土地决议案》,"不但贯彻了党的六大土地政策的正确方面,而且解决了一些六大没有解决或没有正确解决的问题。"②1930年2月,毛泽东主持召开了红四军前委,赣西特委,红五、六军军委联席会议,解决了赣西南党内在土地革命问题上的意见分歧,制定了《二七土地法》,推动赣西南的土地革命蓬勃发展。

1930年5月,毛泽东在寻乌县作了社会调查,写出了《寻乌调查》,提出了"抽肥补瘦"的限制富农的正确政策。1930年6月,毛泽东在长汀南阳红四军前委和闽西特委联席会议上,提出了"抽多补少,抽肥补瘦"的正确原则。1930年10月到11月,毛泽东先后作了兴国、东塘、木口村等一系列社会调查,写出了《兴国调查》《东塘等处调查》《木口村调查》《赣西南土地分配情形》《江西土地斗争中的错误》《分青和出租问题》《分田后的富农问题》等著作,解决了土地革命中的许多政策问题。

经过三年多土地革命的实践,不断总结经验,基本上形成了一条正确的土地革命路线,这就是:依靠贫农、雇农,联合中农,限制富农,消灭地主阶级,变封建半封建的土地所有制为农民的土地所有制;以及没收地主阶级的土地,以乡为单位,在原耕基础上,实行"抽多补少,抽肥补瘦",按人口平均分配的一整套正确的原则和方法。而这

---

① 《毛泽东文集》第一卷,人民出版社1993年版,第51页。
② 李小三主编:《解读井冈山》,党建读物出版社2007年版,第181页。

条正确的路线，就是从井冈山开始，并在后来的实践中不断修正、补充、完善起来的。中国革命也正是沿着毛泽东制定的这条正确的土地革命路线，争取了千千万万的农民起来革命，才取得了中国革命的胜利。

这条正确的土地革命路线与调查研究有什么关系呢？毛泽东是这样说的："我作了寻乌调查，才弄清了富农与地主的问题，提出解决富农问题的办法，不仅要抽多补少，而且要抽肥补瘦，这样才能使富农、中农、贫农、雇农都活得下去。假如对地主一点土地不分，叫他们去喝西北风，对富农也只给一些坏田，使他们半饥半饱，逼得富农造反，贫农、雇农一定陷于孤立。当时有人骂我是富农路线，我看在当时只有我这个办法是正确的。""贫农与雇农的问题，是在兴国调查之后才弄清楚的，那时才使我知道贫农团在分配土地过程中的重要性。"①

关于调查的重要作用，毛泽东在《〈农村调查〉的序言和跋》一文中写道："要了解情况，唯一的方法是向社会作调查，调查社会各阶级的生动情况。对于担负指导工作的人来说，有计划地抓住几个城市、几个乡村，用马克思主义的基本观点，即阶级分析的方法，作几次周密的调查，乃是了解情况的最基本的方法。只有这样，才能使我们具有对中国社会问题的最基础的知识。"②他还说："这些干部、农民、秀才、狱吏、商人和钱粮师爷，就是我的可敬爱的先生"，"必须明白：群众是真正的英雄，而我们自己则往往是幼稚可笑的，不了解这一点，就不能得到起码的知识。"③后来这些调查材料丢失了，毛泽东感到十分惋惜。他说："我用开调查会的方法得来的材料，湖南的几

---

① 《解读井冈山》，党建读物出版社 2007 年版，第 182 页。
② 《毛泽东选集》第三卷，人民出版社 1991 年版，第 789 页。
③ 《毛泽东选集》第三卷，人民出版社 1991 年版，第 790 页。

个,井冈山的几个,都失掉了。"①"井冈山的几个",指的就是《宁冈调查》《永新调查》。对于失掉的这些调查,毛泽东时常念及。他在《寻乌调查序言》一文中说:"我过去做湘潭、湘乡、衡山、醴陵、长沙、永新、宁冈七个有系统的调查,湖南那五个是大革命时代(1927年1月)做的,永新、宁冈两个是井冈山时代(1927年11月)做的,湖南五个放在我爱人杨开慧手里,她被杀了,这五个调查大概是损失了,永新、宁冈两个,1929年1月红军离开井冈山时放在山上一个朋友手里,蒋桂会攻井冈山时也损失了。失掉别的任何东西,我不着急,失掉这个调查(特别是衡山、永新两个)使我时常念及,永久也不会忘记。"②从毛泽东这些话中,不难看出,这些深入系统的调查是毛泽东深入了解国情、准确把握形势、作出正确决策的重要手段。在老一辈革命家中,我们经常说,毛泽东最了解中国国情。为什么毛泽东最了解国情,最主要的是毛泽东善于开展调查研究。从苏联留学回来的那些领导人,他们一回来就被安排在重要领导岗位上,往往是看材料、听汇报,根据自己所学的理论和共产国际的指示,凭着自己的主观想象,作决策、定政策;而毛泽东则是钻研马列理论、通晓中国历史、学思中外哲学等,更为重要的是,他深入实际、深入群众、投身实践、扑下身子,善于做各种各样的系统深刻的调查,在了解国情、把握实际的基础上,作出科学的判断,制定正确的方针政策。和同时代其他领导人相比,毛泽东在调查研究方面下的功夫最多,调查最深入、最系统,调研成果也最丰硕。这可能就是毛泽东最了解国情的一个重要原因,也是他比别人高明的一个重要秘诀。

---

① 《毛泽东选集》第三卷,人民出版社1991年版,第790页。
② 余伯流、陈钢著:《井冈山革命根据地全史》,江西人民出版社2010年版,第123页。

五、大力开展党的建设

毛泽东到井冈山后的第一件大事,就是抓军队和地方党的建设。他深知,没有一个坚强有力的党组织,军队也好,根据地也好,都会松散无力,难以巩固和发展。党是军政的领导者、组织者和参与者。没有党的领导,就没有革命的军队,离开了党,一切都会失败。所以,他把党的建设看作是一切工作的根本。

一是巩固完善军队党的建设。"三湾改编"时,党的组织体系基本建立。来到井冈山以后,又进一步巩固完善。到1928年11月时,毛泽东给中央的报告说:"党的组织,现分连支部、营委、团委、军委四级。连有支部,班有小组。红军所以艰难奋战而不溃散,'支部建在连上'是一个重要原因。……现在红军中党员和非党员约为一与三之比,即平均四个人中有一个党员。"①

1. 完善"支部建在连上"的制度规定

连队,是部队战斗、生活和做群众工作的基层单位。连队建立了支部,就为党的路线、方针、政策的贯彻实施提供了组织上的保证。赖毅中将回忆说:"支部一建立,连队立即有了灵魂,各项工作迅速地开展起来。……由于支部设在连上,党通过党员和广大群众保持密切的联系,因而工作十分活跃,连里的政治空气逐渐浓厚,党员数量逐渐增多,这样真正形成了连队的核心和堡垒。"②

2. 发展优秀士兵入党

这是毛泽东加强军队党的建设的又一重要举措。工农革命军沿湘赣边界游击的第一站,是湖南酃县的十都,继而又移师水口。到水

---

① 《毛泽东选集》第一卷,人民出版社1991年版,第65—66页。
② 井冈山革命根据地党史资料征集编研协作小组、井冈山革命博物馆:《井冈山革命根据地》(下),中共党史资料出版社1987年版,第179页。

口的第三天,余洒度、苏先俊竟不告而别。曾在余洒度手下任特务连长、三湾改编后改任一团二连排长的谭希林回忆说:"原师长余洒度和三团团长苏先俊开小差,经过我们的岗哨,被我们拦住了。问他们到哪里去,他们说:'我们要走,是毛委员允许我们走的。'我们说:'没有证明不能通过。'结果还是把他们两个拦住了,并立即报告了毛委员。毛委员气量大,他说:'他们要走,就让他们走吧'。"①这两个人的脱逃,引起毛泽东的深思。他决定在水口建党,以巩固三湾改编的成果。

遵照毛泽东的指示,各连队党代表挑选一批工农革命骨干,积极培养入党。1927年10月15日夜晚,在水口村叶家祠堂举行了一次入党仪式。毛泽东主持,严格履行入党程序,握起右拳,带领赖毅、陈士榘、李恒、欧阳健、鄢辉、刘炎等6名新党员作了庄严的宣誓,誓词为"牺牲个人,严守秘密,阶级斗争,努力革命,服从党纪,永不叛党"。庄严、洪亮的声音在阁楼中回响,6名同志洋溢着特有的兴奋,发出了终身征战的誓言。从此,他们以崭新的姿态坚定而勇敢踏上了艰苦而伟大的征程。毛泽东亲自发展的这6名党员,他们后来怎么样了呢?让我们来逐一看看。

陈士榘,时为一营一连战士,新中国成立后担任军事学院训练部部长、工程兵司令、中央军委委员,1955年被授为上将;赖毅,时为一营二连一班班长,多次负伤,仍然坚持战斗,被毛泽东喻为"铁打的硬汉",新中国成立后任南京军区副政委,1955年被授予中将;刘炎,时为一营二连一班副班长,后任红一军团政治部地方工作部部长,新四军一师政委,1946年因病在山东去世;李恒,时为一营二连五班班长,有资料说在战斗中牺牲;欧阳健,当时职务不详,后任红一军团第

① 余伯流、陈钢著:《井冈山革命根据地全史》,江西人民出版社2010年版,第78—79页。

12 军 35 师政委、红五军团第 13 军 37 师政委,1932 年在赣州战役中牺牲;鄢辉,又叫袁炎飞,时为三营八连排长,曾任红军教导队教官、红四军 31 团团部参谋,后脱离革命。就是说,这 6 人中,1 人是开国上将,1 人是开国中将,1 人在解放战争时期病逝,2 人在战斗中牺牲,1 人虽然后来脱离革命,但是前期也为中国革命作出了贡献。这是井冈山革命根据地创建以来的第一次党建活动,也是我军历史上较早的一次党建活动。此后,各连队参照这次入党形式陆续开展了党建活动,众多的优秀分子投入了党的怀抱,不仅为部队增添了新鲜血液,而且使中国共产党像一块巨大的磁石,不断地吸引着越来越多的无产阶级先进分子,逐步形成一个坚强的革命团体。

3. 坚持党代表制度

建立党代表制度,是毛泽东借鉴苏联红军的经验,完善党对军队领导体制的一项根本性措施。这项制度在三湾改编时建立,到井冈山继续执行。后来中央来信提出"废党代表制"。1928 年 6 月 4 日,中共中央在来信中指出:"你们必须依照中央最近的军事工作决议案改造你们的军队,……在编制上应行太平天国式的编制,在政治上设政治部,取消党代表,实行士兵的政治训练。"[1]毛泽东从实际出发,坚持实行党代表制度。他在给中央的报告中说:"党代表制度,经验证明不能废除。特别是在连一级,因党的支部建设在连上,党代表更为重要。他要督促士兵委员会进行政治训练,指导民运工作,同时要担任党的支部书记。事实证明,哪一个连的党代表较好,哪一个连就较健全,而连长在政治上却不易有这样大的作用。……第二十八团在湘南曾经取消了党代表,后来又恢复了。……故我们决定不

---

[1] 井冈山革命根据地党史资料征集编研协作小组、井冈山革命博物馆:《井冈山革命根据地》(上),中共党史资料出版社 1987 年版,第 119 页。

改。"①此后,中央的指令中再也没有提出废除党代表的主张。"自1929 年起,红军中的党代表改称政治委员,1931 年起连的政治委员改称政治指导员,但这仅仅是名称的变化,党的领导的实质没有改变。"②

4.普遍建立士兵委员会

到井冈山后,部队继续进行民主改革,"各级党的组织、党代表制肯定下来;各级政治部也成立了;士兵委员会普遍建立,并起着积极的作用。""官兵真正做到同甘共苦。当时连的主要干部都有马,但谁都不骑,打仗时用来驮伤兵,平时用来驮病号。"③经过这种深刻的内部建设和外部斗争,部队真正达到了"军民一致、官兵一致",大家情绪高涨,积极性增强,极少有开小差的现象。罗荣桓元帅曾讲到这样一个故事:"毛泽东同志曾经率领三十一团的三营,下山去接应二十八团由湘南返回井冈山。夜间通过桂东地区,遭到敌人袭击,部队当时被打散了,大家很着急。但第二天清晨一集合,只少了一个担架兵。谁知当部队回到井冈山上时,这个担架兵早已回来了。"④

二是采取军队的党帮助地方党发展的做法。工农革命军到井冈山的时候,边界党的活动已处于瘫痪状态。"去年十月,红军(工农革命军第一军第一师第一团)到达边界各县时,只剩下若干避难藏匿的党员,党的组织全部被敌人破坏了。"⑤针对这种情况,毛泽东采取了如下措施:

① 《毛泽东选集》第一卷,人民出版社 1991 年版,第 64 页。
② 《解读井冈山》,党建读物出版社 2007 年版,第 81—82 页。
③ 井冈山革命根据地党史资料征集编研协作小组、井冈山革命博物馆:《井冈山革命根据地》(上),中共党史资料出版社 1987 年版,第 122 页。
④ 井冈山革命根据地党史资料征集编研协作小组、井冈山革命博物馆:《井冈山革命根据地》(上),中共党史资料出版社 1987 年版,第 122 页。
⑤ 《毛泽东选集》第一卷,人民出版社 1991 年版,第 73 页。

1. 10 月 7 日到达茅坪的当天晚上，毛泽东就参加了宁冈党组织在攀龙书院召开的党员大会。在会上，他分析了全国革命形势，讲了“马日事变”后党的应急措施，讲了八七会议精神，询问了宁冈党组织的情况，并指出：“你们的党组织根基不稳，光知识分子不行，还要发动工农群众，以后要注意阶级出身，要深入基层，做发动群众的工作。”①

2. 宁冈县党组织会议结束后，毛泽东在八角楼亲切会见了在茅坪一带坚持斗争的永新、莲花、宁冈三县共产党“头面人物”，有贺敏学、刘真、王怀、刘作述、贺子珍、刘仁堪、刘辉霄、刘克犹等人。毛泽东详细询问了宁冈、永新、莲花、遂川、茶陵、酃县的情况，大家一一作答。这次会见对毛泽东以后经营领导井冈山的斗争产生了重要影响。

3. 象山庵联席会议。11 月初，毛泽东率部回到茅坪，他指示袁文才立即通知永新、莲花、宁冈三县坚持隐蔽斗争的党组织负责人来象山庵开会。11 月上旬，毛泽东在茅坪象山庵主持召开了这三个县党组织负责人会议。永新县的王怀、刘真、刘作述、贺敏学、朱昌偕、贺子珍，莲花县的朱亦岳、刘仁堪，宁冈县的龙超清、袁文才、刘辉霄等参加。中心议题是重建和恢复边界党的组织，开展群众武装斗争。在听取各县的情况汇报后，毛泽东对武装斗争、土地革命问题提出意见，“要求大家迅速行动起来，重建和发展党的组织，发动群众打土豪，分财物，筹款子，尤其要巩固和发展农民自卫军。”②会议结束后，宁冈、永新、莲花等县迅速掀起了打土豪分浮财的群众性游击活动，并在斗争中恢复和重建了党的组织。后来，毛泽东在《井冈山前委

---

① 余伯流、陈钢著：《井冈山革命根据地全史》，江西人民出版社 2010 年版，第 71 页。

② 《毛泽东年谱（一八九三——一九四九）》上卷，中央文献出版社 2013 年版，第 224 页。

给中央的报告》中说："十一月到今年四月,为重新建立党的时期。""到今年二月,宁冈、永新、茶陵、遂川都有了县委,酃县有了特区,莲花亦开始了党的组织,与万安县委亦发生了关系。"①不难看出,毛泽东当时的决策是正确的、及时的。可以说,象山庵会议是毛泽东开创井冈山革命根据地的重要一环。

三是派人前去联系上级党组织并打听南昌起义部队的下落。古城会议上,"决定派人与中央和湖南省委取得联系,同时,利用原来的老关系,派遣一些红军干部深入白区和敌军中开展工作。"②1927年10月12日,毛泽东"率工农革命军第一团到酃县十都,派何长工去长沙、衡阳等地向中共湖南省委和湘南特委汇报秋收起义部队情况,打听南昌起义部队的下落"③。

四是致信湖南省委和中央建议成立湘赣边界特委。最早提出建立中共湘赣边界特委的是毛泽东。作为一个清醒的政治家,毛泽东深知边界各县党组织和党员的真实状况,一方面,"党在村落中的组织,因居住关系,许多是一姓的党员为一个支部,支部会议简直同时就是家族会议。在这种情形下,'斗争的布尔什维克党'的建设,真是难得很。"④另一方面,党员成分"大多数是农民",文化水平很低,无产阶级政治意识较薄弱等。针对这种状况,必须加强组织领导,加大工作力度。于是,毛泽东在1927年12月18日,向湖南省委和中央提出建立湘赣边界特委的建议。"提议改组前敌委员会,表示朱、毛两部建立联合领导的意向。"信中说:"部队行动,由朱德、陈毅、张子清、宛希先、余贲民、袁文才、毛泽东七人组成前委,请批准。如系

① 余伯流、陈钢著:《井冈山革命根据地全史》,江西人民出版社2010年版,第86页。
② 《井冈山革命根据地和中央苏区大事纪实》,江西人民出版社2006年版,第9页。
③ 《毛泽东年谱(一八九三——一九四九)》上卷,中央文献出版社2013年版,第221页。
④ 《毛泽东选集》第一卷,人民出版社1991年版,第74页。

驻军,则应组织湘赣特别委员会,指挥军事及交界八县党务、农村暴动等,人员除上述七人外加江西的刘真,请呈报中央批准。"①

五是最早提出思想建党的问题。毛泽东说:"我们感觉无产阶级思想领导的问题,是一个非常重要的问题。边界各县的党,几乎完全是农民成分的党,若不给以无产阶级的思想领导,其趋向是会要错误的。除应积极注意各县城和大市镇的职工运动外,并应在政权机关中增加工人的代表。党的各级领导机关也应增加工人和贫农的成分。"②

六、着力创建新型人民军队

革命军建立之初,大部分成员来自旧军队和农民,存在着旧式军队的军阀主义、流寇思想、雇佣观念、单纯军事观点,以及个人主义、绝对平均主义、极端民主化、组织纪律松懈、作风散漫等不良现象。为此,毛泽东大力加强部队建设,着力创建新型人民军队。

关于建立一支什么样的军队,毛泽东虽然不是军事科班出身,但他读了很多中国历史的书,深入地学习了马克思主义,又结合中国的国情,有自己的想法和思路。他的建军思想,既不同于苏联,也不同于国民革命军。陈士榘上将说:毛泽东领导的秋收起义部队进行了三湾改编,随后上了井冈山又进行了一系列建设,"应该说,这是建立新型军队的开始。"③他说:"我们建军,不同于俄国列宁、斯大林的做法。在俄国,武装起义后,大批旧军队直接改变成红军。所以,他们的一套制度受沙俄的影响很大,有一些则是沿袭了沙俄的旧制度。

---

① 《毛泽东年谱(一八九三——一九四九)》上卷,中央文献出版社 2013 年版,第225 页。

② 《毛泽东选集》第一卷,人民出版社 1991 年版,第 77 页。

③ 《星火燎原》第一辑(井冈山斗争专辑),解放军出版社 1986 年版,第 119 页。

他们的红军没有经历游击战争,也不像我们从无到有,而是利用了不少沙俄的旧军队,在红军中,用了大量的旧军官。后来,为了加强党的领导,军事委员会派了委员到各部队中充当党代表。然后,进行革命战争,反对沙俄的一套旧制度,建立起新型的军队。""对于中国来说,原来也有一套军事制度,在大革命时期有国民革命军,并沿着苏联的模式进行建设,把国民革命军变成革命的军队。但是,蒋介石一九二七年叛变革命,情况又起了变化。当时,他们大肆屠杀工农,大肆屠杀学生,大肆屠杀进步人士。由于这样的反共政策,我们共产党员无法在国民革命军中存在下去,在大革命时期派进的党代表也都基本上退了出来。就是参加八一南昌起义贺龙、叶挺的部队,也不是很成功的,到最后大都被打散了,只剩下朱德、陈毅同志率领的一支队伍,到井冈山和毛泽东同志领导的部队会合。那时,剩下来的国民革命军的军官,是黄埔军校毕业的,能坚持革命的,也不多了。在艰苦的斗争环境中,有些跑掉了,离开了革命队伍。……因为这些人是难以改造的,像井冈山时期的余洒度、徐庶等人,是很难坚持下去的。"[1]"那时除了黄埔军官有些人叛变、逃跑外,在工农群众中也有这样的动摇现象。"[2]

在这种情况下,毛泽东是如何建设新型人民军队的呢?

一是名叫"工农革命军"。这个名字现在看起来好像很简单、很普通,仔细分析,这是一个贴切、接地气而又富有深意的名字。它凝结了毛泽东对马克思主义的深刻理解,对中国国情的全面把握。在毛泽东看来,马克思主义的历史观告诉我们,人民群众是历史的创造者,只有把人民群众发动起来,才能取得革命的胜利;中国的工人农民占总人口的85%左右,只有把工人农民发动起来,才能推翻国民党的

---

① 《星火燎原》第一辑(井冈山斗争专辑),解放军出版社1986年版,第119—120页。
② 《星火燎原》第一辑(井冈山斗争专辑),解放军出版社1986年版,第120页。

反动统治。所以,要把工人农民旗帜鲜明地包含在军队名字之中。军旗中也镶嵌了工农的标记。这样就把部队的性质一下子亮了出来,便于广大劳苦大众从名称上辨别出这支队伍的性质和宗旨,从而亲近它、拥护它、支持它。这个问题是在1927年9月初张家湾军事会议上确定的。毛泽东在《西江月·秋收起义》中写下了这样豪迈的诗句:"军叫工农革命,旗号镰刀斧头。匡庐一带不停留,要向潇湘直进。地主重重压迫,农民个个同仇。秋收时节暮云愁,霹雳一声暴动。"

二是确定党对军队的领导并规定新的纪律。毛泽东在三湾时解决了三个问题、制定了五条纪律。据陈士榘回忆:"在三湾解决了三个问题,一是党的绝对领导,在连上建立党支部;二是各级派党代表;三是要做政治工作。这是在三湾提出的三件事。对于政治工作,要求部队不仅会打仗,还要做宣传工作。""毛泽东同志要求工农革命军做到:一、说话和气;二、买卖公平;三、不拉夫;四、废除肉刑,不准打人;五、不枪毙逃兵。这几条纪律,有的是对内的,有的是对外的。当时,在部队中打骂战士以及逃兵被枪毙的现象是有的。所以,向部队提出了不准打人以及不准枪毙逃兵的要求。"①

三是坚持实行士兵委员会制度。毛泽东在三湾改编时建立了士兵委员会制度。工农革命军来到井冈山后,依然坚持这项制度。原秋收起义三团文书、时任红四军32团连党代表、新中国成立后担任中央政治局委员的宋任穷上将回忆说:"士兵委员会大概是在1927年底打开遂川以前就成立了。它是由选举产生的。基层士兵委员成立的经过是,首先在党内酝酿(当时党员还是秘密的),然后在全体军人大会上选举产生。营士兵委员会则先由各连产生若干代表,然后再由三个连的代表选举产生。团也产生了士兵委员会。士兵委员会不设什么

---

① 《星火燎原》第一辑(井冈山斗争专辑),解放军出版社1986年版,第121页。

机关,也没有专职人员,只是遇事在一起开会研究。它的工作,一个是政治民主,一个是经济民主,管理伙食,管理经济。那时来自旧军队的军官很多,打人骂人的军阀习气还是存在的,有的相当严重。士兵委员会就同他们那种旧习气作斗争。还有是把伙食办好,按时结账分伙食尾子。营、团士兵委员会的主要工作是放在连里,这是基础。连党代表的职责,一个是党的工作,一个就是抓士兵委员会的工作。"①

团、营、连都有士兵委员会,各级按照比例选出人数不等的执委会,再选举一人为主席(也称"主任"——作者注),主要负责政治民主和经济民主。连士兵委员会选举 5 至 7 人或 9 人为执委,推举主席一人;营士兵委员会选举 11 至 13 人,推举主席一人;团士兵委员会选举 17 至 19 人,推举主席一人。士兵委员会的任务和目标是:

其一,政治民主,就是官兵平等,不准打人骂人,打破旧军队中的等级观念。领导犯错误,士兵委员会可以做出处罚,比如开展批评,让领导给战士道歉等。革命元老耿飚同志曾被"民主"过一次。有一次他的队伍集合点名,有个战士迟到了,耿飚问他为什么迟到,这个战士回答"我懒得个。"耿飚一听火了,"大家都一样嘛,为什么单单你懒得个?"顺手给了他一拳。领导干部动手打人,这还得了?当天晚上,士兵委员会把耿飚叫过去,轮流念红军的纪律条文,最后大家一致认定耿飚犯了军阀主义、官长打了士兵的错误,罚他一块钱,给这个战士赔礼道歉……

其二,经济民主,就是由士兵委员会决定部队的日常开支,统一公开账目。这样就杜绝了国民党那种克扣士兵经费的不良现象,彻底做到了经济公开。过去在国民党军队,虽然每月发几块大洋,但经常遭到当官的打骂,不被当人看,还受窝囊气。现在部队虽然不发饷,

---

① 井冈山革命根据地党史资料征集编研协作小组、井冈山革命博物馆:《井冈山革命根据地》(下),中共党史资料出版社 1987 年版,第 193—194 页。

但官兵平等,经济公平,有福同享、有难同当,大家都有一种主人翁的意识和感觉,精神十分愉快。黄埔军校第四期毕业生、时任工农革命军连长的陈毅安同志在写给妻子的信中说:"我们天天行军打仗,钱也没有,衣也没有穿,但是精神非常的愉快,较之从前过优美生活的时代好多了,因为是自由的,绝对不受任何人压迫;同志之间亦同心同德,团结一致。"①罗荣桓回忆说:"为了扫除军队中的一切不良制度和习气,毛泽东同志果断地采取了许多革命的措施。例如,士兵委员会就是这个时候产生的。为了反对旧军队的一套带兵方法,这就需要进行民主改革。士兵委员会就是实现民主的一个组织形式。那时,士兵委员会有很大的权力,军官要受士兵委员会的监督……只有这样做,才能更彻底更有效地肃清军阀残余。有了民主,才能提高群众觉悟,才能建立巩固的集中。"②

实行士兵委员会制度,解决了三大难题:第一,从根本上解决了士兵成建制、大规模逃跑的问题。当时部队中旧军队过来的人很多,三湾改编之前,部队的士气不高,成建制、大规模逃跑的现象时有发生。实行士兵委员会后,大家感受到红军和其他军队完全是两个世界,见识过红军的平等世界,就再也不愿意到等级森严的国军去了。加上有"支部建在连上"的政治保证,从此以后杜绝了成建制、大规模逃跑的问题。第二,解决了不发薪饷的困难。当兵的发饷,当官的发薪,是一切旧军队的惯例。北伐革命军也是这样,当兵的每月七八块大洋,当个少校每月就有一百几十块大洋。叶剑英元帅曾说:"那时师长每月差不多二三万元收入。二三万元不少了,十个月就是二

---

① 《中国共产党的九十年》,中共党史出版社 2016 年版,第 105—106 页。
② 余伯流、陈钢著:《井冈山革命根据地全史》,江西人民出版社 2010 年版,第 60—61 页。

三十万,公公道道,做二三年师长就是个百万富翁。"①黄埔军校毕业的军官一般配有"三金"(金牙、金戒指、金丝眼镜)、"五皮"(皮鞋、皮挂包、皮鞭、皮武装带、皮绑腿),有专门伙房,顿顿"四菜一汤"。②但起义部队到三湾时,后勤保障已经困难,吃饭都快要成问题了,哪还有钱发饷发薪呢?到了井冈山只能解决吃饭问题,也没有多余的钱发薪饷。不发薪饷,必然会引起官兵的思想波动,少数人开小差、逃跑也就在所难免。如何解决不发薪饷又能留住人的问题?毛泽东将过去的薪饷制改为供给制,通过建立士兵委员会,来管理伙食,体现公平合理,有盐同咸、无盐同淡,这样不发饷也得到了大家的体谅。第三,解决了部队中军阀作风严重的问题。过去部队中,等级森严,官兵不平等,军官打骂、体罚士兵的现象经常出现,影响了部队的凝聚力和战斗力。建立士兵委员会后,军官就不能再打骂士兵了,如果再打骂士兵,就是违反纪律,士兵委员会就要处罚军官,这样有效地解决了部队中的军阀作风问题。

四是加强思想政治教育,树立革命乐观主义。当时革命处于低潮,秋收起义余部随时都有可能一溃即散,很多人感觉到前途渺茫。这时作为政治家,毛泽东及时对指战员加强思想政治教育。陈士榘上将回忆说:"我记得在三湾改编时,毛泽东同志就对我们讲过,尽管现在是革命低潮,但是只要我们坚持党的正确领导,高潮还会到来的。现在,历史任务还是没有完成,三座大山还压在人民头上,革命是要前赴后继、不断前进的。毛泽东同志在三湾讲的这些内容,从理论上予以阐述、提高,在我的印象中是很深刻的,使我们豁然开朗,顿开茅塞。毛泽东同志讲的这些内容,看上去很简单,但是,对于提高

---

① 《叶剑英传》,当代中国出版社 2015 年版,第 48 页。
② 张国君编著:《谭政大将》,四川人民出版社 2009 年版,第 43 页。

我们的认识,对于坚定我们的信心,却起到了很重要的作用。"①此外,"毛主席经常跟我们讲,你们嘴上没毛,要看到革命的前途,它迟早是会胜利的。我年纪比你们大,我还要看到中国革命的胜利,当然不是说不会牺牲。我希望革命胜利后,我们都还健在。"②毛泽东讲得通俗易懂、道理深刻,给大家指明了方向,使大家看到了希望,树立了革命的乐观主义。此外,"在酃县中村,毛委员给部队讲了一堂政治课,全团人数分两部分上课,分别讲了三天,……讲的题目是:中国革命的特征。毛委员详细地讲解了中国革命的形势、任务和特点,他分析了中国是一个经过了一次革命的、政治经济发展不平衡、半殖民地的大国。中国是农业国,经济主要靠农村,城市的一切都要靠农村供给,靠农村来养活。通俗地说:城市里的青石板是不长禾的,而城市是统治农村的,农村的反动统治比较薄弱,我们可以开展游击战争,革命根据地和红军就能存在和发展。……革命根据地要波浪式地发展,由无到有,由小到大,由点到面,由数点发展到联系起来为一大片,由农村包围城市,就能取得全国胜利。听了这次政治课后,使我们明确地看到了光明的前途,提高了我们斗争勇气,坚定了革命信心,革命一定会胜利。所以,在艰苦的战斗环境里,精神却是愉快的。听过这次课的人,有罗荣桓、陈伯钧、谭希林、韩伟、谭政、张令彬等同志。"③在革命最低潮的时候,在大家情绪低落的时候,毛泽东能给大家讲清革命道理、指出革命的前途,使大家如拨云雾见青天,坚定了革命信念,树立了革命必胜的信心。这一点确实难能可贵!

————————

① 《星火燎原》第一辑(井冈山斗争专辑),解放军出版社1986年版,第121页。
② 《星火燎原》第一辑(井冈山斗争专辑),解放军出版社1986年版,第123页。
③ 井冈山革命根据地党史资料征集编研协调小组、井冈山革命博物馆:《井冈山革命根据地》(下),中共党史资料出版社1987年版,第211—212页。

  五是出击大汾,实战检验。当毛泽东在水口开展游击和群众工作时,茶陵敌军两个团向水口扑来。毛泽东当即决定兵分两路迎敌,一路由一营党代表宛希先率二、三连插向茶(陵)安(仁)边境,袭扰敌后,迫敌回撤,然后即返茅坪;一路由毛泽东率领团部和三营、一营一连、特务连折入遂川境内,继续游击、发动群众。10月22日,当毛泽东率工农革命军主力到达遂川西部大汾镇时,遭到遂川县靖卫团团总萧家璧的突然袭击,战斗异常激烈。革命军因仓促应战,加之人生地不熟,损失惨重,前卫的第三营在匆忙中走错了方向,向南转到湖南桂东去了;毛泽东率领团部和特务连撤退,一直退到井冈山南麓的黄坳,这时毛泽东身边只剩下30多人,部队状况十分狼狈,史称"大汾劫难"。对此,时任前委秘书、新中国成立后任总政治部主任的谭政大将回忆到:"第一营的第一连以及团部、特务连由毛泽东同志带领,部队虽然没有损失好多,但每一个人都很狼狈,毛泽东同志也只穿了件长袍子。大家吃了饭,他还没有吃饭,后来搞到了饭又没有东西盛,就用衣服兜,用两根树枝当筷子。"①当时的危险和困难可见一斑,但毛泽东没有气馁,依然镇定自如。在战士们稀稀拉拉坐在地上愁眉苦脸、士气低落时,毛泽东毅然站了起来,挺直身子,精神抖擞地对大家说:"现在来站队,我站头一名,请曾连长(曾士峨,特务连连长——作者注)喊口令!"②毛泽东的镇定、顽强,顿时感染了战士们,大家纷纷提枪入列。毛泽东率领这一部分队伍继续向井冈山转移。"他的脚被草鞋带子磨烂,行动很困难,但他仍坚决不坐担架,坚持拄着棍子步行。"③随后第一营第一连赶了上来,收集了200余人。"这时王佐派人

---

  ① 余伯流、陈钢著:《井冈山革命根据地全史》,江西人民出版社2010年版,第81页。
  ② 中央文献研究室编,逄先知、金冲及主编:《毛泽东传》(一),中央文献出版社2011年版,第165页。
  ③ 中央文献研究室编,逄先知、金冲及主编:《毛泽东传》(一),中央文献出版社2011年版,第165页。

接应他们上山,部队在十月二十七日到了茨坪。"①三营在张子清、伍中豪的带领下,又转到了上犹县鹅形村,与朱德、陈毅的部队取得了联系,参加了朱德部的上堡整训,得到了物资和弹药的补充,直到 12 月才离开朱德的部队,辗转到茶陵归队。大汾劫难后,在毛泽东的率领下,这支"艰难奋战而不溃散"的革命队伍,又踏上新的征程。

很多人没有想到的是,这时毛泽东的处境极其艰难。**第一,中央和共产国际的严重不满。**"早在 9 月,毛就因为其拒绝进攻长沙的行为而遭到苏联领事兼共产国际代表库楚莫夫的严厉批评。后者在他的报告中及在他于 9 月 16 日和 17 日写给中共中央政治局的几封信里,称湖南省委的'无所作为'是'极端可耻的背叛和怯懦行径',要求政治局立刻改变省委领导。这位苏联领事确信,如果彭公达和毛泽东没有表现出'极其可恶的中国式的市侩作风',长沙起义本来是可以成功的。作为对这一指责的反应,瞿秋白命令立刻举行长沙起义。"②1927 年 11 月 9 日至 10 日,中共中央在上海召开临时政治局扩大会议,指责毛泽东在秋收起义中"完全违背中央策略"、把暴动"变成了单纯的军事投机的失败"③,决定撤销他的政治局候补委员和湖南省委委员职务。**第二,同事的敌意。**"余洒度脱离工农革命军后,到湖南省委告了状,说毛泽东不执行中央打长沙城市的指示,逃避斗争,到山区同绿林为伍,并送了大批枪支。""这年年底湖南省委代表何资琛到中共中央汇报时说,'润之在赣时曾有一大错误'。"④**第三,眼前**

---

①　中央文献研究室编,逄先知、金冲及主编:《毛泽东传》(一),中央文献出版社 2011 年版,第 165 页。

②　[俄]亚历山大·潘佐夫著:《毛泽东传》(上),卿文辉、崔海志、周益跃译,中国人民大学出版社 2015 年版,第 282 页。

③　参见《毛泽东年谱(一八九三——一九四九)》上卷,中央文献出版社 2013 年版,第 224 页。

④　中央文献研究室编,逄先知、金冲及主编:《毛泽东传》(一),中央文献出版社 2011 年版,第 163 页。

的危险与反差。一般说来,人往高处走,水往低处流。1925 年,毛泽东32 岁,被任命为国民党中央宣传部代理部长,在国民党第一次、第二次全国代表大会上就当选为候补中央执行委员,月薪680 个大洋,已经过上"食有鱼、出有车"的优越生活,下到各个省市视察,那也是前呼后拥的。可如今带领残兵败将,连饭几乎都吃不上,脚磨破了还坚持拄着木棍步行,反差如此之大,换成一般人早就不干了,谁愿意放弃城里的优越生活来这小山沟里受这份罪呢? 余洒度、苏先俊就是个反证。毛泽东在如此艰难的处境下,依然保持矢志不渝、顽强的革命精神和大无畏的乐观主义精神,确实难能可贵、令人敬仰! 对稳定这支还不牢固的队伍、凝心聚力,起到了定海神针的作用!

六是制定并实施"三大纪律""六项注意"。大汾劫难之后,毛泽东带领部队于10 月23 日来到荆竹山,遇到了王佐队伍的"探水队"(即侦察队)队长朱持柳。在他的热情安排下,工农革命军夜宿荆竹山。原来,在茅坪期间,袁文才就向毛泽东介绍了他的"把兄弟"王佐的情况,并写了一封信交给毛泽东。毛泽东即派艾成斌上山联系王佐,一开始王佐心存戒备,没有作出反应,直到看见袁文才的信,才派朱持柳下山打探革命军的下落,恰好在荆竹山不期而遇。为了上山后能与王佐部搞好关系,防止出现侵犯群众利益的事情,毛泽东在荆竹山村前"雷打石"处给大家讲话,第一次提出了"三大纪律"。陈士榘上将回忆说:"在荆竹山……毛委员简要地介绍了井冈山的情况,又说:今天我们就要上井冈山了,要在那里建立根据地。大家一定要和山上的群众搞好关系。要和王佐的部队搞好关系,做好群众工作。……于是,他正式宣布了三项纪律:第一,行动听指挥;第二,筹款要归公;第三,不拿老百姓一个红薯。"①这是工农革命军最初颁布

---

① 余伯流、陈钢著:《井冈山革命根据地全史》,江西人民出版社 2010 年版,第 82 页。

的"三大纪律"。

工农革命军占领遂川时，发生了一些侵犯群众利益的事件，如借老百姓门板不还、放火烧地主的房屋等，毛泽东甚为不安，于是决定制定一套切实可行的制度，来规范官兵的行为。1928年1月25日，毛泽东在遂川县李家坪召开全体革命军指战员大会，郑重宣布"六项注意"，即：(一)上门板；(二)捆稻草；(三)说话和气；(四)买卖公平；(五)不拉伕，请来伕子要给钱；(六)不打人骂人。这是我军最早提出的"六项注意"。① "三大纪律、六项注意"是根据当时情况提出来的，后来根据形势的发展，又从文字上加以完善，最后形成了"三大纪律、八项注意"。时任遂川县委书记、新中国成立后任江西省委书记的陈正人同志回忆说："主席很强调六项注意，部队每到一地，都要严格检查六项注意的执行情况。六项注意的每句话，都是老百姓的话，非常通俗、易懂。"② 正是因为毛泽东和前委及时颁布了"三大纪律""六项注意"，工农革命军在遂川分兵时，才受到广大群众的拥戴，取得了可喜的成绩。陈士榘回忆说："毛泽东同志宣布的这几条群众纪律最得人心，也是国民党反动派最害怕的。"③ "他向部队提出三大纪律，要求军队对老百姓秋毫无犯，得利群众，不能像国民党的军队那样打骂群众，抢群众的东西。主席提出的这些道理简单易懂，然而很重要。靠这个宗旨，建立了一支人民的军队。现在我们的军队还是这个宗旨。人民军队爱人民。主席的英明也就在这里。"④ "严格实行'三大纪律、六项注意'后，老百姓根据实际观察，流传着一首歌谣：'红军纪律真严明，行动听命令；爱护老百姓，到处受欢

① 余伯流、陈钢著：《井冈山革命根据地全史》，江西人民出版社2010年版，第110页。
② 余伯流、陈钢著：《井冈山革命根据地全史》，江西人民出版社2010年版，第110页。
③ 《星火燎原》第一辑(井冈山斗争专辑)，解放军出版社1986年版，第122页。
④ 《星火燎原》第一辑(井冈山斗争专辑)，解放军出版社1986年版，第123页。

迎；遇事问群众，买卖讲公平；群众的利益，不损半毫分。'从此，改变了工农革命军同群众的关系。这是工农革命军能够从小到大地发展起来并战胜敌人的重要力量源泉所在。"①

七是明确规定工农革命军"三大任务"。自古以来，军队的任务就是打仗，就是走州过府、收粮派款。但毛泽东认为，工农革命军是党领导的人民军队，是一个执行革命政治任务的武装集团，与封建社会的军队和国民党的军队有着本质的区别。所以，针对秋收起义以来部队出现的问题，他于1927年12月29日，在砻市沙洲全体官兵大会上，首次颁布了工农革命军的"三大任务"，即：第一，打仗消灭敌人；第二，打土豪筹款子；第三，宣传群众、组织群众，帮助群众建立革命政权。② 这样，就"将革命军人如何对待人民群众，用最具体、最简要的语言固定下来。多少年来它一直指导着每一个指战员的行动"③。这在我党我军的历史上也是第一次。现在来看，这三项任务似乎没有什么新奇的地方，可事实上，这三条非常了不起！打仗消灭敌人，就是要消灭欺压百姓、人民恨之入骨的土豪劣绅、反动军阀等，人民群众当然求之不得了；打土豪筹款子，就是没收地主土豪的浮财、粮食，大部分分给农民群众，留一部分作军粮给养，人民群众当然高兴了；宣传群众、组织群众，帮助群众建立革命政权，就是向广大人民群众宣传我们党的性质、宗旨和任务，宣传我们的军队是人民的队伍，是为老百姓打天下的队伍，我们的军队推翻反动政权，建立工农兵政府，让人民群众当家作主，人民群众当然欢迎了！几千年来，在老百姓心目中，兵匪是一家，都是搜刮民财、欺压百姓的，而工农革命

---

① 中央文献研究室编，逄先知、金冲及主编：《毛泽东传》（一），中央文献出版社2011年版，第170页。

② 余伯流、陈钢著：《井冈山革命根据地全史》，江西人民出版社2010年版，第106页。

③ 井冈山革命根据地党史资料征集研究协作小组、井冈山革命博物馆：《井冈山革命根据地》（下），中共党史资料出版社1987年版，第122页。

军是来帮助穷人打天下的,就是人民子弟兵啊！人民群众能不衷心拥护吗？可以说,实行这三大任务,赢得了广大人民群众的信任和拥戴,奠定了工农革命军扎根井冈山的坚实基础。

八是创办军官教导队。为了适应长期革命斗争的需要,针对部队"伤、亡、病、逃,损失甚易"和"军事技术太差"的状况,毛泽东决定创办一个军官教导队,培养和训练下级军官和边界各县的赤卫队指挥人员。1927 年 12 月底,在砻市的龙江书院,举行开学典礼。教导队长:吕赤(黄埔四期生,参加过北伐战争,三湾改编后任军官队队长)。教导队党代表:蔡钟。区队长:陈士榘、张令彬、陈伯钧,均为军事骨干。教官:袁炎飞等。第一期学员 100 人,均为部队和地方武装中选派的班长和积极分子。在教学内容上,以军事教育为主,兼学政治、文化。军事上,有队列、单兵刺杀、地形地貌、军事指挥等;政治上,有阶级斗争、土地革命、政权建设等内容;文化上,以解释"打倒帝国主义""推翻封建统治""实行土地革命""扩大人民武装""建立红色政权"等政治口号,开展识字活动,把学政治和学文化结合起来。此外,还有实地军训等。

由于当时的经济困难,教导队的办学条件也是非常差的。"没有桌子,学员们就用砖块架木板代替;没有凳子,就席地而坐;没有纸,就用竹片、笋壳、杉皮充当;没有笔和黑板,用木炭作笔在地上划。"[1]

毛泽东对军官教导队的工作很重视、很关心。开学那天,毛泽东到场讲话,他说:"同志们,军官教导队今天正式开学了。这是件值得庆贺的事情,你们是教导队的第一期学员,应该感到骄傲。从今天起,你们就要在这里学政治,学军事,学文化。人,不是在娘肚子里就懂得马列主义,懂用兵打仗的,所以要学习。但要在短期内学好,也

---

[1]　余伯流、陈钢著:《井冈山革命根据地全史》,江西人民出版社 2010 年版,第88页。

不是一件容易的事,这就需要移山倒海的气魄。我们共产党人闹革命,推翻军阀政府,消灭封建剥削,完成土地革命,也是一件不容易的事情,也需要有移山倒海的气魄!"①这给学员们很大鼓舞。有时毛泽东还亲自给学员们讲课,比如讲什么叫革命、革什么命、怎样革命等。毛泽东深入浅出的讲解,使学员们一听就懂。"时隔半个多世纪,当时的学员谭震林还能记忆犹新地讲述毛泽东怎样用湖南乡间常见的水车舂米的例子,来说明为什么要革命的道理。他说,毛泽东一边打着手势,一边说:'大家都知道舂米吧!舂米的方法,一个是你拿着棍棒,你顿一下,我顿一下,把谷子舂成米。另一种办法是用水车,上面安一根棒子,棒子上捆块石头,水一冲,水车不停地转动,下面的石臼就不停地舂米,这个方法就革了前一个方法的命,更进步了。''我们革命的目的是什么? 革命的目的之一,就是要把所有用人力的生产,变成用机器的生产。要达到这个目的靠谁呢?靠群众自己。那么群众怎么知道革命的道理呢? 那就是要靠我们共产党员去给他们讲。所以你们到哪一个地方,都要注意这个问题。'"②毛泽东能把抽象晦涩的理论问题,用人们生活当中的事例表达出来,接地气、很形象,让人们一听就懂、一学就会。这种能力和水平确实值得我们各级领导干部学习借鉴!毛泽东还经常到教导队看望学员。"有一天,进行单兵刺杀训练时,宁冈学员谢华光总是不得要领,气得袁炎飞教官想发脾气了。正巧毛泽东来了,他了解到这种情况后,启发谢华光要带着阶级仇恨来练,就好像敌人在前头。受此启发后,谢华光刺杀得又狠又猛,步伐整齐,一时传为美谈。"③时为

---

① 余伯流、陈钢著:《井冈山革命根据地全史》,江西人民出版社2010年版,第87页。
② 余伯流、陈钢著:《井冈山革命根据地全史》,江西人民出版社2010年版,第88页。
③ 余伯流、陈钢著:《井冈山革命根据地全史》,江西人民出版社2010年版,第87—88页。

红四军军官教导队学员、新中国成立后任总后勤部副部长、建筑工程部副部长的宋裕和同志回忆说："毛泽东同志教育我们，打仗不能光凭勇敢，要想点办法，张飞还要加诸葛亮。""毛泽东同志对我们教导队一些很小的事情都很注意。……有一次我们写了一条'打倒帝国主义'的标语，'倒'字少写一划，毛泽东同志发现后，笑着对我说：不打都会倒，少了一条腿嘛！以后，我们写标语都要检查一遍，看是不是错了。"①一句笑话，就把问题轻松地解决了。毛泽东这种机智幽默、点到为止的高超的批评艺术，确实值得我们学习啊！

尽管当时的条件极差，但有前委和毛泽东的高度重视和关心，有教官们的悉心指导，广大学员不怕苦、不怕累，在山乡的陋室里，顽强地学习，取得了出人意料的效果。结业后，他们回到各自岗位，担当重任，发挥了重要作用。比如，谢华光担任了宁冈县赤卫大队长；莲花的刘仁堪担任了县工农兵政府主席等。

由于斗争的需要，第一期办到 1928 年 2 月下旬。1928 年"八月失败"后，在茨坪又办了一期。这时教导队已改名为"中国工农红军第四军军官教导团"（因为 1928 年 5 月 25 日中共中央决定，全国各地工农革命军正式定名为红军）。不幸的是，队长吕赤于 1928 年 3 月死于一起枪支走火意外事故。随后，梁军担任大队长，蔡会文为党代表，周子昆为副大队长。军官教导队的创办，为我军培育了一大批早期军事指挥人才，也为我军后来创办各种军事训练班以及军事院校提供了宝贵经验。

对于军官教导队，宋裕和同志曾深情地回忆道："红四军军官教导队于 1928 年 8 月，在茨坪开办。开始一个区队（即一个排），六七十个人。到 11 月份，学员增至三个区队，有 200 余人，党代表蔡会

---

① 　井冈山革命根据地党史资料征集编研协调小组、井冈山革命博物馆：《井冈山革命根据地》（下），中共党史资料出版社 1987 年版，第 539 页。

文,大队长梁军,副大队长周子昆。学员来源:一部分是红四军各连队抽调来的军官;一部分是地方派去的工农干部,多是江西、湖南、广东各县区乡农民协会的委员长。""学习的课程,分政治课和军事课,政治课占40%,军事课占60%。"①"我过去没有进过学校,对学校总有一种神秘感,认为学校是一个了不起的地方,一定很舒服;但进了学校,那知道连坐的凳子,吃饭的桌子,睡觉的床铺都没有。上课的时候,没有黑板,没有粉笔。教导队驻在茨坪一个祠堂里,有些墙是用大石板砌成的,这些大石板就成了我们的黑板。搞来一些小木炭条子,在石板上一划,和粉笔也差不了多少,不过黑白不同,但作用还是一样。没有凳子,我们就坐在地上。"②"上课没有书本,搞不到教材,没有讲义,教员就想方设法,把自己记得的知识教给我们。记得我们进教导队的第一课就是学唱《国际歌》。蔡会文耐心地教导我们,那个是什么字,那个歌词是什么意思,讲得又生动又具体,很实际。这样既学会了唱歌,又认得了字,还帮助我们提高了阶级觉悟和政治水平。《国际歌》唱出了被压迫人民要求革命的内心感情,当时,我们都非常爱唱这支歌。"③"政治课是我们最感兴趣的一门课,蔡会文很有学问,讲课又耐心又细致,说话有很大的吸引力。他给我们讲马克思、恩格斯是哪国人,做过什么事情,怎样成为世界工人阶级的伟大领袖;讲列宁和苏联社会主义革命;无产阶级革命必须夺取政权和必须进行武装斗争;讲中国资产阶级民主革命的性质问题;蒋介石反动派屠杀人民的罪行;同时还讲组织政权,打土豪分田地的政

---

① 井冈山革命根据地党史资料征集编研协调小组、井冈山革命博物馆:《井冈山革命根据地》(下),中共党史资料出版社 1987 年版,第 534 页。

② 井冈山革命根据地党史资料征集编研协调小组、井冈山革命博物馆:《井冈山革命根据地》(下),中共党史资料出版社 1987 年版,第 534—535 页。

③ 井冈山革命根据地党史资料征集编研协调小组、井冈山革命博物馆:《井冈山革命根据地》(下),中共党史资料出版社 1987 年版,第 535 页。

策;军队内的民主、建立根据地的重要性等。"①"文化课也是结合政治课的内容来进行教学,许多同志没有进过学校门,一个字都不认识,所以,识生字显得特别重要。每人每天规定识五六个生字。识字的方法是每天熟记一条标语口号,如'打倒帝国主义!''打土豪、分田地!''共产党万岁!''扩大红军!'等等,既记熟了标语口号,又识得了生字,很容易学,也不会忘记。"②"上军事课,操练抓得很紧。每天早晨 4 点起床,一听见哨声,立即集合,照例是二三个小时的跑步。""爬山、跑步完了马上进行军事基本知识的训练。……一直练到下午五点。由于领导上的严格要求和同志们的勤操苦练,大家很快就掌握了一般的军事知识。"③在这样的环境中学习,既十分艰苦又十分有意义。"当时,有的同志就开玩笑说,这哪里像个学校呢?!的确,像这样的学校,历史上难找到,世界上也是少有的。但是,就在这样的学校里,学到了任何学校都学不到的东西,锻炼出了特殊的人才。"④最后的结果是,毛泽东创建的军官教导队战胜了蒋介石把持的黄埔军校。其根本原因在于,毛泽东用心用情,把这些军官培养成具有马克思主义信仰的军官,是为人民利益而战的军官。为人民利益而战的事业,是正义的事业、高尚的事业。正义的事业一定能够取得胜利!

　　不难看出,在如此艰苦、简陋的条件下,为了培养人才,毛泽东还能决定办这样的军官教导队,实在是一件极富远见、极具智慧的伟大决策。

---

① 井冈山革命根据地党史资料征集编研协调小组、井冈山革命博物馆:《井冈山革命根据地》(下),中共党史资料出版社 1987 年版,第 535 页。

② 井冈山革命根据地党史资料征集编研协调小组、井冈山革命博物馆:《井冈山革命根据地》(下),中共党史资料出版社 1987 年版,第 536 页。

③ 井冈山革命根据地党史资料征集编研协调小组、井冈山革命博物馆:《井冈山革命根据地》(下),中共党史资料出版社 1987 年版,第 536 页。

④ 井冈山革命根据地党史资料征集编研协调小组、井冈山革命博物馆:《井冈山革命根据地》(下),中共党史资料出版社 1987 年版,第 535 页。

九是果断惩处投敌叛变分子。 1927 年 10 月 21 日，宛希先率一营三、四连占领了茶陵城。为了防止敌人的反扑，两天后，工农革命军主动撤出茶陵，回到茅坪。1927 年 11 月 16 日，趁李宗仁与唐生智发生军阀混战，毛泽东决定团部、一营及特务连统由团长陈浩及一营党代表宛希先率领，再次攻打茶陵。毛泽东因脚伤未能随军出征。11 月 18 日攻克茶陵。团长陈浩贪图享乐，不愿开展群众工作。随后宛希先将茶陵的情况写信告诉毛泽东。毛泽东立即回信指示："新的政权不能按国民党那一套搞。要成立工农兵政府，发动群众开展斗争。"①宛希先等人按照毛泽东的指示，迅速组织成立茶陵工农兵政府，发动群众起来革命，建立工农武装，惩治土豪劣绅等。这时，湘敌吴尚第八军派出一个团从安仁、攸县方向向茶陵扑来。工农革命军只有一个营在茶陵，形势十分危急。此时本应及早回师宁冈，但团长陈浩却下令拆除东门浮桥（即断了工农革命军回师的后路）。原来，陈浩已与国民党第十三军军长方鼎英取得联系，准备叛变投敌。这时张子清、伍中豪率领第 3 营从赣南返回，得知我军被围，立即从后面杀来，解了茶陵之危。随后，宛希先、张子清、何挺颖、伍中豪力主部队回师宁冈，但陈浩、徐庶（副团长）、韩庄剑（参谋长）、黄子吉（一营营长）等主张退往湘南。因情况紧急，部队只好半夜撤出茶陵，第二天到达湖口（茶陵城南的一个集镇），这是一个岔道口，东向宁冈，南向湘南。陈浩摆出团长的架势，强令部队南撤，企图投奔方鼎英。正在这危机时刻，毛泽东率领陈伯钧一个排，赶上了正在行进的部队。当晚，"毛泽东在湖口王其生家里召开连以上干部紧急会议。会上，宛希先、何挺颖等揭露了陈浩等人在茶陵的丑行。正在开会之际，工农革命军截获了方鼎英派人送给陈浩的复函，陈浩等人叛变阴谋暴露无

———————

① 余伯流、陈钢著：《井冈山革命根据地全史》，江西人民出版社 2010 年版，第 102—103 页。

遗。在确凿的物证下,毛泽东当即下令逮捕了陈浩、徐庶、韩庄剑、黄子吉四人",①史称"湖口风波"。

第二天清晨,在湖口圩的草坪上,毛泽东召开工农革命军 700 余名指战员大会,公布陈浩等人的罪行,宣布撤销他们的职务,任命张子清代理团长。随后带领部队返回宁冈。12 月 29 日,在砻市沙洲上召开大会,毛泽东列举了陈浩等人的罪行,下令处决了四个叛徒。三湾改编,在确定团长人选时,毛泽东心中的人选是张子清,后来之所以任命陈浩为团长,主要是考虑到陈浩的资历职务(黄埔一期生,武汉警卫团 3 营营长)高于张子清(湖南讲武堂和广州农民讲习所毕业,武汉警卫团 3 营副营长),而且余洒度、苏先俊等人支持陈浩。可见,毛主席在识人上还是有先见之明的。

对待叛变投敌分子,毛泽东是立场坚定,旗帜鲜明,严格执行军队纪律的;但对待革命同志,毛泽东却是关心爱护,分清是非,正确处理不同性质的问题。比如,1928 年 3 月间的一天,陈伯钧被五花大绑押送到前委办公室,谭政(时任毛泽东秘书)看到后立即向毛泽东报告。毛泽东闻知,陈伯钧在训练中枪走火,打死了他们军官教导队队长吕赤。于是,他一面让人给陈伯钧松绑,一面让谭政迅速通知其他前委委员来这里开会。"前委们对如何处理陈伯钧意见分歧很大,大多数同志认为,应当马上枪毙陈伯钧,因为打死人就得偿命,何况死的是教导队队长吕赤。""会议到了最后,毛泽东发言了,他听完大家意见,不紧不慢地说,'已经死了一个了,还要死第二个呀?'对于这场偶发事故,他陈述了自己的处理意见。""前委会经过再次讨论,决定从轻处理,但提出:'可以不枪毙,也不关禁闭,但要打屁股!'""毛泽东笑了,风趣地说,'屁股也不要打了,要打,就打个手板

---

①　余伯流、陈钢著:《井冈山革命根据地全史》,江西人民出版社 2010 年版,第 106 页。

就可以了。'""陈伯钧走出房间,流着泪来到前委们中间,向大家一一鞠躬。""毛泽东拍拍他的肩膀说:'伯钧同志,接受这个血的教训吧!手板也算了。'陈伯钧紧紧握住毛泽东的手,又哭了起来。对陈伯钧事件的处理,谭政再次为毛泽东的行为所感动。"①毛泽东这种分清不同性质问题的处理办法,教育了战士们,也感动了战士们。

十是攻打遂川、创办中国工农革命军被服厂。1927 年底,井冈山上已经天寒地冻,可革命军指战员依然穿着单衣,寒冬腊月已经严重威胁着部队的生存。刚上山的时候,由于敌人严密封锁,采购员只在井冈山附近的县城和集镇购买了一些衣料,但布的颜色却不统一,五花八门。为了解决战士们的穿衣问题,1928 年元月 4 日,毛泽东、张子清根据遂川守敌薄弱的情报,率领两个营向遂川进发,先是攻下遂川大恶霸萧家璧的老巢——大坑,随后打下遂川县城,缴获敌人几百担白布。运回宁冈茅坪后,留守处主任余贲民即按毛泽东指示,在茅坪桃寮村办起了根据地第一个被服厂。毛泽东题写厂牌,名曰"中国工农革命军被服厂"。当时条件极其简陋,就是把分散在茅坪周围坝上、牛亚陂、马沅坑等地的裁缝集中在一起,用缴获来的 6 架缝纫机,缝制军用衣被。几天后,战士们穿上了自制的新棉衣,情不自禁地跑到院子里嬉闹,高兴地说:"总算能出门了。"到 1928 年 4月,被服厂已经发展到 130 多人,分成 13 个作业组,流水作业,有力地保证了工农红军的军需供应。被服厂的成功创办,及时解决了工农革命军的燃眉之急,统一了服装,提高了部队在群众中的形象,对井冈山根据地的建立和发展起到了重大作用。

十一是制定优待俘虏的六项规定。新城战斗中,生俘敌人 100多人。从新城返回茅坪的路上,一些战士和群众"将俘虏兵催促着,

---

① 张国君编著:《谭政大将》,四川人民出版社 2009 年版,第 62 页。

推搡着,高声叫骂,俘虏兵稍有不是,即遭拳打脚踢,有的气愤至极,竟开枪杀了俘虏"①。得知虐待、枪杀俘虏的现象后,毛泽东作了深入思考。1928 年 2 月 19 日,毛泽东在茅坪召开了工农革命军战士和俘虏兵参加的军民大会,明确指出:"俘虏兵不能受到虐待,更不能杀。他们也是工人、农民出身。也是强迫当兵的,只要放下了武器,就要同等对待,并要受到优待。"②接着,他宣布了优待俘虏的六条规定:不许打;不许骂;不许搜腰包;有伤的予以治疗;愿意留的,吸收参加红军;愿回去的,发给路费遣送回家。这在当时很多军民是很难理解的,参加大会的俘虏兵更是想不到! 所以,当场就有不少俘虏兵报名参加工农革命军。"原广州军区副司令员、中将谭甫仁就是在那里参加红军队伍的。"③时任工农革命军战士、新中国成立后任沈阳军区后勤部副部长的龙开富少将回忆说:"毛委员经常给我们说:'在国民党军队当兵的,有钱人不会去,都是穷苦人民,俘虏兵是我们的阶级兄弟,不能杀,不能虐待。'"④实行优待俘虏的政策,对削弱和瓦解敌军,补充和扩大革命力量所起的重要作用,是许多人所始料不及的。毛泽东在给中共中央的报告中这样写道:"对敌军的宣传,最有效的方法是释放俘虏和医治伤兵。敌军的士兵和营、连、排长被我们俘虏过来,即对他们进行宣传工作,分为愿留愿去两种,愿去的即发路费释放。这样就把敌人所谓'共匪见人就杀'的欺骗,立即打破。杨池生的《九师旬刊》,对于我们的这种办法有

---

① 余伯流、陈钢著:《井冈山革命根据地全史》,江西人民出版社 2010 年版,第 117 页。
② 余伯流、陈钢著:《井冈山革命根据地全史》,江西人民出版社 2010 年版,第 117—118 页。
③ 余伯流、陈钢著:《井冈山革命根据地全史》,江西人民出版社 2010 年版,第 118 页。
④ 井冈山革命根据地党史资料征集编研协调小组、井冈山革命博物馆:《井冈山革命根据地》(下),中共党史资料出版社 1987 年版,第 466 页。

'毒矣哉'的惊叹。"①

十二是明确反对军阀作风和肉刑制度。针对军队中存在的枪毙逃兵、打骂士兵等军阀作风和肉刑制度,毛泽东明确提出反对,并规定了相应制度。龙开富少将回忆说:"毛委员历来反对枪毙逃兵,打骂士兵,虐待俘虏种种军阀作风和肉刑制度。""1927年底至1928年春,打骂士兵,枪毙逃兵的军阀作风都有。记得有一次一个副官犯了错误,参谋长朱××要战士打他30板屁股。毛委员知道了进行了批评,他说:这不行,天大的错误也不能用肉刑,按法令办事,该杀头的杀头。由于毛委员的教育,士兵也同军阀作风作斗争。记得一个浏阳人,对士兵打骂很厉害,后来战士们起来反对,他也不敢打骂士兵了。开始有枪毙逃兵的现象,毛委员想了个办法,订出制度来,谁不说服教育士兵,枪毙逃兵,就撤销职务。有一次一个团长枪毙逃兵撤销了职务,后来他改了,又恢复了团长职务。由于毛委员不断加强军队的思想建设,参军的人多了,我们的军队越来越团结,越来越强。"②

通过以上措施,毛泽东把工农革命军初步建成与历史上完全不同的新型的人民军队。时任28团连长、新中国成立后任总参谋长的粟裕大将说:"我军的完全改造,是上井冈山之后在毛主席领导下实现的。""这时候还处于建军初期,我们党还缺乏建设一支无产阶级领导的、全心全意为人民服务的、新型的人民军队的经验。而建设这种军队的一整套方针路线,是伟大领袖和导师毛主席从实践上和理论上给我们全面、系统、正确解决的。"③当然,朱德、陈

---

① 《毛泽东选集》第一卷,人民出版社1991年版,第67页。

② 井冈山革命根据地党史资料征集编研协调小组、井冈山革命博物馆:《井冈山革命根据地》(下),中共党史资料出版社1987年版,第465页。

③ 井冈山革命根据地党史资料征集编研协调小组、井冈山革命博物馆:《井冈山革命根据地》(下),中共党史资料出版社1987年版,第314页。

毅同志在领导南昌起义余部西进的战斗历程中,也为我军的建设贡献了宝贵经验。

七、打破赣敌第一次"进剿"

工农革命军来到井冈山,很快就遭到国民党反动派和地主武装的反扑和"进剿"。1928 年 2 月上旬,江西省主席朱培德下令驻吉安的赣敌杨如轩第 27 师,以 81 团和 79 团的一个营,进攻万安,进逼遂川;以 79 团的另一个营进占宁冈新城,向井冈山革命根据地发动了第一次"进剿"。此时,工农革命军正在遂川分兵发动群众。新城,是宁冈的县城所在地,西连砻市,南通茅坪,北扼宁冈至永新的通道,是井冈山北出的大门。敌人妄图以此为据点,步步紧逼,摧毁刚刚建立起来的井冈山革命根据地。

如何打破敌人的"进剿"? 这是毛泽东来到井冈山后面临的第一个军事挑战。毛泽东是怎样指挥这次战斗的呢? 1."敌进我退",避其锋芒。毛泽东闻讯,立即命令部队迅速集结,撤离遂川,返回茅坪,寻找战机消灭敌人。2."敌驻我扰"。命令宁冈县委组织发动群众和地方武装日夜骚扰敌人。3. 抓住有利时机,精心设计作战方案和灵活战术。当得知赣军一个营进驻新城后,毛泽东分析我军当时具备两个优势:一、敌人只有一个营,我们有两个团,兵力上占优势;二、有宁冈县党组织和人民群众的大力支持,工农革命军广大指战员士气正旺、渴望一场胜利。于是,毛泽东决定集中两个团的优势兵力攻打这股敌人。尽管我军占据有利条件,但"驻新城的守军是赣敌七十九团王国政独立营,及宁冈靖卫团。王国政是赣军第七师师长王均的侄儿,该营装备良好,训练有素"[1]。因此,我们不能掉以轻心。

① 《浴血罗霄——井冈山革命根据地历史》(修订版),中国发展出版社 2014 年版,第 110 页。

为此,毛泽东于2月17日在攀龙书院召开军事会议,部署攻打新城方案,制定了"围三阙一、开门打狗"的战术。由第一团第一营攻打东门;第三营主力攻打南门;教导队和第三营一部攻打北门;袁文才率领第二团第一营在西门外设伏。① 同时事先安排工农革命群众潜伏到城里,战斗打响,做好内应,里外结合,中心开花;组织群众成立担架队,做好各项配合工作。4. 出其不意,三面包围、一面伏击。2月18日清晨,工农革命军趁着敌人出操之际发起攻击,到中午时,先后攻破东门、南门、北门。敌营长王国政、县长张开阳见西门火力较弱,急忙带领残兵向西门突围,企图逃往永新,出城不远,即遭到袁文才部队的迎头痛击。敌人欲退回城内,又被一团的两个营封死去路,成了瓮中之鳖。最后"全歼守军一个正规营和一个靖卫团共五百多人,击毙守军营长、活捉宁冈县长,粉碎了赣军对井冈山革命根据地的第一次'进剿'"②。这是井冈山工农革命军对国民党正规军的第一个歼灭战,也是根据地创建以来的第一次辉煌胜利,极大地鼓舞了根据地军民的士气,史称"新城大捷"。这次战斗,是毛泽东亲自指挥的第一个大胜仗。

时任工农革命军第一师第一团副连长、新城战斗的参加者,新中国成立后任北京军区副司令的韩伟中将是如何看待新城战斗的呢?他说:"新城战斗,是秋收起义以来工农革命军第一次在毛委员亲自率领下进行的战斗,也是秋收起义以来军事上的第一次大胜利。这次战斗不仅歼灭了敌人,弹药装备得到了补充,巩固和扩大了根据地,而且它的全部进程也是一堂生动实际的军事课。"③为什么说这

① 参见《浴血罗霄——井冈山革命根据地历史》(修订版),中国发展出版社2014年版,第110页。

② 《毛泽东年谱(一八九三——一九四九)》上卷,中央文献出版社2013年版,第232页。

③ 井冈山革命根据地党史资料征集编研协调小组、井冈山革命博物馆:《井冈山革命根据地》(下),中共党史资料出版社1987年版,第296页。

是一堂生动的军事课呢？因为"不少同志摆脱不了旧军队的老一套，以为打仗嘛，过去没少打，有些人还进过军事院校，既有军事理论又有作战经验……要攻就攻，要守就守，还有什么问题呢？实际上并不这样简单"①。毛委员说："战无常胜（"胜"应为"法"——作者注），要善于根据敌我情况，在消灭敌人保存自己的原则下，抛掉旧的一套，来个战术转变。打仗也像做买卖一样，赚钱就来，蚀本不干。现在敌强我弱，不能用过去那套战法，想一口吃成个胖子。……打得赢就打，打不赢就走，赚钱就来，蚀本不干，这就是我们的战术。"②

在新城战斗中，毛泽东一出手就与众不同，采取了与以往正规战不同的、全新的战略战术，主要表现在：①贯彻了"打得赢就打，打不赢就走"的战略思想。②实施了"围三阙一、开门打狗"和"里应外合、中心开花"的灵活战术。③选择了正确的伏击地点。为什么只留西门作为缺口，而不在东、南、北门中作出选择呢？"这是因为新城的东、南面向外延伸都是工农革命军的地盘，北面是险山密林的七溪岭，而出西门便是通往永新的路径。敌人在我袭击之下，最有可能选择西门作为突破的口子，以便往永新方向逃窜，而我军则故意留下这个缺口，使敌人在东、南、北夹攻之下，自以为找到一条生路，乖乖进入我军的的伏击圈。"③④开启了密切联系群众，充分发动群众，走群众路线，打人民战争，夺取胜利的成功范例。

八、总结提出游击战争战术原则

新城大捷后，毛泽东立即对遂川分兵和新城战斗的经验进行了

---

① 井冈山革命根据地党史资料征集编研协调小组、井冈山革命博物馆：《井冈山革命根据地》（下），中共党史资料出版社 1987 年版，第 291 页。

② 井冈山革命根据地党史资料征集编研协调小组、井冈山革命博物馆：《井冈山革命根据地》（下），中共党史资料出版社 1987 年版，第 294 页。

③ 《我的爷爷——袁文才》，江西人民出版社 2011 年版，第 77 页。

总结。这次战斗之所以能够取得胜利,其中一个重要原因是,敌人威逼遂川后,毛委员在敌强我弱的情况下,没有与敌人硬拼,而是审时度势,迅速把分散的兵力集中起来,撤离遂川,悄悄地返回茅坪,与二团会合。敌人的兵力是一个团又加一个营,而工农革命军在遂川只有一个团,在兵力上敌强我弱,而且敌人的武器装备精良、后勤保障充足,工农革命军明显处于劣势。敌人企图把工农革命军彻底歼灭。如果硬拼,工农革命军肯定要吃大亏。在这种情况下,敌进我退,避其锋芒,是最佳的选择。但撤退不是消极的躲避,而是充分发挥我军的长处,寻找恰当的战机。我军的长处在哪里?就在于我们有根据地,有党的领导和人民群众的大力支持,有地方武装的积极配合。很快战机出现了。"宁冈县委根据毛委员的指示,组织赤卫队不分昼夜地袭扰敌人,使他们一日数惊,坐卧不宁。后来敌人发现我方尽是赤卫队,没有主力,便骄傲松懈了。毛委员根据以上情况,决定集中优势兵力(一团全部,二团一个营)吃掉这股敌人。深夜,毛委员带着部队,赶到宁冈新城,做好了一切战斗准备。"①第二天清晨,"敌人和往日一样,正在城南操场上练操。毛委员带我们隐蔽在距操场不远的地方,等敌人架好枪支,做徒手体操时,命令我们一排子弹打过去。敌人大乱,有的连枪都顾不得拿就逃回城里,我们乘胜追击攻南门。……战斗打得干净利落,没到晌午,敌人一个正规营和一个靖卫团外加一个县公署,都被我们收拾了,俘虏敌人几百"。② 从这场胜利中,毛泽东总结提出了"分兵以发动群众,集中以应付敌人"的作战原则。这就是敌强我弱情况下如何用兵的战

---

① 参见井冈山革命根据地党史资料征集编研协调小组、井冈山革命博物馆:《井冈山革命根据地》(下),中共党史资料出版社 1987 年版,第 295 页。
② 参见井冈山革命根据地党史资料征集编研协调小组、井冈山革命博物馆:《井冈山革命根据地》(下),中共党史资料出版社 1987 年版,第 295 页。

略和策略。这一战略思想,在以后的斗争中显示出巨大的威力。

九、对袁文才、王佐的队伍进行教育改造

对这两支绿林武装进行教育改造,应该是毛泽东创建井冈山革命根据地最艰难、最头疼的一件事情,也是化腐朽为神奇、化消极因素为积极因素的一项重大工程。古城会议确定了对袁文才、王佐部队实行团结、改造的方针。如何落实这一方针,是工农革命军在井冈山安家后急需解决的问题。首先,要弄清楚这支部队到底是否需要改造?其次,如果需要改造,怎样改造?这在当时没有一定的标准,也没有现成的答案,需要在实践中探索。

先说第一个问题。袁文才、王佐,是大革命前夕雄踞在井冈山的两支重要绿林武装力量首领,被称为井冈山上的"双雄"。这两支武装具有以下特点:一、都是出身贫苦农民家庭,是被封建军阀、地主豪绅的横征暴敛、巧取豪夺而逼上梁山的。二、不同于一般啸聚山林、杀人越货的土匪,而主要是打击土豪劣绅、劫富济贫的绿林武装。三、大革命失败后,在党的政策和力量的感召下,他们逐步接受了党的主张,在性质上已由"绿林武装"演变为农民革命武装了。袁文才于 1926 年底加入共产党。王佐后来于 1928 年 4 月成为共产党员。四、由于历史的局限性,当时还带有较浓厚的绿林积习。习惯于"大块吃肉、大碗喝酒"的"绿林生涯",没有明确的政治目标,没有严格的组织纪律,"只信仰个人、不相信群众",拥兵自重,不听调遣等。不难看出,这两支部队与毛泽东要建立的人民军队差距很大。毛泽东对袁、王部队的性质、特点作了历史的分析,既没有因为他们存在这样那样的缺点和问题而笼统地斥之为"土匪",也没有因为他们已改成农民自卫军而视为党领导的人民军队,怎么办?就必须加以改造!

第二个问题,怎么改造?你想改造别人,别人还想改造你呢!要改造袁文才、王佐的部队,不是那么容易的事情,他们愿不愿意接受改造,这是一个很大的难题。毛泽东是如何做的呢?

一是设法取得他们的信任和佩服。大苍见面谈话,包括茅坪安家过程中毛泽东的所作所为,使袁文才深为敬佩,可以说是心服口服。"袁文才多次声称毛泽东为'中央才'"。① 袁文才有些文化,还是党员,毛泽东与他沟通起来,相对容易一些。而王佐是一个大老粗,绿林习气更重。毛泽东是 10 月 7 日到的茅坪,当时王佐就知道了这个消息,但他心存戒备,保持观望态度,见到毛泽东派来的信使和袁文才的信后,才决定迎接工农革命军来大井。1927 年 10 月 24 日,工农革命军进抵大井,受到王佐及所部的欢迎。在宴会上,王佐向毛泽东介绍了自己的经历和队伍的发展史,毛泽东对王佐的遭遇深表同情,对他能在革命低潮时保存 60 支枪甚为赞赏。这样,首先在思想感情上达到了共鸣。接下来,还要有一些实实在在的东西,以示诚意。毛泽东决定赠送 70 支枪给王佐,让他派人到茅坪找余贲民领取。王佐高兴坏了,当场表示赠送 500 担谷子接济工农革命军。没有想到的是,王佐又提出一个不情之请,他想让工农革命军帮他打掉宿敌——拿山一带的恶霸、井冈山七县反动民团总指挥尹道一。王佐和他打了多年,连王佐的侄女都被他杀掉了,结下了血海深仇。为了更好地团结王佐,毛泽东当机立断,指挥部队与王佐部一道,于当天晚上奔袭拿山尹道一保卫团,第二天清晨赶到保卫团团部——石门,击毙几十个团丁(尹道一闻讯逃跑),砸烂团部,然后返回大井。毛泽东又将缴获的十几支枪全部送给王佐。这样,王佐的部队一下子增加了 80 余支枪,队伍上下喜气洋洋。王佐心里也是乐开了

---

① 余伯流、陈钢著:《井冈山革命根据地全史》,江西人民出版社 2010 年版,第 6 页。

花,次日天刚亮,他就乐呵呵来到毛泽东的住地,诚意邀请毛泽东进驻他的司令部驻地——茨坪。1927 年 10 月 27 日,工农革命军进驻茨坪。在这里,毛泽东经常与王佐谈心,有时彻夜长谈,引导启发他的思想觉悟。慢慢地,王佐由怀疑提防到信任佩服毛泽东了。"王佐常对人说,毛委员这个人是最有学问的,跟他谈上一夜话,真是胜读十年书啊! 此后,毛泽东成了王佐心目中最敬佩的人。"①

二是帮助他们练兵。工农革命军经过三湾改编,已成为正规部队,加上这支部队中有不少黄埔军校的毕业生和地方大学生,要文的有文的,要武的有武的。和袁王的部队一比,就有明显的差别,也是他们比较羡慕的地方。毛泽东从我们队伍的强项入手,从他们最需要、最容易接受的事项突破,提出为他们训练部队。这是他们求之不得的事情。毛泽东认真分析了袁王两支部队的实际情况,鉴于袁文才在大革命时期就接受了中共宁冈党支部的领导,并参加了夺取宁冈县政权的武装暴动,他本人也加入了共产党,比较而言,他的政治素质比王佐要好些。因此,毛泽东决定首先对袁文才部开展工作,帮助他们进行军事训练,提高军事政治素质,然后通过袁文才对王佐施加影响,逐步促进对王佐部队的改造。

于是,毛泽东先派游雪程、徐彦刚、陈伯钧、金蒙秀帮助袁文才在茅坪步云山练兵。练兵的目标是把袁文才的部队变成懂政治、会打仗、有远大目标的革命队伍。首先从政治思想工作入手,对这些战士进行无产阶级思想教育,帮助他们明白为什么要打仗、为谁打仗、打仗和每个人的关系等道理;然后对队伍进行整顿,把一些坏分子清洗出去,吸收一些斗争性强的青年贫苦农民参加;同时组织大家学习军事知识,严格军事训练,提高杀敌本领;此后按照前

---

① 余伯流、陈钢著:《井冈山革命根据地全史》,江西人民出版社 2010 年版,第 84 页。

委和毛泽东的指示,在部队中建立了党的组织和士兵委员会。陈伯钧将军回忆说:"我们去后,就将他的兵集中在步云山练兵,游雪程是主要负责人……练兵期间,着重进行政治教育和军事训练。政治教育内容主要是讲时事,讲形势和讲革命出路问题;军事训练着重练习射击和基本队列等。"①毛泽东非常关心步云山练兵,多次亲临现场指导。特别是为了使袁文才的部队早日摒弃过去沾染的旧思想、旧习气、旧作风,毛泽东找到袁文才,告诫他必须痛下决心进行整顿,纯洁队伍,吸收那些阶级觉悟高的工农子弟参加。这是毛泽东要建立人民军队的重要体现!袁文才听从毛泽东的意见,将不良分子清除出去,从砻市等地招了一个连。有一次,毛泽东来到战士们中间,与大家一起吃野菜,一个战士说:"毛委员,这么苦,你吃得下?"毛泽东回答说:"这野菜虽然苦,可有丰富的政治营养呢!我们干革命,就要吃大苦。没有今日的苦,哪有明日的甜呢?"②毛委员吃苦菜这件事影响很大,战士们深为感动,训练的热情更加高涨!有人还把艰苦的生活编成乐观的歌谣:红米饭,南瓜汤,秋茄子,味好香,餐餐吃得精打光。干稻草,软又黄,金丝被儿盖身上,暖暖和和入梦乡。

经过一段时间的政治教育和军事训练,战士们的思想觉悟有了明显的提高,战斗力也大为增强。袁文才更加佩服毛泽东,他对人说:"毛委员的带兵经验真神,真是中央才,我服了他。这一辈子跟定他了!"③早在毛泽东进驻茨坪之前,王佐就已经知道,袁文才的部队经过毛主席派人训练,无论是纪律规矩、精神面貌还是战斗力都显

---

① 余伯流、陈钢著:《井冈山革命根据地全史》,江西人民出版社2010年版,第95—96页。
② 余伯流、陈钢著:《井冈山革命根据地全史》,江西人民出版社2010年版,第96页。
③ 余伯流、陈钢著:《井冈山革命根据地全史》,江西人民出版社2010年版,第97页。

著提升，他心里痒痒得很。等到毛泽东进驻茨坪后，他就提出帮助他们练兵的请求。随后毛泽东派艾成斌、刘堂富分别担任王佐部队的军事政治教官，又调金蒙秀协助王佐统管军队，在上井练兵。此后，部队坚持"三操"（早操、午操、晚操）、"两讲"（讲形势、讲军事），战士们的素质和战斗力有了很大的提高。袁文才、王佐等人看在眼里、服在心里，对毛泽东更加心悦诚服！

三是派何长工对王佐队伍进行政治改造。1928 年 1 月，何长工完成与朱德、陈毅的南昌起义余部联络的任务后，回到遂川。毛泽东随即派他去王佐部任党代表，开展对王佐部的改造工作。毛泽东既提出了"既不能缓，又不能急"等原则，又交代了一些具体的方法。比如："你先去做'长工'，人还是要派去的，只是现在不是时候，你的工作，就是要他们请我们上山"；"你去了要多让他出面，多让他讲话，他有群众，他是群众的领袖，别引起他的怀疑"；"他们这些人重义气，讲情面，自尊心强，疑心重，和他们讲话时，一方面要讲策略，要灵活，同时要坦率"；"我们打了胜仗，要经常送点东西给他。""我们可以送东西给他，但不能要他们的东西"①，还教给何长工一条"锦囊妙计"，即：对王佐"爱其所爱、恨其所恨"。

改造工作比预料的困难得多，虽然王佐同意前委派来党代表的决定，也表示热烈欢迎，但又怕拆他的台，戒心很重。何长工一到王佐部队，他就把何长工安排在离他一里之外的一处小屋里，"并且派了一个个子很高大的颇不简单'勤务兵'，明则照顾，实为监视。采取'敬而远之'的态度。"还暗示何长工："不许私下活动，不准与士兵接近。"②

---

① 井冈山革命根据地党史资料征集编研协调小组、井冈山革命博物馆：《井冈山革命根据地》（下），中共党史资料出版社 1987 年版，第 248—255 页。

② 井冈山革命根据地党史资料征集编研协调小组、井冈山革命博物馆：《井冈山革命根据地》（下），中共党史资料出版社 1987 年版，第 250 页。

　　何长工根据毛泽东的指示,第一步,做到"爱其所爱"。先设法接近王佐的母亲、哥哥、妻子以及两个心腹(刁飞林、李克昌),帮助他们家里做点事,向他们宣传革命道理,取得了王佐家人和心腹的信任和支持。他们在王佐面前说何长工的好话,这样王佐的戒心就渐渐消除了。

　　第二步,做到"恨其所恨"。王佐最恨的人就是尹道一。有一次他问何长工有什么办法能把尹道一收拾掉。何长工认为,反动武装是井冈山根据地发展的一大障碍,现在王佐又提出了这个请求,应该消灭这股反动势力,于是提出在旗锣坳设伏、消灭尹道一的建议。"尹道一的司令部,驻扎在永新县东乡的拿山。从那里到茨坪,中间要经过一个险要的山坳,叫旗锣坳。"① 何长工和刁飞林带一个连埋伏在这里。王佐和李克昌带一队人马当晚赶到拿山,第二天拂晓战斗打响,天一亮回头便跑,尹道一不知是计,带领民团猛打猛追。王佐的队伍佯装败退,将近中午时,过了旗锣坳,退到白银湖附近。尹道一的大队人马紧追不放,他自己带着一个班落在后面,慢慢走进了旗锣坳。这时何长工指挥部队一起开火,消灭了尹道一,然后走小路回山,回到山里已是半夜。"这一仗,我们六七十人伤了15人,没有一个牺牲。尹道一的部队伤亡100来人,打死一二十个,我们缴到了一二十根枪,都是土货。"② 王佐欣喜万分,随后大摆宴席,庆祝胜利。何长工回忆说:"这一夜,山上灯火通明,如同过年一样。王佐喝了个大醉,不时把大拇指伸到我面前,连连说:'毛委员派来的人,有办法!'"③ 王佐表

　　① 井冈山革命根据地党史资料征集编研协调小组、井冈山革命博物馆:《井冈山革命根据地》(下),中共党史资料出版社1987年版,第253页。
　　② 井冈山革命根据地党史资料征集编研协调小组、井冈山革命博物馆:《井冈山革命根据地》(下),中共党史资料出版社1987年版,第254页。
　　③ 井冈山革命根据地党史资料征集编研协调小组、井冈山革命博物馆:《井冈山革命根据地》(下),中共党史资料出版社1987年版,第254页。

示："从此以后,我王佐跟定了共产党,你们说怎么办就怎么办,刀山火海也不含糊!"①

第三步,抓住时机、加强教育。何长工抓住时机,立即请示前委,增派了康健、肖万侠、宋任穷等多名干部到王佐部工作,发展党的组织,筹建士兵委员会,教唱革命歌曲,进行政治、文化教育。经过一段时间的工作,不仅王佐的部队发生了很大变化,而且王佐本人也有很大的进步,主动提出要加入共产党。1928 年春夏之交,由何长工介绍,发展王佐入了党。

四是大陇升编。经过 4 个多月的艰苦改造,这两支部队无论是军事上还是政治上都发生了很大的变化,前委和毛泽东认为改编的条件已经成熟,遂决定于 2 月中旬,在宁冈大陇朱家祠,将袁、王两部正式升编为工农革命军第一军第一师第二团。下辖两个营,第一营以袁文才部为基础,第二营以王佐部为基础,发展到 500 余人。袁文才为团长,兼任第一营营长;王佐为副团长,兼任第二营营长;何长工为党代表,贺敏学为团党委书记。从第一团派来的游雪程、徐彦刚、陈伯钧、金蒙秀、熊寿祺、陈东日、康健、肖万侠等二十多名党员干部,分别在这两个营担任连、排长或党代表。由一团派来的军事骨干担任连、排主官,大大加强了二团的战斗力。这样的安排,让袁文才、王佐等人十分满意!大陇升编,标志着前委和毛泽东对袁王部队的改造取得重大胜利,也标志着这两支队伍的新生。这在我党我军的历史上,可以说第一次取得了改造地方武装、扩大人民军队的成功经验!这也是毛泽东统战思想、统战策略运用的光辉范例。

五是继续抓好部队的政治工作。第二团成立后,毛泽东和前委

---

① 余伯流、陈钢著:《井冈山革命根据地全史》,江西人民出版社 2010 年版,第 99 页。

指示要继续加紧部队的政治工作。何长工回忆说:"毛泽东同志对袁、王部的改造指示得很具体,很及时,经常指出工作的重点和处理问题的方法。部队改编为工农革命军二团后,他又指示说:不能满足已有的成绩,要继续抓紧部队的政治工作。"①改造工作是一项系统工程,不可能一蹴而就。何长工说:"首先通过开展文娱活动,发现士兵中的积极分子进行党的发展工作。同时建立政治课、文化课的制度。通过新旧事物的对比教育、形势教育启发广大士兵的阶级觉悟。这时还提出了向一团学习的口号,连队的制度和建设,都以第一团为榜样,并组织下级军官和士兵去第一团参观。第一团是毛泽东同志亲自领导的。这支秋收起义的部队,经过三湾改编,建立了革命秩序,官兵平等,经济公开,和群众的关系密切,部队思想觉悟很高。去参观的人,无不羡慕,甚至有的士兵参观后,都不想回来了。"王佐说:"咱们向他们学习,他们怎么做,我们就怎么做。""于是,士兵委员会组织起来了。""士兵们开始了新的生活,剃去了长发,换上了新军装,学唱歌,学演戏,茨坪山上充满新的气象。""王佐看到这一切,也感慨地说:'共产党真会领兵,会做群众工作,深得群众拥护,照这样下去,怎能不打胜仗!'"②

当然,改造工作不可能一帆风顺,也经历了不少波折。何长工说:"改造这个人是不容易的,改造这支部队的一套旧制度、旧作风,更是一场严重的斗争。我们遵照毛泽东同志的指示,开始组织士兵委员会,很多连长反对。他们说:'什么都要士兵讨论,还要官干什么?'连队公开伙食账,有的连长发脾气说:'公布什么账,我贪污

---

① 井冈山革命根据地党史资料征集编研协调小组、井冈山革命博物馆:《井冈山革命根据地》(下),中共党史资料出版社1987年版,第256页。

② 井冈山革命根据地党史资料征集编研协调小组、井冈山革命博物馆:《井冈山革命根据地》(下),中共党史资料出版社1987年版,第256页。

啦!'士兵唱歌演戏,有的连长说:'这是兵营,还是戏班子?'""特别
是废除打骂现象,开始遭到很多人反对。有的甚至说:'鸟是养出来
的,兵是打出来的,不打不骂怎么成!'"①"我们说服了王佐、袁文才,
并要他们下命令,不许打人。这样,公开打人的现象逐渐地减少了。
但又出现了许多变相的打。如扭耳朵,扭眼皮,罚跪。""为了彻底纠
正打骂士兵的军阀作风残余习气,各连党代表发动群众起来斗争。
当时打人最凶的是七连副连长,一天行军中,有个士兵犯了点小错
误,他当即拿绳子把这个士兵绑起来,该连的党代表说服无效,路上
别的党代表看见了,就鼓动士兵一齐喊口号:'反对绑人!''反对军
阀残余!'那个副连长在群众的压力下,和其他同志的帮助下,只好
认错,把人放了,经过一番内心斗争,事后找到党代表作了检讨。"②

　　作为前委书记,毛泽东经常亲自做袁、王的思想工作。何长工
说:"毛泽东同志对改造袁、王部队,是费了不少心血的。"③毛泽东住
在茅坪,和袁文才接触多,亲自找袁文才谈话,做他的工作。王佐平时
在下庄、茨坪、大井,毛泽东和他接触少,但毛泽东对袁文才的改造对
王佐有很大的影响。何长工说:"在改造中,毛泽东同志路过井冈山
时,见过王佐一二次,一次从茨坪路过,和王佐谈了大半夜,事后王佐
兴冲冲地向我说:'毛委员是最有学问的人,跟他谈上一次,真是胜读
十年书啊!'"④

　　在教育改造过程中,不仅要有思想说教,还要有实实在在的物质

① 井冈山革命根据地党史资料征集编研协调小组、井冈山革命博物馆:《井冈山革命根据地》(下),中共党史资料出版社 1987 年版,第 258 页。
② 井冈山革命根据地党史资料征集编研协调小组、井冈山革命博物馆:《井冈山革命根据地》(下),中共党史资料出版社 1987 年版,第 258 页。
③ 井冈山革命根据地党史资料征集编研协调小组、井冈山革命博物馆:《井冈山革命根据地》(下),中共党史资料出版社 1987 年版,第 255 页。
④ 井冈山革命根据地党史资料征集编研协调小组、井冈山革命博物馆:《井冈山革命根据地》(下),中共党史资料出版社 1987 年版,第 255 页。

帮助和良好机制的建立,这样多管齐下,才能真正打动人。何长工说:"打下宁冈县新城,活捉了反动县长张开阳,我们把缴获到的张开阳的皮袄给了王佐,打了杨如轩,给了他一匹马。部队打到南雄,我还给他买了一个留声机,王佐非常高兴。"①

除此之外,还通过建立党的组织,进一步强化教育改造的成果。何长工说:"随后部队建立了党的组织,党员人数一天一天增多,更加速了部队的改造。许多旧习气、旧作风也慢慢改变了。加上割据区域的发展,土客籍广大群众拥护党,拥护革命,这就大大影响了部队士兵。士兵进步,推动了袁文才、王佐的进步。他俩以及许多下层干部的进步,也影响着部队。从上而下,从下而上,从外部到内部,许许多多因素,促使着这支部队迅速改变面貌,从落后变先进,从游击变正规,从分散变集中……"②"虽然也有个别流氓习气重的人拒绝改造,逃跑叛变了,但绝大多数人都走向了革命道路,做了新人。王佐后来也入了党。1929年部队扩编为红军第五纵队,王佐做了副司令。原来王佐手下的一个号兵,在红军长征中也做了团政治委员(这里指的是张国华中将——作者注)。"③

对袁文才、王佐部队的成功改造,具有十分重要的意义。何长工说:"袁文才、王佐部队的新生,为后来改造旧军队创造了一个好的范例,积累了宝贵经验。这也是毛泽东到井冈山后一个英明的措施,是毛泽东同志无产阶级建军路线的一个重大胜利。"④

---

① 井冈山革命根据地党史资料征集编研协调小组、井冈山革命博物馆:《井冈山革命根据地》(下),中共党史资料出版社1987年版,第255页。

② 井冈山革命根据地党史资料征集编研协调小组、井冈山革命博物馆:《井冈山革命根据地》(下),中共党史资料出版社1987年版,第258—259页。

③ 井冈山革命根据地党史资料征集编研协调小组、井冈山革命博物馆:《井冈山革命根据地》(下),中共党史资料出版社1987年版,第259页。

④ 井冈山革命根据地党史资料征集编研协调小组、井冈山革命博物馆:《井冈山革命根据地》(下),中共党史资料出版社1987年版,第259页。

十、开创全新的群众工作

为什么叫"全新的群众工作"呢？因为前人没有这样做过。做
通袁文才、王佐的工作，革命军来到井冈山暂时安了家，但是要在这
里长期扎根，仅有他们的支持还是不够的，还必须做好群众工作，解
放群众，为群众服务，赢得民心，获得人民群众的信任、拥护和支持，
这才是最根本的大事。毛泽东深谙历史唯物主义关于人民群众是历
史的创造者这一基本原理，他深深懂得，开展群众工作，是由我们党
的性质和宗旨决定的。和其他政党相比，中国共产党是中国历史上
第一个领导"绝大多数人的，为绝大多数人谋利益的独立的运动"的
政党，"完全是为着解放人民的，是彻底地为人民的利益工作的"。
所以，毛泽东把做好群众工作列为重中之重。

不少人用现在的眼光和标准，觉得群众工作是很好做的，可当时
的群众工作是极其艰难的。一是那时全国革命处于低潮，很多人认
为"加入共产党是最大的犯罪"①。二是由于常年遭受战乱之苦，边界
的群众对战争都怀有极度恐惧的心理。三是反动派对群众的欺骗宣
传，污蔑"共产党是共产共妻""共匪见人就杀"，导致很多人对共产党
和红军产生误解。四是工农革命军初到井冈山时，当地群众对共产党
和革命军不了解、不认同，认为革命军和国民党军队一样，都是"兵
匪"。所以，"红军每到一地，群众冷冷清清，经过宣传之后，才慢慢地
起来。……我们深深感觉寂寞，我们时刻盼望这种寂寞生活的终
了。"②五是地主豪绅和国民党反动派的统治根深蒂固，人民群众十
分害怕。"因为反动豪绅的统治太厉害了，群众是世世代代住在这
里，生怕红军走了以后，他们的家产不安全，生命有危险，总有些顾

---

① 《毛泽东选集》第一卷，人民出版社1991年版，第77—78页。
② 《毛泽东选集》第一卷，人民出版社1991年版，第78页。

虑。这说明我们当时所做的发动群众的工作是何等艰难啊！并不是说红军来了，群众就立即响应、欢呼'万岁''胜利'，而是通过我们宣传队耐心细致的群众工作，群众才接受革命道理，觉悟起来，才敢参加群众组织的活动。"①六是对于如何开展群众工作，中央和省委也没有明确的标准和规范，同时"因为从 11 月底起，即与省委断绝交通，党的一切主张政策全不知道"②。一切都需要在实践中摸索。很显然，这时开展群众工作确实是难上加难。毛泽东是如何组织开展群众工作的呢？

一是把宣传群众、发动群众明确为党和工农革命军的主要任务。这是一切为了群众的重要体现。针对当地群众的不了解和怀疑、恐惧，毛泽东首先把宣传群众、发动群众作为党和工农革命军的主要工作之一。时任红四军军部特务连手枪班副班长、新中国成立后任北京军区副政委的王紫峰中将说："毛委员非常重视宣传和调查研究工作。他跟我们讲，不要以为机关枪、大炮厉害，当然大炮和机关枪能打死人。如果我们光用大炮和机关枪跟敌人打仗，那么，我们是打不过国民党的。因为我们的大炮和机关枪，没有他们的多，我们要用宣传工作来同敌人进行斗争。宣传工作不是打死几个人的问题，宣传工作做好了会打到敌人的司令部中去，打到敌人的最高指挥部去，这个威力是很大的，所以，一些传单，一条标语，不可小视，它可以瓦解敌人，分化敌人。"③时任工农革命军第 1 团教导队区队长、新中国成立后任总后勤部副部长的张令彬中将也回忆说："毛委员很重视宣传和调查研究工作，他说一支笔抵得上一千条毛瑟枪。我们广大红军战士

---

① 《星火燎原》第一辑(井冈山斗争专辑)，解放军出版社 1986 年版，第 496—497 页。
② 《浴血罗霄——井冈山革命根据地历史》(修订版)，中国发展出版社 2014 年版，第 163 页。
③ 井冈山革命根据地党史资料征集编研协调小组、井冈山革命博物馆：《井冈山革命根据地》(下)，中共党史资料出版社 1987 年版，第 457—458 页。

都会写标语,我们的挑夫也会写。大家都用竹杆子和笋壳子当笔,行军一休息,大家就写。"①

第一,要求军队广泛开展群众工作。自古以来,军队的任务就是打仗。一般的军事家也是就军事言军事。群众工作都是由地方政府和党的部门来做的。毛泽东要求部队做群众工作。刚开始时,不少人对此认识还是很模糊的。比如,1927 年 10 月,工农革命军在茅坪安家后,派出两个连经酃县到安仁打土豪,没收了不少浮财。按道理应将这些浮财分给贫苦群众,以发动群众起来革命。可是他们当时只是把部队带到空地排成队,然后就吆吆喝喝地把大堆财物分掉了。后来部队打下茶陵,开始也是按旧衙门的一套办事。因此,老百姓认为工农革命军与国民党的军队没有什么两样。发现这些问题后,毛泽东立即对军队提出如下要求:工农革命军除了打仗,每到一处立即分兵发动群众;规定了工农革命军的三大任务,其中之一就是要宣传群众、组织群众、帮助群众建立革命政权;工农革命军每到一处就派出宣传队立即张贴标语或者提着石灰桶刷写宣传口号等,派出演讲队深入群众进行宣讲,宣传工农革命军是穷人的队伍,是为了老百姓打天下、谋利益的。提出军队不仅要打仗,而且要做群众工作,这就把军事问题和政治问题有机结合起来了,这是巨大的创造!初创的人民军队一开始便在这样明确的指导思想下进行建设,影响是十分深远的。这样的群众工作也是历史上所没有的,也是崭新的课题。

第二,要求党组织广泛开展群众工作。无论是宁冈党组织负责人会议,还是象山庵联席会议,几乎每次党的会议,毛泽东都强调要做好发动群众的工作。毛泽东在 1927 年 10 月 7 日到达茅坪的当天晚上,参加了宁冈县党组织召开的党员大会。在会上,

① 《星火燎原》第一辑(井冈山斗争专辑),解放军出版社 1986 年版,第 225 页。

毛泽东明确提出:"还要发动工农群众,以后要注意阶级出身,要深入基层,做发动群众的工作。"①在湘赣边界各县党的第二次代表大会上,毛泽东指出:"过去边界各县的党,太没有注意宣传工作,妄以为只要几支枪就可以打出一个天下,不知道共产党是要在左手拿宣传单,右手拿枪弹,才可以打倒敌人的",强调"苏维埃、土地革命、共产主义、红军、暴动队,都须制定专门的宣传纲要,加紧宣传,深入到群众的脑海中"。②

第三,毛泽东带头做群众工作。毛泽东不仅要求军队和各级党组织广泛开展群众工作,他自己也率先垂范、带头做好群众工作。比如,1928年1月,毛泽东率领工农革命军攻克了遂川县城,随后即按"分兵以发动群众,集中以应付敌人"的原则,将部队分为三路,"分布于从井冈山脚下的黄坳到大坑、草林、于田一带地区,集中力量发动群众。发动群众的口号是:打土豪、分田地,废除债务和苛捐杂税,没收地主的粮食、财物分给贫苦农民,推翻国民党反动统治,建立工农兵自己的政府等等。"③与此同时,"他和同志个别谈话或向群众演讲,总是深入浅出,十分生动。他很注意运用地方语言,在遂川城,他和农民群众讲过多次话,群众反映都能听得懂。"④由于毛泽东亲力亲为,做耐心细致的群众工作、关心人民群众,很快就取得了显著的效果。时任遂川县委书记的陈正人回忆说:"由于毛主席每时每刻都密切关心群众的疾苦,及时反映群众的要求,引导群众为长远的利益进行革命斗争,因此,井冈山人民只要听到是'毛司令的兵'来了,就不管是日是夜都要出来热烈欢迎、报信带路、献草筹款,有的还自

① 余伯流、陈钢著:《井冈山革命根据地全史》,江西人民出版社2010年版,第71页。
② 井冈山革命根据地党史资料征集编研协调小组、井冈山革命博物馆:《井冈山革命根据地》(上卷),中共党史资料出版社1987年版,第192—193页。
③ 《星火燎原》第一辑(井冈山斗争专辑),解放军出版社1986年版,第77页。
④ 《星火燎原》第一辑(井冈山斗争专辑),解放军出版社1986年版,第79页。

动参军。……工农革命军每到一处,秋毫无犯,纪律严明。军民亲如一家。"①

第四,毛泽东手把手地教大家怎样做群众工作。如何做群众工作? 无论是对军队干部还是对地方的干部来说,都是一个全新的课题,很多人不知道该怎样做。毛泽东不仅提出目标要求,而且经常教大家工作方法。陈正人回忆说:"为了能够有效地发动群众,毛主席指示我们要十分重视社会调查研究工作。他亲自制定了调查提纲。这个提纲的内容,包括政治、经济、军事、文化、群众生活、剥削关系、风俗习惯,以及地理条件等等。特别着重调查工人、农民被压迫被剥削的具体情况和群众当前的迫切要求及根本要求。他还告诉我们调查研究的具体方法。在毛主席直接领导下,遂川县工农兵苏维埃政府很快建立起来了,同时建立了工农革命武装——遂川赤卫队。……毛主席还指示我们要在调查研究的基础上,草拟一个'施政纲领'。我们写出了初稿,毛主席作了重要的修改。这个纲领是用通俗的群众语言写成的,群众一听就能懂。这充分地体现了毛主席一贯的相信群众、发动群众、走群众路线的基本思想。"②不难看出,毛泽东是手把手地教大家如何开展工作的!

二是组织群众打土豪、分田地。这是发动群众的重要措施,也是一切为了群众、一切依靠群众的主要内容。八七会议确立了土地革命和武装斗争的总方针,明确提出没收大中地主和一切所谓公产的祠族庙宇土地,分给佃农或无地农民,开启了土地革命的新时期。但如何开展土地革命,当时党中央尚无具体的工作方案和详细部署。1927 年 10 月,毛泽东率领工农革命军来到茅坪"安家"后,在边界各

---

① 《星火燎原》第一辑(井冈山斗争专辑),解放军出版社 1986 年版,第 79 页。
② 《星火燎原》第一辑(井冈山斗争专辑),解放军出版社 1986 年版,第 77—78 页。

县广泛开展打土豪筹款子的游击活动,接着开展了分田活动,从而拉开了土地革命的序幕。打土豪、分田地,这是一项崭新的革命,没有现成的经验。为此,1927 年 11 月,工农革命军主力攻打茶陵,毛泽东因为脚伤,在大陇送别队伍后,回到茅坪。随后在坝上、洋桥湖、马沅一带进行广泛调查,又到永新的秋溪乡一带调查,分别写下了《宁冈调查》和《永新调查》,这其中就有土地革命的问题。

打土豪、分田地,是中国共产党领导的工农革命军在土地革命时期提出的主要宣传口号之一。"打土豪、分田地"的口号标语最早出现在 1927 年的文家市。陈士榘上将回忆道:"我记得在三湾改编前夕提出了'打土豪、分田地'的口号。部队到文家市就写过'打土豪、分田地'的标语,是用石灰和红土掺和起来写的。""我们在文家市第一次打土豪是打草家大屋的一家地主,没收了他的财产,分了他的东西。开始老百姓不敢要,以后又开了粮仓,分了衣服和农具等。"①

这个口号提出来了,但为什么要打土豪、分田地呢? 你去抢人家的财物、分人家的土地,和土匪有什么区别? 在当时的工农革命军和老百姓中有很多人不理解,必须在理论上作出阐释。我们常说,毛泽东思想是马列主义基本原理和中国革命具体实际相结合的产物。在土地革命问题上,毛泽东是如何结合的呢? 大家知道,马克思一生有两大发现:一是唯物史观。唯物史观又称群众史观,其最基本的原理是:社会存在决定社会意识、生产力是社会发展的决定力量、人民群众是历史的创造者。它揭示了人类社会发展的客观规律。二是剩余价值理论。这一理论揭示了资产阶级的剥削本质,阐明了资本主义产生、发展以及走向衰亡和无产阶级必然走向胜利的一般规律。同时,人类社会的终极目标是实现人人平等,人人丰衣足食的共

---

① 《星火燎原》第一辑(井冈山斗争专辑),解放军出版社 1986 年版,第 209 页。

产主义,这也是世界无产阶级共同的奋斗目标。马克思、恩格斯、列宁等人的著作是很难懂的,没有相当的理论基础也是学不明白的。对于当时的工农革命军干部战士和广大的农民工人来说,你要是用教科书上的语言来给大家讲马克思主义原理,那就等于听"天书",是行不通的。毛泽东是怎么做的呢? 他根据这两个原理,结合中国的实际,用通俗易懂的语言和鲜活的事例,来阐述"打土豪、分田地"以及革命的道理,给人们以极大的启发! 时任红五军中队长(连长)、新中国成立后任总后勤部政委的李聚奎上将是这样回忆的:"我记得清清楚楚的是他(毛泽东——作者注)讲工农兵弟兄三个,工人是大哥,农民是二哥,兵士是三哥,弟兄三个联合起来,打遍天下。朱老总讲要拿下几十个州县,毛主席讲要打遍天下,真使我们大开眼界。毛主席还说,地主资本家是少数,百分之八十五是农民和工人。资本家剥削工人,地主剥削农民,当兵的是为地主、资本家效命。掌权的军阀是少数,真正的枪杆子掌握在兵士手里。他问我们,多数人打少数人,谁能打得赢啊? 我们说,当然是多数人打得赢。毛委员说,三个人打一个人,你说谁能打得赢? 那当然是三个人打得赢。工人、农民、兵士是多数,地主、资本家、军阀是少数。那时,听了这些话,对我们启发很大。因为我们是农民,当时懂得的道理不多。"[①]毛泽东的讲话,把马克思主义深奥的理论,深入浅出地表达出来,使很多没有多少文化的干部战士、地方干部和老百姓一下子就明白了被剥削、被压迫的原因以及革命胜利的道理,从而增强革命的积极性和主动性,为土地革命的深入开展打下了坚实的思想基础。

为了更好地指导土地革命的开展,工农革命军上山后,1927 年

---

① 《星火燎原》第一辑(井冈山斗争专辑),解放军出版社 1986 年版,第 377 页。

11月、12月，毛泽东抽时间对宁冈、永新两县的一些地方进行社会调查。经过调研，他了解到边界的土地状况："大体说来，土地的百分之六十以上在地主手里，百分之四十以下在农民手里。江西方面，遂川的土地最集中，约百分之八十是地主的。永新次之，约百分之七十是地主的。万安、宁冈、莲花自耕农较多，但地主的土地仍占比较的多数，约百分之六十，农民只占百分之四十。湖南方面，茶陵、酃县两县均有约百分之七十的土地在地主手中。"[①]他不仅自己开展社会调查，还要求军队和地方干部把社会调查当作一项任务来完成。之所以搞这些调查，是因为毛泽东已经认识到，农民问题是中国革命的基本问题，而农民问题的核心又是土地问题，土地是农民的命根子，土地革命才成为发动农民最好的一把钥匙。为此，他想在井冈山根据地，领导工农革命军打土豪、分田地，让农民真正成为土地的主人，从而调动广大人民群众革命的积极性。

想法是好的，但实行起来是相当困难的。在乡村实行人人皆有的土地分配，这是千百年来从所未见的事情，是一种前所未有的重大社会变革。一方面，推行这样的大变革，必然会遇到重重阻力。首先，刚开始的时候袁文才就不太支持，他曾说："宁冈不搞土地革命，要搞到外面去搞。"王佐在茨坪也有不少土地。边界特委和永新、宁冈等县委中多数领导同志是富家子弟，有的甚至是地主家庭。革别人的命容易，革自己的命很难。其次，一些农民因为惧怕地主的报复而不敢去耕种分配给自己的土地。再次，还有一些农民受封建迷信的影响和传统道义的束缚，认为自己贫穷是"命苦"或"八字不好"造成的，占有别人的土地会被人看作是不光彩的行为，面子和形象也在顾及之列。另一方面，到底怎么搞，大家不知道。对于怎样打土豪，

---

① 《毛泽东选集》第一卷，人民出版社1991年版，第68—69页。

怎样分田,怎样发展党组织,怎样建立政权,怎样建立赤卫队等,很多人都不懂。面对重重阻力和各种困难,毛泽东采取了以下步骤:**第一步,宣传群众,提高觉悟**。毛泽东率领工农革命军深入群众,做好宣传工作,讲清革命道理。贫苦农民之所以穷,是地主阶级剥削压迫的结果;革命就是要打倒土豪劣绅,解放全天下的老百姓;共产党和工农革命军是穷人的队伍,是为穷人打天下的。同时深入细致地做好个别领导干部的思想工作。时任28团1营2连党代表、新中国成立后任总后勤部副部长的唐天际中将回忆说:"在井冈山斗争时期,毛泽东同志就指示我们,在每次战斗结束后,都要将部队分到附近各地去做群众工作。""发动群众工作有很重要的意义,但也很艰巨。过去老百姓都怕当兵的,加上国民党反动派的反动宣传,说共产党杀人放火,我们开始到一个地方,老百姓都躲起来,这就需要我们去做工作。因此,我们每到一个地方都要进行调查研究,宣传群众,发动群众,打土豪,分田地。"①"调查工作是一个很细致的工作,有社会调查和每个村子的典型调查。"②"我们在向群众宣传的时候,除了一般地宣传党的政策,如共产党是什么性质的党,红军是什么样的军队,我们是干什么的等之外,还要根据当地打土豪的情况,按照党的政策提出具体口号。在宣传方式上,有文字宣传、口头宣传、壁画宣传等。但主要是口头宣传,口头宣传有个别谈话,有搭台子演讲,还有召开群众大会。把群众发动起来造成声势以后,个别宣传才能深入。另外,还有化装表演,有的扮演雇农,有的扮演土豪,敲锣打鼓,把土豪劣绅抓起来游街。这样,群众一看就知道我们是站在哪一边。国民

---

① 井冈山革命根据地党史资料征集编研协调小组、井冈山革命博物馆:《井冈山革命根据地》(下),中共党史资料出版社1987年版,第346页。

② 井冈山革命根据地党史资料征集编研协调小组、井冈山革命博物馆:《井冈山革命根据地》(下),中共党史资料出版社1987年版,第346页。

党的军队口头上也讲'为老百姓',但实际上是与土豪勾结在一起。我们是把土豪抓起来,打土豪,分田地。"[1]**第二步,打土豪,这是开展土地革命的前奏**。从 1927 年 11 月中旬起,工农革命军在井冈山区域开展了广泛的打土豪活动。部队以连、排为单位分散到各区乡,以年关的名义发动农民"吃大户"。"这一斗争灭了豪绅地主的威风,揭开了分配土地的序幕。"[2]**第三步,成立工农兵政府,布置分田工作**。1928 年 2 月 18 日,工农革命军攻克宁冈县城,全歼守敌 1 个营及宁冈县靖卫团,生擒反动县长张开阳。第三天,在砻市召开群众大会,宣布成立宁冈县工农兵政府。毛泽东号召各地工农政权建立后首要任务就是开展土地革命。会后,县工农兵政府颁布了"推翻豪绅统治,实行土地革命"的公告,号召各区乡掀起分配土地的斗争。**第四步,抓好试点,典型引路**。1928 年 2 月,毛泽东派毛泽覃到宁冈大陇乔林乡进行土地革命试点。3 月,毛泽东率领工农革命军在酃县中村、桂东沙田等地进行分田的尝试,为边界普遍开展土地革命摸索和积累了一些宝贵经验。但"三月失败"时,边界被敌人占领一个多月,土地被地主豪绅夺去,试点成果尽行失落。**第五步,派出工作组,指导分田工作**。从 1928 年 2 月下旬开始,井冈山红色区域掀起了分配土地的热潮。特委和军委派出一大批地方和军队有经验的干部到各地农村指导分田。宁冈县委和政府领导人轮流到各区进行巡查,各部门的负责干部挂乡包点,推动农村的土地分配。县委书记龙超清"不仅自己扎扎实实地搞好了一个重点乡的工作,而且将取得经验用来指导全县分田的开展。"[3]县委宣传部长刘辉霄"回到家乡

① 井冈山革命根据地党史资料征集编研协调小组、井冈山革命博物馆:《井冈山革命根据地》(下),中共党史资料出版社 1987 年版,第 346—347 页。

② 《中国共产党井冈山地方史》(第一卷),中共党史出版社 2011 年版,第 128 页。

③ 《中国共产党井冈山地方史》(第一卷),中共党史出版社 2011 年版,第 368 页。

白石,领导群众打土豪分浮财。他家有几百亩粮田,上千亩山林,在白石圩镇还开有布店、豆腐店、油盐杂货店等。刘辉霄带领几百人来到自己家打土豪,亲自打开粮仓让群众挑谷,当众焚毁各种债契,遭到父亲的责骂。他跟父亲算剥削账,当场逼其父拿出400块银洋为工农革命军解决军需。其大义凛然的革命行动,受到当地群众的赞扬。"①**第六步,紧密结合实际,制定切合实际的土地政策**。在割据区域实行分田,是一项全新的工作,"前无成法",需要摸索前进。毛泽东、谭震林、宛希先等根据井冈山的实际,结合分田工作遇到的问题,及时研究,形成了比较详细的工作方案和土地政策,包括建立领导分田的机构、以乡为单位进行土地分配、按人口平均分田、在原耕基础上实行抽多补少、抽上补下的原则等,及时指导了各地的分田工作。这样,宁冈的土地革命进展顺利,取得了显著的效果。可以说,打土豪、分田地这项工作,不仅是毛泽东提出来的,而且是在毛泽东的具体指导下开展起来的。时任茶陵工农兵政府主席、新中国成立后任中央政治局委员、国务院副总理的谭震林同志回忆说:"去九陇搞土改,实际就去了我一个人。那里原来就有农民的组织,只是不知道如何搞。怎样打土豪?怎样分田地?怎样建立赤卫队?怎样发展党组织?都不懂得。……主席怎么讲,我们那个地方就怎么去做,所以小江区群众发动起来了,建立了政权,建立了赤卫队,建立了党组织。"②

● 毛泽东动手打人!

前面讲到毛泽东派毛泽覃去宁冈县大陇乔林乡进行土地革命试点,看起来似乎很容易,其实并没有这么简单。当时很多军事干部都愿意留在部队,不愿意去做发动群众、指导分田工作。毛泽覃也是这样的。毛泽覃是毛家三兄弟中走向武装斗争的第一人,不仅从事过

---

① 《中国共产党井冈山地方史》(第一卷),中共党史出版社2011年版,第364页。
② 《星火燎原》第一辑(井冈山斗争专辑),解放军出版社1986年版,第72页。

工运、农运，还曾在黄埔军校政治部工作，参加了南昌起义，任第11军25师政治部宣传科长。南昌起义失败后，毛泽覃跟随朱德、陈毅转战闽粤赣湘边。1927年11月中旬，受朱德、陈毅委派，来到井冈山见到大哥毛泽东，为朱毛会师奠定了基础。后留在工农革命军中工作。现在，毛泽东让他离开部队去地方上做群众工作、搞土地改革试点，他一百个不愿意。毛泽东神情严肃地说，这是前委的决定，你必须服从！毛泽覃脾气很犟，没好气地回答说，无论是谁的决定，我就是不去。毛泽东一听就生气了，说道：反了你，连组织的话都敢不听吗？毛泽覃毫不客气地说：你就是前委，前委就是你。毛泽东顿时火冒三丈，大手一挥，打了毛泽覃一个耳光。在场的警卫排长韩伟见状，批评毛泽东说：毛委员，你怎么打人啊？毛泽东气呼呼地说：他是我弟弟，我不能打别人，还不能打他吗？韩伟说：毛委员，你要我们不打人，不搞军阀残余，你怎么打人！毛泽东没话说了，只好忍住气，点了一支烟抽了起来。过了一会，毛泽东气消了，和颜悦色地对毛泽覃说：打你不对，我正式向你道歉！毛泽覃也意识到自己在大哥面前太任性了，随即也向大哥承认了错误，第二天就带着两名武装干部来到乔林乡认真开展工作。毛泽覃到地方开展群众工作，对其他军事干部到地方开展工作起到了积极的推动作用。这也说明毛泽东始终是一位严于律己、以身作则的伟人！毛泽覃没有辜负毛泽东对他的期望。他克服环境恶劣、老百姓不信任，特别是白色恐怖等困难，建立了井冈山革命根据地第一个农村党支部——乔林乡党支部，并亲自担任支部书记。随后，该支部积极发展党员，宣传群众、发动群众，带领大家打土豪、分田地……在土地革命和巩固乡村政权的斗争中，成为井冈山根据地的一面旗帜。① 毛泽覃后来担任过红6军（后改为

① 以上内容参见《"三湾子弟"韩伟将军》，人民出版社1995年版，第61—64页。

红 3 军)政治部主任、代理军政委,苏区中央局秘书长,红军独立师师长、闽赣军区司令员等职,1935 年 4 月牺牲于赣南,年仅 30 岁。与他一起工作过的邓小平曾说:"毛泽覃是个好同志""他是我军早期的一员猛将"。敢于批评毛泽东的那位警卫排长韩伟同志,新中国成立后曾担任北京军区副司令,被授予中将军衔!

● 群众自发喊出"共产党万岁"!

老百姓分了田,经济上获得了解放,政治上翻了身。很多农民高兴地说:"共产党、红军真好,一下把这么多田地分给我们,真是盘古开天地没见过的好事!"①这年年终,白银湖乡的农民在一座祠堂聚餐,庆贺当年的丰收。草药郎中邱启山深有感慨地说:"天大地大,皇帝最大,尔今我们的'皇帝'是哪个呢? 不用说就是共产党,是红军。红军是共产党的队伍,我们穷苦人就尊共产党万岁吧!"乡亲们纷纷响应说:"我们尊共产党万岁!"②许多农民还贴出了这样的春联:"分田不忘共产党,幸福牢记毛委员。"横批是:"共产党万岁"。曾任井冈山革命博物馆馆长的毛秉华先生在《天下第一山》中写道:"红军打到哪里,田就分到哪里。井冈山根据地每人平均分得了 3 亩田,另外还有 600 公斤谷子。这时的老农民带领他的全家到自己分得的那丘田里,抓上一把土,感动得热泪盈眶!""井冈山农民最早喊出了'共产党万岁!'"③"共产党万岁!"这一中国革命史上的最强音,第一次响起在白银湖古旧的祠堂里,这是井冈山人民发自内心的呼喊。从此,这一口号在井冈山红色区域传开,一直传播到全中国,一直传播到现在乃至将来。湘赣边界的土地革命最早是在宁冈进行的,然后扩大到整个边界。打土豪、分田地,彻底改变了数千年来的

---

① 《中国共产党井冈山地方史》(第一卷),中共党史出版社 2011 年版,第 133 页。
② 《中国共产党井冈山地方史》(第一卷),中共党史出版社 2011 年版,第 134 页。
③ 《天下第一山》,江西人民出版社 2006 年版,第 46 页。

封建土地关系。这充分说明，共产党把人民的利益放在了首位。这样，共产党获得了人民群众的信赖和拥护，人民群众也成为了共产党和工农革命军最为重要的力量来源。

● "毛委员"叫法的由来。

何长工同志回忆说："为什么叫毛委员呢？因为毛主席是中央委员，所以就叫他毛委员，而不叫他前委书记。"①

三是帮助群众建立红色政权和各级群众组织。这是组织群众的重要手段，也是一切依靠群众的重要途径。毛泽东带领革命军打下一个地方，只要条件成熟，马上建立工农兵政府，推选工农群众担任各级领导，让人民来当家作主，这就调动了人民群众起来革命的积极性和主动性。唐天际回忆说："我们不仅进行调查研究和宣传群众，而且还要组织、武装群众，帮助群众建立革命政权。组织群众先是组织贫农团、雇农小组，合起来组织农会。还组织妇女会、少年先锋队等群众组织。把群众组织起来后，就在群众中挑选好的发展为党团员。……然后再从党员中挑选好的组织武装，如暴动队、赤卫队，有的地方叫自卫军。把群众组织起来后，就建立政权，即成立工农兵政府。工农兵政府成员，先在党内协商，再开群众大会选举。"②"宣传、组织、武装群众，帮助群众建立革命政权工作，当时我们人人都搞，今天你去，明天他去，由于经常搞，大家都搞熟了，不仅你这个连搞，我这个连也搞，搞起来就连成一片。这个力量很大，影响也很大，不但军队搞的地方掀起了轰轰烈烈的革命群众运动，就是军队没有搞的地方，群众也会自发地搞起来。"③

---

① 《星火燎原》第一辑（井冈山斗争专辑），解放军出版社1986年版，第158—159页。

② 井冈山革命根据地党史资料征集编研协调小组、井冈山革命博物馆：《井冈山革命根据地》（下），中共党史资料出版社1987年版，第347页。

③ 井冈山革命根据地党史资料征集编研协调小组、井冈山革命博物馆：《井冈山革命根据地》（下），中共党史资料出版社1987年版，第347页。

1.打下茶陵,建立湘赣边界第一个县级红色政权——茶陵县工农兵政府。1927年11月18日,工农革命军在陈浩、宛希先等率领下,攻克茶陵县城。打下茶陵后,陈浩等人不去做深入细致的群众工作。毛泽东得知情况后,写信批评了他们,明确指示:"新的政权不能按国民党那一套搞。要成立工农兵政府,发动群众开展斗争。"遵照毛泽东的指示,宛希先等人于11月18日召开了茶陵县工农兵代表会议,成立了茶陵县工农兵政府。推选学徒出身的印刷工人谭震林担任主席。人民政府为人民。新政府立即发布公告,号召广大人民群众起来革命,建立工农武装,惩治土豪劣绅。

2.打下遂川,成立遂川县工农兵政府。1928年1月4日,工农革命军的两个营在毛泽东、张子清率领下,从宁冈砻市出发,先在遂川大坑打败恶霸萧家璧,1月5日占领遂川县城。1月8日,重建遂川县委,任命陈正人为书记。1月24日宣告遂川工农兵政府成立,推选王次淳担任主席。毛泽东发表了热情洋溢的讲话,他说:"这位就是你们的县长,叫王次淳,西庄人,前几天还在挑大粪,现在要当县长了。但是,革命靠一个县长不行,还要靠大家团结。一根稻草,一拉就断,把稻草拧成一股绳,就不容易断了!"全场贫苦平民无不欢欣鼓舞! 老百姓唱起新编的歌谣:过新年,过新年,今年不同往常年;工农革命军来了,又分谷子又分田。过新年,过新年,今年不同往常年;打倒萧家璧,活捉罗普权(遂川县大地主大恶霸——作者注)。①

3.打下宁冈,成立宁冈县工农兵政府。1928年2月中旬,毛泽东率领工农革命军第一团和第二团打下宁冈新城。2月21日,成立宁冈县工农兵政府,推选泥腿子出身的文根宗担任主席。

① 余伯流、陈钢著:《井冈山革命根据地全史》,江西人民出版社2010年版,第109页。

毛泽东在成立大会上向各界人士讲话,他说:"今天的大会,是个胜利的大会。从此,宁冈人民有了自己的政府,贫苦工农要自己当家作主了!""这就是文根宗同志。就是他,在新城战斗中活捉了张开阳(敌县长),立了头一功!从今天起,他就要担任大家的工农兵政府主席,大家要拥戴他、支持他,把宁冈的工作做得更好!"①会上还宣布成立中共宁冈县委,龙超清为书记;成立县赤卫大队,石敬庭任大队长。毛泽东的讲话,激荡人心,赢得了台下军民的阵阵掌声!会后,宁冈各区、乡工农兵政府相继成立,并在县政府的领导下,开展对敌斗争,建立地方武装等。

4.成立新遂边陲特区工农兵政府。新遂边陲是指永新、遂川两县交界的井冈山区。1928 年 2 月下旬,为了适应斗争形势发展的需要,前委决定将茨坪、大小五井、白泥湖等地划出,单独成立新遂边陲特区,隶属于遂川工农兵政府和县委领导。下辖茨坪、大井、土岭等十个乡,面积约 76 平方公里。区委书记为肖万侠,工农兵政府主席由李尚发担任,并组建了赤卫队。主要工作:发动群众烧田契、分田地;组织打土豪、分物资;组织递步哨、运送物资、守哨口工事等。特区的成立,为井冈山的军事根据地的营造与巩固,做了很多工作。特区自 1928 年 2 月下旬成立后,一直坚持到 1930 年 2 月王佐被杀、井冈山失守。

5.建立县、区、乡、村四级农民政权和各级群众组织。在成立县工农兵政府的同时,又发动群众,在区、乡、村逐级建立政权,并逐级建立农会、妇女会、共青团、儿童团等,还帮助群众建立暴动队、赤卫队等地方武装。通过建立这四级红色政权和各级组织,有效组织开展了群众工作,为创建井冈山根据地、开展工农武装割据打下了坚实

---

① 余伯流、陈钢著:《井冈山革命根据地全史》,江西人民出版社 2010 年版,第 119—120 页。

的基础。

四是坚决维护保障群众的利益。这也是一切为了群众的一项重要措施。自古以来,烧杀抢掠、无恶不作,似乎是"兵匪"的代名词。可井冈山时期毛泽东领导的工农革命军却是"人民军队爱人民"。

1. 工农革命军的纪律多数是为了保护群众的利益。"三大纪律、六项注意",是军队铁的纪律。毛泽东强调指出:"我们是人民的子弟兵,必须依靠人民群众,和群众搞好关系,要严格遵守'三大纪律、六项注意',军队脱离群众是很危险的。"①这在当时是十分了不起的一件大事,一下子就把人民军队与历代"兵匪"区别开来。当然,这些内容并不是凭空想象出来的,而是根据当时的实际情况,从保护群众的利益出发而制定出来的。比如"不拿一个红薯",就是因为初上井冈山时正值红薯成熟季节,战士们在行军途中又饥又渴,看到路边诱人的红薯,便连苗拔出,用袖子胡乱揩去泥巴塞进了嘴里,侵犯了老百姓的利益,所以做了这样的规定。再如"上门板、捆铺草",也是因为部队住宿经常借用老百姓的门板作铺板,借用稻草当铺草,但撤走时没有"物归原主",睡觉用过的稻草遍地都是,群众有意见,因此才规定这两条。说话和气;买卖公平;不拉伕,请来伕子要给钱;不打人骂人等规定,也是为了保护群众的利益。

2. 发布并实施了其他严格的要求。按照当时的规定,如果老百姓不在,吃了老百姓的米、用了老百姓的油或拿了其他东西,就要把钱放在适当的地方,还要写上道歉信,让老百姓能够看到。每次行军,部队都要派检查组进行检查,发现问题及时纠正。龙开富少将回忆:"记得有一次,我们去打桂东、桂阳经崇义、上犹、遂川回井冈山,走到一个地方,因为饿了,把群众一块地里的苞米连秆都吃光了。毛

---

① 《星火燎原》第一辑(井冈山斗争专辑),解放军出版社 1986 年版,第 320 页。

主席叫我去看一看,我回来向毛主席汇报了,他说那就休息一下吧,遂在一块竹牌子写上:因为我军肚子饿了,为了充饥,把你的苞米吃光了,违反了纪律。现把两元钱埋在土底下,请收下。"①

3.始终保护群众已分的土地。井冈山时期,经历过"三月失败"和"八月失败",工农革命军一走,反动派马上反攻倒算,夺回被分配的土地;工农革命军回来后,及时帮助群众恢复家园,克服困难,将地主夺去的土地重新还给农民。

4.经常告诫、检查督促。保护群众利益的纪律定了,但能否执行到位,这是毛泽东经常关心的问题。他对干部战士经常提醒、反复告诫,要求干部战士严格遵守群众纪律。龙开富少将回忆说:"毛主席经常告诫我们,不能侵犯老百姓,不能向老百姓要东西。到宿营的地方,他还会派秘书来检查我们遵守纪律的情况。谭政就来检查过,问我们哪个丢了东西,哪个没有上好门板等。晚上还开讨论会,进行点名讲评。"②由于毛泽东要求严、抓得紧,确保了部队纪律严明、人民拥护。王紫峰中将回忆说:"我们的军队很遵守纪律,如果群众跑掉了,吃了群众的米,就把米钱放在米桶里,用了群众的油,就把钱放在油罐底下,还写上道歉和解释信,这样群众发现后,群众拿着钱后会感动地流下眼泪。这一条很重要。旧军队都是欺压老百姓的,拿了老百姓的东西也不会留钱。俗话说,出门莫遇兵,有理说不清,而共产党领导的军队却与旧的军队完全不同。这给群众的教育、感动很大。"③群众心中自有一杆秤,谁在维护他们、保护他们,他们就必然会支持、拥护和爱戴谁。正是毛泽东带领的工农革命军把人民群众

① 《星火燎原》第一辑(井冈山斗争专辑),解放军出版社1986年版,第324页。
② 《星火燎原》第一辑(井冈山斗争专辑),解放军出版社1986年版,第324页。
③ 井冈山革命根据地党史资料征集编研协调小组、井冈山革命博物馆:《井冈山革命根据地》(下),中共党史资料出版社1987年版,第458—459页。

的利益放在首位,时刻保护着人民群众的利益,所以赢得了井冈山人民的支持、拥护和爱戴。

五是与群众打成一片、同甘共苦。毛泽东率领工农革命军和人民群众打成一片、同甘共苦,坚持做到:

1. 将打土豪所得分给群众。工农革命军打下城镇,马上开仓放粮,分给农民群众,打土豪所得的财物,大部分分给贫苦农民,只留下很少的一部分作为部队的军需。唐天际回忆说:"打土豪要经过政治部批准,打了土豪90%以上的财物,如衣服、粮食加上一些用具,都分给老百姓。有的地方是大会上分,有的地方是送到老百姓家里去。特别是送盐到老百姓家里,群众很高兴。有些地方红军初到,分的东西群众不敢要,怕土豪回来报复,后来把地主杀了才分下去。"①时任特务营排长、新中国成立后任工程兵副司令、被毛泽东誉为"工兵专家""民族英雄"的王耀南少将回忆说:"开始,我们是靠发动群众,打土豪筹粮的,当我们下山去收集粮食,看见老百姓没有粮食吃,光吃点菜、南瓜、茄子、干笋、红薯等东西时,我们就号召部队将收得的粮食节省一些给老百姓,这样老百姓对我们更好了。后来,附近的土豪打完了,县城里的粮食也搞光了。那时,粮食是一个关键问题,加上敌人的封锁,粮食就更加困难。老百姓主要靠南瓜、茄子和菜来充饥。为了减轻老百姓的负担,我们红军自己种南瓜、茄子、空心菜和冬瓜。"②"除了部队自己生产外,我们还在大井、小井、茨坪等好多地方帮助老百姓种田。帮助老百姓种田时,红军战士是不怕脏不怕累的。……小井医院的伤病员还拄着拐棍去参加助民劳动。"③

---

① 井冈山革命根据地党史资料征集编研协调小组、井冈山革命博物馆:《井冈山革命根据地》(下),中共党史资料出版社1987年版,第346页。

② 《星火燎原》第一辑(井冈山斗争专辑),解放军出版社1986年版,第265—266页。

③ 《星火燎原》第一辑(井冈山斗争专辑),解放军出版社1986年版,第269页。

2.主动帮助驻地群众。红军官兵纷纷帮助老百姓耕地、割禾、铺路、修桥、挑水、劈柴、扫地、做家务;关心群众生活,为群众办急事、难事、小事、麻烦事。春耕季节,毛泽东将部队组成工作队,深入到附近农村,帮助农民做好生产农具和种子的准备工作。对劳动力少的农户和军烈属,派部队直接帮助生产。毛泽东也亲自到农民家里询问生产有没有问题,种植有没有困难。只要发现他们哪方面有困难,总是派警卫员立即去找在村里的部队工作组想办法调剂和解决,直到问题彻底解决了,毛泽东才放心。一天,毛泽东看见大井村81岁的孤寡老人钟有凤老婆婆去河里挑水,他马上放下手头上的工作,连忙迎上前去,接过老太太肩上的水桶,到河里挑了满满一担水送到她家。路上,毛泽东问老婆婆:不是有红军战士帮忙挑水吗? 她说:有的战士借我的水桶洗了衣服后就直接替我挑水,这样多不卫生啊!为了这件事,毛泽东对战士进行了多次教育,要他们尊重当地群众的生活习惯。当部队离开大井村时,钟有凤老婆婆依依不舍地说:"我活了81岁,像你们这样好的军队,还是第一次见到!"①唐天际回忆说:"与此同时,我们到一个地方还帮助群众搞生产、春耕、夏耘、秋收、冬藏、修路、架桥、修房子、救灾、治病及挑水、搞卫生等。另外,还筹粮筹款、动员参军参战,训练地方武装。群众也组织担架队、慰问队、救护队等,帮助军队打仗救护伤员。"②王耀南少将回忆说:"我们上井冈山以后,很快就和老百姓打成一片,我们用实际行动帮助老百姓。比如,老百姓谁的房子不好,我们就帮他修理房子,窗户坏了给他修窗户,院子的地不平,战士们就动手替老百姓填平。老

---

① 中国井冈山干部学院编写:《现场教学点讲解词》,党建读物出版社2007年版,第92页。

② 井冈山革命根据地党史资料征集编研协调小组、井冈山革命博物馆:《井冈山革命根据地》(下),中共党史资料出版社1987年版,第347页。

百姓也用最大努力来支援我们红军部队。"①龙开富少将回忆说："我们住在山上,常帮助老百姓种田,帮助老百姓割谷、打柴、挑水、扫院子,渐渐同群众关系密切起来。他们了解我们以后,就像亲人一样,老公公、老婆婆看见我们的战士,就像待自己的亲生儿子那样,叫我们吃饭,替我们缝补衣服。我们出去打土豪,用节余的伙食尾子买些盐、针线和日用品之类的东西送给井冈山的群众。"②

3. 困难时期与群众同甘共苦。敌人对井冈山实行经济封锁,工农革命军采取恢复"圩场"、设立公卖处、熬制硝盐、从外地设法引进紧俏物品等多种措施,方便群众、分给群众;部队取消"薪饷制"改为"供给制",从前委书记到普通士兵都一样,每人每天只有几角的菜金钱。各级领导干部、党员坚持同群众同甘苦、共患难。许多领导干部看到饭不够吃时,就不声不响地走开,让战士们尽量吃饱。在整个井冈山上,无论是部队的官兵、地方的党政干部,还是普通老百姓,大家都一样苦。正是毛泽东等党政军领导同志与广大士兵和人民群众同甘共苦,才使井冈山的军民凝心聚力、同心同德,为战胜各种困难奠定了坚实的基础。

4. 军民共同参战。由于工农革命军和地方党组织开展了全新的群众工作,与人民群众连在一起、打成一片、同甘共苦,建立了军民鱼水情,所以,人民群众从心里敬佩党和工农革命军,把党和工农革命军看成了自己人。打仗的时候,工农革命军冲锋在前,广大农民群众积极参战,全力支援,做好各项保障工作。比如,赣敌第一次"进剿"时,毛泽东就采取了"分兵以发动群众,集中以对付敌人"的战略原则。宁冈、永新等地方党组织按照毛泽东的指示,发动暴动队、赤卫

① 《星火燎原》第一辑(井冈山斗争专辑),解放军出版社1986年版,第265页。
② 《星火燎原》第一辑(井冈山斗争专辑),解放军出版社1986年版,第323页。

队日夜袭扰敌人,"使敌人一日数惊,疲惫不堪";人民群众不论男女老幼,都全力投入支持工农革命军的战斗,修工事、运军火、送饭菜、抢救和看护伤员等;少先队、儿童团站岗放哨、通风报信等。总之,在毛泽东的亲自指挥下,军民共同参战,取得了新城大捷。

六是树立良好作风、密切党群关系和军民关系。井冈山时期,毛泽东以身作则、严格要求,带头树立良好作风,时刻想着群众、密切联系群众,打造了良好的党群关系、军民关系。

1. 生活上与普通战士一样。1927 年 10 月底,寒冷似乎来得特别早。战士们住着简陋的窝棚,一天只吃两顿饭,除了红米稀饭,仅能喝上只有几片的南瓜汤。由于油、盐都很缺,汤里几乎也透不出咸味,油就更少了,几天里也见不到一滴油花。毛泽东也和战士们一样,吃着红米饭,喝着南瓜汤,身上穿着单衣。龙开富少将回忆说:"毛委员和战士一样艰苦,战士们吃什么,他也吃什么,战士们穿什么,他也穿什么,不同的是他有很多书、报纸、文件……冬季,井冈山很冷,他的床上只有一床夹被。战士们为他准备了两床灰毯,他经常工作到深夜,警卫员伴随在他身边,夜里给他烧开水喝。"[1]"毛泽东吃饭用的竹筷,是向群众借来的,警卫员用小刀子刮一刮,然后用热水烫过再给毛泽东用。1929 年下井冈山后,转战到大余县一个茅草山上,吃饭时,找不到筷子,他就和战士们一起用手抓饭吃。"[2]他还说:"井冈山的生活虽然很苦难,但战士们都不叫苦。为什么?因为毛泽东的生活和大家是一样的,大家吃什么,他也吃什么,战士们深受感动。毛泽东特别关心战士,他常问士兵吃好了没有。吃好了,他

---

① 井冈山革命根据地党史资料征集编研协调小组、井冈山革命博物馆:《井冈山革命根据地》(下),中共党史资料出版社 1987 年版,第 463 页。
② 《星火燎原》第一辑(井冈山斗争专辑),解放军出版社 1986 年版,第 324 页。

高兴;没有吃好,他就去找司务长问:'怎么办呀? 他们吃不饱怎么行呀?'"①

2. 将刚发的棉衣送给群众。据龙开富回忆:"1927 年冬天,毛委员住在宁冈茅坪洋桥湖村的贫农谢槐福家里,一天正下大雪,谢槐福当时身上只有一件破单衣,在家冷得发抖,毛委员见了拍拍他的肩说:'槐福呀,天冷了,你要穿衣服呀!'谢说:'毛委员,我没有衣服哩。'毛委员听了,就一面从自己身上脱下刚发的一件棉衣给他披上,一面说:'槐福,现在外面正在下雪,你就穿上吧。'谢见毛委员自己只穿了两件单衣,说:'毛委员,你自己只穿两件单衣,我怎么能穿你的棉衣呢?'毛委员说:'我不冷,我习惯了。'说罢就给谢穿上棉衣,扣好扣子。谢穿上棉衣后,就给毛委员送去了一个火盆,毛委员见了说:'我不冷,我没有烤火的习惯。'谢槐福刚走,毛委员就把火盆送还谢,谢和爱人又送去,毛委员又送回。谢见毛委员不收,说:'毛委员,你不收火盆,我也不要你的棉衣了。'说罢,就要脱棉衣。毛委员看到这种情况,就说:'好吧,火盆我收下,木炭我付钱。'谢不要,以后毛委员还是付了钱。谁知毛委员收下火盆后,立即送到了另一个贫农魏大娘家。谢槐福还不知道,一直以为毛委员烤了火。半个月后,毛委员问谢还有没有木炭,谢一听很高兴,毛委员又付了钱,而且不要谢挑,自己挑起来就走,谢一看毛委员挑了木炭向别处走去,很奇怪,谢的爱人说:'毛委员自己没有烤火,不知给了谁家烤火了。'谢就跟着毛委员,见毛委员把木炭挑到魏大娘家,才从魏大娘家知道毛委员半个月前就把火盆给魏大娘用了。"②

3. 夜里办公只点一根灯芯。由于缺油,当时规定了点灯和灯芯

---

① 《星火燎原》第一辑(井冈山斗争专辑),解放军出版社 1986 年版,第 324 页。
② 井冈山革命根据地党史资料征集编研协调小组、井冈山革命博物馆:《井冈山革命根据地》(下),中共党史资料出版社 1987 年版,第 464 页。

的数量,连以上干部屋里统一点一根灯芯,战士们的大棚里只准点一根灯芯,连里开会时允许点两根灯芯。毛泽东白天指挥打仗、调查研究、开会布置任务,时常深夜看文件、写文章。为了节省油,他将原来的三根灯芯抽掉两根,只用一根灯芯办公和写作。

4.带头种地种菜。毛泽东还带头种了一块菜地,亲自参加生产劳动,经常利用工作之余,去翻地、播种、栽苗、浇水……把菜种得根壮叶肥,取得了较好的收成,既改善了生活,又给大家作了表率,广大官兵受到了极大的鼓舞!当地的干部群众也从毛泽东等领导干部身上感受到了共产党人一心为民的朴实本色。

5.亲自参加分田。在酃县中村插牌分田的时候,"毛委员像普通战士一样,置身在群众斗争的行列里。他亲自为翻身农民丈量土地,为得到土地的群众书写和插下分田的牌子。"①

6.经常到医院看望关心伤病员。王耀南少将回忆说:"当时,毛主席对红军伤病员很关心,经常到医院里看望伤病员。红军战士一听说毛主席来了,可高兴了,说明毛主席在当时的威望确实很高。""我在小井医院住院时,有一次,看到有个红军战士的身上被子弹打了个洞,医生就用竹制的镊子夹着粗布往伤口里塞进去,痛得那个红军战士呜呜地哭。正在哭的时候,突然外面有人在叫'毛委员来了'。听到这么一叫,那个战士就不哭了。问他为什么不哭了,他说:'我不痛了!'"②"有一天,茅坪乡牛亚陂村的萧婆婆,节吃俭用地攒了满满一篮鸡蛋,来到毛泽东住地八角楼。她拉着毛泽东的手说:'毛委员,你整日为我们穷人操劳,我老太婆不能帮做什么,这篮鸡蛋送给你补补身体,你可不要嫌弃啊!'毛泽东几次推辞,萧婆婆说什么也不依,把篮子放在桌上就走了。毛泽东见

---

① 余伯流、陈钢著:《井冈山革命根据地全史》,江西人民出版社2010年版,第132页。
② 《星火燎原》第一辑(井冈山斗争专辑),解放军出版社1986年版,第270—271页。

状,忙叫警卫员把钱送去,自己提着鸡蛋篮子,到了攀龙红军医院。伤病员们知道这篮鸡蛋是乡亲们送给毛委员的,谁也不肯收。毛泽东几乎用命令的口气说道:'同志们,你们为革命冲锋陷阵,受伤流血,这篮鸡蛋非吃不可! 大家伤养好了,好早日上前线啊!'伤病员们无法推辞,只好收下。"①

7.听毛委员讲话如同发饷。张令彬中将回忆说:"如果有一点时间休息,那就一定请毛委员讲话。我们连排级干部都说,只要请毛委员来讲一次话,部队就什么问题都没有了。我们干部战士最喜欢听毛委员讲话。我当排长时,部队每月集中一次,听毛委员讲话。同志们高兴地说:'这是发饷。'大家听了毛委员讲话,就会精神振作,执行纪律,服从命令,打起仗来勇敢杀敌。"②

在毛泽东的带领下,根据地各级干部深入基层,密切联系群众,得到了广大人民群众的广泛好评。党和工农革命军把群众当亲人,群众就把党和工农革命军当恩人。在井冈山根据地的创建过程中,工农革命军与人民群众真正地建立了"鱼水情"、形成了名副其实的"血肉联系"。王耀南少将回忆说:"当年,井冈山人民积极支援红军。说老实话,如果没有井冈山老百姓的大力支持,我们在井冈山根本活不成。井冈山的老百姓照护伤病员,不仅是送几个鸡蛋,而是有什么就给什么东西。有些老婆婆烧好鸡蛋汤端到伤病员跟前用汤匙一点一点往伤病员嘴里喂,像对待自己亲人一样,可以说是无私地拥军,红军伤病员都感动得流泪。""根据地群众的觉悟是很高的,对待红军是不保守的,只要红军开口要什么东西,不用地方干部动员,他们就会给。从龙源口下来到柏路那一带地方,我亲眼所见,红军路过时,老百姓有什么东西都拿出来给红

① 《解读井冈山》,党建读物出版社2007年版,第243—244页。
② 《星火燎原》第一辑(井冈山斗争专辑),解放军出版社1986年版,第224页。

军吃,给红军用。"①

七是注意工作方法、有效组织群众。组织革命战争和做群众工作是当时工农革命军面临的两大任务。要完成这两大任务,就必须采取正确的方法。毛泽东强调指出,不解决方法问题,任务也只是瞎说一顿。当然,做群众工作确实是很不容易的事情。毛泽东自己带头,并要求干部战士在群众工作中注重方法、讲求实效。

1.学说江西话。当时在井冈山地区有两种话,一种是大家可以听得懂的客家话,还有一种很难懂的江西话。毛泽东在与群众交流时,不仅请讲客家话的人做翻译,而且还主动学习江西话,以便更好地与群众沟通。

2.消除戒备、逐步推进。工农革命军将打土豪所得的东西分给贫苦群众,一开始老百姓不敢要,战士们就先把衣服、谷子挑到群众家里去,然后慢慢给群众讲革命道理,告诉老百姓,贫穷的原因是土豪劣绅剥削压迫的结果,革命的任务就是打倒地主老财,解放劳苦大众,要破除"生死有命、富贵在天"的封建迷信,之后再组织他们团结起来,建立起地方武装,推翻地主阶级的统治。

3.要讲群众的语言。比如毛泽东在文家市讲的"我们的军队是为穷人打仗的"。一说"穷人",大家就听得懂。毛泽东在修改遂川县工农兵政府政纲时,把"不虐待儿童"改为"不准大人打小孩",把"废除买卖婚姻"改为"讨老婆不要钱"。这样通俗易懂,大家一看就明白。

4.讲话要分清对象。针对不同的对象要采取不同的方法。毛泽东讲,碰到雇农要讲雇农话,碰到中农要讲中农话,碰到商人要讲商人话,碰到工人要讲工人话,不能讲一大篇,他听不懂。只要一

---

① 《星火燎原》第一辑(井冈山斗争专辑),解放军出版社1986年版,第269页。

两句点到切身利益的话,他就懂了。

5."耐心是一个非常重要的问题"。当时部队很多人听不懂井冈山当地群众的江西话,交流起来很困难,直接影响到群众工作的开展。对此,毛泽东巧解说话听不懂的问题,教给了战士们具体的方法。王紫峰中将回忆说:"有一次毛委员参加了我们的会议,在会上,我们都主动向他反映,我们湖南人讲的话,江西和福建人,听起来比较困难,往往听不懂,毛委员听了反映就跟我们讲,说话听不懂这个问题容易解决。他说哑巴是不会说话的,可是有人打了哑巴,他就会做手势,使人家知道有人打了他。当哑巴饿了的时候,他也会做手势叫人家知道。毛委员又说,哑巴不会说话,但是能够想办法使人知道他的意思。我们何况不是哑巴,为什么不能让人家知道自己讲话的意思呢? 毛委员还说,这里面耐心是一个非常重要的问题,只要我们把话讲得慢一点,把话多重复几次,并且用几种意思表达一句话,比如群众听不懂'土豪'是什么意思,我们就用'财东'或'有钱人'来代替,群众慢慢就会懂得我们的话,他的话,对我们帮助很大,后来,我们遵照他说的去办,解决了困难,宣传了群众。"①

通过以上措施,把最基层的人民群众充分发动起来了,形成了强大的革命力量,为井冈山革命根据地的形成与巩固奠定了坚实的群众基础。同时,又在工作中逐步形成了"一切为了群众,一切依靠群众,从群众中来,到群众中去,把党的正确主张变为群众的自觉行动"的群众路线。毛泽东思想活的灵魂是三个方面:实事求是、群众路线、独立自主。这源头就是毛泽东在井冈山时期实践经验的总结。

---

① 井冈山革命根据地党史资料征集编研协调小组、井冈山革命博物馆:《井冈山革命根据地》(下),中共党史资料出版社 1987 年版,第 458 页。

十一、积极推进经济建设

俗话说,民以食为天。工农革命军也要吃饭啊。从现有的资料来看,秋收起义以来,向警予当时给了 3000 块银元,袁文才赠送了 1000 块银元,王佐赠送了 500 担谷子,警卫团原来有一点军饷,这是工农革命军所有的家底。从 1927 年 9 月开始到 10 月上了井冈山,这点家底根本不够部队开支的。一方面是吃饭问题,一千多人的队伍一个月吃粮就得四万五千多斤,还要解决吃菜、服装、经费等问题;另一方面是食盐、布匹、药材等日用必需品的匮乏。为此,毛泽东高度重视。据时任工农革命军第一师第一团辎重队长、红四军军需处长范树德回忆:"毛委员也很关心这个问题,他指示我们不能光注意敌情而不注意吃的问题。部队每到一处都要仔细算一算,在这住几天,一天一个人发五分钱,一个礼拜全军需要多少钱。经过我们计算,再把实际数字报告毛委员。那时我们与毛委员一天碰头好几次,我们可以坐在毛委员的床上开会。"①针对当时的经济困难,在毛泽东的领导下,工农革命军和边界政府采取了多种措施,制定正确的经济政策,大力推进经济建设。

一是千方百计解决吃饭问题。毛泽东和工农革命军采取了多种办法:

1. 团结袁文才、王佐,得到了他们的帮助。范树德回忆说:"到了井冈山以后,当地没有人民政府,国民党政府与我们是对立的,这么多人的部队,谁来供给我们粮食? 这就说到了毛主席善于团结当地的两个地方首领,袁文才和王佐。"②"当时,我们连人带马一千多一下子来到井冈山,吃饭就成了很大的难题。虽然那时正好是秋收

---

① 《星火燎原》第一辑(井冈山斗争专辑),解放军出版社 1986 年版,第 499 页。
② 《星火燎原》第一辑(井冈山斗争专辑),解放军出版社 1986 年版,第 494 页。

季节以后，每个地方都有稻米，可是我们手里没有这么多钱，不能去买。就井冈山本地而言，五大哨口之内，人口不满两千，产谷不到万担，要常年供应部队的粮食，是负担不起的。毛主席当时就把这个问题向袁、王提出来了。"①"王佐接受了我们送的七十支枪后，对我们说，我这里还有一些存粮，共有五百担稻谷，你们在没有筹到粮食前，就放心地在这里吃吧！""我们用这五百担稻谷对付了一段时期。那时我们每个人一天吃老秤（老秤一斤是十六两）二十四两，合一斤半。这样每个人一个月就需要四十五斤。当时我们这支上千人队伍每月销粮四万五千斤左右，一担稻谷按七十斤米计算，王佐的五百担谷解决了我们一个月的给养，帮了我们的大忙。"②

2.打土豪筹粮筹款。最初的办法就是打土豪，因为打土豪既可以扫除革命的障碍，又可以鼓励农民的积极性。"工农革命军确定在井冈山建立根据地后，立即开展发动群众、打倒豪绅、没收地主存粮的活动。我们把得到的粮食，留下部分部队自用，其余的发给当地的贫苦群众，这也是发动群众最有效的办法。"③但这不是长久之计，因为"那时井冈山的土豪很少，湖南靠近江西的几个县有一些，遂川也有一些"④。与此同时，"红军一到，他们（指土豪劣绅——作者注）就逃到吉安、南昌或上海去……"⑤打土豪，很快就把附近的土豪打光了。因此，筹集粮款，除打土豪外还要想其他办法。

3.打开官府的粮仓。范树德回忆说："我们通过做群众的工作就可以了解哪些是土豪的房子，不客气地住进去。如果反动官府跑了，我们又可以通过群众知道哪里是公家的仓库，也毫不客气地打开

---

① 《星火燎原》第一辑（井冈山斗争专辑），解放军出版社1986年版，第495页。
② 《星火燎原》第一辑（井冈山斗争专辑），解放军出版社1986年版，第495—496页。
③ 《星火燎原》第一辑（井冈山斗争专辑），解放军出版社1986年版，第497页。
④ 《星火燎原》第一辑（井冈山斗争专辑），解放军出版社1986年版，第498页。
⑤ 《星火燎原》第一辑（井冈山斗争专辑），解放军出版社1986年版，第498页。

粮仓,留一部分粮食给部队食用,再分一部分给群众吃。我们就是这样来维持部队的生活的。"①

4.从打仗中缴获。"我们从打仗中缴获的钱款也是相当可观的。"②

5.取消薪饷制,实行供给制。自古以来,军队都是"当兵吃粮,按月发饷"。可是,毛泽东领导秋收起义部队,在三湾改编后,取消了薪饷制,改为供给制。时任31团2连连长、新中国成立后任总后勤部部长的张宗逊上将回忆说:"三湾改编以前,部队里执行的还是国民党的那一套薪饷制度,但秋收起义时就已经不再发了,因为没有那么多的钱,连解决吃饭穿衣的问题都很困难,哪里还有钱发薪饷呢!"③这既是当时的无奈之举,也是毛泽东的一大发明。当时很多人认为不能维持多久,但毛泽东靠着无产阶级的建军思想和坚强的意志,最终把这项制度坚持了下来,为战胜各种困难奠定了坚实的基础。

6.取之于民。如征收土地税。分得土地的农民都积极踊跃地交税。此外,实行土地革命,开展轰轰烈烈的分田运动,农民得到了土地,扩大了农业生产,由此支前拥军成为农民的自觉行动,这样缓解了红军吃饭的问题。

7.就地取材、自力更生。范树德回忆说:"到了冬天实在没有菜吃了,我们就吃一点没盐没油的南瓜汤,或者吃一点笋干和别的干菜。那时还常吃一种菜,名叫'米粉炒螺蛳'。它是这样加工成的,先用老乡家里的磨子把米磨成粉,再到河里去摸一些螺蛳来,用米粉炒一炒,吃起来味道很鲜美。""我们也会去挖一些鲜嫩的野菜和小竹笋吃。""路边、田边有水塘就有小鱼,我们也常把上、下游的水堵

① 《星火燎原》第一辑(井冈山斗争专辑),解放军出版社1986年版,第497页。
② 《星火燎原》第一辑(井冈山斗争专辑),解放军出版社1986年版,第499页。
③ 《星火燎原》第一辑(井冈山斗争专辑),解放军出版社1986年版,第19页。

住,把中间这一段水淘出来,然后把小鱼、小虾捞上来改善生活。"①
龙开富也回忆道:"为了解决生活问题,我们常自己动手挖冬笋、春
笋,寻野菜、蘑菇、地皮子。白天到拿山下面的小河里抓鱼,晚上就用
松树明子或竹片子点起火把来,到桐木岭那边的沟溪里去捉'石
拐'。井冈山的野芹菜很多,满山都能找到,我们像捆柴一样,一捆
捆地挑回来。要是放几条小鱼和着野芹菜煮,味道还挺鲜的呢!我
们还捕捉野兽,打野猪,捉豹子。"②

8. 勤俭节约。"1927 年 10 月,我们部队上井冈山后,最难的是
没有菜吃。那时现款是由我们供给机关掌握的,对部队的油、盐、菜
等各项开支都要仔细地算着用。那时我们的菜金平均每人每天只有
五分钱,有时只有三分钱,有时甚至连三分钱的菜金都很难维持。"③
"我们主要靠节省办公费、节省一切非必要的开支解决困难。"④比如
办公费、擦枪费、点灯费,笔墨、纸张等各方面,都作了具体规定,注意
节约开支。

二是大力发展农业生产。"边界的经济,是农业经济"。毛泽东
从这个实际出发,领导井冈山军民克服各种困难,积极发展农业生
产。工农革命军每到一地,就分兵发动群众,积极参加农业生产。边
界各级工农兵政府,加强对根据地农业生产的领导,普遍颁发布告,
加以引导。针对大多数男子都参军或参加赤卫队了,各级政府积极
组织妇女参加农业生产,开展劳力换工和农具耕牛互助,对军烈属的
土地采取包耕、代耕,使得各地的农业生产不断发展。"1928 年秋,
井冈山革命根据地普遍地获得了农业大丰收。如宁冈县粮食总产

---

① 《星火燎原》第一辑(井冈山斗争专辑),解放军出版社 1986 年版,第 500 页。
② 《星火燎原》第一辑(井冈山斗争专辑),解放军出版社 1986 年版,第 324 页。
③ 《星火燎原》第一辑(井冈山斗争专辑),解放军出版社 1986 年版,第 500 页。
④ 《星火燎原》第一辑(井冈山斗争专辑),解放军出版社 1986 年版,第 499 页。

量,1928年比1927年增长了20%。油、茶的丰收,更是十几年来所没有的。农业生产的发展,有力地支援了革命战争,改善了人民的生活,巩固了井冈山革命根据地。"①

三是制定正确的工商业政策。时任工农革命军战士、新中国成立后任西藏军区政委、最高法院第一副院长的谭冠三中将曾回忆说:"边界的经济本来是一个小农经济区域,自耕农甚多,日常生活程度颇低……因为地处边陲的原因,受资本经济的侵蚀颇迟,洋货业在市场不甚发达,有些地方的交易还是'日中为市'的逢圩办法。"②当时湘赣边界各县,县县都有圩场,农村圩场成为私营工商业和农民之间进行商品交换的主要场所。针对这种情况,毛泽东认识到,对待私营工商业和中小商人的政策正确与否直接关系到根据地的经济发展和根据地的巩固,因此他明确提出了"保护工商业"和"保护中小商人"的政策。谭冠三还说:"1928年初,我们从茶陵撤回井冈山,不到一个月的光景,部队又进到遂川城过旧历年。这期间,毛委员宣布了城市政策。在这以前,我们曾经犯过一些错误,把商人、小贩的货物也没收了,甚至连药铺里的戥秤也拿上了井冈山。毛委员发觉这些情况后,立即作了纠正。他指出:我们反对剥削,只能没收地主的财产,保护工商业利益,如地主兼商人,就只能没收封建剥削的部分,商业部分连一个红枣也不能动。"③"对于工商业,特别是中小商业者(在县城,大工商业不多,主要是中小工商业),采取保护的政策。筹款数字不大,采取'评议'的办法,让他们根据自己的情况,自愿拿出一部分钱来。对工商业兼地主者,地主部分的财产,是加以没收的;工

---

① 《解读井冈山》,党建读物出版社2007年版,第115页。

② 余伯流、陈钢著:《井冈山革命根据地全史》,江西人民出版社2010年版,第113页。

③ 余伯流、陈钢著:《井冈山革命根据地全史》,江西人民出版社2010年版,第113—114页。

商业部分,不没收,采取了保护的政策。……这样一来,既筹到了款,解决了我们自己的供给问题,又不损害他们的利益,保护了他们,团结了他们,使他们拥护和支持我们。本来我们吃盐是很困难的,后来由于有了正确的工商业政策,商人就愿意和我们做生意,把盐运进来,解决了吃盐的问题。"①

四是制定并实施对地主、富农和小资产阶级的正确政策。谭冠三回忆道:"当时,各项政策都很明确。对大地主,没收他们的浮财、粮食等(浮财和粮食,大部分分给农民群众,留一部分下来作军粮),不杀他。对富农,一般不动他,有的也酌情筹款。"②对中农、手工业者、小商人等采取保护的政策。毛泽东在《井冈山的斗争》中说到:"对小资产阶级的政策,我们在今年二月以前,是比较地执行得好的。三月湘南特委的代表到宁冈,批评我们太右,烧杀太少,没有执行所谓'使小资产变成无产,然后强迫他们革命'的政策,于是改变原来前委的领导人,政策一变。四月全军到边界后,烧杀虽仍不多,但对城市中等商人的没收和乡村小地主富农的派款,是做得十分厉害的。湘南特委提出的'一切工厂归工人'的口号,也宣传得很普遍。这种打击小资产阶级的过左的政策,把小资产阶级大部驱到豪绅一边,使他们挂起白带子反对我们。近来逐渐改变这种政策,情形渐渐好些。在遂川特别收到了好的效果,县城和市镇上的商人不畏避我们了,颇有说红军的好话的。草林圩上逢圩(日中为市,三天一次),到圩两万人,为从来所未有。这件事,证明我们的政策是正确的了。"③

五是宣布取消苛捐杂税。针对当时地主豪绅对人民群众的残酷

① 余伯流、陈钢著:《井冈山革命根据地全史》,江西人民出版社 2010 年版,第114 页。

② 余伯流、陈钢著:《井冈山革命根据地全史》,江西人民出版社 2010 年版,第114 页。

③ 《毛泽东选集》第一卷,人民出版社 1991 年版,第78 页。

剥削和压迫,边界党和政府宣布取消各项苛捐杂税。"豪绅对人民的税捐很重,遂川靖卫团在黄坳到草林七十里路上要抽五道税,无论什么农产都不能免。我们打掉靖卫团,取消这些税,获得了农民和中小商人全体的拥护。"①

六是复活草林圩。草林圩是遂川县四大圩场之一。1928 年初工农革命军三营九连来到草林圩时,家家门店紧闭,门上贴有告示:"存货已空,改行务农"。九连连长曾士峨和党代表罗荣桓经过调查,原来是当地大地主、大资本家黄礼瑞、郭朝宗等人暗中作祟的结果。1 月 10 日,毛泽东当即指示:"拔掉这个钉子!"工农革命军以迅雷不及掩耳之势,查封了黄礼瑞、郭朝宗在草林圩开设的商号、当铺、烟馆、妓院,缴获了几万斤食盐、几千斤茶油、几百担布匹和数不清的日用百货。毛泽东随即作出安排,将缴获的东西一部分上交,一部分分给群众,让群众过个好年。贫苦农民笑逐颜开。第二天在草林圩万寿宫召开群众大会,毛泽东讲话,他说:"我们工农革命军的宗旨是为天下劳苦大众谋幸福的。据我们了解,你们草林圩有 111 家店铺,大资本的只有 16 家,中等资本的 11 家,小资本的 84 家。资本大的都是黄礼瑞、郭朝宗、刘汉青、胡海清几个人开设的,他们就是大土豪,又是大奸商,他们才是我们的打击的对象。至于中小商人,我们的政策是保护的,一粒盐、一寸布也不动,不罚款,不抽税,允许自由贸易,保障合法经营,请商家放心。"②到会的中小商人于是纷纷开业。草林圩复活了!草林圩的复活和繁荣,对于活跃和沟通根据地的商品交换,满足根据地军民的日常生活需要,起了很大作用。解决了红军的给养,安定了群众的生活,巩固了红色政权。

---

① 《毛泽东选集》第一卷,人民出版社 1991 年版,第 78 页。
② 《浴血罗霄——井冈山革命根据地历史》(修订版),中国发展出版社 2014 年版,第 107 页。

十二、创立革命文化、红色文化

毛泽东和边界党组织在领导人民打土豪分田地,不断发展苏维埃经济的同时,还十分重视革命文化建设,采取多种措施,使根据地的教育、文化宣传事业取得了可喜的成绩。

一是大力发展教育。毛泽东高度重视教育问题。他首先抓的是军队教育,这是因为工农革命军官兵的组成较为复杂,官兵的素质参差不齐,部队仍然带有浓厚的旧式军队的习气。创办了军官教导队,加强对工农革命军干部和战士的教育(前边已经讲过,不再赘述)。此外毛泽东还十分重视党和群众的教育工作。"1928年,工农革命军撤出遂川时,许多同志主张把遂川县城的天主教堂烧掉,毛泽东不同意。他对主张烧掉的同志们解释说:并不是因为有了天主教堂,群众才有迷信的;烧了天主教堂,并不能打破群众中的迷信,要破除群众中的迷信,是要经过革命斗争和对群众的教育。"①因此,毛泽东特别要求各级干部要学会用群众的语言,根据他们的切身利益,针对他们的思想状况来进行马克思主义理论和政策的宣传教育。由此,工农革命军和地方党组织、苏维埃政府广泛开展了群众性的宣传教育,收到了较好的效果。1.举办各种形式的党团训练班、党员训练班,对党团员进行集中培训;层层建立党课制度,开展自上而下的党课教育等。各地党员培训班的教学内容:一是讲共产党的性质;二是讲阶级和阶级斗争;三是讲党的纪律与革命的信念;四是讲党的方针、政策和工作方法。训练班短的一两天、三五天,规模也不大,每期参加人员二三十人,每期讲一二个问题。从县委到支部,层层建立了党课制度。基层组织的党课,主要是对建党对象、候补党员(后来叫预备党

---

① 《解读井冈山》,党建读物出版社 2007 年版,第 132 页。

员）、新入党的正式党员进行党纲、党章教育。县委安排的党课,大多是针对不同时期的重大方针、政策和党员的思想倾向等,对党的干部进行教育。"1928年夏,毛泽东和永新县委在塘边村进行调查,在三公祠举办了党务训练班,安排县委成员轮流讲课。期间,毛泽东是逢会必讲。主要是讲党的组织原则、阶级斗争、路线斗争、秘密工作方法、土地革命、共产党员修养、党支部任务、党政关系等。"①2.开展广泛的群众教育。为了提高工农同志的"写""看"能力,各级党组织和政府注意从实际出发,加强对根据地群众的教育。设立各类学校和培训班。县、区、乡、村分别兴办列宁小学和平民夜校、识字班,部分区、乡还创办了妇女半月学校、女子职业学校,女子短期培训班,免费吸收工农子弟入学。《遂川工农兵政府临时大纲》对文化教育作出规定。第十六条:改善士兵待遇,增进士兵文化程度;第二十三条:由工会开办工人学校,由农民协会开办农民学校,由县工农兵政府开办高级的工农学校,以增工农平等的劳动知识和一般文化程度。

二是广泛开展移风易俗活动。发动妇女砸掉"三从四德"的枷锁,走出家门,纷纷参加革命;废除包办买卖婚姻,实行男女婚姻自由,反对富人养婢纳妾,禁止童养媳或望郎媳,提倡女人剪发,不穿耳朵、不缠脚等;反对封建迷信活动,不求神拜佛、不算卦、不相面、不看风水;发动群众查禁鸦片,取缔赌博,整治烟鬼、赌徒等。

三是积极发展文化事业。1.成立文化宣传机构。井冈山前委专门设立宣传科,负责文化宣传工作。边界各县、区苏维埃政府均设立了文化部、文化工作委员会,负责文化教育工作。乡苏维埃政府均设立文化委员,负责文化教育工作。2.广泛开展文化宣传活动。工农

---

① 《解读井冈山》,党建读物出版社2007年版,第131页。

革命军不管是在行军路上还是在战斗间隙,总是歌声不断;每逢祝捷大会,都要演出文艺节目;有点文艺天赋的战士,都要做出一番家乡小调、地方戏曲表演;与工农群众一起联欢,还要结合当地的习俗演出一些节目,比如曲艺春罗词《毛委员带兵打文家市》,以及"莲花闹《反对帝国主义》;渔鼓词《推翻国民党最后得解放》;新五更《邓英自叹》;话剧《打土豪》、《活捉萧家璧》等"①。

四是不断创新文化宣传的内容和形式。这一时期创造了许多非常活泼又卓有成效的文艺形式。1. 革命标语。这是当时文化宣传活动最为普遍的一种形式。毛泽东在《井冈山的斗争》一文中说:"文字宣传,如写标语等,也尽力在做。每到一处,壁上写满了口号。"②"至今仍保存完好的行洲红军标语群,有30多条标语,这些标语包括以下几类:(1)宣传共产党的性质、任务的有:'实行马克思主义! 实行共产主义'……(2)宣传中国革命性质的有:'实行民权革命! 实行无产阶级革命!'……(3)宣传中国红军的性质、宗旨和任务的有:'工农革命军是为无产阶级利益的!'……(4)宣传建立红色政权的有:'建立工农兵苏维埃政府!'……(5)宣传土地革命的有:'实行土地革命万岁!'……(6)宣传党的工商业政策和对敌政策的有:'实行保护小商人贸易!''不杀敌军士兵!'"③还有一些是宣传《共产党十大政纲》和揭露《国民党十大罪恶》标语等。2. 山歌与小曲。这是群众非常喜爱、更有战斗力的一种宣传形式。比如井冈山的群众在《三湾来了毛司令》中唱道:"山湾降了北斗星,漫山遍野通通明","红军上了井冈山,革命有了立足点。地是根,枪是胆,有地有枪胆

---

① 《解读井冈山》,党建读物出版社2007年版,第134页。
② 《毛泽东选集》第一卷,人民出版社1991年版,第67—68页。
③ 《解读井冈山》,党建读物出版社2007年版,第136页。

包天。"①新城战斗、龙源口大捷后,边区党和红军编了许多歌谣庆祝战争的胜利。"其中有一首流传至今,这就是'朱毛领兵在井冈,红军力量强又强,不费红军三分力,打垮江西两只羊(杨)'。"②3.绘画。这也是井冈山时期文化宣传的一种重要形式。"在湖南桂东县内,工农革命军画在老百姓墙上的漫画,非常生动。画面上顶天立地立着一面红旗,旗上画着五角星,写着'工农革命军'几个字,旗帜下面画着地主豪绅正在抱头鼠窜。"③4.河流宣传、空间宣传。宣传队创造很多方法,不仅在根据地宣传,而且还把宣传工作做到根据地以外的地方。比如河流宣传——用木板的两面漆写革命标语,放到赤白交界的河道中流向白区;空间宣传——用放风筝、孔明灯的办法将宣传标语、传单等散发到白区去。内容是:打土豪、分田地;穷人不打穷人,士兵不打士兵;欢迎白军士兵拖枪过来当红军,优待白军俘虏兵等。"这些政治宣传工作,对鼓舞苏区军民的革命斗志、瓦解敌人,起过相当大的作用。"④

不难看出,这一时期的文化建设表现在:墙头上有战斗的标语和壁画,舞台上有战斗的戏剧和歌舞,报刊上有战斗的文章和诗歌,课本上有战斗的内容和篇章,群众中传诵的还有大量的歌谣,等等。从严格意义上来讲,这时的文化建设还处在萌芽状态,但已经初步表现出那个时代的特点,即:以配合革命战争为主要内容,以建立和巩固根据地为目标,集中反映了广大人民群众的愿望和要求,具有鲜明的革命性、战斗性和群众性。它是动员和激励人民群众团结战斗的号角,又是打击和消灭敌人的有力武器。因此说,这是一种革命文化、红色文化。

① 《解读井冈山》,党建读物出版社2007年版,第138页。
② 《解读井冈山》,党建读物出版社2007年版,第137页。
③ 《解读井冈山》,党建读物出版社2007年版,第137页。
④ 《解读井冈山》,党建读物出版社2007年版,第137页。

十三、坚持真理,敢于同"左"倾盲动错误进行激烈的斗争

正当湘赣边界工农武装割据如火如荼、蓬勃发展的时候,湘南特委军事部长、湖南军委特派员周鲁于 1928 年 3 月上旬来到了宁冈砻市。这位上级派来的"钦差大臣"不顾井冈山的实际、不问青红皂白,先后做了四件事:第一,横加指责。下车伊始,便劈头盖脸指责毛泽东和前委"行动太右","烧杀太少","没有执行所谓'使小资产变成无产,然后强迫他们革命'的政策",指示要"烧、烧、烧,烧尽一切土豪劣绅的房屋! 杀、杀、杀,杀尽一切土豪劣绅的头颅!"[①]第二,误传中央开除了毛泽东的党籍。周鲁传达了中央临时政治局 1927 年 11 月扩大会议精神,即"毛泽东同志所部工农军的工作,中央认为未能实现党的新策略,在政治上确犯了极严重的错误",给毛泽东以"开除中央临时政治局候补委员","撤销其所在省委委员资格"的处分。[②] 但他误传为中央开除了毛泽东的党籍。第三,传达了湘南特委的决定。即取消以毛泽东为书记的前敌委员会,改为师委,何挺颖任书记。师委是军中党的领导机关,地方上的工作由地方负责。毛泽东改为师长,成了连党的会议都不让参加的"民主人士"。第四,强令工农革命军开往湘南。周鲁还代表湘南特委指令毛泽东、何挺颖率领工农革命军离开湘赣边界,前往湘南,策应湘南"年关暴动"(即湘南起义)。针对湖南省委和湘南特委的"左"倾盲动错误,毛泽东、张子清、宛希先、何挺颖进行了强烈的抗争。在当时的会议上,大家对湖南省委和湘南特委的决定表示了不同意见,说明了理由,还发生了争吵。毛泽东也谈了自己的看法,深刻地阐述了不能去湘南

---

①　参见余伯流、陈钢著:《井冈山革命根据地全史》,江西人民出版社 2010 年版,第 128 页。

②　《浴血罗霄——井冈山革命根据地历史》,中国发展出版社 2014 年版,第 122 页。

的理由,明确指出:如去湘南必然招致失败,井冈山革命根据地也难以保住。但周鲁听不进去,态度强硬,坚持工农革命军必须执行湘南特委的决定。在说不过毛泽东的时候,就强词夺理,说:"你已经不是党员了,你没有资格参加党的会议。"袁文才、王佐等人看不惯周鲁那盛气凌人的做派,坚决不同意开往湘南。这时毛泽东的态度至为关键,他要说不去湘南,再横的周鲁也只能是嘴抹石灰——白说。但作为前委书记,他考虑到湖南省委和湘南特委是上级,前委必须接受他们的领导,这是党的组织纪律问题,不能含糊。周鲁的态度虽然蛮横,但这毕竟不是周鲁个人的决定。所以,他耐心做通大家的思想工作,要求大家执行湘南特委的决定。1928 年 3 月中旬,毛泽东、何挺颖在砻市集中工农革命军第一团、第二团,分三路向湘南进发。大家可以想象一下,凭着袁文才、王佐的个性和一贯做法,如果没有毛泽东的威望和耐心劝说,他们肯定不会听周鲁那一套的。谭政大将回忆说:"这时怎么办呢? 毛泽东同志是党员,他敢反中央吗? 这是一个纪律问题,不照办可以,怎么能公开反对? 公开反对是不可能的。"[1]

十四、正确面对人生的"第一次大落",始终向党、忧党、护党

很多人没有想到的是,这时正是毛泽东人生最低谷的时候。从政治上来看,作为党的创始人之一、党的一大代表,现在居然被"开除党籍"了,而且让他无法想通的是,自己为革命出生入死,根据形势的变化,一切从实际出发,为了保留革命火种,及时将部队带到井冈山,建立革命根据地,走上了正确的革命道路,这何错之有? 为党出生入死,建立了革命根据地,发展了革命力量,不仅不表扬,还批评处分,而且给予党纪中最重的"开除党籍"处分。这种打击、这种委

---

[1]　井冈山革命根据地党史资料征集编研协调小组、井冈山革命博物馆:《井冈山革命根据地》(下),中共党史资料出版社 1987 年版,第 449 页。

屈,实在让人接受不了！在我们党的历史上,因意见分歧、受不了委屈而退党、脱党的可不是少数。比如,张申府、李达、李汉俊、包惠僧、陈望道等。1956年9月,在党的八大二次预备会议上,毛泽东讲道:"主要是三次'左'倾路线时期,给我的各种处分、打击,包括'开除党籍'、开除政治局候补委员,赶出红军等,有多少次呢？记得起来的有二十次。"①这一次被误传"开除党籍"是他人生中的"第一次大落"。他说:"'开除党籍'了又不能不安个职务,就让我当师长。我这个人当师长,就不那么能干,没有学过军事,因为你是个党外民主人士了,没有办法,我就当了一阵师长。""你说开除党籍对于一个人是高兴呀,我就不相信,我就不高兴。""后头又说这是谣传,是开除出政治局,不是开除党籍。啊呀,我这才松了一口气！"②这是28年后说的,似乎很轻松,可当时他的心情却是十分沉重的,无比痛苦！换上一般人,可能早就被压垮了。从家庭上看,毛泽东背井离乡、别妻离子,带领部队上了穷乡僻壤的井冈山,吃苦受累不说,派人到长沙打听,得到的消息是妻子已被敌人杀害,三个孩子也下落不明、生死未卜。我们今天所说的"舍小家、顾大家",真的难以与当时的毛泽东相提并论！毛泽东当年35岁,这是中年丧妻啊！属于古人所说的"人生三大不幸"(少年丧父、中年丧妻、老年丧子)之一。这种家庭不幸、精神上的打击,实在是过于沉重,让他难以承受！在严重的挫折和惨痛的打击面前,毛泽东没有沉沦、没有放弃,而是挺起脊梁、坚忍不拔,无私无畏、光明磊落,始终向党、忧党、护党。

向党,就是从党的根本利益出发,从党的事业大局出发,思考问题、应对困难、发展壮大。在党的整体利益与局部利益发生冲突时,他服从党的整体利益,体现出高度的组织纪律观念。来到井冈山,他

---

① 《毛泽东文集》第七卷,人民出版社1999年版,第105页。
② 《毛泽东文集》第七卷,人民出版社1999年版,第105页。

主动派人下山联系湖南省委和湘南特委，及时向上级汇报工作，听取上级的指示，并经常把井冈山武装割据的情况向湖南省委和中央汇报。比如，向中央上报了《井冈山的斗争》等。虽然毛泽东身在井冈山，但他的着眼点放在全国，他要在井冈山这块"试验田"里探索出中国革命的正确道路来。比如，毛泽东向新任边界特委书记杨克敏（即杨开明）谈了"大力经营永新"的想法，他说："我们看永新一县，要比一国还要重要。所以现在集中人力在这一县内经营，想在最短时间内，建设一个党与民众的坚实基础。以应对敌人的下次会剿。"①再比如，1928年冬的一天，在黄洋界上的荷树下，毛泽东问身边的战士："你们说，站在这里可以看到哪里呀？"战士们有的说："站在这里可以看到江西。"有的说："还可以看到湖南。"毛泽东接着大家的话说："对，我们革命者就是要站得高、看得远，站在井冈山，不仅要看到江西和湖南，还要看到全中国、看到全世界。"在井冈山极端艰苦的斗争环境中，毛泽东没有被一时一隅的困难所局限，也没有为我军力量的弱小所气馁，而是以无产阶级革命家宽阔的眼界格局和科学的思想方法，指明了党的历史使命和中国革命光明的前途。被撤销了前委书记，他就积极地担当起师长职务。"他在队前向指战员讲话：军旅之事，未之学也，可是中国有句俗语，一个篱笆三个桩，一个好汉三个帮，大家群策群力，不愁打不好仗。"②这些都足以说明，毛泽东是以党的根本利益为出发点，以夺取全国胜利为目标，来建立湘赣边界革命根据地、探索中国革命道路的，不是就事论事，不是占山为王，不是满足于井冈山一时一地的割据。这就是他了不起的地方，也是他能够找到

---

① 参见余伯流、陈钢著：《井冈山革命根据地全史》，江西人民出版社2010年版，第200页。

② 中央文献研究室编，逄先知、金冲及主编：《毛泽东传》（一），中央文献出版社2011年版，第173页。

中国革命正确道路的重要前提。

忧党，就是上级的决策和指示，与井冈山革命根据地的实际不符，有明显的错误时，该如何做？在这种情况下，毛泽东既遵守组织原则，又灵活地采取相应措施，力图把这些错误决策或指示带来的危害降到最低。比如，在周鲁的坚持下，毛泽东只好率领队伍向湘南开拔，1928 年 3 月 18 日，三路人马先后抵达湖南酃县的中村，这时，正值酃县人民配合湘南起义，举行"三月暴动"。毛泽东立即决定部队在中村集中待命，不再马上直奔湘南。他向周鲁提出建议，即"泽东的意思想到茶陵使湘东与湘南联系起来，周鲁同志也觉同意"①。毛泽东这样做，可以达到两个目的：一是执行了湘南特委关于工农革命军开往湘南的决定，二是避免了直奔湘南、遭遇敌人重兵围堵的被动局面。于是，毛泽东一面派出毛泽覃率特务连前往湘南与朱德部联络，一面安排部队就地整训，发动群众、武装群众，开展打土豪、分田地运动。毛泽东在中村做了这样几件重要的事情：

一是中村授课。"部队于 3 月 18 日来到中村后，决定暂时住下来休整。一时，众说纷纭，人心浮动。有的急切地盼望去湘南，走州过府，到大城市去吃喝玩乐；有的忧心忡忡，担心回不了井冈山；还有些意志不坚定者，对红色政权的存在产生了怀疑。"②针对部队中出现的思想混乱问题，毛泽东没有因自己蒙受冤屈而甩手不干，而是找来何挺颖商量，马上要对广大官兵进行一次系统的思想政治教育。何挺颖素来敬重毛泽东，现在对他在遭受严重打击的情况下仍然保持高度的政治热情和豁达的革命胸怀更为敬佩！毛泽东的建议，他

①　余伯流、陈钢著：《井冈山革命根据地全史》，江西人民出版社 2010 年版，第 130 页。

②　余伯流、陈钢著：《井冈山革命根据地全史》，江西人民出版社 2010 年版，第 130—131 页。

不仅完全赞同,而且邀请毛泽东担任主讲。当时参加听课的官兵对中村授课都印象深刻,几十年过去了他们依然记忆犹新。时任工农革命军教导队副队长、新中国成立后任高等军事学院院长的陈伯钧上将回忆说:"讲课时,毛泽东同志找来一块小黑板,一边讲,一边写。讲课的题目是:目前的政治形势和革命的性质,用通俗易懂的语言讲解了建立井冈山革命根据地的伟大意义,用铁的事实严厉批判了'左'、右倾机会主义和错误路线,使全体战士在极其尖锐、复杂的阶级斗争中,认清了革命形势,提高了战斗勇气,坚定了革命信心。"①毛泽东在中村的讲课,阐明了坚持井冈山斗争的重要意义,批评了危害革命的"左"倾盲动错误,指明了中国革命的前途,从而使广大官兵提高了思想认识,认清了革命的形势和方向,坚定了革命必胜的信心。

二是建立革命组织。1929 年 3 月 19 日,毛泽东、何挺颖在中村周南学校召开师委和酃县特别区委的联席会议。会议决定成立中共酃县县委,由刘寅生担任书记;组建酃县赤卫大队,从部队中派出戴奇担任党代表,何国诚为大队长;同时成立中村区委、区工农兵政府、共青团酃县县委、少年队等组织,为开展革命斗争打下了坚实的组织基础。

三是开展插牌分田试点。打土豪、分田地,在一些地方已经开始,但如何做到科学分田、正确分田尚无经验。为了顺利开展打土豪、分田地运动,毛泽东决定在中村开展插牌分田试点。在酃县县委的支持配合下,毛泽东、何挺颖抽调一批军队干部下到各地指导分田。毛泽东本人也身体力行、亲自参加,有力地推动了分田活动的开展。中村插牌分田,狠狠打击了豪绅地主和封建势力,显示了革命的威力,同时为以后的土地革命积累了经验。

护党,就是想党所想、急党所急,在力所能及的情况下,最大限度

---

① 余伯流、陈钢著:《井冈山革命根据地全史》,江西人民出版社 2010 年版,第 131—132 页。

地支持党、帮助党。井冈山根据地军民的生活十分艰苦,在这种条件下,大家节衣缩食,把省下来的经费,通过多种渠道送到上海的党中央。这一点确实难能可贵! 据谭政大将回忆:"当时江西省委要工农革命军留在江西,湖南省委又争着要工农革命军去湘南。毛泽东同志为此事写了个报告给中央,说我不好办,不知道听哪个的好。这个报告是我抄的,抄了二份,由湖南、江西省委各转一份给中央,另一份由姓余的交通员装在竹筒里带走,他走的时候,把缴获的金子打成一个金饼,带给中央做经费。"①毛泽东从创建井冈山革命根据地开始,就派人给上海的党中央送去活动经费。这充分说明,毛泽东和根据地的党组织始终想着党、维护党。

通过以上十多个方面的工作,在政治上,得到了袁文才、王佐的大力支持,建立了湘赣边界党的组织、工农政权,得到了人民群众的大力拥护;在军事上,增编了第二团,"三县一区"也成立赤卫队、暴动队等,扩大了革命力量;经济上,多方开源,部队的后勤给养有了可靠的保障;文化上,形式多样、活泼有效,极大地调动了根据地军民的革命斗志。这样,基本上具备了有很好的群众基础、有很好的党、有相当力量的红军、有利于作战的地势、有足够给养的经济力等条件,工农革命军长期扎根的问题得到解决。从 1927 年 10 月起,到 1928 年 2 月,毛泽东带领工农革命军先后在茶陵、遂川、宁冈三县建立红色政权,根据地范围已拥有宁冈全县,永新、遂川、莲花、酃县、茶陵各一小部,并逐步形成了一整套比较规范的政治、党务、军事、经济、文化的方针和政策。这标志着以宁冈为中心的井冈山革命根据地的创立已初具规模,罗霄山脉中段工农武装割据局面业已形成。正如何长工同志所说的那样:"在毛泽东同志领导下,我们把革命红旗插上了井冈山,创建

---

① 井冈山革命根据地党史资料征集编研协调小组、井冈山革命博物馆:《井冈山革命根据地》(下),中共党史资料出版社 1987 年版,第 449 页。

了第一个农村根据地和一支新型的人民军队,点燃了工农武装割据的星星之火,终于燃遍了全中国。"①

第二节　毛泽东的领导智慧和艺术

上了井冈山,这时人员更为复杂,可谓是"八仙过海"。有国民党武汉政府警卫团的,有平江工农义勇军的,有浏阳工农义勇军的,有崇阳、通城农民自卫军的,有安源工人纠察队和矿警队的,有安福、永新、莲花、萍乡、醴陵农民自卫军的,现在又有袁文才、王佐的绿林武装,宁冈、永新、莲花等县的党组织,还有井冈山及周边的广大群众等。而且这些人员中,有国民党的旧军官,有绿林武装,有农民,有工人,有手工业者,有无业者;有黄埔军校的毕业生,有地方大学生,有中、小学毕业的,更多的是目不识丁的文盲;有极少数党员,更多的是普通群众。如何将这些来源不同的人拢起来、统起来? 这实在不是一件容易的事情。但毛泽东却把这些人都统了起来,凝聚了起来,并且使湘赣边界工农武装割据从无到有,从弱到强,在仅仅四个月的时间里,就建立了井冈山革命根据地,既解决了工农革命军的生存问题,又为工农革命军的不断发展壮大奠定了坚实基础。这表明以毛泽东为代表的共产党人,创造性地把马克思主义原理与中国革命实践相结合,开始找到了一条成功的道路——以宁冈为中心、以井冈山为依托的建立农村根据地的革命道路。

一、毛泽东的"建山"智慧

之所以能够把革命红旗牢牢插在井冈山上,原因在于毛泽东的

①　《何长工回忆录》,解放军出版社1987年版,第106—107页。

"建山"的智慧,主要是:

1. 大力宣传马列主义理论,用共产主义的远大理想号召人、凝聚人。毛泽东靠什么把各方面的人凝聚起来的呢?首先要靠真理的力量、信念的力量和精神的力量。作为政治家、宣传鼓动家,毛泽东用通俗的语言,向大家宣传了马列主义的基本原理,宣传了党的性质、宗旨和任务,宣讲了革命军的性质、任务和纪律。他说,广大劳苦大众之所以贫穷,是土豪劣绅、反动军阀剥削压迫的结果,共产党和工农革命军就是要带领广大工人农民起来革命,推翻剥削阶级的统治,建立革命政权,让天下的劳苦大众人人平等、当家作主,过上幸福的生活。通过宣传教育,使大家明白这些道理:只有起来革命,才能翻身得解放;革命,不是为了个人发财,而是为了天下劳苦大众得解放,为了自己做国家的主人;打仗,不再是雇佣性质的打仗,而是为天下劳苦大众而打仗,为自己而打仗。为信仰而战,为天下的劳苦大众而战,自然而然就提升了人生的价值,比为个人而战、为金钱而战就高尚得多、伟大得多,就能得到广大人民的拥护和支持!通过这些深刻的道理、可行的途径和美好的愿景,把大家的思想和行动统一到党的目标、任务上来,奠定了凝心聚力的坚实思想基础。曾任红四军后方总医院党支部书记和红四军组织科干事、新中国成立后任中组部副部长的曾志回忆说:"生活虽然很艰苦,但却很少听到有人叫苦发牢骚。这是因为有革命的信念,革命的热情,激励着每一个人。大家心情舒畅,生气勃勃。"①时任工农红军迫击炮连战士(黄洋界保卫战中用仅有的 3 发炮弹向敌人发射,其中一发击中敌人的指挥所)、新中国成立后任总后勤部运输部副部长的刘显宜少将回忆说:"在我们的头脑中只有一个目标,就是要消灭国民党反动派,要取得全国革命

---

① 井冈山革命根据地党史资料征集编研协作小组、井冈山革命博物馆:《井冈山革命根据地》(下),中共党史资料出版社 1987 年版,第 71 页。

的胜利。在井冈山上,红军战士明确了我们不是为了资本家、土豪劣绅而打仗,而是为了劳苦大众,为了自己的阶级解放而打仗的。目标明确了,干劲也就大了,吃什么苦都心甘情愿,即使是俘虏兵也是这样,他们以前是为剥削阶级打仗的,现在是为了劳动人民打仗的,道理明白以后,虽然生活苦一点,也不感到苦了。从这里也可以看出毛泽东同志的政治思想教育是非常有效果的。"①

2. 打土豪、分土地、开仓放粮,使广大农民得到实实在在的利益,赢得了民心。猛一看,这一条没啥了不起,实际上这一条非常厉害!这是最接地气、最能打动人心的一条。王紫峰中将回忆说:"分配土地是发动群众的一个最好方法。"②**一是它把马列主义深奥的原理化为摸得着、看得见的实实在在的利益。**通过打土豪、分田地,使广大农民获得了生存之本——土地。有一句话说得好,不看广告、看疗效。如果把宣传教育比作为"广告",那么获得土地就是立竿见影的"疗效"。在实实在在的"疗效"面前,老百姓自然会心悦诚服、衷心拥护共产党。**二是它把农民的利益和官兵的利益连在了一起。**因为工农革命军的官兵绝大多数都是农民出身,打土豪、分田地,农民能够分到土地,这些官兵家里也能分到土地。这就是说,打土豪、分田地,官兵也是人人有份。用现在的话来说,就是全员股份制。当然,当时的官兵很多都是外地的,井冈山分田地时他们分不到,但工农革命军是迟早要解放全中国的,到那时每个人都能分得到。用现在的话来说,这是期权。通过这"全员股份制"和"期权",把大家的利益紧密地联系在一起了。官兵为天下劳苦大众而打仗、为自己而打仗,

---

① 井冈山革命根据地党史资料征集编研协调小组、井冈山革命博物馆:《井冈山革命根据地》(下),中共党史资料出版社1987年版,第473—474页。

② 井冈山革命根据地党史资料征集编研协调小组、井冈山革命博物馆:《井冈山革命根据地》(下),中共党史资料出版社1987年版,第459页。

就不仅仅是一句宣传口号,而是立即到手的利益或即将到手的"保单"。大家都能吃到了一颗"定心丸"。这自然就把广大官兵的积极性、自觉性调动了起来。**三是它把党的性质、宗旨化为惠民生、暖人心的具体行动**。老百姓不仅看你说什么,而且更看你做什么,看你做的事情能不能给老百姓带来实实在在的利益。打土豪、分土地、开仓放粮,立即就能让老百姓获得期盼已久的切身利益,他们就能迅速看清党和工农革命军的性质和宗旨,就能很快相信党、相信红军,从而拥护党、拥护红军,最后全力支持党、支持红军。毛泽东曾说过,"红军每到一处,群众冷冷清清","一旦打土豪、分田地,那就不一样了,冷冷清清就会变成轰轰烈烈。"①这就是工农革命军能够在很短时间获得井冈山人民衷心拥护的重要原因。1937 年,在延安窑洞,毛泽东对斯诺说:"谁赢得了农民,谁就能赢得中国,解决了土地问题也就赢得了农民。"在井冈山根据地,通过土地革命和党的群众工作,赢得了农民的拥戴,涌现出许多感人的场面和故事。比如歌曲《十送红军》表达了根据地人民对红军的深厚感情,其中"三送里格红军介支个到拿山",讲的就是井冈山的故事。歌曲《红军阿哥你慢慢走》是一首在江西革命老区传唱几十年的经典民歌,形象地反映了根据地人民与党和红军鱼水情深、血肉相连的关系。

此外,打土豪、分田地,也是瓦解敌军的一个重要方法。这一点很多人没有意识到。陈士榘上将回忆说:"1928 年春,在井冈山进行了一次大的分田运动。规定要插牌子,每丘田里都要插上,都写上名字。""毛主席说,我们插牌子,本身也是很好的宣传。例如国民党的士兵到了根据地来,他们一看到田里到处插上了牌子,看到我们这里打了土豪分了田地,也会说红军好。所以打土豪分田地不仅使农民有田种,

---

① 参见曹西河著:《贺子珍》,中国青年出版社 1997 年版,第 166 页。

而且还瓦解了敌军,使他们的士兵不会积极反共。有些国民党士兵因受打土豪分田地的影响,开小差跑回家去。"①

3.建立革命根据地,成立各种组织,调动各方面的积极性自觉性。所谓根据地,一般是指军事指挥的中心地。红色革命根据地,主要是指有党的正确领导,在敌人统治力量薄弱的农村地区,依靠军队发动群众,实行土地革命,组织民主政权,建立人民武装,把落后的农村改造成进行武装斗争的革命阵地,粉碎强大敌人的进攻,以农村包围城市,最后夺取城市。熟读历史的毛泽东分析李自成失败的一个重要原因,就是"没有巩固的根据地"。历史上的黄巢、李闯王式的流寇主义,是注定要失败的。有了根据地,就可以休养生息,积蓄力量,才能继续战斗,所以一定要避免黄巢式的"流寇主义"。毛泽东来到井冈山之后,建立了中国第一个红色革命根据地,成立党的组织、农会组织、工会组织、妇女组织和青年组织,这是党领导的、有主张、有政策的武装割据,有计划地开展政权建设,放手发动群众,深入进行土地革命,"打土豪、分田地",不断扩大人民武装力量,使工农革命军在井冈山有了坚实的立足之地,并为全国各地的根据地建设树立了榜样。

4.颁布工农革命军"三项任务""三大纪律、六项注意",建立了新型的军民关系,使工农革命军得到了广大人民群众的衷心拥护和大力支持。毛泽东制定的工农革命军的任务和纪律,确保了工农革命军与历史上的任何剥削阶级的军队都不一样,是代表人民利益的军队。这在我党我军的历史上是第一次,也是毛泽东建军思想的鲜明特色。这是工农革命军不断发展壮大的源泉和动力,也是工农革命军攻无不克、战无不胜的成功法宝。

---

① 《星火燎原》第一辑(井冈山斗争专辑),解放军出版社 1986 年版,第 211 页。

5. 坚持士兵委员会制度,做到官兵平等,极大地增强了部队的凝聚力和官兵的革命热情。工农革命军来到井冈山后,依然坚持实行士兵委员会这项制度,而且领导带头执行。这一条非常厉害! 自古以来,官和兵什么时候平等过? 而平等是人类社会最向往的追求之一。这就是人性! 杜甫的"朱门酒肉臭,路有冻死骨"之所以能流传千古,正是他把人类对平等的追求给勾起来了! 士兵委员会制度是人类历史上以前从未有过的崭新制度。为了推动这项制度的贯彻落实,毛泽东以上率下、带头执行。他用自己的实际行动,为军官们树立了榜样。在部队行军途中,毛泽东换上短衫草鞋,和士兵们一起行军,边走边做大家的思想工作,坚定大家继续革命的信念。哪怕是脚磨破了,他也咬着牙继续前进,坚决不骑马坐轿,和战士们一样行军打仗。在吃饭住宿上,毛泽东坚持和大家一样,和战士们一起吃大锅饭,拒绝生活特殊化。张令彬中将回忆说:"当时官兵生活一个样,除了指挥权以外,都不分官兵。毛泽东同志住的地方十分简朴,一块门板,两条板凳,上面铺禾草,盖一块布,被子破旧还打了补丁,根本没有蚊帐。"[1]在井冈山与贺子珍结婚后,虽然自家做饭,但也和士兵们吃的一样。**有三个小故事很能说明这方面的问题。**第一个,曾志闯入毛泽东家暗查吃饭问题。在井冈山时期,曾志、吴仲廉、彭儒被誉为妇女运动"三杰",与毛泽东、贺子珍都很熟。一次,曾志听见有战士说,毛泽东肯定比咱们吃得好,他应该有肉吃。为了验证这位战士所说的是否属实,曾志两次在吃饭的时候闯进毛泽东家里,直奔厨房,掀开锅盖看毛泽东到底吃什么饭。结果,两次看到的伙食都和战士们一模一样。[2]

---

① 井冈山革命根据地党史资料征集编研协调小组、井冈山革命博物馆:《井冈山革命根据地》(下),中共党史资料出版社 1987 年版,第 159 页。

② 参见赵连军撰写的《敢与毛泽东当面顶撞的女人——曾志》一文,中国共产党新闻网,2013 年 1 月 11 日。

第二个,彭儒多次到毛泽东家侦察吃饭问题。1928年"八月失败"后,28团回到井冈山,部队情绪低落。不少从旧军队过来的战士在传,毛委员那么大的官,吃得肯定比我们都好,不相信红军宣传的官兵平等一致。当时彭儒担任红四军政治部宣传员,听到了下面的这些说法,她决定代表大伙到毛委员家里实地侦察一下。一次中午吃饭,彭儒特意到毛泽东家里,那时毛泽东、贺子珍都很喜欢这个年龄不大的小妹妹(15岁),盛情邀请她一起吃饭。然而彭儒当时只是拨弄碗筷,并不着急,一直到毛泽东在一旁掀开了锅盖,彭儒才把脑袋凑上去看,见锅里的饭和大伙吃的一样,扭头高兴地跑开了,连饭也没有吃。一连去了好几次,彭儒才确定毛泽东家里和普通战士吃的没有区别,只是多了几个辣椒,因为毛泽东是湖南人、喜欢吃辣椒。这件事被传出去以后,使很多从旧军队过来的战士十分感动!彭儒也编了一首歌在全军传唱:红米饭,南瓜汤,毛委员和我们吃一样,嗨,餐餐味道香!……①

第三个,毛泽东因半碗辣椒与贺子珍吵架。一天晚上,毛泽东开会回来,伙夫随后把晚饭端了上来,摆好后就下楼了。毛泽东"忽然想起了什么,提起笼盖寻找,辣椒碗不见了,等贺子珍拿脸盆上来,问道:'那半碗辣椒呢?'"贺子珍回答说:"我倒了!"原来,贺子珍收拾桌上的碗筷时,"在一个盖笼里,有一个碗,还剩下半碗炒辣椒,她闻了闻,馋了,便连碗筷一起拿走了。"毛泽东一听就火了:"倒了!你好大方!"贺子珍觉得好笑,说:"不就半碗辣椒吗?"毛泽东听后更加生气,额头的青筋都鼓了起来,怒斥道:"不就半碗辣椒!一点不心疼。一粥一饭,当思来之不易。根据地食品这么困难,你又不是不知道。"②这是两人结婚后第一次吵架,不是为了别的,就是因为贺子珍

---

① 参见《身怀六甲与敌人周旋》一文,《潇湘晨报》记者于2006年1月22日在北京对彭儒的采访。

② 参见曹西河著:《贺子珍》,中国青年出版社1997年版,第148—149页。

把已经馊了的半碗辣椒倒掉了。从贺子珍的角度来说,她认为辣椒馊了就应该倒掉;从毛泽东的角度看,根据地军民生活十分困难,这半碗辣椒也是大家节省下来的,即使馊了也不应该倒掉,可以洗洗再吃。从考虑问题的出发点来看,贺子珍考虑更多的是食品安全问题,是毛泽东的饮食健康问题;而毛泽东考虑的则是根据地的食品紧张问题,是根据地人民团结一致、共同战胜困难的问题,是倒掉半碗辣椒的政治影响问题。两人思考问题的角度和深度不在一个频道上,这是吵架的原因所在。如果贺子珍能征求毛泽东的意见后再决定是否倒掉,也许就可以避免争吵。从这个小插曲,我们也可以看出,毛泽东对自己的要求是何等严格!这和黄埔军校出身的旧军官"三金五皮"、顿顿"四菜一汤"形成了鲜明对比。出身贫苦的战士们看在眼里、暖在心里,对这位文弱书生的毛委员更加敬佩、更加拥护。毛泽东以身作则、模范带头,深深地影响了广大党员干部。从此以后,无论是扛枪的战士,还是指挥作战的司令、政委,从本质上来说没有任何区别,都是红军的一员。首长可以在工作中下命令,但绝对不能在人格上高人一等。军官有指挥作战的权力,士兵委员会有平时监督的权力。

自从实行了士兵委员会制度,士兵们的利益就得到了保障,就有了当家作主的感觉,对部队建设的责任感也明显加强了。部队中出现了一种官兵一致、上下平等的新型官兵关系。部队的凝聚力、号召力显著增强了,广大官兵的革命热情被大大激发出来了。

6.一心为民、大公无私,为各级领导干部树立了标杆,赢得了人民群众的信赖和拥戴。毛泽东在井冈山的威信是非常高的,可以说无人能及。不仅袁文才、王佐这两位"地头蛇"对他心服口服、服服帖帖,就是军中的骄子何挺颖(上海大同大学毕业生)、张子清(湖南讲武堂毕业生,又在广州政治讲习所学习过)、伍中豪(北大毕业生,又是黄埔军校的四期生）、宛希先（高小毕业，又在武汉政府警卫团当过连长）、何长工（从法国留学回来的）等对毛泽东也是由衷的佩服，广大人民群众更是"幸福牢记毛委员"。谭冠三中将回忆说："在井冈山时期，毛主席的威望就很高。如果碰到什么事情，只要前委来了，毛主席来了，心里就有底。"①之所以能够赢得井冈山各级领导干部和人民群众的信赖和拥戴，一个重要原因就是毛泽东做到了一心为民、大公无私。他放弃了"高薪"和城市优越的生活，来到偏僻贫穷落后的山村，干起了为天下劳苦大众谋解放的事业，这是一项艰难困苦、随时都有可能掉脑袋的危险工作。1925年，32岁的毛泽东就担任了国民党代理宣传部长，月薪680个大洋，如果贪图荣华富贵，他在国民党好好干就可以了，何必跑到这个穷山沟来。党的负责人瞿秋白同志曾经让毛泽东到上海党中央的机关工作，如果贪图城市生活，毛泽东也不会冒着生命危险、克服重重困难来到井冈山。毛泽东的妻子和三个孩子都在长沙板仓，如果贪图"老婆孩子热炕头"的家庭生活，毛泽东也没有必要背井离乡、别妻离子，一头扎进这个消息闭塞、穷乡僻壤中来。来到井冈山，虽然他是最高领导，但他和普通士兵的生活待遇是一样的，没有任何特殊，如果硬说有"特殊"的话，就是他每顿饭爱吃几个辣椒。这一切都说明，毛泽东到井冈山是一心为民、大公无私。古人讲："其身正，不令而行；其身不正，虽令不从"。毛泽东的行为最有说服力。因为很多人当兵是为了"薪饷"而来的，也有很多人是在家吃不饱饭、穿不上衣，当兵是为了混口饭吃的，不少人是"放下讨饭棍子参加革命的"；而作为党的创始人之一、党的一大代表，毛泽东是舍弃了国民党的高官不做，放弃了城市优越的生活条件，自觉自愿来为劳苦大众打天下的。正是

---

① 《星火燎原》第一辑（井冈山斗争专辑），解放军出版社1986年版，第136页。

他的一心为民、大公无私,不仅让袁文才、王佐感到汗颜,也让各级领导干部和广大人民群众叹服。所以,毛泽东宣传的革命道理,大家就信;他说的话,大家就愿意听;他的行为,大家就愿意去学。这样,他赢得了人民群众的信任和爱戴,从而大大地增强了他的领导力。

我们还可以把历史镜头再往后拉几十年,看看毛泽东的一贯做法和一生的行为。在革命战争时期,毛泽东有六位亲人为革命牺牲。杨开慧牺牲,他痛不欲生,大病一场,很长时都没有从悲痛之中走出来,留下了"开慧之死,百身莫赎"的深切悲叹。大弟弟毛泽民在新疆被军阀盛世才用麻绳活活勒死,只带回来一只算盘,毛泽东抚摸着算盘,泪如雨下。小弟弟毛泽覃1935年4月在瑞金为掩护游击队员牺牲。毛泽覃比毛泽东小12岁,是家中的老小,一直跟在毛泽东身边,也是毛泽东把他带上革命道路的。他们兄弟情谊深厚,每每想到毛泽覃,毛泽东都会陷入深深的怀念之中。最动容的是毛岸英的牺牲。抗美援朝时,毛岸英请缨出征,彭德怀拒绝。毛泽东说:"他是毛泽东的儿子,国家有难,他不参战,谁去参战!"毛岸英牺牲后,刘思齐请求把他的尸骸运回国内,毛泽东拒绝了!毛泽东这种一心为民、大公无私的宽广胸怀和高尚品质,谁能不认可,谁能不敬佩?!这是毛泽东伟大魅力之所在,也是人民群众永远敬爱他的理由。

二、毛泽东改造袁文才、王佐队伍的智慧

除了上述六条智慧外,这一时期最为亮眼的是毛泽东改造袁、王队伍的智慧:

1. 发挥比较优势,让袁文才主动提出帮助练兵的请求。俗话说得好,"不怕不识货,就怕货比货。"你好,别人就会羡慕你,就愿意跟你学。与袁、王的队伍相比,革命军的优势在哪里?能眼睛看到的,就是纪律严明、士气高昂、战斗力强。革命军到井冈山后,每

天出操训练,秩序井然,精神饱满,官兵一致,对待群众和气有礼、秋毫无犯,充满了生机活力。这让袁文才羡慕不已,心里产生向革命军学习的愿望,于是他主动找毛泽东请求帮助他们进行练兵。东北有句方言说得好,"上杆子不是买卖。"袁文才主动提出来了,毛泽东把握时机,立即答应此事,这样事情做起来就顺利了。

2. 在练兵中加入了政治教育。拿破仑说:"世界上有两种力量,一种是思想,一种是剑,而思想最终总是战胜剑。"毛泽东派人帮助练兵,不是光教他们军事,还要进行政治教育,两者有机结合起来。政治教育,就是对这些士兵进行无产阶级思想教育,使他们明白为谁打仗、为什么打仗的道理,提高思想觉悟,从而变成懂政治、会打仗、有远大革命目标的队伍。经过 4 个多月的练兵,农民自卫军发生了明显的变化,不仅战斗力大为加强,而且思想觉悟有了明显的提高。

3. 因人而异,注意时机、方式和策略。绿林好汉一般都具有重义气、多猜疑的特点。袁文才、王佐也不例外,两者相比,袁部的政治素质比王部要好一些。所以,前委和毛泽东决定先对袁文才的队伍进行军事训练。10 月中旬,毛泽东即派游学程、徐彦刚等 4 人帮助袁文才在步云山练兵。王佐知道后,羡慕不得了。10 月 27 日,毛泽东到茨坪后,王佐急不可待地向毛泽东提出帮助练兵的请求。在王佐主动、恳切的前提下,毛泽东一看时机成熟,不仅答应他的请求,还指示他要多招募一些工农出身的青年。这样,王佐在新遂边区的村子招了 80 多个新兵,加上自己 150 余人的队伍,集中在上井,由毛泽东派来的几个人负责练兵。这样,水到渠成,逐步深入,练兵取得了较好的效果。除此之外,毛泽东又派何长工担任王佐部的党代表,经过一段时间耐心细致的思想工作和暖心行动,终于"小火慢炖、肉烂入味",王佐主动入党,成为党的一分子。这为下一步的升编打下了良好的基础。

　　4.适时升编,化为统一的整体。毛泽东带人来到井冈山,在袁文才、王佐看来,你们是客人,最多是过路朋友。即使在帮助练兵的时候,他们也是这样认为的。可大陇升编以后,情况就不一样了,发生了质的变化,一方面,对袁文才、王佐来说,自己是正规军了,成为工农革命军的人了,彻底洗去了"土匪"的恶名;另一方面,对革命军来说,又增加了一个团,扩大了革命力量,对前委来说,又增加了一些基层党组织和党员,加强了党的力量。一句话,这支地方武装就变成了党领导下的革命武装。工农革命军和这支地方武装就变成了一个革命的整体,就成了一家人。袁文才、王佐也就自然而然地成为毛泽东的部属。这样,毛泽东和工农革命军就不再是井冈山的客人了,已经变成了井冈山的主人。加之后来,经袁文才等人的撮合,毛泽东与贺子珍结为秦晋之好,最后形成了事实上的反客为主。这不是一般意义上的反客为主,而是由借住发展到合作,由合作演变为利益共同体、命运共同体。这是与人合作的最高境界! 可以说,毛泽东对袁、王的团结改造,是整体性的重塑,是革命性的锻造,为工农革命军在井冈山扎根、建立革命根据地,奠定了坚实的基础。也可以说,这是毛泽东创建井冈山革命根据地过程中最为成功的智慧!

第三章 守井冈山的智慧

蒋介石的目的是要消灭共产党和工农革命军,不会坐视工农革命军发展壮大的,只是一开始没有把共产党这点军队放在眼里,加上军阀之间的混战,还腾不出手来对付井冈山的工农革命军,一旦军阀之间的混战停息,他们会很快组织力量对工农革命军"进剿""会剿"。如何打败敌人的不断进攻,确保工农革命军在井冈山长期立于不败之地? 这是毛泽东遇到的第三个难题,也是工农革命军如何发展壮大的问题。

第一节 毛泽东的应对办法

秋收起义余部从文家市转兵以来,一路南撤,沿途不断被敌人围追堵截。大苍见面之后,袁文才答应工农革命军上山,终于到达比较安全的地带,对前委和毛泽东来说,这是一大胜利。但毛泽东没有陶醉于这暂时的胜利,始终保持清醒的头脑,敏锐地预见未来,在他的心目中,敌强我弱的态势依然是工农革命军面临的问题,一旦遭到敌人进攻"围剿",随时都有失败的危险。这就是说,毛泽东已经预见到创建井冈山根据地必然会遭到敌人的反扑进攻,而自己这点军事力量很难支撑下去。毛泽东曾指出:"没有预见就没有领导,这是斯大林讲的。坐在指挥台上,如果什么也看不见,就不能叫领导。坐在指挥台上,只看见地平线上已经出现的大量的普遍的东西,那是平平常常的,也不能算领导。只有当着还没有出现大量的明显的东西的时候,当桅杆顶刚刚露出的时候,就能看出这是要发展成为大量的普遍的东西,并能掌握住它,这才叫领导。""所谓预见,不是指某种东西已经大量地普遍地在世界上出现了,在眼前出现了,这时才预见;而常常是要求看得更远,就是说在地平线上刚冒出来一点的时候,还是小量的不普遍的时候,就能看见,就能看到它的将来的普遍意义。"①在随后的一年零四个月的时间里,井冈山革命根据地先后遭到敌人4次"进剿"、3次"会剿",证明毛泽东的预见是正确的。如何应对敌人的"进剿""会剿"呢? 作为前委书记,毛泽东必须未雨绸缪,超前谋划。

一、改造升编、招兵培训,不断扩大队伍

1927年4月,南京国民政府建立后,国民党与北洋军阀的矛盾尚没有解决,各派新军阀之间的冲突又起,先后爆发李唐(李宗仁与唐生智)、蒋桂(蒋介石与李宗仁、白崇禧)、蒋冯(蒋介石与冯玉祥)、蒋唐(蒋介石与唐生智)、蒋冯阎(蒋介石与冯玉祥、阎锡山)等军阀混战。敌人在湘赣两省的军事实力是非常不平衡的,湘敌强、赣敌弱。据中共湖南省委1928年7月统计,湘敌有第2、第6、第7、第8、第13、第14、第35军共7个军,合计20个师又2个教导团。在兵力分布上,湘赣边的茶陵、酃县、攸县只有第8军的两个师、第6军的一个师,共3个师,是湘敌在湖南统治中较弱的一环。据中共江西省委1929年5月统计,滇系军阀朱培德在江西的兵力只有王均的第7师和金汉鼎的第12师,共2个师。在兵力分布上,永新、莲花、遂川等

---

① 《毛泽东在七大的报告和讲话集》,中央文献出版社1995年版,第200—201页。

县,由于地处赣西边陲、山峻路险、运输困难,大批军队难以驻防,更是脆弱的江西军阀统治最为薄弱的环节。

1927年10月,毛泽东率领部队到达井冈山的时候,正处在宁汉对立及西征讨唐战役的前期,湘南、赣西的兵力空虚。只是吉安、萍乡、莲花等地驻有少量滇军,在湖南只驻有何键少量湘军。加上工农革命军刚到不久,还没有对国民党形成大的威胁,所以这一段时间相对比较平静。毛泽东利用这一稳定时期,对袁文才、王佐的队伍进行改造、整训,升编为工农革命军第一军第一师第二团,又在工人农民中招兵并进行培训,成立军官教导团,对军官进行培训,这样扩大了队伍、提高了战斗力。(前面已讲,不再赘述)

二、总结提出"十六字诀"及一整套游击战术

1927年10月,毛泽东率部来到井冈山之后,以宁冈为中心,分派部队四处游击,实行工农武装割据,至1928年2月,先后攻下茶陵、遂川、宁冈三个县城,取得了丰富的游击战争经验,提出了"分兵以发动群众,集中以应付敌人"的原则。同时他认真汲取井冈绿林朱孔阳(朱聋子)"不要会打仗,只要会打圈"的经验,并在实践中不断创新,先后提出"既要会打圈,又要会打仗""打得赢就打,打不赢就走,赚钱就来,蚀本不干"等游击战术的思想,到1928年初又升华到一个新的高度。攻克遂川后,在1928年1月召开的遂川、万安两县县委联席会议上,毛泽东首次提出"敌进我退、敌驻我扰、敌退我追"的"十二字诀"游击战术。到1928年五六月间,又和朱德同志共同概括为:"敌进我退,敌驻我扰,敌疲我打,敌退我追"的十六字的游击战术原则。[①]

---

① 习近平:《在纪念朱德同志诞辰130周年座谈会上的讲话》,人民出版社2016年版,第8页。

当时很多人习惯于正规战、阵地战,没有认识到这套游击战术的威力,其实这是敌强我弱情况下我军最为有效的一种打法。在井冈山时期,包括后来中央苏区的一、二、三、四次反"围剿",游击战都发挥了巨大作用,可以说这套战术是我军不断战胜敌人的法宝。陈毅元帅把这套战术称之为"四军的法宝"。[①] 1929 年 5 月 5 日,毛泽东给中央的信中对井冈山时期的游击战争是这样概括的:"我们三年来从斗争中所得的战术,真是和古今中外的战术都不同。用我们的战术,群众斗争的发动是一天比一天扩大的,任何强大的敌人是奈何我们不得的。我们的战术就是游击的战术。""这种战术正如打网,要随时打开,又要随时收拢。打开以争取群众,收拢以应付敌人。"[②]不难看出,红军的游击战争基本原则的形成,是毛泽东运用马克思主义原理,结合当时敌我情况,在军事上的伟大创举,这是古今中外所没有的军事理论。这就是毛泽东的伟大之处,他能从现实问题出发,在继承前人经验的基础上,不断创新提高,找出符合实际的战略战术,指导革命军无往而不胜。

三、及早派人联络南昌起义余部,千方百计实现朱毛会师

大家都知道朱毛会师的故事,也知道朱毛会师的重大意义,似乎会师很容易、很简单,不就是两支队伍合到一起了吗? 其实会师是很艰难的,远比我们想象的困难得多。会师是谁最先提出来的? 是谁主动促成的? 是怎样克服困难实现会师的? 这其中蕴含了哪些智慧呢? 这些是很多人容易忽略的事情。让我们来看看这次会师的来龙去脉。

---

① 余伯流、陈钢著:《井冈山革命根据地全史》,江西人民出版社 2010 年版,第 207 页。

② 《何长工回忆录》,解放军出版社 1987 年版,第 170—171 页。

一是为什么要想尽一切办法实现这个会师？1927 年大革命失败后，我们党在全国多个地区先后发动和领导了多次武装起义，除南昌起义、秋收起义、广州起义三大起义外，还有平江起义，海陆丰起义，琼崖起义，黄安、麻城起义，东固起义，弋阳、横峰起义，万安起义，桑植起义，闽西起义，确山起义，渭南、华县起义等。这么多的武装起义失败后，为什么只有朱毛实现了会师？这不是一个偶然现象，还有它的必然性。这是因为，作为一名清醒的政治家、战略家，毛泽东是党内较早重视军事工作的领导人，对军事工作的必要性、重要性有着十分清醒的认识。在八七会议上，毛泽东旗帜鲜明提出了"政权是由枪杆子中取得的"，提醒全党要高度重视军事工作；秋收起义后，他带领部队上井冈山，就是想建立我们党独立领导的正规军队。在国民党反动派已公开叛变、要把共产党赶尽杀绝的白色恐怖之下，共产党人想建立自己的军队是何其艰难啊！我们党已被国民党宣布为"匪"，已转入地下状态，不可能像国民党那样，筹建黄埔军校，培养军官，一步一步地建立自己的正规军队。怎么办？当下我们党直接领导和掌控的只有两支正规部队，一是秋收起义中的武汉政府警卫团余部，二是南昌起义余部。武汉政府警卫团余部已在毛泽东的领导之下，即将到达井冈山，下一步可以以此为基础，扩编和培训部队，逐步建立起正规部队。但当时四周都处在湘赣两省敌人包围之下，这支部队在井冈山能否长期立住，能否正常扩编和培训部队？这些还是未知数。毛泽东必须正确判断形势，综合分析各种因素，才能作出正确的抉择。《孙子兵法》讲：知彼知己，百战不殆。为此，毛泽东既要知己还要知彼。

1. 清楚地认识到秋收起义余部的不足。毛泽东领导了秋收起义，仅仅打了周边几个县城就损失惨重，5000 多人的部队，二十几天的时间，只剩下不足千人，如果继续攻打长沙，势必会全军覆没。他深深知道,这支队伍的战斗力是十分薄弱的。部队上了井冈山,敌人肯定会来"进剿""会剿",存在两种可能,一种是凭借井冈山的地形险要,能够守得住;另一种可能是守不住。这第二种可能,是毛泽东当时最担忧的问题。

2. 立足井冈山、胸怀全中国。即使能够守住井冈山,这也不是毛泽东和工农革命军的目的。工农革命军的目标和袁文才、王佐是不一样的。袁、王的目标是,能守住井冈山就行;工农革命军的目标是要推翻国民党的反动政权,解放全中国。应该说,这才是毛泽东心中的远大目标和长远规划。要实现这个远大目标,必须千方百计地扩大革命力量,只有这样才能打败国民党的军队,推翻蒋介石的反动政权,最终夺取全国的胜利。

3. 充分认识到南昌起义余部是我们党掌控的最有战斗力的正规部队。毛泽东曾参与国民党上海执行部组织的黄埔军校第一、第二期考生复试,荐才投考黄埔军校,到黄埔军校作过演讲,高度评价黄埔军校,推崇黄埔的革命精神。毛泽东在武汉曾派农讲所学员参加了叶挺领导的平叛夏斗寅的战斗。他的弟弟毛泽覃在国民革命军第25师工作。通过这些渠道和信息,毛泽东能够认识到:

第一点,黄埔军校毕业生是北伐胜利的重要力量。北伐战争之所以能够取得胜利,一个重要原因是,北伐军中很多军官都是黄埔军校毕业生,他们受过严格的军事训练,军事素质和指挥能力是很强的,这是保证北伐战争胜利的组织基础。叶挺独立团是北伐战争中最能打的一个团,这个团中就有很多指挥官是黄埔军校毕业的。有这些人存在,就能保证这支队伍的战斗力。据不完全统计,秋收起义队伍中,黄埔军校毕业生曾多达24人(注:目前没有查到准确数字。2015年1月《中国井冈山干部学院学报》刊登"黄埔军校生在井冈山革命根据地建设中的独特作用"一文,作者刘晓农在文中提到秋收起义部队主力中的黄埔军校生有 34 人），但到井冈山后能查到姓名的有 15 人（分别是：陈树华、伍中豪、徐彦刚、陈毅安、张宗逊、谭希林、陈龙鹤、曾士峨、游雪程、刘型、王良、陈伯钧、吕赤、范树德、黄瓒），卢德铭牺牲，钟文璋失踪，余洒度、苏先俊、陈浩、徐庶、韩庄剑、黄子吉叛变，范树德于 1935 年受伤被俘、后叛变投敌。朱老总带上井冈山的队伍中，黄埔军校毕业生 19 人（分别是王尔琢、王展程、朱云卿、杨至成、刘之至、林彪、唐天际、戴诚本、肖劲、朱舍我、段辉唐、袁崇全、陈东日、邝鄘、李天柱、陈俊、曹福昌、刘铁超、资秉谦），这些人绝大部分都参加了北伐战争，经过了战争的洗礼，积累了指挥作战的经验。

第二点，南昌起义余部的源头是叶挺独立团。南昌起义余部，包括秋收起义余部，如果追根溯源，都是叶挺独立团的余脉。叶挺独立团在我党我军的历史上，是一个神话般的存在，既是我军成长的一个重要源头，又出了很多著名将领，几乎是战无不胜的代名词。1925年 11 月 21 日，在广东肇庆，成立了叶挺独立团。国共第一次合作时期，担任黄埔军校政治部主任的周恩来向孙中山建议，仿照苏联建立一支"大元帅府铁甲车队"，来保卫大元帅府。孙中山同意后，周恩来便从黄埔军校第一期毕业生中抽调部分人员，组成了"大元帅府铁甲车队"，因为骨干力量都是共产党员，所以战斗力强。孙中山去世后，广东还有许多反动武装，这时周恩来和广东区委认识到共产党必须要建立自己的武装，于是决定以"铁甲车队"为基础组建一个上规模的革命部队。这个想法得到了国民党中比较倾向革命的李济深等人的赞同，他当时既是黄埔军校的教练部主任，又是粤军第四军军长，他是想把共产党引入粤军，为其所用。这样双方一拍即合，李济深就把第 4 军第 12 师第 34 团交给共产党来领导，团长由从苏联留学回来的叶挺担任，所以这个团也被叫做"叶挺独立团"。1926 年 5

月,该团参加北伐战争,其赫赫战功在北伐诸军各团级单位中首屈一指,为第 4 军赢得了"铁军"美誉。后来,叶挺独立团一分为三,一是以该团主体扩编而成 25 师,所辖 73 团基本是叶挺独立团的原班人马,副师长周士第(原叶挺独立团参谋长)兼任团长;二是从原独立团中抽调一部分骨干,加上招募的新兵,成立 24 师,叶挺任 24 师师长;三是以叶挺独立团新兵营为基础,抽调原独立团部分军官,组成第二方面军总指挥部警卫团(也称武汉政府警卫团),卢德铭任团长。73 团因老兵骨干多,实战经验丰富,战斗力仍保持了原有水准;24 师成立后,在叶挺的带领下,打垮了夏斗寅叛军、在南昌起义中担任主攻任务,积累了城市街区战斗经验;警卫团成立后,主要任务是训练及站岗放哨,鲜有上阵杀敌的机会,战斗力不及 25 师 73 团和 24 师。南昌起义失败后,朱德、陈毅收容的余部,就是以 25 师为主体,加上 24 师部分突围人员及 20 军数百人组成的,大部分都是劫后余生的百战老兵。可以说,这是南昌起义军的精华所在。

第三点,南昌起义余部的主帅是朱德、陈毅。作为南昌起义余部的最高首长,朱德毕业于云南陆军讲武堂,早年参加同盟会,参加辛亥革命、护国以及护法战争,从副目、司务长、排长、连长,一直干到靖国军第 2 军第 13 旅旅长、第 3 混成旅旅长,1927 年任国民革命军第 3 军军官教导团团长兼南昌市公安局局长等,参加南昌起义,在三河坝分兵时,他被委以重任,率领第 4 军第 25 师和第 9 军教育团约 4000 人留下来担任阻击任务,与国民党钱大钧 3 个师 2 万余人激战三天三夜,掩护了主力部队进军潮汕,之后冲破敌人的围追堵截,把队伍带到了赣南,保留了南昌起义的革命火种。这些战绩表明,他是一位了不起的军事天才。作为朱德同志的重要助手,陈毅同志是蔡和森在法国留学的同学,担任武汉军政分校党的负责人,8 月 2 日奉中央军委命令,前去南昌参加起义,当他赶到南昌时起义部队已撤离,随后他日夜兼程向南追赶,在临川、宜黄地区赶上起义部队,周恩来安排他担任号称"铁团"的主力部队 73 团指导员①,在起义军遭到严重失败,队伍快要溃散的时候,他主动与朱德同志一起,力挽狂澜,把这支只有 800 人左右的队伍整合起来,成为打不垮的一支队伍。这也是了不起的成绩! 基于以上的了解和判断,为了迅速扩大武装力量,确保建立巩固的井冈山革命根据地,实现我们党的远大理想和目标,所以,毛泽东才千方百计地争取这支能征善战的部队来井冈山会师。就是这支部队后来走出了 3 位元帅(朱德、陈毅、林彪)、2 位大将(粟裕、黄克诚),上将、中将、少将更多。日后推翻蒋家王朝的两大主力(林、粟),当时都在这支部队中。可以说,当年毛泽东是以敬重的心情邀请朱德、陈毅上井冈山的。

二是会师的不利因素。首先,这两支部队没有隶属关系。朱德、陈毅的部队属于南昌起义前委领导。起义军在撤离南昌向广东进军途中遭到严重失败,只剩下一小部分转入海陆丰地区与当地农军会合,还有在三河坝担任阻击任务的部分起义军,在朱德、陈毅等率领下转入粤赣湘边界打游击。起义失败后,周恩来等前委领导人到达香港。这时已联系不上,后来通过中共北江特委与广东省委建立了联系,接受广东省委的领导。进驻井冈山的部队属于秋收起义前委领导,这个前委属于湖南省委领导。这两支部队是兄弟单位,没有隶属关系。合作还是不合作,只能靠商量。其次,秋收起义的军事力量远不能和南昌起义相比。南昌起义的部队是国民党的正规部队第 20 军、第 11 军第 24 师、第 4 军第 25 师等,共 2 万 3 千余人。前委书记是周恩来,总指挥是贺龙,前敌总指挥是叶挺,参谋长是刘伯承,还有朱德、叶剑英、聂荣臻等军事名将。而秋收起义的队伍只有武汉政

---

① 参见井冈山革命根据地党史资料征集编研协调小组、井冈山革命博物馆:《井冈山革命根据地》(下),中共党史资料出版社 1987 年版,第 309 页。

府警卫团是正规部队，1000 余人，其他是浏阳、平江农军和安源路矿工人纠察队及矿警队等，共约 5000 人。总指挥和师长都是刚从团长和营长通过改编升上来的。可以说，南昌起义部队是"豪华阵容"，而秋收起义部队则是"简陋队伍"。南昌起义部队的战斗力明显要强于秋收起义部队。就南昌起义的余部与秋收起义的余部来比也有很大差距，因为南昌起义余部"起义军的指挥员多数是叶挺独立团的，不少是黄埔军校的毕业生。""起义军中的战士，多数参加过北伐战争"。① 也就是说，南昌起义的部队未必能看得上秋收起义的部队。再次，1927 年 11 月 9 日至 10 日，中共中央在上海召开临时政治局扩大会议，在共产国际代表罗米那兹指导下，因秋收起义失败，毛主席被"开除政治局候补委员"和"撤销湖南省委委员资格"②。1927 年 12 月 31 日，中共中央致信湖南省委，又一次指责毛泽东，指出："关于毛泽东同志所部工农军的工作，中央认为未能实现党的新的策略，在政治上确犯了极严重的错误。中央特命令湖南省委按照实际需要决定该部工作计划，连同中央扩大会议的决议及最近种种策略上的决定和材料，派一负责同志前去召集军中同志大会讨论，并由大会改造党的组织，在必要时，派一勇敢明白的工人同志任党代表"。③ 正是这个来势凶猛的中央文件的下达，湖南省委于 1928 年 3 月派湘南特委军事部长周鲁到井冈山传达中央的指示和湘南特委的决定。周鲁将中央政治局扩大会议决定给毛泽东"开除中央临时政治局候补委员"和"撤销现任省委委员"的处分，错误地传达为"开除党籍"；取消以毛泽东为书记的前敌委员会，成立师委，何挺颖任书

---

① 《朱德传》，中央文献出版社 2016 年版，第 111 页。

② 余伯流、陈钢著：《井冈山革命根据地全史》，江西人民出版社 2010 年版，第 135 页。

③ 《毛泽东年谱（一八九三——一九四九）》上卷，中央文献出版社 2013 年版，第 227 页。

记,毛泽东改任师长;命令工农革命军离开井冈山根据地,去支援湘南暴动。毛泽东被处分了,被批评了,处于人生的低谷。这时候与他合作是否存在政治风险?南昌起义余部的领导人会不会有顾虑?革命元老何长工回忆说:"那时上山不像后人想的那样简单,在'左'倾盲动主义者的眼里,上山是逃跑主义,是顶不光彩的。"①这些都是非常现实的不利因素。

三是如何克服各种困难实现会师的? 面对以上的不利因素和困难,毛泽东是这样做的:

第一步,想在前头,主动出击。清代学者陈澹然曾说:"不谋万世者,不足谋一时;不谋全局者,不足谋一隅。"我们来看看毛泽东是什么时候想到两支队伍会师的。1927 年 10 月初的一天,起义部队经过三湾改编之后,向井冈山区的古城进发。路上,毛泽东就问参谋长张子清:"南昌起义部队现在不知道怎么样了?"张子清说:"听说前一段已到了汕头,不知现在下落如何?"毛泽东说:"这支队伍可是革命的火种啊!我们打了几仗已经找到了生存发展的地区,不知道他们现在做何打算?我想找个人下山去找他们,建立联系,有事也好互相呼应。再有我们和省委、衡阳特委也失去了联系,应该尽早恢复关系,以便得到上级党的指示精神。"②10 月 12 日,毛泽东率领部队到达酃县十都,即找何长工谈话,派他去联络湖南省委和南昌起义的余部。10 月 13 日,部队到达酃县水口,毛泽东"从湖南《民国日报》上看到一篇叶贺主力在潮汕兵败的报道,回到住地将报纸给陈浩等人看了。毛泽东对陈浩等人讲到:南昌起义的队伍,是我们党的宝贵武装力量,现在被打得四处散落,要是能把这支队伍接到井冈山来该

---

① 《何长工回忆录》,解放军出版社 1987 年版,第 223 页。
② 《何长工回忆录》,解放军出版社 1987 年版,第 108 页。

有多好！……找一找叶、贺的余部,争取他们到井冈山来。"①当时陈浩说:有叶、贺的部队加在一起,大一些的敌人就能对付。问题是怎样才能弄上山来？毛泽东说:我打算向中央和湖南省委写个报告,有了中央的指示他们是会来的。

何长工从十都出发,先到长沙联系上省委,然后从湖南进入广东,几经周折,在广东韶关一个澡堂打听到起义军余部的消息,然后顺藤摸瓜,在广东韶关的梨铺头找到了朱德的部队,先见到老熟人蔡协民(在洞庭湖和警卫团时一起工作过),之后见到了陈毅和朱德,说明来意。"朱德同志详细了解了井冈山区的地形、群众、物产等情况后,十分满意,怀着羡慕和赞赏之情说:'我们跑来跑去就是要找一个落脚的地方'。我们已经派毛泽覃同志去找毛润之了,如果不发生意外,估计已经到了。"②

朱德、陈毅是在怎样的背景下派毛泽覃去井冈山找毛泽东的呢？

第一点,早在1927年10月底,朱德、陈毅就知道了毛泽东在井冈山的消息。朱德、陈毅率领南昌起义余部途经信丰时,"地方党组织赣南特委派人前来信丰接头,从他们口中第一次听到毛泽东率领秋收起义部队开上井冈山的消息,感到非常高兴。"③《中国共产党井冈山地方史》也记载:朱德、陈毅率部来到信丰时,"通过地下党组织联系上中共赣南特委宣传部长汪群,从汪群那儿得知秋收起义部队开到湘赣边界实行武装割据的消息。"④

第二点,朱德、陈毅从张子清、伍中豪口中得知毛泽东在井冈山建立根据地的详细情况。《朱德传》记载:"1927年11月上旬,南昌

①　《中国共产党井冈山地方史》(第一卷),中共党史出版社2010年版,第106页。
②　《何长工回忆录》,解放军出版社1987年版,第119页。
③　《朱德年谱》(上卷),中央文献出版社2016年版,第92—94页。
④　《中国共产党井冈山地方史》,中共党史出版社2011年版,第76页。

起义军在江西崇义上堡,又同来自井冈山的张子清、伍中豪带领的工农革命军第一师第一团第三营会合。"①《陈毅传》记载:"(1927年)11月中旬,附近到了一支部队,经联络,竟是秋收起义后经过三湾改编的一个营,该营是一团三营,由张子清、伍中豪带领,因在一次战斗中被敌人切断了和毛泽东亲率的一团团部及一营的联系,三营独立向南发展。得知毛泽东领导着部队在井冈山活动,朱德、陈毅、王尔琢立即派原在第二十五师政治部工作的毛泽东的同胞小弟毛泽覃去与毛泽东联系。同时,与范石生也联系上了。"②这就是说,朱、陈的部队在崇义上堡的时候,碰到了张子清、伍中豪率领的秋收起义部队第1团3营,得知毛泽东已在井冈山建立了根据地,在这种情况下即派毛泽覃前去联络,为4个月后的井冈山会师埋下伏笔。这说明,毛泽东与朱德是惺惺相惜的!

按照朱德、陈毅的安排,毛泽覃由资兴到茶陵,"见到了毛泽东同志,详细介绍了朱德同志所部及其行动情况,并转达了朱德同志的问候。"③《毛主席年谱》记载:"同月(指1927年11月——作者注),朱德、陈毅在赣南上犹地区派毛泽覃(化名覃泽)到井冈山与湘赣边界秋收起义部队联系。毛泽覃在宁冈茅坪见到毛泽东,介绍了南昌起义军余部的情况以及朱、陈派他来联系的意向。"④从此,朱德、陈毅率领的南昌起义余部与毛泽东率领的秋收起义部队接上了头,取得了联系。

从派出联络的时间看:毛泽东派何长工出发的时间是1927年10月12日;何长工见到朱德、陈毅的时间是1927年12月下旬;回到

---

① 《朱德传》,中央文献出版社2016年版,第139页。

② 《陈毅传》,当代中国出版社2015年版,第31—32页。

③ 《朱德传》,中央文献出版社2016年版,第139页。

④ 《毛泽东年谱(一八九三——一九四九)》上卷,中央文献出版社2013年版,第225页。

遂川的时间是 1928 年 1 月上旬。何长工这次下山路上走了将近 3 个月,见到朱德、陈毅时已经走了 2 个半月了。朱德、陈毅派毛泽覃出发的时间是 1927 年 11 月中旬;毛泽覃见到毛主席的时间是 1927 年 11 月间(因为崇义距离井冈山只有约 240 公里)。很显然,何长工动身的时间比毛泽覃早一个月。这说明,毛泽东主动在前。

从联络的目的来看:毛泽东的目的是想"争取他们到井冈山来"。何长工临走前,毛泽东郑重地对他说:"长工你看,现在我们要在这里落地生根了,这仅仅是建立根据地的开始,今后斗争还长,必须要迅速壮大我们的力量,要和上级取得联系才行。我们前委决定让你出山去,联系湖南省委和衡阳特委,设法寻找南昌起义的部队,你看怎么样?"[①]这段谈话有两个关键词,一是"必须要迅速壮大我们的力量",二是"设法寻找南昌起义的部队",不难看出,毛泽东的目的就是要把南昌起义的余部联合起来。何长工从梨铺头回来前,朱德与何长工谈话,也有两个关键词句,一是"怀着羡慕和赞赏之情";二是"我们要搞一个大暴动,把队伍拉大一点,把根据地搞起来"。毛泽覃上了井冈山,见到了毛泽东,介绍了南昌起义余部的情况,转达了"问候"。从何长工与毛泽覃的经过来看,朱德的目的是互致问候、保持联系。

从联络的结果来看,毛泽东得知南昌起义余部在崇义上堡的情况后,马上"同意毛泽覃留井冈山工作,决定派专人到朱、陈部联系,欢迎两支起义军联合起来"[②]。很清楚,毛泽东已经明确提出两支队伍联合的问题。朱德、陈毅得知毛泽东在井冈山的情况后,即派毛泽覃上井冈山去见毛泽东,同时也与范石生取得了联系。何长工见到

---

① 《何长工回忆录》,解放军出版社 1987 年版,第 110 页。
② 《毛泽东年谱(一八九三——一九四九)》上卷,中央文献出版社 2013 年版,第 225 页。

朱德时,起义军已与范石生合作了。"范石生当时为国民革命军第十六军军长,驻防湘南粤北。他是朱德早年在云南讲武堂的同学、知交,结过金兰。"①1927年12月中旬,张子清、伍中豪率部回到了井冈山,朱德、陈毅率部依然驻扎在梨铺头。从何长工的回忆来看,当时南昌起义军余部还没有要上井冈山的意向。不难看出,毛泽东对两支部队联合问题已经想在了前头,并付诸行动。毛泽东主动派人下山联络,为朱毛会师迈出了第一步。

第二步,及时向湖南省委和中央上报两支队伍联合的请示。1927年11月,毛泽东在茅坪见到毛泽覃,知道朱德、陈毅的下落后,即于1927年12月18日,"致信中共湖南省委,提议改组前敌委员会,表示朱、毛两部建立联合领导的意向。信中说:部队行动,由朱德、陈毅、张子清、宛希先、余贲民、袁文才、毛泽东七人组成前委,请批准。如系驻军,则应组织湘赣特别委员会,指挥军事及交界八县党务、农村暴动等,人员除上述七人外加江西的刘真,请呈报中央批准。又朱云卿应加入前委和特委。"②时隔3日,中央就有了回应。"12月21日,中共中央致信朱德,提出:'桂东的北边茶陵、酃县以至江西莲花均有毛泽东同志所带领的农军驻扎,不知你们已和他联络否?''他们如果驻在这些地方,你们应确实联络,共同计划一个发动群众,以这些武力造成割据的暴动局面,建立工农兵代表会议——苏维埃政权。'"③有了中央的同意,就有了尚方宝剑。但不幸的是,中央的指示朱德同志没有收到。《朱德年谱》记载:"中共中央连续给朱德及其官兵发出两封指示信。在十二月二十一日的信中,要求朱德

① 《陈毅传》,当代中国出版社2015年版,第32页。
② 《毛泽东年谱(一八九三——一九四九)》上卷,中央文献出版社2013年版,第225页。
③ 《毛泽东年谱(一八九三——一九四九)》上卷,中央文献出版社2013年版,第225—226页。

率领部队从范石生的军队中分化出来,立即与湘赣边界的毛泽东联络,共同计划,发动群众,以这些武力造成割据的暴动局面,建立工农兵代表会议——苏维埃政权。"①不久中央又改变了主意,"在十二月二十七日的信中,变更了前一封信的计划,提出朱德率领部队脱离范石生部后,应'联络北江的农军及广州暴动后退往北江的队伍,参加北江区域的农民暴动'……"这两封信由李鸣柯带到江西,转入湖南。"但李鸣柯几经周折,均未找到朱德及部队,只好返回上海。"②这就是说,这两封信均未送到朱德同志的手里。《中国共产党井冈山地方史》也记载:"中央的这两封信本来由李鸣柯从上海带到江西,再入湘南找南昌起义军余部交给朱德,但不知何故,李鸣柯未能完成送信的任务。毛泽东、朱德两部之间的联络,完全是自发进行的。"③

后来中央的态度又有新的变化。"2月17日,中共江西省委代表向中共中央报告:遂川是毛泽东军队驻扎,有千多人,军队质量也有改变,有五百多同志,每连有党支部,士兵情绪很好,战斗力很强;要求中央将朱德的军队调到江西去。"瞿秋白向江西省委代表提出:"从赣西南发展到湖南是很重要的","赣西南是否以毛泽东为书记?"④从瞿秋白的答复来看,中央的意思还是要向湘南发展。中央对当时中国革命的形势、性质和策略等重大问题作了错误的估量,提出了一系列"左"的政策。湖南省委和湘南特委积极贯彻执行,认为当时的形势是处于高潮,是"布置总暴动的极紧张的时机",出尔反尔地批评毛泽东创造罗霄山脉中段政权的计划,是"条件不具备","而且是没

① 《朱德年谱》,中央文献出版社2016年版,第98页。
② 《朱德年谱》,中央文献出版社2016年版,第99页。
③ 《中国共产党井冈山地方史》(第一卷),中共党史出版社2011年版,第108页。
④ 《毛泽东年谱(一八九三——一九四九)》上卷,中央文献出版社2013年版,第232页。

有胜利保障的"。①

这说明，毛泽东想让南昌起义余部上井冈山会师的请示，既没有得到中央的同意，又遭到湖南省委和湘南特委的坚决反对。尽管如此，但毛泽东没有放弃，仍冒着巨大的风险，顶着上级的压力，坚定不移地促成两军的会师。毛泽东之所以这样做，是因为在他看来两军会师具有伟大的战略意义，可惜当时很多人没有看到这一点。毛泽东的可贵之处在于：一是预见到了两军会师的重大意义，二是坚持真理、敢于担当，锲而不舍、战胜困难，不达目的不罢休。

第三步，密切关注南昌起义余部的动向，寻找时机。这时毛泽东已把工农革命军的落脚点选在了井冈山，想把南昌起义余部请上山，合兵一处，扩大革命军的力量，以便在井冈山长期扎根。而此时朱德、陈毅尚未选好落脚点，对未来的去处还没有明确的目标。

朱德同志指挥的这支部队，先是在三河坝阻击敌人，之后在武平又和敌人打了一仗，由于人员伤亡很大，部队涣散、七零八落，不少人中途跑掉了。针对这些问题，在朱德、陈毅的领导下，经过"赣南三整"（以下有说明），"部队走向统一团结了，纪律性加强了，战斗力也提高了"。② 朱德同志回忆说："我们从南昌起义后，经过三个月的行军和作战，直至转到上堡后，才算稳住了脚。"③但是给养和装备问题一直没有解决，已经处于"四无"状态，即无粮食、无弹药、无医药、无薪饷等。隆冬时节即将到来，战士们还穿着单衣单裤，眼前的困境已经影响到军心的稳定。这时，朱德想到了过去在云南讲武堂的同班

---

① 余伯流、陈钢著：《井冈山革命根据地全史》，江西人民出版社 2010 年版，第135 页。

② 井冈山革命根据地党史资料征集编研协调小组、井冈山革命博物馆：《井冈山革命根据地》（下），中共党史资料出版社 1987 年版，第 3 页。

③ 井冈山革命根据地党史资料征集编研协调小组、井冈山革命博物馆：《井冈山革命根据地》（下），中共党史资料出版社 1987 年版，第 3 页。

同学,读书期间他曾与杨如轩、范石生、金汉鼎等人组织过五华社,并结拜为兄弟。当时杨如轩任国民党第27师师长,驻防在崇义、上堡一带;范石生任国民党第16军军长,驻防在广东韶关和湖南郴州、汝城一带。于是朱德给这两位老友分别写了信,告之自己的处境,希望二人能"雪中送炭",帮助他渡过难关。收到朱德的来信后,"杨如轩虽未作正面回答,但也'眨起眼皮',没有去骚扰起义军。"①范石生收到朱德的信后,立即给朱德回信,力邀他前往汝城共商大计。随后,经过党组织讨论批准,朱德于1927年11月20日从崇义县到汝城与曾曰唯(时任第16军第47师师长)谈判,达成合作协议:一、同意朱德的部队编制、组织不变,要走随时可以走;二、起义军暂用第16军第47师第140团的番号,张子清、伍中豪部暂用第141团番号,朱德化名王楷,名义上任第16军总参议、第47师副师长兼140团团长,陈毅任团政治指导员,王尔琢任团参谋长;三、"按照一个团的编制,先发一个月军饷,并立即发放弹药和被服。""随后,陈毅、王尔琢带着部队开到汝城西北方向的资兴。在资兴时,又从范石生那里领了五六十万发子弹。"②这样,部队的困难得到了彻底解决。与此同时,中共中央接连给他们写信,"能否不为范石生所解决,很是疑问。""为避免被消灭的危险,你们只有坚决地脱离范石生。"③随后中共北江特委派人与陈毅接上党的关系,通过北江特委又与中共广东省委建立了联系。广州起义即将举行,北江特委传来广东省委指示,要朱、陈率部参加。1927年12月间,他们从资兴南下,范石生没有阻拦。途经韶关,请范石生拨给去广州的车皮,范石生也如数调拨。只是临上火车时得悉广州起义失败,临时中止。随后,朱

---

① 《朱德传》,中央文献出版社2016年版,第111页。
② 《朱德传》,中央文献出版社2016年版,第116—117页。
③ 《陈毅传》,当代中国出版社2015年版,第32页。

德、陈毅率部移至韶关西北三十里的梨铺头，进行休整训练。"北江特委先后派出熟悉当地情况的龚楚等人来到部队。此时张子清、伍中豪的141团已休整装备完毕回井冈山地区，而140团收留了陆续归队的人员和广州起义失败后来投奔的零散人员（其中干部80多人），已恢复到1200余人。"①

朱德部与范石生部合作的消息，很快被蒋介石所知，他急电军阀李济深转告范石生，即将朱德部队"就地解决"。② 1928年元旦刚过，范石生从广州派专人送来密信，告之"合作事已败露，应从速离开，自谋出路"③。"并给朱德部送来万元银洋和10箱子弹，以示友好。"④在这万分危急的情况下，起义军必须马上离开险境。1928年1月3日夜，朱德、陈毅率部以"野外演习"为名，冒着滂沱大雨，切断了敌人的电线，向仁化进发。朱德最初准备按照广东省委的意见，去东江同广州起义余部会合，但部队刚到达仁化，突然发现敌第13军正开往南雄，切断了起义军前往东江的去路，于是朱德当机立断，决定改道西进，转向湘南。从此，南昌起义余部踏上新的征程。

范石生先后给朱德1200多人的部队补充了弹药、冬装、棉被等各种装备，还给官兵拨发了两个月的薪饷，临走的时候又赠送了一万多块银元和10多万发子弹。对起义军来说，这真是雪中送炭！难怪许多年后朱德还念念不忘，感慨道："他接济我们十万发子弹，我们的力量又增强了。他还一个月接济我们万把块钱、医生、西药、被

---

① 《陈毅传》，当代中国出版社2015年版，第33页。
② 余伯流、陈钢著：《井冈山革命根据地全史》，江西人民出版社2010年版，第138页。
③ 《陈毅传》，当代中国出版社2015年版，第33页。
④ 余伯流、陈钢著：《井冈山革命根据地全史》，江西人民出版社2010年版，第138页。

单……在红军的发展上来讲,范石生是值得我们赞扬的。"①

这里介绍一下"赣南三整":天心圩整顿、大余整编、上堡整训。

天心圩整顿,是指 1927 年 10 月下旬,朱德率领部队抵达赣南安远县天心圩,因一无供给,二无援兵,离队的越来越多,包括师长、团长,这时只剩下七八百人,师、团政工干部只剩下第 73 团指导员陈毅一人。在此危难关头,朱德召开全体军人大会。首先,宣布这支队伍今后就由他和陈毅来领导;其次,分析形势,指明了革命前景。他当时说了一段非常有名的话:"虽然大革命是失败了,我们的起义军也失败了,但是,我们还要革命的。要革命的跟我走;不愿继续奋斗的可以回家! 不勉强! 只要有十支八支枪,我还是要革命的!""大家要把革命的前途看清楚。1927 年的中国革命,好比 1905 年的俄国革命。俄国在 1905 年革命失败后,是黑暗的,但黑暗是暂时的。到了 1917 年,革命终于成功了。中国也会有' 1917 '的。只要保存实力,革命就有办法。你们要相信这一点。"②陈毅同志挺身而出,积极协助朱德稳住部队,他说:"南昌起义是失败了,南昌起义的失败不等于中国革命的失败。中国革命还是要成功的。只有经过失败考验的英雄,才是真正的英雄。我们要做失败时的英雄。"③两位领导的讲话,展示了革命前景,极大地坚定了官兵们的信心;再次,陈毅宣布了革命纪律。经过这次整顿,部队逐步稳定,士气开始高涨。

大余整编,是指 1927 年 10 月底,部队来到大余地区。当时粤桂军阀混战,无暇追击起义军。朱德、陈毅决定利用这个有利时机进行整编。首先,整顿党团组织,重新登记党、团员,成立党支部,把一部

① 《朱德传》,中央文献出版社 2016 年版,第 116 页。
② 《朱德年谱》(上卷),中央文献出版社 2016 年版,第 92 页。
③ 《浴血罗霄——井冈山革命根据地历史》(修订版),中国发展出版社 2014 年版,第 23 页。

分党、团员分配到连队中去,加强党在基层的工作;其次,撤销已成为空架子的军、师建制,把部队编为一个纵队,下辖七个步兵连和一个迫击炮连、一个重机枪连;再次,加强部队的军事训练和组织纪律性;第四,为了隐蔽,采用"国民党第五纵队"的番号,司令员朱德(化名王楷),指导员陈毅,参谋长王尔琢。经过整编,使部队真正稳定下来,虽然只有七八百人,但都是大浪淘沙保留下来的精英。①

上堡整训,是指 1927 年 11 月上旬,部队抵达赣南崇义县上堡一带,朱德、陈毅决定对部队进行整训。首先,整顿纪律,规定募款和缴获要全部归公;其次,进行军事训练,每隔一两天上一次大课,小课则天天上;再次,提出新战术,即从打大仗转变为打小仗,从打硬仗转变为打有把握的仗,没有把握的仗就不打,开始向游击战争的方向转变,在战斗队形方面,由一线式改为"人"字式。②

我们将"赣南三整"与"三湾改编"作简要比较。1927 年 9 月 29 日,毛泽东在江西省永新县三湾村对秋收起义部队进行了著名的"三湾改编",确立了党对军队绝对领导的原则、机制和措施,初步解决了如何把以农民和旧军人为主要成分的革命军队建设成为一支无产阶级新型人民军队的问题,奠定了政治建军的基础。1927 年 10 月下旬至 11 月上旬,朱德、陈毅在江西省赣南地区对南昌起义余部进行了整顿、整编、整训,简称"赣南三整",分别从思想上、组织上、军事上对部队进行了建设,大大提高了部队的战斗力,使部队的面貌焕然一新,在我党我军的建设史上也是一个重要的篇章。

部队进入湘南后,先在宜章境内休整。此时恰逢李宗仁与唐生智的战争重新爆发,湘南只有何键部的少数兵力。在宜章县委的帮助下,挑选胡少海唱主角,智取宜章。胡少海是宜章县城一个豪富子

<hr />

① 参见《朱德年谱》(上卷),中央文献出版社 2016 年版,第 94 页。
② 参见《朱德年谱》(上卷),中央文献出版社 2016 年版,第 94 页。

弟,北伐战争时曾在程潜的第六军任营长,北伐战争结束后在乐昌一带坚持打游击。1928年1月11日,朱德让他打着第16军140团的旗号率领先遣队进城。听说"胡五少爷"(胡少海排行老五)带队到来,城内的政府官员及土豪劣绅前来欢迎,并设宴款待。当晚朱德、陈毅迅速指挥部队一举擒获敌县长等反动官绅,俘虏警察、团丁400余人,缴获枪支近400支。1928年1月13日召开群众大会,朱德发表讲话,他说:"我们是工农革命军,是共产党领导的帮助穷人打天下的军队,我们已经推翻了国民党县政府,逮捕了一批贪官污吏土豪劣绅,我们支持大家行动起来闹革命,工农只有自己掌握了武装,彻底打败蒋介石等新老军阀,实行耕者有其田,才能真正当家做主人。"[1]并"根据广东省委的指示,郑重宣布起义军改名为'工农革命军第一师'(1927年9月初,毛主席在张家湾军事会议上即决定正式组建工农革命军第一军第一师——作者注),朱德任师长,陈毅任党代表,王尔琢任参谋长,蔡协民任政治部主任。"[2]"废掉原在南昌起义时用的青天白日旗,改为满天红斧头镰刀军旗"[3]。时任宜章县游击大队长、参加湘南起义、新中国成立后任国防部副部长、全国政协副主席的萧克上将回忆说:"当时井冈山毛主席的部队叫第一师,湘南朱总司令的部队也叫第一师。为什么这两支部队都叫第一师呢?因为那时没有无线电,交通也不便利,当时的交通要道都叫敌人占领去了,我们各个地方的联系也被割断,我们也是各自割据的局面。所以秋收起义的部队叫第一师,叫毛主席是毛师长,何挺颖是党代表(这个同志后来牺牲了),湘南起义的部队也叫第一师,朱总司令是

---

① 《朱德年谱》,中央文献出版社2016年版,第101页。
② 《朱德传》,中央文献出版社2016年版,第123页。
③ 《朱德年谱》(上卷),中央文献出版社2016年版,第102页。

师长,党代表是陈毅。"①

智取宜章的胜利,拉开了湘南起义的序幕。南昌起义军在宜章的胜利,很快惊动了国民党。当时控制着广东的李济深密令曾经发动"马日事变"、大量屠杀工农的独立第三师师长许克祥"即日进剿,不得有误"②。许克祥亲率 6 个团的兵力,向宜章扑来。朱德、陈毅指挥工农革命军第一师 1200 余人,在当地群众的配合下,与敌人展开了游击战和运动战。1928 年 1 月 31 日,先后取得岩泉圩、坪石战斗的胜利,俘获敌人 1000 多人,缴获步枪 2000 余支,还有重机枪、迫击炮、山炮和各种弹药装备以及几十挑子银元,给敌人以毁灭性的打击。这是起义军进入湘南取得的第一个大胜利。朱德同志回忆说:"特别是在坪石,把许克祥的后方仓库全部缴获了,补充和武装了自己,不仅得到了机关枪,而且还得到了迫击炮和大炮。可以说,许克祥帮助我们起了家。"③

坪石大捷后,朱德、陈毅决定部队和地方党组织立即赴郴县、耒阳、永兴、资兴等县发动各地的群众斗争。2 月 4 日—16 日,朱德、陈毅率领工农革命军第一师,在湘南各县党组织和农军的配合下,相继攻占了郴县、永兴、资兴、耒阳,在宜章组建工农革命军第 3 师(师长胡少海,党代表龚楚);在耒阳组建第 4 师(师长邝庸,党代表邓宗海);在郴州组建第 7 师(师长邓允庭,党代表蔡协民);在永兴组建红色警卫团(团长尹子韶,党代表黄克诚);在资兴组建独立团(团长李奇中,党代表黄义藻)。起义队伍发展到一万余人,黄克诚、萧克、邓华、杨得志、唐天际等一批干部加入了这支队伍。在起义中,还建立了中共祁阳、资兴、安仁县委;成立了郴县、永兴、耒阳、资兴、桂阳、

① 《星火燎原》第一辑(井冈山斗争专辑),解放军出版社 1986 年版,第 183 页。
② 《朱德传》,中央文献出版社 2016 年版,第 123—124 页。
③ 《朱德传》,中央文献出版社 2016 年版,第 126—127 页。

安仁等县苏维埃政府。1928 年 3 月 16 日—20 日,在永兴县召开了湘南工农兵政府代表会议,选举产生了陈佑魁(湘南特委书记)为主席,朱德、陈毅等 21 人为执行委员的湘南工农兵苏维埃政府。与此同时,湘南各县的工会、农会、妇运会、青运会等群众组织纷纷恢复、重建,掀起了一场大规模的群众暴动,开展了轰轰烈烈的插牌分田的土地革命。

湘南暴动从 1928 年 1 月 11 日开始到 3 月中旬,在不到三个月的时间里,取得了辉煌的成就。一是工农革命军第 1 师也由 1200 人发展到 2000 余人。[①] "打败了许克祥,对湖南、广州的敌人有很大震动。"[②]二是组建了三个农军师和两个独立团,起义部队近万人。三是"以武装暴动建立了宜章、郴县、耒阳、永兴、资兴、安仁等六个县的苏维埃政府"。[③] 四是开展了轰轰烈烈的土地革命运动,"革命风暴遍及二十几个县,约有一百万人以上参加了起义"。[④]

湘南苏维埃运动的兴起,威胁了湘粤两省敌人的安全。湘南起义初期,湘、桂军阀混战正酣。至 3 月上旬,桂系军阀李宗仁、白崇禧进攻长沙,湖南军阀唐生智被迫下野东渡日本,混战结束。于是,在蒋介石的调度下,湘粤军阀组织近 7 个师的兵力,从湖南衡阳和广东乐昌两个方向对湘南革命力量进行南北夹击。面对这一严峻形势,湘南特委不仅没有采取正确的策略,反而极力推行中央领导人的"左"倾错误思想,实施大烧大杀及强迫命令农民和小资产阶级破产的所谓"焦土战略",烧毁从耒阳到宜章的"湘粤大道"两侧 30 公里以内的所有房屋,实行所谓的"坚壁清野",结果失去了民心和社会

---

① 参见《陈毅传》,当代中国出版社 2015 年版,第 38 页。
② 《朱德传》,中央文献出版社 2016 年版,第 133 页。
③ 《朱德传》,中央文献出版社 2016 年版,第 135 页。
④ 《朱德传》,中央文献出版社 2016 年版,第 136 页。

的同情,引起了不少地方的中间分子反水,加上地主豪绅的利用,一时间,许多人挂起白带子,反对工农革命军,极大地削弱了革命的力量。面对强敌的进攻,轰轰烈烈的湘南总暴动到三月底归于失败。在大敌压境、敌众我寡的关键时刻,朱德、陈毅一方面抵制湘南特委的"左"倾错误,另一方面为了保存南昌起义和湘南起义的有生力量,率部主动撤离湘南。萧克上将回忆说:"为什么来井冈山呢?那是因为桂系军阀白崇禧从衡阳向湘南进攻,广东军阀从广东的罗昌向北进攻,加上湖南的军阀从长沙向宜章、郴州进攻,他们进攻湘南革命根据地,进攻我们湘南的武装。我们是在朱德同志和陈毅同志的领导下,向东退到酃县,在宁冈同毛主席的部队会合的。"[1]这里讲到,在敌人三面进攻的情况下,湘南起义部队被迫向东撤到酃县。

另一方面,毛泽东密切关注南昌起义余部的行动情况,先后通过毛泽覃、张子清、伍中豪、何长工,以及湘南特委的周鲁和其他渠道,及时了解这支部队的动态,寻找恰当的时机,拿出最大的诚意,把南昌起义余部请上井冈山。

第四步,得知对方危难,果断出手相救。前面提到周鲁到井冈山传达中央的指示和湘南特委的决定。当时,毛泽东35岁,周鲁20多岁。周鲁是上级派来的代表,"盛气凌人,目空一切。"[2]3月上旬的一天下午,周鲁一到宁冈砻市立即召开前委会议,一上来就劈头盖脸地批评毛泽东"行动太右,烧杀太少",没有执行"使小资产变成无产,然后强迫他们革命"的政策;不执行中央进攻长沙的指示,"右倾逃跑",擅自率兵上井冈山;犯了"枪杆子主义",单纯的军事投机的严重错误,中央决定给予"开除党籍处分"。周鲁盛气凌人的口气和中央的决定,让毛泽东和所有的前委委员都大吃一惊,"会上的空

---

① 《星火燎原》第一辑(井冈山斗争专辑),解放军出版社1986年版,第182页。
② 黄允升著:《毛泽东三落三起》,中央文献出版社2006年版,第60页。

气,紧张得仿佛都要凝固了。"①会上,毛泽东还想作些解释,周鲁却严厉地说,你已经被开除党籍,你没有资格参加党的会议了。秋收起义以来,毛泽东背井离乡,不顾妻儿的死活,率领部队历经艰难,来到井冈山开辟一片天地,没有想到却遭到上级如此严厉的批评和处理,作为中共一大代表和党的创始人之一,被弄得连党的会议都不能参加,竟然成了"民主人士",这对他来说如同晴天霹雳!实在是接受不了,他的心情可以说达到了冰点。"接着,周鲁又吹湘南年关暴动的大好形势,特委命令工农革命军改组后,要立即开赴湘南策应。""毛泽东说:你刚才不是讲湘南已有农军五个师吗?这么强的人马,这么好的形势,还用调我们去吗?如去了,井冈山怎么办?"②周鲁不管这些,蛮横地说:江西的归江西省委管,湖南的归湘南特委管。你们对特委的计划还有怀疑吗?如果没有怀疑,那就准备一下,都开往湘南。何长工同志回忆说:"湖南省委和湘南特委撤了毛泽东同志的前委书记。原来要我们去湘南,他们的意图不是到那里掩护朱德同志向井冈山撤,而是要增加湘南的力量,粉碎湘粤两省敌人对郴州的进攻。"③袁文才、王佐等多数人都反对离开井冈山,但顾全大局的毛泽东还是表示,作为下级,要服从组织纪律,只好于3月16日"指挥部队分三路离开井冈山,向湖南酃县中村集中待命,没有直去湘南"④。毛泽东之所以执行周鲁的命令,还有一个原因,即"毛主席心里的另一个打算,是把已经在湘南的南昌起义余部接上山来"⑤。

---

① 黄允升著:《毛泽东三落三起》,中央文献出版社 2006 年版,第 60 页。

② 黄允升著:《毛泽东三落三起》,中央文献出版社 2006 年版,第 61 页。

③ 《何长工回忆录》,解放军出版社 1987 年版,第 135 页。

④ 《毛泽东年谱(一八九三——一九四九)》上卷,中央文献出版社 2013 年版,第234 页。

⑤ 《中国共产党井冈山地方史》(第一卷),中共党史出版社 2011 年版,第 108 页。

尽管自己的处境十分艰难，但毛泽东还是时刻惦记着南昌起义余部的安危，并作出如下安排：

一是，3月18日，工农革命军三路部队按原计划达到湖南酃县中村，"毛泽东一面派毛泽覃率领特务连往湘南与朱德部联络；一面领导部队就地整训，发动群众，开展革命斗争。"①

二是，"正当工农革命军在酃县中村发动群众开展打土豪分田地运动时，传来了湘南起义部队处境危险的消息。"②当时毛泽东正在酃县中村给部队上政治课，他闻讯朱德部在湘南起义失败，并遭到广东、湖南国民党"协剿"军的南北夹击，当即命令部队前去营救，兵分两路去迎接朱德、陈毅部上山：一路由毛泽东亲率工农革命军第1团向桂东、汝城前进；一路由何长工、袁文才率第2团插向彭公庙和资兴方向，接应和掩护朱德的部队。"毛泽东要求全师官兵英勇杀敌，哪怕是再大的牺牲，也要保护朱德部和农军安全退入根据地。"③可见，毛泽东的心情之迫切和决心之大。1928年3月30日，第1团即赶到桂东县沙田圩。

就在周鲁指令工农革命军第一师开赴湘南的一个多月时间里，不出毛泽东所料，井冈山遭到了灭顶之灾。部队出征湘南，"国民党反动派闻讯，乘虚而入，卷土重来。霎时间，刀光剑影，腥风血雨，昔日根据地安居乐业的局面，一时变得一派萧瑟、恐怖。"④"在敌人的疯狂烧杀下，井冈山革命根据地的红色区域除茅坪、大陇、茨坪、大小

---

① 《毛泽东年谱(一八九三——一九四九)》上卷，中央文献出版社2013年版，第234页。

② 余伯流、陈钢著：《井冈山革命根据地全史》，江西人民出版社2010年版，第132页。

③ 黄允升著：《毛泽东三落三起》，中央文献出版社2006年版，第64页。

④ 余伯流、陈钢著：《井冈山革命根据地全史》，江西人民出版社2010年版，第133页。

五井、九陇山等山区仍掌握在地方武装手中外,遂川、茶陵两县城丢失,其他平原地段红色区域被敌人占领一个多月。"这就是惨重的边界"三月失败"。① 毛泽东得知井冈山干部群众被血洗屠杀,气得他仰天长叹! 他十分痛心地对周围的战友说:不从实际出发,不执行正确的政策,革命斗争成果就要丧失,人民就要遭殃,这是一个血的教训啊!

三是,"3 月下旬,毛泽覃率特务连到达耒阳,向朱德汇报了毛泽东部已进入湘南,准备策应湘南暴动部队的行动。于是,朱德于3 月 29 日正式下达撤离命令。一场奔向井冈山的伟大战略转移行动开始了。"②朱德、陈毅也是兵分两路,一路由朱德率领工农革命军第 1 师及耒阳第 4 师,经安仁、茶陵向江西宁冈进发;陈毅率领宜章第 3 师、郴县第 7 师,经资兴、桂东向宁冈靠拢。当陈毅率部到达资兴时,见到了从井冈山前来迎接南昌起义余部的何长工、袁文才等,听了何长工对井冈山根据地情况的介绍,更加坚定了此行去井冈山的选择。于是,陈毅在彭公庙与湘南特委、各县县委、各农军的负责人和井冈山第 2 团的负责人举行了联席会议,多数人赞成去井冈山,但湘南特委新任书记杨福涛坚持要把特委机关的七八十人带回衡阳。陈毅、何长工等人反复劝说,他们就是不听。杨福涛几乎火冒三丈地说:"我是湘南特委,逃到井冈山是可耻行为!"③不幸的是,没过几天他们就在安仁、耒阳边境全部遇难。"不久,陈毅、朱德分别率领的南、北两路部队在酃县的沔渡、十都等地会合。湘南暴动的万余人的宏大队伍将到井冈山去完成一次他们当时还无法认识其伟大意

① 余伯流、陈钢著:《井冈山革命根据地全史》,江西人民出版社 2010 年版,第 134 页。

② 余伯流、陈钢著:《井冈山革命根据地全史》,江西人民出版社 2010 年版,第 142 页。

③ 《朱德传》,中央文献出版社 2016 年版,第 142 页。

义的会师。"①

四是，得知朱、陈部队被敌人围追堵截，立即挺身而出。首先，攻占汝城，诱敌回防，策应朱德撤退。毛泽东率部前来湖南接应朱德、陈毅的消息很快被敌人探悉，以李朝芳为"湘南剿匪总司令"、范石生为"剿匪前线总指挥"的湘粤两省敌军，立即向湘南发起攻势，准备合围工农革命军。在这岌岌可危的形势下，毛泽东丝毫没有退缩，毅然承担了掩护与决战的风险，于4月6日、7日、9日多次击败反动武装何其朗（汝城团总）部、胡凤璋（土匪武装）部，攻占汝城，达到了策应朱德撤退的目的。退出汝城后，毛泽东率部日夜兼程，在资兴的龙溪洞遇上了萧克（时任副营长兼1连连长）带领的宜章独立营（500余人，80多支枪，300多杆梭镖），毛泽东高兴地说："好哇！没接到朱德，接到个萧克！"②其次，酃县阻击战，掩护朱、陈安全转移。随后，毛泽东、萧克两部合一，继续向东转移，当部队达到酃县水口时，又会合了胡少海带领的宜章第3师，并得知朱德、陈毅的队伍已经退至酃县一带，遂之率部向宁冈进发。然而这时发现湘敌吴尚第8军程泽润师的张敬分团和罗定率领的挨户团已向酃县追来。毛泽东当即下达了阻击命令。1团迅即赶往酃县县城，一营担任正面阻击，三营负责迂回包抄。战斗从中午打到傍晚，击退敌人十多次的冲锋，敌人遭到重创，被迫逃往茶陵。这次阻击战，为朱德、陈毅的部队从沔渡一带安全撤往宁冈赢得了宝贵的时间，为朱毛胜利会师创造了条件。不幸的是，张子清团长在阻击战中脚部受了重伤，后来牺牲。

第五步，精心安排，热烈欢迎朱、陈部队上山。在毛泽东的掩护

① 《陈毅传》，当代中国出版社2015年版，第38—39页。
② 余伯流、陈钢著：《井冈山革命根据地全史》，江西人民出版社2010年版，第148页。

下,朱德、陈毅所部万余人先后达到宁冈,受到根据地人民的热烈欢迎。根据毛泽东的安排,先行回到宁冈的何长工、袁文才第2团,在宁冈县委的紧密配合下,发动群众,筹集了可供两万人吃半个月的粮食。砻市附近家家腾出房子,打扫干净,迎接朱、陈部队的到来。1928年4月24日前后,朱毛会见,两位巨人的手便紧紧地握在了一起!毛泽东高兴地说:"这次湘赣两省的敌人竟没有整到你!"朱德不无感激地答道:"我们转移得快,也全靠你们的掩护!"①当时朱德42岁,毛泽东35岁。他们都使劲地摇晃着对方的手臂,那么热烈,那么深情!这是一个具有重大历史意义的会见!标志着井冈山革命根据地即将进入全盛时期。

• 为什么说朱毛会师是一个具有重大历史意义的会师?这是因为:

第一点,这两支武装力量如果各自独立存在,各自为战,都有被敌人消灭的危险。

第二点,合在一起则是强强联合,秋收起义这支队伍因为有毛泽东在,又经过三湾改编,建立了党对军队的绝对领导,政治上强、战略上强;而南昌起义这支队伍,因为有朱老总、陈老总在,又有很多参加过北伐战争的老兵,军事上强、战术上强,联合的结果就会一加一大于二,力量是无穷的。

第三点,朱、毛优势互补、相辅相成。两个人的共同点,都有远大的革命理想,都有高尚的政治品质,都勇敢倔强、坚忍不拔,都坦率爽直,都讲究实际。两个人又有各自的优势。毛泽东一方面具有敏锐的观察力和直觉力,谋划之深、熟虑之远往往是常人难及,善于思考重大理论问题,长于分析把握多变的形势,另一方面又具有坚强的意

---

① 余伯流、陈钢著:《井冈山革命根据地全史》,江西人民出版社2010年版,第149—150页。

志力和决断力。自三湾改编开始，从制定三大纪律、六项注意，确立三大任务，到古田会议决议，逐步形成了思想建党、政治建军的一整套制度措施。这个思想深度与政治水平，是同时代其他领导人都不具备的。朱德具有丰富的军事知识和实践经验，他的军事指挥能力和水平当时无人能及。采访过毛泽东与朱德的美国著名记者斯诺是这样描述的，"中国共产主义运动的历史进程，如果没有它的两个孪生天才'朱、毛'，是无法想象的，许多中国人实际上都把他们看作一个人。毛主席是这一斗争的冷静的政治头脑，朱德是他的热烈的心，以行动赋予了他的生命。"著名作家史沫特莱则说："毛主席是一个文笔具有雷霆万钧之力、观察深刻的作家，一个政治鼓动家、军事理论家，并且时常赋诗填词。从风采与气质两方面来看，朱德比毛主席更像农民。"这就是说，毛泽东更长于政治、战略，更长于理论规划、军事谋略等；朱德更长于军事指挥，战术上的灵活运用，"虽然在政治上有高超见解，但更是一个行动家和一个军事组织家。"实践也证明，毛泽东是认识世界、改造世界的历史巨人，举世公认；朱老总是伟大的军事家、革命家，受人景仰。朱、毛的联合不是互相竞争的，而是相辅相成的。朱、毛之间也有过短暂的分歧，主要是因为，朱老总是旧军人出身，在加入革命队伍之前，就已经积累了丰富的实战经验和广泛的人脉，在独立领导革命队伍之初，这些经验和人脉，对两支队伍在井冈山立足、发展和壮大，无疑起到了至关重要的作用；相比较而言，此前并无多少军旅经验的毛泽东，是站在打造一支全新的人民军队的高度来考虑具体问题的，因此，在合作之初两人的建军思想有所碰撞在所难免。经过一次次的磨合，朱老总对毛泽东的战略眼光心悦诚服，甚至佩服地五体投地，两人彼此肝胆相照，成了不可分的"朱毛"。两个人都多次说到"朱毛，朱毛，朱不能离开毛，毛也离不开朱"。两人从1928年井冈山合作开始，直到1976年相继去世，长达 48 年之久。毛泽东一直尊称朱德同志为老总，称赞他"度量大如海，意志坚如钢""人民的光荣"等。晚年当身边工作人员不理解朱老总战功并不多、为何能当我军总司令时，毛泽东不由自主地回忆起与朱老总共同战斗的艰难岁月，意味深长地说了十四个字："没有朱，哪有毛，朱毛，朱毛，朱在先嘛!"毛泽东的这句话，看似没有直面回答问题，但一切尽在不言中。自从朱毛会师以来，朱老总在一线指挥了无数个战斗、战役；长征结束后，朱老总开始坐镇后方、指挥全局，运筹帷幄、决胜千里之外，而且很多的时候都是与毛泽东一起谋划、共同指挥的。所以，在毛泽东的心目中，无论是资历还是战功，朱老总都是第一位的。朱老总曾在多个场合说过：毛泽东的眼光的确超过我们所有人，他的许多主张事后证明都是对的，是有先见之明。晚年他是这样评价毛泽东的：在很多重大事情上，毛泽东的决定总让很多人不理解，甚至有很多人反对，但事情过后，实践证明他总是对的。1976 年 3 月 10 日，也就是逝世前的几个月，朱老总深情地写下了两首歌颂毛泽东的诗，其中一首是："昔上井冈山，革命得摇篮。千流归大海，奔腾涌巨澜。罗霄大旗举，红透半边天。路线成众志，工农有政权。无产者必胜，领袖砥柱坚。几度危难急，赖之转为安。布下星星火，南北东西燃。而今势更旺，能不忆当年。风雷兴未艾，快马再加鞭。全党团结紧，险峰敢登攀。"朱、毛的伟大友谊，堪称中国共产党历史上领袖团结的光辉典范，也是国际共产主义运动史上的罕见佳话。这是中国共产党的大幸，也是中华民族的大幸!

第四点，两位主帅的精诚团结、密切合作，确保了党对这支军队的绝对领导，从朱、毛以下直到各级指挥员和政治委员没有发生军政势力之间的斗争，从而保持了军队从上到下的团结统一、行动一致。

第五点，井冈山根据地得到巩固和发展，进入全盛时期。井冈山仅是一个弹丸之地，为什么能够星火燎原？假如这两支部队不会师，井冈山根据地能不能巩固还是个问题。正是因为两支部队会师，两位伟人的珠联璧合，两支军队政治与军事的紧密融合，战略与战术的灵活运用，因此，领导加强了，战斗力提高了，根据地巩固了，进入了全盛时期。

第六点，井冈山革命根据地的影响遍及全国乃至共产国际。因为，这在中国革命史上是破天荒的第一块革命根据地，开辟了中国革命的新阶段；在国际共运史上也是第一块农村革命根据地，开辟了世界革命的新篇章；这既是我们党工作重心由城市转向农村的一个转折点，也为国际共产主义运动写下了光辉的一页。粟裕大将曾说："井冈山会师，具有伟大的历史意义。它不仅对当时坚持井冈山区的斗争，而且对以后建立和扩大农村革命根据地，坚决走农村包围城市的革命道路，推动全国革命事业的发展，产生了极其深远的影响。"①革命元老何长工回忆说："以后，其它根据地也相继建立了，把井冈山根据地的经验运用到全国，各根据地众星拱望北斗，黑暗中瞻顾启明那样向着井冈山。"②从此，这支党领导下的军队就攻无不克、战无不胜，就像灯塔一样照亮了全国各地的军队，为各地武装力量的发展树立了榜样。这支部队就像磁石一样吸引了附近的革命武装，不断发展壮大，最终为中国革命的完全胜利奠定了坚实的基础。所以说，朱毛会师，在中国革命史上具有极其伟大的现实意义和深远的历史意义。

• 朱毛会师后的实践证明，毛泽东当初的预判是正确的。一是，如果没有28团，怕是很难守住井冈山。会师后，秋收起义余部编成了第4军31团，南昌起义余部编成了第4军28团。这两个团是井

---

① 余伯流、陈钢著：《井冈山革命根据地全史》，江西人民出版社2010年版，第153页。

② 《何长工回忆录》，解放军出版社1987年版，第148页。

冈山部队中战斗力最强的两个团,其他的部队战斗力就差一些。如果把这两个团再作进一步比较,28团的军事素质和战斗力更强。从源头上看,以叶挺独立团新兵营为基础,抽调原独立团部分军官,组成第二方面军总指挥部警卫团。这个团成立后鲜有实战的机会,后来扩编为师,又将警卫团原班人马稀释了,在起义过程中损失很大,加上编入了不少缺乏正规训练的各地农军,所以,由其发展起来的31团战斗力就弱于身经百战的28团。事实上,在井冈山历次反"进剿""会剿"战斗中,28团都被赋予了最关键的攻坚任务,是当之无愧的主力团,而相形之下,31团只有黄洋界保卫战那次大放异彩,其他战绩在28团光芒下显得多少有些黯淡。毛泽东曾多次毫不忌讳地说,如果没有28团,怕是很难守住井冈山。二是,正是因为28团的到来,并在此基础上成立的红一军团,成为人民军队中最核心的武装力量。两支部队合并后,迅速扩大武装力量,为建立巩固的井冈山革命根据地奠定了坚实的基础;为其他根据地的军队建设树立了榜样,提供了宝贵经验,使人民军队不断发展壮大。随着形势的发展,在28团、31团的基础上成立了红一军团,后又在红一军团的基础上成立了红一方面军,其他根据地也借鉴红一军团的经验。正是这些军队的建立,打败了国民党的反动军队,推翻了蒋介石的反动政权,建立了人民当家作主的新中国。

四、成立工农革命军第四军

两支队伍会师后,首先亟需解决这样三个问题:一是吃饭问题,民以食为天,大家每天都要吃饭嘛。从湘南一下子来了上万人,必须立即解决吃饭问题。二是机构名称问题,两支部队合并了,要成立一个新的机构,叫啥名称? 是叫军还是叫师? 好的名称,才名正言顺。三是人事安排问题。两支队伍合到一起,就有一个人事安排问题,这是个大问题,人事安排好了,队伍才能团结有战斗力,反之就会内耗,失去凝聚力和战斗力。作为东道主,是毛泽东把南昌起义余部请上山的,如何团结这支部队?如何做好人事安排?如何把这支队伍建设成党领导的新型人民军队?他必须拿出主导意见,这需要大智慧啊!毛泽东是如何做的呢?

一是解决吃饭问题。在这以前,毛泽东已作了安排,"先行回到宁冈的何长工、袁文才第二团,在宁冈县委的紧密配合下,在砻市、古城一带广泛发动群众,筹集了可供两万人吃半个月的粮食。砻市附近家家腾出房子,打扫得干干净净,欢迎南昌起义和湘南起义的部队胜利到来。"①

二是解决机构名称问题。两军合并叫啥名称?是叫军还是叫师?大家知道,三湾改编一个重要内容是,毛泽东将一个师缩为一个团,党史书上解释的理由是,秋收起义开始时约5000余人,部队撤到三湾时已不足千人,人数是缩编的主要依据。这就是说,人数是确定部队机构名称的依据,换句话说,部队叫团、叫师、叫军等,是根据人数的多少来决定的。那么,我们来看看,井冈山会师时,一共有多少人?据时任工农革命军第一军第一师第二团党委书记、新中国成立后任福建省副省长的贺敏学同志回忆:"我还记得朱德带了一千多兵来井冈山会师,湘南群众和地方武装有上万人。"②1928年9月1日陈毅《关于朱毛军的历史及其状况的报告》中说:"到了4月朱部2000余人,湘南农军8000余人,毛部千余人,袁王各300人"。③这就是说,除湘南农军外,朱毛部共有正规部队3600余人,按这个人数

① 余伯流、陈钢著:《井冈山革命根据地全史》,江西人民出版社2010年版,第149页。

② 《星火燎原》第一辑(井冈山斗争专辑),解放军出版社1986年版,第227页。

③ 余伯流、陈钢著:《井冈山革命根据地全史》,江西人民出版社2010年版,第156页。

只应该成立一个师。

此外,朱毛会师时,两支部队都是师级架构。时任资兴独立团团长、新中国成立后任国务院参事的李奇中回忆说:"1927年八一南昌起义失败后,朱德、陈毅等同志率领起义军一部分达到宜章,编为工农革命军第一师。"①虽然随后又组建了工农革命军第三师、第四师、第七师以及永兴赤卫警卫团、资兴独立团(团长是李奇中),但没有改编为军。因为这三个师两个团,名义上叫师叫团,但实际上大多是拿梭镖、大刀的农民。这就是说,朱德、陈毅率部上井冈山的时候,部队的称谓依然是"工农革命军第一师"。这样,两支部队会师后,合编为一个师,于情于理,也能说得过去,但毛泽东没有这样做。与三湾改编相反,毛泽东却主张这次改编要成立一个军,叫"第四军"。为什么叫"军"呢? 这里,毛泽东有更深层次的考虑:第一点,要充分考虑当时的形势和任务。三湾改编时,部队不太听前委的指挥,反对上山的意见较大,这时必须要做减法,要将反对意见降到最低。现在,毛泽东把朱、陈部队请上了井冈山,团结是第一位的任务,这时必须要做加法,要将大多数人的积极性、主动性调动起来。第二点,要最大限度地体现对朱德同志的尊重。不少人以为,南昌起义时朱德是国民革命军第3军军官教育团团长兼南昌市公安局长,党史书上讲,"在南昌,还有原由朱德指挥的受共产党影响的第五方面军第3军军官教育团和南昌市公安局保安队。"②其实,这些说法不够准确。根据《朱德传》记载,1927年1月间,朱德遵照中央军委的指示,前往南昌来到国民革命军第3军工作。第3军是云南部队,军长朱培德、师长王均、金汉鼎(后任国民革命军第九军军长——作者注)都是朱

①《星火燎原》第一辑(井冈山斗争专辑),解放军出版社1986年版,第439页。
②《中国共产党历史》第一卷(1921—1949)上册,中央党史出版社2002年版,第234页。

德在云南陆军讲武堂的同班同学,交谊很深。所以,他一到南昌,朱培德立刻委任他担任第3军军官教育团团长。4月7日,朱培德就任江西省主席,9日任命朱德为南昌市公安局长。蒋介石发动"四一二"反革命政变后,朱培德也在5月29日下令"礼送共产党出境"。6月中旬,朱德向朱培德辞去公安局长,并将军官教育团的第一、二营学员提前毕业,只留下第三营。6月下旬,朱培德以"礼送"的名义要求朱德离开南昌。不久,朱德转往武汉。7月中旬,中共中央决定举行南昌起义,考虑到朱德对南昌的情况比较熟,就派他赶回南昌。7月21日,朱德回到南昌参加暴动的准备工作。准确地说,这时朱德没有任何职务,他所能做的就是"精心绘制了南昌市区的地图,并且对敌军兵力部署的分布做了详细的了解。同时,频繁地同第三、九两军留驻南昌的几个团的团长进行接触"。"朱德的任务是设法拖住留驻南昌的第三军两个团的团长,保证暴动的顺利进行。"①起义爆发时"军官教育团的学员有三个连参加了起义,公安局没有多少人参加"②。起义成功后,起义部队仍沿用国民革命军第二方面军的番号,下辖第11军、第20军、第9军。第9军原是在江西的滇军的番号,滇军参加起义的兵力不多,只有军官教育团的三个连。滇军中有一个师长叫韦杵,那时是国民党左派。"朱德建议由韦杵担任第9军军长,自己任副军长。"后因韦杵有病在武汉治疗,不在军中,"八月三日起义军撤离南昌时,又改任朱德为第九军军长。"③8月3日上午,起义军开始撤离南昌,朱德被任命为先遣司令,用他的话说:"我们只带了两连人,有一些学生,一路宣传一路走,又是政治队,又是先

---

① 《朱德传》,中央文献出版社2016年版,第91页。
② 《朱德传》,中央文献出版社2016年版,第92页。
③ 《朱德传》(上),中央文献出版社2016年版,第95页。

遣支队,又是粮秣队。"①陈毅同志曾回忆说:"朱德同志在南昌暴动的时候,地位并不重要,也没人听他的话,大家只不过尊重他是个老同志罢了。"②不难看出,名义上叫第 9 军,实际上只有两个连,朱德的职务虽然是军长,但名不副实。尽管如此,但毛泽东不能不考虑,朱德同志毕竟做过第 9 军军长,而且在三河坝分兵时朱德指挥第 25 师和第 9 军教育团阻击了敌人,在天心圩整顿、保留了革命火种,在湘南暴动中也取得显著成绩,现在朱德率部来到井冈山,如果改编后还是让他继续当师长,这与在湘南没有什么区别,难以体现对他的充分尊重,既不利于调动他的积极性和主动性,也会让他手下的人感到失望。第三点,要考虑到湘南来的干部们的承受能力。朱德、陈毅还带来三个农军师和两个独立团,师、团干部比较多,如改编为师,很多干部不好安排,有的还要降职,容易招致一部分人的反对,挫伤大家的积极性。第四点,要着眼于团结大多数,着眼于未来。如改编为军,可以充分调动大家的积极性和主动性,不断扩大革命力量,壮大井冈山根据地声威,将来才能逐步走向湘赣两省乃至全国。正是基于上述考虑,"会师的当日,毛泽东带着身边的干部到龙江书院会见朱德、陈毅等人,共同商议成立工农革命军第四军等问题。"③之所以叫"第四军",主要是取意于北伐战争叶挺独立团所在国民革命军第四军,这个军当时被称为"铁军"。沿用这一番号,就是要借四军之威名壮大自己的声势,迷惑敌人,又寓意要发扬四军的光荣传统,建立新功。

　　三是解决人事安排问题。在确定成立工农革命军第四军的前提

---

①　《朱德传》,中央文献出版社 2016 年版,第 96 页。

②　《朱德传》,中央文献出版社 2016 年版,第 108 页。

③　《毛泽东年谱(一八九三——一九四九)》上卷,中央文献出版社 2013 年版,第 237 页。

下,接下来就要统一部队编制、做好人事安排。这是一件大事,一旦处理不好,就会出现矛盾,甚至分裂。所以,这时必须坚持团结的原则。"井冈山会师是一场大会师,是大小七八支武装力量的大会合。部队杂、人员多,极需统一部队编制,产生全军最高领导机关——军委。此时迫在眉睫,不容延宕。只有军委产生后,才能确定干部人选,商讨一些重大问题。"①于是,毛泽东与朱德商定:先行召开军中党的第一次代表大会,产生军委,确定干部人选。

● 湘南特委对第四军的人事安排。"会师后,两军领导人在龙江书院召开连以上干部会议,会议通过了工农革命军第四军成立的各项决定和人事安排。"②这个安排是湘南特委的决定。"根据湘南特委决定,朱毛两部会师合编为工农革命军第四军,朱德任军长,毛泽东任党代表,下辖两个师一个教导队:朱德兼任第十师师长,宛希先任党代表;毛泽东任兼代第十一师师长(本任张子清,因负伤未到任),何挺颖任党代表;陈毅任教导大队大队长。"③

从这个安排可以看出,军部领导 2 人,朱、毛部各 1 人;师长 2 人,朱、毛部各 1 人;师级党代表 2 人,朱部没有,毛部 2 人;设一个教导大队,朱部 1 人。总地看,朱部只有 2 人,即朱德和陈毅;毛部 4 人,即毛泽东、张子清、何挺颖、宛希先。很明显,毛部占多数,朱部占少数。人事安排最敏感,两部军、师干部人数有差异,难免会引起朱部中下层干部的意见。谙熟历史、深通人性、洞察秋毫的毛泽东,肯定觉察到了这个问题,他没有完全按照湘南特委的决定去执行,而是立即作出新的调整。

---

① 余伯流、陈钢著:《井冈山革命根据地全史》,江西人民出版社 2010 年版,第 150 页。

② 《朱德年谱》(上卷),中央文献出版社 2016 年版,第 112 页。

③ 《朱德年谱》(上卷),中央文献出版社 2016 年版,第 112 页。

● 毛泽东对第四军人事重新作出安排。1928 年 4 月 25 日,朱毛会师的第二天,在宁冈县砻市龙江书院召开中国工农革命军第四军党的第一次代表大会。由毛泽东、朱德主持,内容为:1. 决定朱、毛两部合编为中国工农革命军第四军(6 月根据中央指令改为工农红军第四军);2. 决定四军编为三个师九个团及军、师、团主要负责人;3. 选举产生军委,并选举毛泽东担任军委书记(5 月 20 日以后,改由陈毅任军委书记)。红四军军委委员共 23 人:朱德、陈毅、毛泽东、宛希先、何挺颖、袁文才、王尔琢、何长工、龚楚、胡少海、张子清、刘宋、刘海云、王佐、宋乔生、蔡协民、王得胜、王英、薛涛、石金德、陈桂秋、刘仁堪、刘清泉。从这份名单看,军委成员囊括了朱德部、毛泽东部和袁文才、王佐部的主要领导人,同时还有不少下级军官、士兵代表,应该说具有相当的广泛性和代表性。同时,还可以看出,朱部主要成员 8 人(朱德、陈毅、王尔琢、胡少海、龚楚、蔡协民、刘海云、宋乔生);毛部主要成员 7 人(毛泽东、宛希先、何挺颖、袁文才、何长工、张子清、王佐)。①

1928 年 5 月 2 日,毛泽东"在永新县城以中共工农革命军第四军军委书记名义给中共中央写报告。报告朱德、毛泽东两部会合后建立工农革命军第四军的组织状况"②。

1928 年 5 月 4 日,在宁冈砻市举行两军会师和四军成立大会,宣布中国工农革命军第四军成立,军长朱德,党代表、军委书记毛泽东,参谋长王尔琢,教导大队长兼军士兵委员会主任陈毅。下辖三个师九个团和特务营、红军医院:

---

① 参见余伯流、陈钢著:《井冈山革命根据地全史》,江西人民出版社 2010 年版,第 150—151 页。

② 《毛泽东年谱(一八九三——一九四九)》上卷,中央文献出版社 2013 年版,第 238 页。

第 10 师(下辖 28、29、30 团),朱德兼任师长,宛希先任党代表;

28 团团长王尔琢,党代表何长工

29 团团长胡少海,党代表龚楚(后叛变)

30 团团长刘之至,党代表×××

第 11 师(下辖 31、32、33 团),张子清任师长(因负伤由毛泽东暂代),何挺颖任党代表

31 团团长张子清(兼),党代表何挺颖(兼)

32 团团长袁文才,党代表陈东日

33 团团长邓允庭(一说戴成本),党代表邝朱权

第 12 师(下辖 34、35、36 团),陈毅兼任师长,邓宗海任党代表

34 团团长邓宗海(兼),党代表刘泰

35 团团长黄克诚,党代表李一鼎

36 团团长李奇中,党代表黄义藻①

军部班子,4 个人,朱部占 3 个(朱德、王尔琢、陈毅),毛部只 1 个(毛泽东)。

师级班子,6 个人,其中 3 个师长,朱部 2 个,毛部 1 个;3 个党代表,朱部 1 个,毛部 2 个。

团级班子,18 个人,其中 9 个团长,朱部 7 个,毛部 2 个;8 个党代表(有 1 个不知姓名),朱部 6 个,毛部 2 个。

总体来看,军、师、团三级干部共 28 人,扣除 1 个不知姓名的,算作 27 人,朱部占 19 人,毛部只占 8 人,朱部占比 70.4%,毛部只占 29.6%;刨除兼职,朱部是 15 人,毛部只有 6 人,朱部占比 71.4%,毛部只占 28.6%。

朱部 15 人:朱德、陈毅、王尔琢;胡少海、龚楚、刘之至、陈东日、

---

① 参见《浴血罗霄——井冈山革命根据地历史》,中国发展出版社 2014 年版,第 148—149 页。

邓允庭、邝朱权、邓宗海、刘泰、黄克诚、李一鼎、李奇中、黄义藻。

毛部6人:毛泽东;宛希先、张子清、何挺颖、袁文才、何长工。

如此悬殊的差距,明显可以看出,毛泽东忍痛割爱、顾全大局,完全是从加强团结的愿望出发的,丝毫没有争权夺利之心。这样的人事安排,南昌起义和湘南起义的广大指战员能不心悦诚服吗?这就为两支部队的团结融合奠定了良好的基础。我们可以设想一下,如果军部班子4个人,朱部1个人,毛部3人(可让张子清任参谋长、何挺颖任士兵委员会主任);师级班子,3个师长,朱部1个,毛部2个;团级班子,9个团长,朱部2个,毛部7个……如果是这样,两支部队难免会闹出矛盾。历史上两军合并失败的例子比比皆是。比如一、四方面军会师后,张国焘就公然向党争权,要求由他担任军委主席,还提名自己手下9人进入中央政治局。当时中央政治局委员只有8人,张国焘的心思很明显,就是想夺权。为了团结,中央作了妥协,安排了6人,其中2名政治局委员(陈昌浩、周纯全)、1名中央委员(徐向前)、3名候补中央委员(何畏、李先念、傅钟);总政治部由陈昌浩任主任,周纯全任副主任。[1] 1935年8月4日,在沙窝举行的政治局会议上,毛泽东讲到:"过去我与朱德在井冈山会合的经验,今天可以利用。两个方面军要互相了解,以诚相待。"[2]后来美国记者埃德加·斯诺在采访毛泽东时问道:"你一生中最黑暗的时刻是什么时候?"毛泽东回答:"1935年与张国焘之间的斗争,当时党内面临着分裂,甚至有可能发生前途未卜的内战。"不比不知道,一比吓一跳。毛泽东从大局出发,从团结出发,先人后己,精心安排,这一招可谓是

---

[1] 参见《毛泽东年谱(一八九三——一九四九)》上卷,中央文献出版社2013年版,第465页。

[2] 《毛泽东年谱(一八九三——一九四九)》上卷,中央文献出版社2013年版,第464页。

匠心独运！确保了这七八支武装力量能够凝聚在一起！这与毛泽东的大格局有着直接的关系！

五、按照党领导的新型人民军队的目标、原则和方针来建设第四军

团结问题解决了，队伍稳定了，接下来就是按什么样的目标、原则和方针来建设第四军。秋收起义部队，经过三湾改编和井冈山斗争的实践，已经初步形成一整套建党、建军的目标、原则和方针等。南昌起义部队，经过天心圩整顿、大余整编、上堡整训，分别在思想上、组织上、军事上加强了部队建设，也积累了一定的经验。两军合并后，该按照哪个部队的标准和做法来加强队伍建设？这是事关建立什么样的军队和怎样建设军队的大问题。尽管在这个问题上，有不同意见。但毛泽东鲜明地提出要按照建设党领导下的新型人民军队的目标和三湾改编的精神以及工农革命军的三大任务、"三大纪律、六项注意"等原则、方针来建设这支队伍。

一是宣布"三大任务"和"三大纪律、六项注意"。湘南起义上万人的队伍上了井冈山，曾经发生过破坏群众纪律的事情。为此，毛泽东在5月4日两军会师和第四军成立大会上，"代表第四军军委宣布'三大任务'和'三大纪律、六项注意'。"①时任红四军第12师36团连党代表、新中国成立后任北京军区政委的朱良才上将回忆说："当年，毛泽东同志针对部队存在的某一倾向，发生的某一个问题，召集我们讲话。我们根据毛泽东同志的讲话内容，对党员和士兵进行教育：第一、形势教育。……第二、进行土地政策、城市政策、俘

---

① 《毛泽东年谱（一八九三——一九四九）》上卷，中央文献出版社2013年版，第239页。

虏政策、群众纪律(三大纪律六项注意)等方面的教育。"①

　　二是宣布优待俘虏的政策和指示。两支部队会师后,毛泽东不仅宣布了"三大任务"和"三大纪律、六项注意",还及时宣布了优待俘虏的政策和指示。时任 28 团一营四连连长、新中国成立后任军事科学院副院长兼院务部部长的杨至诚上将回忆说:"我们南昌起义的部分部队上了井冈山以后,与秋收起义部队合编成红四军。当时上级宣布了一些政策、纪律和指示,我们都感到非常新鲜。别的不说,单拿对待俘虏的事来说吧,毛泽东同志曾有这样的指示:在战场上抓到俘虏,一不许打;二不许骂;三不许搜腰包;有伤的还要给治疗;愿留的,吸收参加红军;愿去的,发给路费遣送回家。""当时听来,不仅新鲜,简直令人百思不解。俘虏不管怎么说也是'阶下囚',怎么待为'座上宾'呢?"②一开始很多人对关于俘虏的政策是怀疑的,认为不可行。可他们亲身经历这样一件事:攻打永新时,捉到杨池生部的一个俘虏叫曹福海,连放他两次,第三次被俘后曹福海主动要求参加红军,而且还带来了十四五个白军士兵。杨至诚说:"和白军相比,我们的物质生活艰苦得很,每月的津贴很少,每天只吃五分钱的伙食。快到冬天了,身上还只穿着两件单衣,但是我们有政治教育,有民主制度,官兵一律平等,加上废除了体罚和繁琐的礼节,经民主选出的士兵委员会又按群众的意见管理生活,使从白军过来的士兵感到进入一个崭新的世界。""同样一个人,在白军里是懦夫,到红军里变成了勇士。同样一个人,在白军里愚昧无知,到红军就成为能说会道,懂得许多革命道理的战士。曹福海表现得尤为突出,工作积

---

　　①　井冈山革命根据地党史资料征集编研协调小组、井冈山革命博物馆:《井冈山革命根据地》(下),中共党史资料出版社 1987 年版,第 433 页。

　　②　井冈山革命根据地党史资料征集编研协调小组、井冈山革命博物馆:《井冈山革命根据地》(下),中共党史资料出版社 1987 年版,第 185 页。

极,战斗勇敢,很快当了排长,可惜,他在大庾战斗中牺牲了。"①事实让大家认识到,"这一政策,不仅从政治上瓦解了敌军,同时也争取大量白军投入红军,壮大了自己。"②

三是在井冈山举办"三大纪律、六项注意"展览。曾志回忆说:"我们上到井冈山,在小井看到一个展览。……门板上摆的都是些简单的东西,有缴获来的东西,如纸张、针、线、袜子、衣服等。有人在做宣传工作,可能是三十一团的人在讲。讲一针、一线、一只袜子、一个番薯都不能拿,都要交给公家,打破了碗也要赔,讲了'三大纪律、六项注意'。""为什么一上山就抓这个工作呢? 因为朱总的部队,特别是二十八团,过去在国民党的队伍里缺乏群众观点,缺乏政策和纪律观念。到郴县,有的战士只要见到东西就乱拿,看到街上摆摊子的,拿了就吃,也不给钱;抓了俘虏,搜到腰包就归自己了;有的还搜到了金子。他们打仗还是很勇敢的。根据这些情况,所以上山以后毛主席首先就抓'三大纪律、六项注意'的教育。"③当时毛泽东抓"三大纪律、六项注意"教育是非常必要的。时任红四军28团1营战士、新中国成立后任交通部长江航运局副局长的贺礼保回忆说:"二十八团军阀残余很厉害,赌钱、打人的现象都有,以后掺了人进去,实行'三大纪律、六项注意',慢慢地好起来,但打仗很勇敢,一心为了消灭敌人。干部对战士教育耐心,那时违犯纪律就要受处分。""士兵委员会权力很高,可以决定打连长的屁股,再严重的要枪毙。""我们班里有个叫矮子哥的战士,在黄坳做工事时,搞了敌人一双袜子,

① 井冈山革命根据地党史资料征集编研协调小组、井冈山革命博物馆:《井冈山革命根据地》(下),中共党史资料出版社 1987 年版,第 190 页。

② 井冈山革命根据地党史资料征集编研协调小组、井冈山革命博物馆:《井冈山革命根据地》(下),中共党史资料出版社 1987 年版,第 190 页。

③ 《星火燎原》第一辑(井冈山斗争专辑),解放军出版社 1986 年版,第 356—357 页。

结果被打了一顿屁股。我们有个副官班长,一次在遂川县堆子前的老倮的菜园里搞了辣子,侵犯了群众的利益,结果回来后也打了屁股。"①

四是在第四军中各级设立党代表。这是工农革命军初创时期军队建设的一项重大措施。党代表的设立,有力地保证了党的路线、方针、政策在军队中的贯彻执行,保证了党对军队的绝对领导,对红军执行三大任务和革命纪律起到很大作用。为此,毛泽东在《井冈山的斗争》中充分肯定了党代表的作用,他写道:"党代表制度,经验证明不能废除。特别是在连一级,因党的支部建设在连上,党代表更为重要……事实证明,哪个连的党代表较好,哪个连就较健全,而连长在政治上却不易有这样大的作用。"②尤其难得的是,制定了《党代表工作大纲》,共分"军队方面""民众方面""党的方面""做报告""民众的调查"五个部分,对党代表的任务、职责、工作方法等作了详细的规定。1. 党代表的根本任务:(1)注意士兵教育和管理;(2)作战时的工作。2. 党代表的工作职责:担负军队、民众、党务、报告、调查等五个方面的工作。每项工作都有具体的要求。3. 对党代表提出的严格要求:"党代表应为各同志模范,并使各同志和非同志在本党政策之下都积极工作";"党代表的一切言论和行动,均需站在党的观点上";"党代表在军队中,在民众中,均在党的指挥之下,积极发展党和团的组织,并使党和团为群众核心。"为此,党代表必须是一个有高度责任心的优秀党务工作者,而不是光会耍嘴皮子的"政工人员"。4. 党代表的工作方法:即做报告,从事民众调查。要求党代表实行报告制度,"注意民间调查和官兵调查"。为此还列调查及报告

---

① 井冈山革命根据地党史资料征集编研协调小组、井冈山革命博物馆:《井冈山革命根据地》(下),中共党史资料出版社1987年版,第224页。
② 《毛泽东选集》第一卷,人民出版社1991年版,第64页。

的详细项目。① 由于《党代表工作大纲》的规定和要求非常具体、明确,规范了各级党代表的行为,涌现出一批像罗荣桓那样的优秀政工干部,大大提高了部队的政治素质。时任红四军 31 团 1 营 3 连党代表、新中国成立后任海军航空兵副政委、甘肃省人大副主任的李克如同志回忆说:"上井冈山后,毛泽东同志就在部队组建和工作方面规定连队及党代表的几项重要的工作。第一是调查研究。毛泽东同志规定连党代表要担负对驻地做深入细致的调查。部队每到一地,连党代表就要对驻地的敌情、道路、豪绅的势力,人民群众的生活和风俗习惯进行调查上报。""井冈山会师后,毛泽东同志就在部队政治工作方面设计了一张表发到连队。规定每到一个地方宿营后,连党代表就要把敌情以及这个地区土豪劣绅的姓名情况,群众对土劣的反映,填表交给毛泽东同志综合研究,作为行动决策的依据。……第二是严格监督检查部队执行纪律的情况。井冈山会师后,毛泽东同志根据当时的情况,为部队制定了三大纪律,六项注意。……连党代表对部队执行三大纪律、六项注意负有严格执行及监督检查的责任,看到谁违犯了群众纪律,就要立即加以阻止和劝说。第三是党支部建在连队。连党代表兼任支部书记,支部成员由连、排、班长和士兵组成。我们湘南起义上井冈山的部队,原来不重视在连队建立支部。而是上井冈山会师后,才按照毛泽东同志所规定的一套在连队建立支部。井冈山时期,在连队还建立了士兵委员会。士兵委员会的民主权力很大,可作出决定,处罚班、排长。但士兵委员会要在连党代表指导下开展工作。"②

---

① 参见余伯流、陈钢著:《井冈山革命根据地全史》,江西人民出版社 2010 年版,第208 页。

② 井冈山革命根据地党史资料征集编研协调小组、井冈山革命博物馆:《井冈山革命根据地》(下),中共党史资料出版社 1987 年版,第 426—427 页。

五是支部建在连上、建立各级党组织。"党的组织,现分连支部、营委、团委、军委四级。连有支部,班有小组。红军所以艰难奋战而不溃散,'支部建在连上'是一个重要原因。""现在红军中党员和非党员约为一与三之比,即平均四个人中有一个党员。最近决定在战斗兵中发展党员数量,达到党员非党员各半的目的。"①这个比例,比三湾改编时有了很大的发展。

六是建立士兵委员会、实行民主主义。"连、营、团都有了士兵会,代表士兵利益,并做政治工作和民众工作。"②建立士兵委员会以后,尽管"红军至今没有什么正规的薪饷制,只发粮食,油盐柴菜钱和少数的零用钱"③,但是"官长不打士兵,官兵待遇平等,士兵有开会说话的自由,废除烦琐的礼节,经济公开。士兵管理伙食,仍能从每日五分的油盐柴菜钱中节余一点作零用,名曰'伙食尾子',每人每日约得六七十文。这些办法,士兵很满意。尤其是新来的俘虏兵,他们感觉国民党军队和我们军队是两个世界。他们虽然感觉红军的物质生活不如白军,但是精神得到了解放。同样一个兵,昨天在敌军不勇敢,今天在红军很勇敢,就是民主主义的影响。红军像一个火炉,俘虏兵过来马上就熔化了","中国不但人民需要民主主义,军队也需要民主主义。军队内的民主主义制度,将是破坏封建雇佣军队的一个重要的武器。"④毛泽东还说:"红军的物质生活如此菲薄,战斗如此频繁,仍能维持不敝,除党的作用外,就是靠实行军队内的民主主义。"⑤

杨至诚上将回忆说:"井冈山的物质生活是这样艰苦,战斗是这

---

① 《毛泽东选集》第一卷,人民出版社 1991 年版,第 65—66 页。
② 《毛泽东选集》第一卷,人民出版社 1991 年版,第 64 页。
③ 《毛泽东选集》第一卷,人民出版社 1991 年版,第 63—64 页。
④ 《毛泽东选集》第一卷,人民出版社 1991 年版,第 65 页。
⑤ 《毛泽东选集》第一卷,人民出版社 1991 年版,第 65 页。

样的频繁,我们还能坚持下来,主要的是依靠党和毛党代表的正确领导,在党外依靠士兵委员会,依靠军队内部的民主制度,长官不打骂士兵,官兵待遇平等……""这样的办法在我们连队是很有效果的,特别是那些新来的俘虏兵非常满意。他们在国民党军队里,打仗不是很勇敢,到了我们军队就很勇敢了,并也和我们一样吃苦,原因在哪里呢? 就是他们的精神得到了解放。毛党代表说过:红军是一个大火炉,俘虏兵过来就熔化了。中国不但人民需要民主制度,就是军队也需要民主,军队内的民主制度,将是破坏雇佣军队的一个重要武器,军队内民主性越大越好办事。""回忆我们从南昌起义的时候,在潮汕失败后,回到粤闽赣地区,士兵中存在相当严重的混乱现象,不管怎么严格约束,甚至要枪毙,他们都不在乎。到达井冈山以后,毛党代表提出建军方针,军队内部实行民主制度以来,队伍的精神面貌与过去截然不同了。"①萧克上将讲过一个"衣服不齐心很齐"的故事,他说:"在井冈山时期,我们生活是比较困难的。既没有饷,又没有薪金。打到了土豪,杀头大猪吃顿饱的,打不到就吃不上。没收到地主家的衣服,尽管是长袍短褂,大家也穿起来。你说不整齐吗? 衣服不齐心很齐。"②

七是毛泽东与朱军长精诚团结,为全军作出了表率。毛泽东对朱德同志非常敬重、关心。1959 年朱德到湖南参观毛泽东旧居时讲到一件令他难忘的事情。他说:记得刚上井冈山那年冬天,天气冷得出奇。红军都没有棉袄穿,每天晚上毛泽东都披着一床毯子在灯下写文章。袁文才也很受感动,就送一件棉袄给他御寒。他连夜叫贺子珍把棉袄送给了我,说我年龄大,更需要它。可我身体好,从不生

---

① 井冈山革命根据地党史资料征集编研协调小组、井冈山革命博物馆:《井冈山革命根据地》(下),中共党史资料出版社 1987 年版,第 543 页。

② 《星火燎原》第一辑(井冈山斗争专辑),解放军出版社 1986 年版,第 188 页。

病,就叫伍若兰给送了回去。过几天,我到他那里议事,见棉袄不见
了,一问,他笑着说,昨天出门,看见一个老婆婆穿着单衣冻得发抖,
想起了自己的母亲,要活着也有这么大的年纪了,就送给了她。朱老
总还说:我从井冈山开始与主席共事 31 年,主席一谈起自己的母亲,
就有不少感叹。可见,毛泽东对母亲有深厚感情,现在他把对母亲的
感情推移到千千万万个"老婆婆"身上。在他的心中,没有自己、只
有人民。这是人间的大爱! 那时候一件棉袄,可是一个人的希望啊。
夜送棉袄,可见毛泽东对朱德同志的尊重和关爱。同时,朱老总也从
一件棉袄,了解到毛泽东对天下百姓的善良朴实,对千千万万弱者的
同情和爱心,他的心中始终装着人民。"朱毛红军"叫了那么多年,
又有多少人知道,朱老总对毛泽东的认识,感动于一件棉袄,两个人
风雨同舟、战友情深,离不开生活中的点点滴滴。毛泽东和朱德以
"朱毛"之称传遍中国大地,在党和人民军队中树立了表率和标杆,成
为党内团结的象征。何长工回忆说:"朱德同志始终同毛泽东同志并
肩战斗,既相互帮助,又密切合作。朱德同志既是军长又是参谋
长。……他具有丰富的军事知识和高尚的政治品质,在当时,他的领
导水平和指挥艺术还没有人能够超过。朱、毛的结合、团结,使敌人害
怕,使军队振奋,使群众高兴。"①

六、打破赣敌的第二、三、四次"进剿"

朱毛会师后,到 1928 年 6 月下旬,接连打破国民党军队对井冈
山的三次"进剿"。

一是五斗江战斗——打破赣敌第二次"进剿"。4 月下旬,工农
革命军第四军成立时,湘赣两省的国民党军队正在向井冈山集结。

---

① 《何长工回忆录》,解放军出版社 1987 年版,第 151 页。

湖南方面,吴尚的第 8 军第 1 师已占据茶陵、酃县,因井冈山在江西境内,他们对"进剿"并不积极;江西方面,杨如轩率领第 27 师 3 个团扑向井冈山根据地,发动第二次"进剿"。杨如轩率 80 团坐镇永新县城指挥,79 团从七溪岭方向正面推进,81 团从拿山、五斗江方向侧面迂回,企图对宁冈形成南北夹击之势。毛泽东、朱德立即召开红四军军委会议,决定采用"集中兵力,歼敌一路"的作战方针,朱德、陈毅率领 28 团、29 团担任主攻,在遂川方向迎击敌 81 团;毛泽东、何挺颖率 31 团到七溪岭阻击敌 79 团;由袁文才部警戒和牵制湘敌。29 团在遂川黄坳击溃敌 81 团 1 个营,28 团在五斗江歼敌第 81 团 1 个营,随后两团又打退敌人第 80 团,乘胜占领永新县城。敌人逃往吉安,第二次"进剿"失败。"此次缴械三百支"。[①] 这是朱毛会师后第四军取得的首次大捷。这是红四军一占永新。

二是草市坳战斗——打破赣敌第三次"进剿"。 朱毛红军占领永新县城的消息很快由南昌传到南京,蒋介石十分惊讶,立即下令湘赣两省"加紧剿匪,不得有误"。朱培德于是命令杨如轩率 27 师全部,另加派王均第 7 师 1 个团、杨池生第 9 师 1 个团,共 5 个团,于 5 月 13 日向井冈山根据地发起第三次"进剿"。朱、毛率领部队,主动撤离永新,避敌锋芒,把敌人引出来,分而歼之。最后在草市坳和永新城,歼敌 1 个团,击毙敌团长,击伤敌师长,缴获山炮 2 门、迫击炮 7 门和大批枪支弹药,以及银洋 20 余担,创造了四军成立后的光荣纪录,打败了赣敌第三次的"进剿"。这是红四军二占永新。

三是龙源口大捷——打破赣敌第四次"进剿"。 1928 年 6 月中旬,朱培德奉蒋介石之命,以第 9 师师长杨池生为总指挥,率 9 师 3 个团,加上杨如轩 27 师的 2 个团,共 5 团之众,向井冈山发动第四次

---

① 《浴血罗霄——井冈山革命根据地历史》(修订版),中国发展出版社 2014 年版,第 151 页。

"进剿"。与此同时,湘敌吴尚第 8 军的第 2 师也由平江调防攸县,加强对湘赣边界红军的围堵。毛泽东、朱德在宁冈古城召开连以上干部会议,制定迎敌方案:以 28 团、29 团和 31 团 1 营为主力集中力量抗击来犯之敌;32 团和 31 团 3 营骚扰赣敌,牵制湘敌。先后取得新七溪岭战斗、老七溪岭战斗的胜利和龙源口大捷,"此役敌 3 团全溃,缴枪约七八百支,杨如轩带花逃跑,俘虏敌兵官长士兵甚多,敌死伤数百,我方亦有死伤。敌随退出永新,永新即完全为红军占领。"①边界军民编歌谣称赞道:"不费红军三分力,打败了江西两只羊(杨)"。②"龙源口战斗,是井冈山时期最大的一次战斗,规模之大,歼敌之多,影响之深,前所未有。"③这是红四军三占永新。

红四军之所以能够三战三捷,一是,经过半年多武装割据的实践,毛泽东已经摸索总结出"分兵以发动群众,集中以应付敌人"的作战原则和"十六字"的游击战术,这是红四军取胜的主要秘诀。二是,朱德是军事上的行家里手,既有护国讨袁战争的经验,又有游击作战的阅历,与毛泽东珠联璧合。三是,杨如轩、杨池生曾是朱德在滇军时的老部下,在护国军时朱德当团长,杨如轩是连长;在四川时期,朱德当旅长,杨如轩、杨池生当团长。朱德对他们的战法了如指掌。④ 四是,两支队伍会师后,部队的领导力、战斗力都加强了,干部战士越打越精,仗越打越好。

三下永新城,打破江西敌人三次"进剿",是朱、毛会师后取得的巨大胜利。谭震林回忆道:"朱德、毛泽东井冈山会师,部队大了,我

---

① 《浴血罗霄——井冈山革命根据地历史》(修订版),中国发展出版社 2014 年版,第173 页。

② 《浴血罗霄——井冈山革命根据地历史》(修订版),中国发展出版社 2014 年版,第173 页。

③ 《朱德传》,中央文献出版社 2016 年版,第 157 页。

④ 参见《陈毅传》,当代中国出版社 2015 年版,第 41 页。

们有力量打下永新。当然,在这以前打了茶陵、遂川,也占领了宁冈县城。那时不敢走远,因为国民党来上两个团我们就打不赢,可是朱毛会师后力量就大了,所以一打永新,二打永新,尤其是七溪岭打了一仗。这样就把江西来的三个师打败了。"①朱德同志也说过:"三打永新消灭了朱培德的主力。朱培德的主力被打垮了,国民党其他军队就不敢配合了。三打永新是一个关键,是根据地发展和红军发展的关键,与后来红军取得胜利有关。"②三次反"进剿"的胜利,体现了朱、毛会师后井冈山根据地军事力量的极大增强,充分证明毛泽东当初的预见是正确的。

七、适时对部队进行改编、整顿、训练

在军事斗争取得胜利的同时,军队建设也存在一系列急需解决的问题,对此,朱、毛采取了以下措施:

第一,湘南农军的遣返。两军会合一段时间后,很快便遇上了经济上的困难,吃饭成了"大难"问题。井冈山一带经济基础比较弱,支撑不了多少军队。井冈山"人口不满两千,产谷不满万担,军粮全靠宁冈、永新、遂川三县输送"。③ "三个师九个团,加上妇女和娃娃,近万人。这个阶段,我们的粮食又成了大问题。"④为此,毛泽东感到心忧。1928 年 5 月 2 日他在写给中央的报告中,几乎有点愠怒地写道:"岂有此理的湘南县委和县政府带了一大批农军一起跑来,现在有一万多人在这里。""一万人的群众拖泥带水纪律太糟",

① 中央文献研究室编,逢先知、金冲及主编:《毛泽东传》(一),中央文献出版社 2011 年版,第 177 页。
② 中央文献研究室编,逢先知、金冲及主编:《毛泽东传》(一),中央文献出版社 2011 年版,第 177 页。
③ 《朱德传》,中央文献出版社 2016 年版,第 146 页。
④ 余伯流、陈钢著:《井冈山革命根据地全史》,江西人民出版社 2010 年版,第 192 页。

"吃饭大难"。①

　　鉴于这种情况,迫切需要遣返湘南农军,一是因为"粮食困难,不利于主力部队作战,陈毅同志所领导的第十二师大部分是梭镖武装起来的湘南群众,5000 多人,只有少数枪支和土枪,同强敌作战的能力有限。"②二是因为不少湘南农军觉得井冈山苦,强烈要求回湖南。"井冈山农民与外来的人存在土、客籍矛盾。八千湘南农民来此,亦有浓厚乡土观念。湘南农军觉得井冈山太差。井冈山农民说朱、毛的军队好,湘南农军纪律不好。袁文才、王佐部队也不愿意留湘南农军。拿山改编时,把湘南农军大部编在 30 团、33 团两个团中。这两个团的人强烈要求回湘南。只有以宜章农军为主组成的二十九团因党的组织健全,打了胜仗,当时还算稳定。"③三是因为向井冈山转移时湘南党政干部和赤卫队等差不多都跟着上山了,基本上没有留下什么革命武装,土豪劣绅卷土重来屠杀百姓随时都有可能。"而要想战争持久,就必须设法安置这几千人的梭镖和徒手人员。"④

　　于是,"红四军军委研究决定,湘南农军除留少数能在二十八团、三十一团服务的和二十九团作为主力留下来外,第三十、三十三、三十四、三十五、三十六团一律返回原籍,随农军上山的群众也返回原籍。"⑤"5 月底,三十、三十三、三十四、三十五、三十六这几个团从江西的宁冈,经郦县的水口向湘南转移,到达资兴县边界的彭公庙,便

　　① 余伯流、陈钢著:《井冈山革命根据地全史》,江西人民出版社 2010 年版,第 193 页。
　　② 《浴血罗霄——井冈山革命根据地历史》(修订版),中国发展出版社 2014 年版,第 167 页。
　　③ 《陈毅传》,当代中国出版社 2015 年版,第 41 页。
　　④ 《浴血罗霄——井冈山革命根据地历史》(修订版),中国发展出版社 2014 年版,第 167 页。
　　⑤ 《浴血罗霄——井冈山革命根据地历史》(修订版),中国发展出版社 2014 年版,第 168 页。

决定兵分数路,各自回去。"①这些农军各自回到原籍后,"有的坚持了斗争,有的在当地很难立足,不少坚定分子惨遭杀害。但革命的火种是扑不灭的。郴县、宜章、耒阳、安仁、资兴、永兴等地党组织,迅即会合了从井冈山返乡的武装力量,重新开始了湘南的革命斗争。"②遣送了湘南农军,留在井冈山的部队缩减到6000余人,一方面,部队精干了,战斗力增强了;另一方面,给养困难的问题也得到一定的缓解。

第二,改编整顿。会师后,由于部队来源不同,既有南昌起义的部队,也有参加秋收起义的武汉政府警卫团;既有浏阳、平江等县的农军,也有湘南暴动上山的农军;既有袁文才、王佐的队伍,还有边界各县的农民武装等,大家合在一起,难免会有磕磕碰碰。为了加强军队建设,采取两项措施:①五月底,红四军军委决定撤销师的番号,军部直属4个团:第28团、第29团、第31团、第32团。②干部交流。何长工同志回忆说:"会师后,一些南昌起义的同志和秋收起义的同志互相有点看不起。朱德、陈毅同志敏感地觉察到这个问题之后,主动向毛泽东同志建议,由于两个部队不同的来源,改编的时候,两个部队的干部相互交流一下,特别是南昌起义的部队要强化政治思想工作。"③军委决定:把何长工从32团(袁文才、王佐的队伍)调到28团(28团是正规部队,是南昌起义后积累下来的精华,这些人大部分是黄埔一、二、三、四期的);把蔡协民(参加湘南起义)调到32团任党代表;营连单位的领导也作了交叉任职。

---

① 《浴血罗霄——井冈山革命根据地历史》(修订版),中国发展出版社2014年版,第168页。

② 《浴血罗霄——井冈山革命根据地历史》(修订版),中国发展出版社2014年版,第168页。

③ 《何长工回忆录》,解放军出版社1987年版,第151页。

　　第三,加强思想教育和政治训练。为了实行党对军队的绝对领导,除了把支部建在连上、建立党代表制度、建立士兵委员会外,还建立了军队的政治工作,主要是加强对军队的思想教育。把思想教育工作列为各级党组织和各级党代表的主要任务之一。毛泽东本人就是做思想教育工作的楷模。他经常给教导队学员、给红军战士讲政治形势和革命宗旨,回答战士们思想上的各种疑问,从而极大地鼓舞了红军指战员的信心,增强了他们的斗志。时任 28 团、29 团党委秘书、新中国成立后任炮兵副政委的欧阳毅中将回忆说:"后来听他作报告,说话是那样通俗易懂,生动风趣。大家听后对毛师长更加敬仰和佩服,都称赞他为孔明,以后每次见到他,都高兴地说:'孔明来了'。"①朱良才上将回忆说:"在井冈山接受毛泽东同志的教育,可以说是直接的、具体的。他每次讲话的内容都很通俗、生动、具体,大家容易理解和掌握,效果也很好。他讲话鼓动性大,比喻通俗,战士和群众都喜欢听。"②政治训练工作由各级党代表组织实施。定期不定期地举办训练班,培训政治干部。陈毅在给中央的报告中讲到,红四军的政治训练主要有七种方式:讲演;讲课;早晚点名讲话和呼口号;每次作战或进行群众工作以后,组织部队总结工作经验教训,使大家受到生动实际的教育;开展识字运动;组织红军参加群众大会,举办各种纪念会、联欢会;在士兵委员会内编成若干小组,开展对政治问题的讨论和对工作的批评。③ 通过上述多层次、多渠道、多形式的政治工作,对部队政治素质的提高起到了重要作用。正如毛泽东所言:

---

　　① 　井冈山革命根据地党史资料征集编研协调小组、井冈山革命博物馆:《井冈山革命根据地》(下),中共党史资料出版社 1987 年版,第 326 页。

　　② 　井冈山革命根据地党史资料征集编研协调小组、井冈山革命博物馆:《井冈山革命根据地》(下),中共党史资料出版社 1987 年版,第 434 页。

　　③ 　参见余伯流、陈钢著:《井冈山革命根据地全史》,江西人民出版社 2010 年版,第210—211 页。

"经过政治教育,红军士兵都有了阶级觉悟,都有了分配土地、建立政权和武装工农等项常识,都知道是为了自己和工农阶级而作战。因此,他们能在艰苦的斗争中不出怨言。"①

第四,加强军事训练。"边界的斗争,完全是军事的斗争,党和群众不得不一齐军事化。怎样对付敌人,怎样作战,成了日常生活的中心问题。"②当时边界的红军主要是由六部分组成:叶挺贺龙旧部;前武汉政府警卫团;平浏的农民;湘南的农民和水口山的工人;作战时过来的俘虏兵;边界各县的农民。经过一年多的战斗,叶贺旧部、警卫团和平浏农军,只剩下三分之一,湘南农民,伤亡也大。这样就必须经常招募新兵,要保证部队的战斗力,只有加紧进行军事训练和政治训练。按照常规,普通的士兵要训练半年或一年才能打仗,而我们的兵昨天入伍今天就要打仗。所以,进行短时间的军事训练,就显得非常重要。红四军的军事训练主要有四种方式:日常操课;作战后或月末进行讲评;进行实地训练;专题讨论等。此外,还在茨坪续办了一期军官教导队。通过军事训练,提高了红军战士的军事技术素质和部队的战斗力。③井冈山时期红四军的政治工作、游击战术、军事训练,是人民军队建设的良好开端和光辉典范。周恩来曾盛赞红四军建设的经验"在中国'别开生面',在过去所没有看过的"④。这些宝贵经验,对当时全国其他根据地的红军建设,都产生了重大影响。

---

① 《毛泽东选集》第一卷,人民出版社 1991 年版,第 64 页。
② 《毛泽东选集》第一卷,人民出版社 1991 年版,第 63 页。
③ 参见余伯流、陈钢著:《井冈山革命根据地全史》,江西人民出版社 2010 年版,第211—212 页。
④ 参见余伯流、陈钢著:《井冈山革命根据地全史》,江西人民出版社 2010 年版,第212 页。

八、将武装斗争、土地革命、根据地建设紧密结合起来

在井冈山斗争中,毛泽东十分明确地规定了红色政权发展的方针,就是将武装斗争、土地革命和根据地建设紧密结合起来。为什么必须把武装斗争、土地革命和根据地建设紧密结合起来呢? 这是因为:第一,武装斗争是中国革命的主要斗争方式。毛泽东认为,"以农业为主要经济的中国的革命,以军事发展暴动,是一种特征。"①"所谓割据,必须是武装的。哪一处没有武装,或者武装不够,或者对付敌人的策略错了,地方就立即被敌人占去了。"②这就是说,没有武装斗争,根据地就不能存在,土地革命也无法有效进行。第一次国内革命战争之所以失败,主要的原因是我们党放弃了对于武装斗争的领导权。第二,土地革命是中国民主革命的基本内容。毛泽东是我们党内较早认识到土地革命重要性的领导人,他认为无产阶级只有正确解决了农民土地问题,才能彻底扫清封建势力,使农民得到解放,才能发动广大农民群众起来支援革命战争,推动根据地建设,建立强大可靠的革命堡垒。当时的中国,号称有"四万万人",其中农民有三亿六千万。农民是中国军队的来源,"士兵就是穿起军服的农民。"没有土地革命,红军就得不到广大群众的支持,红军本身也就没有了来源,武装斗争难以进行,即使有了一定的武装力量,最终也会失败。南昌起义之所以最终失败,一个重要原因就是没有把武装斗争与土地革命结合起来。毛泽东十分重视土地革命,经过认真调研、分田试点、制定政策、组织发动、不断完善,掀起了中国革命史上第一次无产阶级领导的伟大的土地革命运动。第三,根据地是武装斗争和土地革命的依靠和保证。毛泽东深刻总结中国历史上农民

① 《毛泽东选集》第一卷,人民出版社 1991 年版,第 79 页。
② 《毛泽东选集》第一卷,人民出版社 1991 年版,第 63 页。

起义失败的经验教训,他认为:没有根据地,革命战争就不能长期存在和发展。因此,他反对不要根据地的单纯武装斗争思想,要求广大红军官兵宣传群众、发动群众,帮助群众建立政权,建立巩固的根据地。没有根据地,土地革命就不能巩固,武装斗争也会变成流寇式的武装,很难和人民群众结为一体,失去人民群众的支持,最终导致失败。

将武装斗争、土地革命和根据地建设紧密结合起来,三者互为依托、互相促进,打出了一套"组合拳",形成了强大的合力,扩大了革命力量。红军打下一个地方,马上就建立党的组织、政权组织、群众组织以及地方武装;通过这些组织发动起群众、组织群众,开展土地革命,调动广大群众参加革命的积极性、自觉性;被发动起来的广大群众积极参军参战、站岗放哨、交粮送款、传递情报等,大力支持了武装斗争,从而形成人民战争的大好格局和有效机制,确保了军事斗争的胜利。

如何做到武装斗争、土地革命和根据地建设三者紧密结合在一起呢? 毛泽东主要采取了以下措施:

一是率领红军打破敌人 4 次"进剿"。完成了武装斗争的任务,为井冈山根据地打下相对和平稳定的环境,为土地革命和根据地的发展奠定了坚实的基础。

二是迅速推进党的建设、政权建设和各项组织建设。1927 年 10 月,工农革命军到达井冈山时,边界各县党的建设处于瘫痪状态。"只剩下若干避难藏匿的党员,党的组织全部被敌人破坏了。十一月到今年四月,为重新建党时期,五月以后为大发展时期。"[1] 在毛泽东的领导下,坚持"军队的党帮助地方党的建设",边界党从

---

① 《毛泽东选集》第一卷,人民出版社 1991 年版,第 73 页。

无到有、从弱到强。这其中也经历了曲折的过程。

1. 恢复和发展各县党的组织。积极联络四处逃散的党员，努力恢复和发展党的组织，先后成立了宁冈、永新、遂川、莲花、酃县 5 个县委和茶陵特别区委，此外"支部上为区委，区委上为县委"。到 1928 年 6 月龙源口大捷后，各地党员的数量"总计 5000 余人"。不久，边界党员一时竟"增到一万以上"。其中"不少投机分子混进党内，到 9 月'洗党'时才清除出去"①。各级党组织成立后，毛泽东又明确这些组织的职责任务，并指导他们开展工作，充分发挥边界各级党组织的作用，推动武装斗争、土地革命和根据地建设向前发展。

2. 建立湘赣边界特委。这是根据地建设的核心问题，为边界党进入大发展时期奠定了基础。1927 年 10 月，毛泽东率工农革命军到井冈山后，"这时党的高级指导机关，是秋收起义时湖南省委任命的前敌委员会（毛泽东任书记）。"②毛泽东以中共湖南省委前敌委员会的名义，领导了湘赣边界几个县党的建设。1927 年 12 月，毛泽东以前委名义向江西、湖南省委以至中央报告边界的情况，"建议组织边界特委"。不幸的是，1928 年 3 月，湘南特委代表周鲁来到井冈山，取消了前委，致使边界"顿失中心，各自为政，起不良现象"。③ 取消了前委，毛泽东改任师长，成立师委，何挺颖任书记，只管军中的事，不管地方党的事。这样边界党的建设没有了统一的领导机关，处于各自为政、散漫无力的状态。朱毛会师后，1928 年 5 月中旬，第四军打破赣敌第三次"进剿"，二战永新，红色区域不断拓展，形势的发展迫切需要一个统一的领导核心。这时正好从吉安县委转来了江西

---

① 余伯流、陈钢著：《井冈山革命根据地全史》，江西人民出版社 2010 年版，第 215 页。

② 《毛泽东选集》第一卷，人民出版社 1991 年版，第 59 页。

③ 余伯流、陈钢著：《井冈山革命根据地全史》，江西人民出版社 2010 年版，第 168 页。

省委的指示信,同意成立湘赣边界特委。于是,1928 年 5 月 20 日在宁冈茅坪,毛泽东主持召开了湘赣边界党的第一次代表大会。出席会议的有宁冈、永新、遂川、莲花、酃县 5 个县委和茶陵特别区委以及军队党的代表共计 60 余人。会议的内容:(1)总结井冈山根据地创建半年来的经验教训;(2)讨论、制定巩固和发展根据地的政策;(3)讨论如何深入土地革命问题;(4)选举产生中共边界特委。毛泽东在会上作报告,特别是针对一些人认为前途渺茫,提出"红旗到底能打多久"的疑问,阐明了中国革命战争发展和胜利的必然性与可能性。大会选举产生了中共湘赣边界第一届特委,毛泽东为书记,朱德、陈毅等 23 人为委员。随后,改选工农革命军第四军军委。"由于毛泽东担任了特委书记,他提议不再担任军委书记,建议由陈毅出任,得到了会议的通过。"①这样,陈毅担任第四军军委书记。湘赣边界特委领导湘赣边界的党、政、军等全面工作。可以说,这次会议,为边界斗争和各项工作指明了正确的方向,为广大军民奠定了胜利的希望和信心,是井冈山革命斗争史上极为重要的一环。大会后,湘赣边界的武装斗争、土地革命、根据地建设出现了新的局面,特别是军事斗争取得了重大胜利。正如毛泽东所说:"边界的斗争,完全是军事的斗争。"②"四月以后,湘赣边界的割据,正值南方统治势力暂时稳定的时候,湘赣两省派来'进剿'的反动军队,至少有八九个团,多的时候到过十八个团。"③"红四军在毛泽东同志的领导下,在井冈山人民群众的支援配合下,运用机动灵活的战略战术,取得了三占永新城的辉煌战绩"。④

---

① 《中国共产党井冈山地方史》,中共党史出版社 2011 年版,第 126 页。
② 《毛泽东选集》第一卷,人民出版社 1991 年版,第 63 页。
③ 《毛泽东选集》第一卷,人民出版社 1991 年版,第 59 页。
④ 《何长工回忆录》,解放军出版社 1987 年版,第 155—156 页。

当然,前进的道路不可能一帆风顺。后来又经历了"八月失败"。8月红军大队开往湘南,白色势力高压边界,党的建设遭受严重损失。10月,红军返回宁冈,边界特委遂于1928年10月4日在茅坪召开了边界党的第二次代表大会。选举朱德、陈毅等19人为第二届特委委员,杨开明任书记。十一月因杨开明生病,谭震林任书记。

3.重新组建前委。1928年11月6日,根据中央来信指示,成立红四军前委,由毛泽东、朱德、谭震林(地方党部书记)、宋乔生(工人)、毛科文(农民)五人组成,毛泽东为书记。①1928年11月14日召开红四军第六次党的代表大会,选举23人为委员,组成军委,朱德为书记。"军委对内是军中党的最高机关,隶属于前委,对外即是边界苏维埃军事委员会,指挥红军及地方武装。"②特委及军委统辖于前委。这就是说,毛泽东为湘赣边界最高领导人。

4.建立红色政权、各级群众组织和地方武装。第四军成立后,继续开展军事斗争,先后打下永新、鄜县、莲花等县城,随即又成立工农兵政府,这样边界就有6个县(茶陵、遂川、宁冈、永新、鄜县、莲花)成立工农兵政府。1928年5月底,在宁冈茅坪成立了湘赣边界工农兵苏维埃政府,袁文才任主席,设土地、军事、财政、司法四个部和工农运动、青年、妇女三个委员会,统一领导边界各县工农兵政府工作。与此同时,各县还成立工会、农会、妇委会、共青团等组织。1928年2月21日,成立宁冈县团委,肖子南任书记。团县委建立后,全县4区39个乡,区有团委,乡有支部。1928年7月,湘赣边界共青团特委成立,史训川任书记。"团的数目字,有二千五百以下,二千以上之多,各县有党的组织同时也有团的组织,军队最近也开始了团的组

---

① 参见《毛泽东年谱(一八九三——一九四九)》上卷,中央文献出版社2013年版,第254页。

② 《朱德年谱》,中央文献出版社2016年版,第130页。

织。……各县的团都有些工作,如参加苏维埃、赤卫队,自组先锋队、儿童团,做文化工作等事。"①有了一定的组织,就开展一系列的工作,汇集起来就能形成巨大的力量。

在边界组织壮大的同时,边界的地方武装也有很大的发展。马日事变后,除袁、王两部(各 60 支枪)外,"仅遂川保存六枝、莲花保存一枝,其余概被豪绅缴去。"②到 1928 年五六月间,宁冈、永新、莲花、遂川、茶陵、鄢县等都建立了半脱产的县赤卫大队,区、乡两级都以乡为单位建立了赤卫队、暴动队。暴动队多以梭镖、大刀、鸟铳为武器;赤卫队的武器好一些,有五响、九响和单响枪。赤卫队、暴动队平时分散务农,战时则集中协助红军抗敌。为了提高地方武装的战斗力,红四军还时常将缴获来的枪支拨一批充实各地赤卫队。到根据地全盛时期,"赤卫队的枪支共有九百余支"。各县赤卫队、暴动队已成为红军的重要配合力量,承担了保卫红色根据地的重要任务。

三是发动群众、组织群众,全面开展土地革命。土地革命是中国新民主主义革命的基本内容。我们党建党之初,由于受俄国十月革命的影响,把工作重心放在了城市暴动上,而没有把土地革命提到议事日程。早在中共三大的时候,毛泽东就率先提出农民运动的问题。1925 年 12 月,毛泽东在国民党中央农民部工作时写出了《中国社会各阶级的分析》,对阶级划分有着独到的见解。国民党《整理党务案》后,毛泽东离开国民党中央,到湖南专心研究农民运动,考察土地问题。为此,他曾经和陈独秀反复争论,坚持应该解决农民的土地

---

① 余伯流、陈钢著:《井冈山革命根据地全史》,江西人民出版社 2010 年版,第 223 页。

② 余伯流、陈钢著:《井冈山革命根据地全史》,江西人民出版社 2010 年版,第 215 页。

问题。但陈独秀认为时机尚未成熟，"解决土地问题，在目前还只是宣传，不能马上实行"[①]，因此土地革命很长时间只是一句口号，没有具体的行动纲领。而毛泽东在递交《湖南农民运动考察报告》时，就急切地呼吁——农民的土地问题已经不再是宣传问题，而是要立即实行的问题了。在党的五大上，他提出一个农民运动决议案，主张解决农民急需解决的土地问题，建议广泛地重新分配土地。大会没有采纳，甚至未予讨论。南昌起义只是喊出了土地革命的口号，口号之下没有行动，所以最终没有站住脚。八七会议虽然确立了实行土地革命的方针，但如何抓落实，依然没有具体的行动方案。土地革命的设想，只有到了井冈山，毛泽东才得以具体实施。1927 年 10 月以来，毛泽东先后多次调研，并在塘边、大陇、中村进行了分田试点，取得了经验，形成比较成熟的做法：1. 成立分田领导机构；2. 红军干部下到各地指导分田；3. 以乡为单位进行土地分配；4. 按人口平均分配；5. 实行以原耕为基础，好坏搭配的原则。但这时的土地革命试点，尚不深入也不巩固。朱毛会师后，革命力量大大加强，为了把土地革命深入开展下去，毛泽东采取了以下措施：

第一，召开边界党的第一次代表大会，专题讨论土地革命问题。1928 年 5 月 20 日，毛主席主持召开了湘赣边界党的第一次代表大会，认真讨论了深入开展土地革命的问题，制定了"深入割据地区的土地革命"的政策。大会讨论 3 天，统一了大家的思想，调动了大家的积极性。

第二，成立了湘赣边界工农兵政府，并设立专门土地机构。1928 年底，毛泽东又在宁冈茅坪村召集了边界各县工农兵第一次代表大会，成立了湘赣边界工农兵苏维埃政府，下设土地部，谭震林任部长。

[①] 《毛泽东年谱(一八九三——一九四九)》上卷，中央文献出版社 2013 年版，第 172 页。

边界各县也都成立了土地委员会,具体负责土地革命事宜。

第三,提议地方同志担任工农兵政府主席。"本来,政府主席是推举毛泽东担任的,但毛泽东同志考虑到他主要抓党和军队的工作,地方政府的事,还是以地方同志担任为好,便提议、推举袁文才当了主席。边界政府下辖茶陵、遂川、宁冈、永新、莲花、酃县等各县政府。""边界政府成立后,将土地革命列入重要议事日程。"①毛泽东这样做,既便于他集中精力抓好党和军队的工作,又充分调动了袁文才等地方干部的积极性和自觉性,达到了一举两得的良好效果。

第四,抽调大批军队干部指导分田工作。毛泽东和边界特委从红四军中抽调大批干部到农村一线指导分田运动。"如:谭震林去了小江区,何长工去了东源荷花形村,王紫峰去了葛田村等。"②

第五,采取符合实际的分配办法。分配土地不是一件容易的事情,必须符合当地的实际情况,找到群众普遍认可的方法来。谭冠三中将回忆说:"1928年,井冈山就开始分配土地,分配土地是个比较复杂的事情。"为什么说分配土地是一件复杂的事情呢?因为在湘南也搞了土地分配,但没有分好。他讲到:"湘南暴动时,我们不知道怎样分土地,田契烧了,群众都不敢要。我们认为把田埂去掉,这样就搞不清谁家的,群众就会要了。谁知这样一来,土地高低不平,谁家的分不清,反而后来豪绅地主反攻倒算时,要得更多了。在井冈山,就不是采取这种办法,而采取的是:不好的和较好的搭配,平均分配的方法。这样贫苦农民就易于接受。"③"一开始分配土地,我们摸

① 余伯流、陈钢著:《井冈山革命根据地全史》,江西人民出版社2010年版,第185页。
② 余伯流、陈钢著:《井冈山革命根据地全史》,江西人民出版社2010年版,第184页。
③ 井冈山革命根据地党史资料征集编研协调小组、井冈山革命博物馆:《井冈山革命根据地》(下),中共党史资料出版社1987年版,第497页。

了下情况,经过大家讨论一下,群众还没有完全发动起来,就急急忙忙地插牌子。这样做还不行,因为群众工作还没有做好,群众还有顾虑,他们怕没收了地主、富农的土地以后,国民党反动派会重新回来,会反攻倒算。所以,这样做表面上分了土地,实际上并没有真正分下去。"

"还有些地方搞假分。农村里宗族观念是很重的,地主豪绅乘群众还没有发动起来,利用宗族观念来破坏土地分配,搞假分田。经过几次反复有了经验,群众慢慢地打消了顾虑。当时当红军的也分得了一份田,以后又有了'红军公田'。""土地分配完毕以后,还要复查一下,看看漏掉了没有,看看分配得公平不公平,合理不合理。个别地方也有漏掉土地现象发生,如果不复查,就会使农民少得土地。为了使土地分配得尽量合理,采取由农民群众会议(即评议)的方法。"①可见当时分配土地的情况是十分复杂的。

第六,对待地主采取"给出路"的政策。如果不给地主分地,采取赶尽杀绝的办法,这样就会迫使地主想尽一切办法对付共产党,不利于我们党调动一切积极因素的政策。所以,井冈山土地革命时就对地主采取了"给出路"的政策。谭冠三回忆说:"在分配土地时,不是从肉体上去消灭地主,而是没收他们的土地和财产以及生产工具,也分给地主应得的一份土地和差一点的工具。那时,对待地主的政策体现在'给出路'的政策。"②

第七,要把群众真正发动起来。能否把群众发动起来是全面开展土地革命的重要前提和保证。谭冠三回忆说:"在分配土地过程中,一定要群众真正发动起来,把农民协会组织起来,把党的建设和地方武

①　井冈山革命根据地党史资料征集编研协调小组、井冈山革命博物馆:《井冈山革命根据地》(下),中共党史资料出版社1987年版,第497—498页。

②　井冈山革命根据地党史资料征集编研协调小组、井冈山革命博物馆:《井冈山革命根据地》(下),中共党史资料出版社1987年版,第497页。

装建立起来,惩办一批罪大恶极的土豪劣绅。同时,还要注意调查研究,把情况搞清楚。这样,才开始分配土地,把土地真正分下去。"①

第八,逐步完善土地政策。土地革命是一个大课题,在当时党中央以及全党,包括各个根据地都在摸索。比如,在没收对象上,是没收一切土地,还是只没收地主的土地?在分配标准上,是按照人口标准平均分配,还是按劳动力标准分配?在分配区域上,是以乡为单位,还是以村或区为单位?在土地所有权上,是归苏维埃政府所有,还是归农民所有?在土地流转上,是否可以自由买卖、租赁?在土地没收后,地主能不能分田?工商业者兼地主的土地,要不要没收?毛泽东来到井冈山后,注重调查研究,一切从实际出发,倾听群众的要求,制定了切实可行的政策,逐步解决了上述问题。比如,执行了按人口平均分配的方法,以乡为单位分配,地主也分田等政策,得到了广大人民群众的认可和支持。"正因为是这样,在井冈山革命斗争时期,分配土地是深入人心的。"②

随后,在湘赣边界各县掀起了轰轰烈烈的分田高潮。正如谭震林所回忆的那样:"我们攻遂川、宁冈、永新等县,建立县工农兵政府后,就着手抓土地革命,满足农民的土地要求。但1928年4月以前,边界土地革命还未深入,3月间湖南省委又将正规部队调往湘南,致使边界陷敌一个多月。这再次证明武装斗争的胜利和土地革命的深入,对于红色革命根据地的巩固是十分必要的。4月底,毛泽东同志和朱德同志在砻市会师,成立红四军,总结以往的经验教训,制定正确政策,这

---

① 井冈山革命根据地党史资料征集编研协调小组、井冈山革命博物馆:《井冈山革命根据地》(下),中共党史资料出版社1987年版,第498页。

② 井冈山革命根据地党史资料征集编研协调小组、井冈山革命博物馆:《井冈山革命根据地》(下),中共党史资料出版社1987年版,第498页。

第三章 守井冈山的智慧

才把武装斗争、土地革命、根据地建设三者紧密结合起来。"①1928年5月至7月,边界各县在湘赣边界工农兵政府的统一领导下,掀起了轰轰烈烈的土地革命运动。经过近3个月的工作,到7月份湘赣边界各县的土地基本分配完成。土地革命的深入,极大地激发了广大贫苦农民的斗争积极性,不仅解放了农村生产力,也有效地支援了革命战争,加快了根据地的发展。

打土豪、分田地,是中国历史上极为壮阔、极为深刻、极为振奋人心的一场革命。纵观中国革命,为什么蒋介石失败了,毛泽东领导的共产党胜利了?是因为蒋介石失去了人心,共产党赢得了人心。为什么蒋介石失去人心,共产党赢得人心?很重要的一点,就是共产党领导的土地革命,赢得了民心。

四是制定并实施正确的政策和策略。为了确保军事斗争、土地革命、政权建设的顺利进行,边界特委和红四军军委制定了一整套正确的政策和策略,主要是:1. 坚决地和敌人作斗争,造成罗霄山脉中段政权,反对逃跑主义;2. 深入割据地区的土地革命;3. 军队的党帮助地方党的发展,军队的武装帮助地方武装的发展;4. 对统治势力比较强大的湖南取守势,对统治势力比较薄弱的江西取攻势;5. 用大力经营永新,创造群众的割据,布置长期斗争;6. 集中红军相机迎击当前之敌,反对分兵,避免被敌人各个击破;7. 割据地区的扩大采取波浪式的推进政策,反对冒进政策。② 这些政策和策略,是在总结1927年10月至1928年5月半年多来斗争实践的基础上形成的,在边界党的第一次代表大会上提出的,基本概括了井冈山时期武装斗争、土地革命、根据地建设三方面的主要内容。

---

① 余伯流、陈钢著:《井冈山革命根据地全史》,江西人民出版社2010年版,第184页。

② 参见《毛泽东选集》第一卷,人民出版社1991年版,第59页。

　　这样,在红四军前委、边界特委和红四军军委的正确领导下,以军事斗争为主线,有效发挥了红色政权和各级群众组织的作用,采取了正确的政策和策略,"于是才有四月至七月四个月的各次军事胜利和群众割据的发展。虽以数倍于我之敌(作者注:当时敌人至少有八九个团,多的时候达十八个团),不但不能破坏此割据,且亦不能阻止此割据的发展",相反"割据地区一天一天扩大,土地革命一天一天深入,民众政权一天一天推广,红军和赤卫队一天一天扩大。"①到 1928 年 6 月,红色区域已扩大到"宁冈、永新、莲花三个全县,吉安、安福各一小部,遂川北部,酃县东南部,是为边界全盛时期。在红色区域,土地大部分配了,小部在分配中。区乡政权普遍建立。宁冈、永新、莲花、遂川都有县政府,并成立了边界政府。乡村普遍组织了工农暴动队,区县两级则有赤卫队"②。"革命声势空前壮大,长沙的学生,安源的工人,醴陵的农民以及各地的革命群众和革命知识分子,大批奔向井冈山,甚至白军也成营成连地拖枪前来投降。毛泽东同志称这个时期为湘赣边界的'全盛时期'。"③

九、科学回答"红旗到底打得多久"的问题

　　工农革命军上了井冈山以后,有人认为在井冈山没有前途,提出了"红旗到底打得多久"的疑问。这个疑问曾三度出现:1."三月失败以后,在红军和边界的部分人员中存在一种悲观情绪,过高地估计反革命力量,过低地估计革命力量,看不见红军和'工农武装割据'的胜利前途,认为南昌起义失败了,甚至错误地认为,秋收起义也失败了,感到井冈山的斗争'前途渺茫',于是冒出来了'红旗到底能打

---

① 《毛泽东选集》第一卷,人民出版社 1991 年版,第 59 页。
② 《毛泽东选集》第一卷,人民出版社 1991 年版,第 61—62 页。
③ 《何长工回忆录》,解放军出版社 1987 年版,第 185—186 页。

多久?'的悲观论调。"①2."1928 年'八月失败'后,边界形势十分严峻,红军和根据地损失惨重。这时,党内和红军内有部分同志(包括红四军二十八团团长林彪在内)被暂时的挫折所迷惑,对革命前途悲观失望,思想上犹豫彷徨,提出了'红旗到底打得多久'的疑问。"②3."后来,到 1928 年冬和 1929 年初,敌人的第三次'会剿'临到了井冈山的时候,一部分同志又有'红旗到底打得多久'的疑问提出来了。"③

谭冠三中将回忆说:"实际上湖南省委和杜修经是不要根据地。红军内部也有人认为在井冈山钻来钻去,没有前途。广大干部、战士没有这种想法,他们革命意志坚决,一心干革命。但少数一些人,他们就有这种想法,如 30 团的杨岳彬,此人后来当到红一方面军政治部主任,最后叛变了。这些人对革命形势悲观失望,看不到前途。"④"'红旗到底打得多久?'在井冈山时就有一伙人提出这个问题,他们大都是知识分子,家里是地主或有这方面的社会关系。"⑤

这个问题三度提出,不是孤立的现象,实质上是一种右倾悲观思潮在党和红军内部的反映。问题的严重性还不仅在此,"在那个时候,不但红军和地方党内有一种悲观的思想,就是中央那时也不免为那种表面上的情况所迷惑,而发生了悲观的论调。中央二月来信就是代表那时候党内悲观分析的证据。"⑥可见,"红旗到底打得多久"的疑问,不仅红军中有,党内也有;不仅地方上有,中央有也。究其原

---

① 《何长工回忆录》,解放军出版社 1987 年版,第 154 页。
② 《浴血罗霄——井冈山革命根据地历史》(修订版),中国发展出版社 2014 年版,第 305 页。
③ 《浴血罗霄——井冈山革命根据地历史》(修订版),中国发展出版社 2014 年版,第 305 页。
④ 《星火燎原》第一辑(井冈山斗争专辑),解放军出版社 1986 年版,第 136 页。
⑤ 《星火燎原》第一辑(井冈山斗争专辑),解放军出版社 1986 年版,第 137 页。
⑥ 《毛泽东选集》第一卷,人民出版社 1991 年版,第 100 页。

因,"是因为他们对于一般情况的实质并没有科学地加以分析。"①这个问题,现在来看根本不是问题,可在当时那是大问题:①敌人的强大,红军的弱小,使不少人看不到前途,甚至丧失了信心。国民党夺取了全国政权并建立了强大的军队。"它控制了全中国的政治、经济、交通、文化的枢纽或命脉,它的政权是全国性的政权。"②国民党的军队"武器和其他军事物资的供给比起红军来雄厚得多,而且其军队数量之多超过中国任何一个历史时代的军队,超过世界任何一个国家的常备军。它的军队和红军比较起来真有天壤之别"③。在这种情况下,能够真正看到共产党必胜趋势的却是少数。比如,党的一大,13 名代表,有 2 人退党,2 人一度误入歧途,3 人叛变投敌,4 人牺牲或病故,最终站在天安门城楼参加开国大典的,只有毛主席和董必武两个人。④ 这些人中,对党充满必胜信心的只占 46.2%,而对党悲观失望的却占到 53.8%。作为党的创始人,都是这样弥漫着悲观,更何况中下层干部和普通党员群众呢? 秋收起义部队的军官,先后出了余洒度、苏先俊、陈浩、徐庶、黄子吉、韩庄剑等 6 个叛徒,这些人都是师团级干部。②红军上了井冈山,虽然打了不少胜仗,但也经历了"三月失败"和"八月失败",加上井冈山的条件艰苦、生活困难,一些人认为在这穷山沟里哪有什么前途,产生了悲观情绪。③由于一些人缺乏信心,产生悲观情绪,必然影响军心的稳定,也影响根据地党的建设和军队建设。如果不及时地解决这个问题,将会给井冈山根据地的全面建设带来极大的负面影响,甚至导致失败。

---

① 《浴血罗霄——井冈山革命根据地历史》(修订版),中国发展出版社 2014 年版,第305 页。
② 《毛泽东选集》第一卷,人民出版社 1991 年版,第 189 页。
③ 《毛泽东选集》第一卷,人民出版社 1991 年版,第 189 页。
④ 参见李忠杰著:《领航——从一大到十九大》,人民出版社 2017 年版,第 20—22 页。

在困难和危急的时候,毛泽东及时地从理论和实践两个维度作出正确的阐述和回答,消除了广大党员和指战员心中的迷雾,厘清了思想上的混乱,为大家指明了前进的方向,使大家树立了革命必胜的信心。

第一步,在湘赣边界党的第一次代表大会上,毛泽东"分析了中国革命的形势,阐明了中国革命的特点,指出中国是一个半封建半殖民地、政治经济落后而又发展不平衡的受帝国主义间接统治的国家,这样,帝国主义支持的各派新旧军阀的割据和战争不断发生,中国小块红色割据也就有长期存在的可能性。"①平心而论,在当时的情况下,很多人都难免会产生这种悲观的情绪。就在这次大会上,毛泽东及时回答了大家心中的担心和疑问。他分析了中国革命的形势,阐明了中国革命的特点,强调了建立和巩固根据地的重要意义,指明了革命胜利的前途!这一点非常不容易!领袖的伟大作用,就在于大家困惑、看不到希望的时候,能指出一条光明的前途,能振奋人们的精神、鼓足大家的信心。因此,毛泽东的讲话极大地鼓舞了红军将士和根据地人民的胜利信心。

对此,毛泽东后来在《中国革命战争的战略问题》一文中曾说:"当着一九二七年冬天至一九二八年春天,中国游击战争发生不久,湖南江西两省边界区域——井冈山的同志们中有些人提出'红旗到底打得多久'这个疑问的时候,我们就把它指出来了(湘赣边界党的第一次代表大会)。因为这是一个最基本的问题,不答复中国革命根据地和中国红军能否存在和发展的问题,我们就不能前进一步。"②

第二步,在湘赣边界党的第二次代表大会上,毛泽东作了《政治

---

① 《浴血罗霄——井冈山革命根据地历史》(修订版),中国发展出版社2014年版,第155页。

② 《毛泽东选集》第一卷,人民出版社1991年版,第188页。

问题和边界党的任务》的报告,其中《决议案》的第一部分就是《中国的红色政权为什么能够存在?》。在这篇文章里,毛泽东从国内的政治状况、中国红色政权发生和存在的原因、湘赣边界的割据和八月失败、湘赣边界的割据局面在湘鄂赣三省的地位、经济问题、军事根据地等六个方面进行了全面分析和论证,提出了"工农武装割据"的伟大思想,阐发了中国农村区域小块红色政权能够存在和发展的原因(①中国是帝国主义间接统治的经济落后的半殖民地国家,半封建的地方的农业经济和帝国主义对中国实行划分势力范围的分裂剥削政策,使白色政权之间继续不断地发生分裂和战争,造成小块区域的红色政权能够发生和存在的条件;②红色政权首先发生和能够长期地存在的地方,是经过第一次大革命影响的地方,例如湖南、广东、湖北、江西等省;③全国革命形势是向前发展的,则小块红色政权的长期存在是没有疑义的;④相当力量的正式红军的存在,是红色政权存在的必要条件;⑤共产党组织的有力量和它的政策的不错误,是一个要紧的条件),对"红旗到底打得多久"问题再一次进行了科学的回答,"从而给予从事农村斗争的同志以重要的理论武装,使之增强了建设农村根据地的信心和决心。"[1] "这个报告极大地鼓舞了与会人员的信心,使以后边界党的思想基本得到统一。"[2]

• "工农武装割据"思想的内涵及重要意义。这是毛泽东的著作和我们党的文献中第一次出现和使用的新概念、新思想。所谓"工农武装割据",是指在我们党的领导下,以土地革命为主要内容,以武装斗争为主要形式,以农村根据地建设为依托,三者有机统一,

---

[1] 中共中央党史研究室著:《中国共产党历史》,中共党史出版社 2011 年版,第295页。

[2] 余伯流、陈钢著:《井冈山革命根据地全史》,江西人民出版社 2010 年版,第282—283页。

互为依存,缺一不可。这个思想是一个伟大的创造,既是一种富有远见与独特创造的理论概括,又是一种大胆而又可行的战略构想。在这个思想的指导下,我们党成功地建立了第一块农村革命根据地。这是全国根据地建设的第一块试验田。全国的武装起义很多,也有不少地方试图建立根据地,结果都失败了,原因是没有将武装斗争、土地革命和根据地建设有机统一起来,要么是光有单独的武装斗争,要么是有武装斗争、土地革命而没有根据地建设,要么有武装斗争、根据地建设而没有深入的土地革命。毛泽东的伟大之处,就在于将三者有机统一起来,建立了巩固的井冈山革命根据地。这是前人所没有做过的事情。更为难能可贵的是,毛泽东在总结湘赣边界割据斗争正反两个方面的经验后,预见到了工农武装割据存在和发展的影响和前途,即:湘赣边界工农武装割据搞好了,就可以夺取湘鄂赣三省的政权,最后夺取全国的政权。他指出:"以宁冈为中心的湘赣边界工农武装割据,其意义决不限于边界数县,这种割据在湘鄂赣三省工农暴动夺取三省政权的过程中是有很大的意义的"。①"全国革命形势是向前发展的,则小块红色区域的长期存在,不但没有疑义,而且必然地要作为取得全国政权的许多力量中间的一个力量。""而且这些红色区域将继续发展,日渐接近于全国政权的取得。"②这说明,毛泽东身在井冈山,却放眼全中国,他已经把井冈山的红色割据,视为"全国政权的取得"的重要基础和胜利起点。虽然井冈山根据地遭到敌人"进剿"和封锁等困难,但毛泽东认为"这种困难,在全国总政权没有取得以前当然是不能免的",③他还强调:"'工农武装割据'的思想,是共产党和割据地方的工农群众必须充分具备的一个

---

① 《毛泽东选集》第一卷,人民出版社 1991 年版,第 52 页。
② 《毛泽东选集》第一卷,人民出版社 1991 年版,第 50 页。
③ 《毛泽东选集》第一卷,人民出版社 1991 年版,第 53 页。

重要的思想。"①毛泽东这种深邃的思想和科学的预见,充分表明湘赣边界工农武装割据是"农村包围城市、武装夺取政权"理论和道路的雏形,或者说"工农武装割据"的思想是"农村包围城市、武装夺取政权"理论的坚实基础。

第三步,在实践中予以充分证明。边界军民在毛泽东"工农武装割据"思想的指导下,大力推进土地革命、武装斗争和根据地建设,战胜了一个又一个困难,取得了一个又一个胜利。1928年11月25日,毛泽东写了《井冈山的斗争》一文向党中央报告。在这篇文章中,毛泽东用大量的事实,论证了中国的红色政权为什么能够存在,更加生动地回答了"红旗到底打得多久"的问题。他写到:"和敌人斗争了四个月之久,使割据地区一天一天扩大,土地革命一天一天深入,民众政权一天一天推广,红军和赤卫队一天一天扩大,原因就在于边界党(地方的党和军队的党)的政策是正确的。"②最后,他满怀信心地指出:"边界红旗子始终不倒,不但表示了共产党的力量,而且表示了统治阶级的破产,在全国政治上有重大意义。所以我们始终认为罗霄山脉中段政权的创造和扩大,是十分必要和十分正确的。"③事实胜于雄辩。毛泽东不仅提出了"工农武装割据"的思想,而且在边界各县全面贯彻落实了这种思想。经过一段时间的实践,边界工农武装割据的建立,根据地的蓬勃发展,党的建设、军队建设、政权建设、经济建设、文化建设等,都取得了显著成绩。边区军民看到眼里、喜在心里,对毛泽东提出的这一套思想理论,由最初的心里一动,到半信半疑,最后到了心悦诚服。一开始也许有人认为,毛泽东说要建立边界工农武装割据、最后夺取全国政权,那是吹牛。

---

① 《毛泽东选集》第一卷,人民出版社1991年版,第50页。
② 《毛泽东选集》第一卷,人民出版社1991年版,第59页。
③ 《毛泽东选集》第一卷,人民出版社1991年版,第81页。

经过几个月的实践,大家都认为,毛泽东是"孔明","能掐会算",他说的总是对的。很多人对他佩服得五体投地！在井冈山,他的威信最高。事实也证明,"工农武装割据"的思想,不仅确保了井冈山根据地的成功建立和发展,而且为农村包围城市、武装夺取政权道路的确立奠定了坚实的基础。也可以说,井冈山革命根据地是农村包围城市、武装夺取政权道路的萌芽阶段和雏形。

此外,古田会议结束后,毛泽东收到林彪写给他的一封新年贺信。在信中,林彪表示对红军面临的形势比较悲观,不相信革命高潮有迅速到来的可能,对毛泽东"一年内争取江西"的计划表示怀疑,希望在闽粤赣三省交界的地区打游击。毛泽东敏锐地意识到,这不仅是林彪的个人主张,而是反映出当时红军干部中普遍存在的一些想法。为了消除大家的疑虑,统一思想,毛泽东于 1930 年 1 月 5 日在福建上杭县古田镇赖坊村,给林彪写了一封 7000 字的回信,这就是著名的《星星之火,可以燎原》。在这封信中,毛泽东分析了国内政治形势和敌我力量对比,明确指出"红军、游击队和红色区域的建立和发展,是半殖民地中国在无产阶级领导之下的农民斗争的最高形式","是促进全国革命高潮的最重要因素"。[①] 他断言:"星星之火,可以燎原"。毛泽东让红四军政治部将复信油印发至红四军各党支部,以便让更多的指战员了解他的思想。此后半年,红四军第三次入闽,成立红一军团,将赣南、闽西革命根据地连成一片,为 1931 年中央根据地的正式形成打下了坚实基础。事实再次证明,毛泽东的判断和预言是完全正确的。

我们可以设身处地想一想,在当时周边都是白色恐怖的条件下,井冈山这个穷乡僻壤的弹丸之地,只有 3600 余人的部队,而且边界

---

① 《毛泽东选集》第一卷,人民出版社 1991 年版,第 98 页。

和红军又刚刚遭到了"八月失败",在这样的背景下,有谁敢肯定地说,红色政权一定能长期存在,将来一定能战胜敌人、夺取全国政权呢?敢于作出这种承诺并有这种自信的,纵观当时的国际国内、党内党外,恐怕很难能找到第二个人。共产国际方面,无论是斯大林、托洛茨基、布哈林、季诺维也夫、季米特洛夫,还是共产国际代表维经斯基、马林、鲍罗廷、罗米那兹等,都不相信农村红色政权能够存在。其中最著名的是斯大林和托洛茨基的观点:"斯大林不相信农村能够成为中国革命的基础,更不用说什么'农村包围城市'。"①"自信地以为列宁之后,只有他掌握真理"的托洛茨基"反对在中国先进行民主革命,否认统一战线,否认农民的革命性和农村根据地的作用。他根本不相信,中国共产党人依靠农村根据地能够夺取政权"②。"嘲笑了斯大林的托洛茨基,又反过来嘲笑在农村开展武装斗争的中国共产党人。"③国民党方面,无论是蒋介石、汪精卫,还是胡汉民、何应钦、邵力子等人,都未料到红色政权会在中国产生,也未料到中国共产党能够夺取政权。比较有代表性的是汪精卫和蒋介石的观点。汪精卫说:"至于共匪之发生,则为中国历史上农民失业之结果,加以最近数十年来,经济落后,农村崩溃,失业人数遂以激增……本党除了努力治标清除共匪之外,还须努力治本,以解决农民失业问题。"④红色政权之所以能够存在,在汪精卫看来,原因在于中国农业破产。蒋介石则讲了"历年军阀的叛变""赤色帝国主义者之毒计""白色帝国主义者之经济侵略""过去教育制度的不良""中国社会组织的松懈"等五点原因。在这五条原因中,他认为"赤色帝国主义者之毒

---

① 金一南:《苦难辉煌》,华艺出版社 2009 年版,第 17 页。
② 金一南:《苦难辉煌》,华艺出版社 2009 年版,第 22 页。
③ 金一南:《苦难辉煌》,华艺出版社 2009 年版,第 22 页。
④ 金一南:《苦难辉煌》,华艺出版社 2009 年版,第 24—25 页。

计"是根本的一条。他一直在努力扑灭红色政权,矢志未改,无论是十年内战时期,还是解放战争时期,包括兵败台湾之后,一辈子都想摧毁红色政权、彻底消灭共产党,可到死也没有实现自己的愿望。他至死也没有明白这其中的道理。有人给他归结为"运气不好",看来也没有替他弄明白。很显然,国民党方面没有找到"红色政权为什么能够存在"的真正原因。中国共产党方面,相信共产党能够取得胜利的大有人在,但相信农村红色政权能够长期存在并不断发展的人不会很多,无论是陈独秀、瞿秋白、李立三,还是博古、王明等,当时都没有对农村红色政权能否长期存在作出回答,没有认识到"工农武装割据""农村包围城市"的道路是中国革命的正确道路。而对这个问题作出正确回答的只有毛泽东。最为难能可贵的是,毛泽东回答这个问题,不是盲目乐观,不是主观臆断,不是凭空喊口号,与罗米那兹、瞿秋白要实行全国武装总暴动的"左"倾盲动错误不同,与李立三"会师武汉""饮马长江"、夺取全国胜利的"左"倾冒险错误不同,而是立足于中国的实际,运用马克思主义的立场、观点和方法,深刻分析当时的国际国内形势,从理论上阐明了红色革命政权存在和发展的原因和条件,作出了令人信服的回答。他也讲了五条原因,第一条就是"白色政权之间的战争",即军阀混战,这是最根本的一条。不难看出,在众多的解释中,毛泽东的认识最为深刻、最为正确,抓住了本质,总结了规律。尤其是他在之后的《星星之火,可以燎原》一文中,把深奥的道理,用诗一般的语言,形象直观地表达出来,贴近生活,使老妪能解。他是这样说的:"所谓革命高潮快要到来的'快要'二字作何解释,这点是许多同志的共同的问题。马克思主义者不是算命先生,未来的发展和变化,只应该也只能说出个大的方向,不应该也不可能机械地规定时日。但我所说的中国革命高潮快要到来,决不是如有些人所谓'有到来之可能'

那样完全没有行动意义的、可望而不可即的一种空的东西。它是站在海岸遥望海中已经看得见桅杆尖头了的一只航船,它是立于高山之巅远看东方已见光芒四射喷薄欲出的一轮朝日,它是躁动于母腹中的快要成熟了的一个婴儿。"①这"一只航船""一轮朝日""一个婴儿",触目可及,伸手可感,给人以身临其境的感觉!很显然,毛泽东的讲话确实像黑暗中的一盏明灯,为人们指明了前进的方向,让人们看到了前途和希望。也就是说,在蒋介石实施最严厉的白色恐怖下,在各个实行白色恐怖的政权连年混战中,毛泽东为中国共产党人找到了最广阔的发展天地。后来的中国革命实践又证明了他当时的论断是完全正确的。可见,毛泽东那种精确预测、料事如神的能力确实无人能及!他"譬如北斗",是中国革命的引路人,又是党和红军从胜利走向胜利的最可靠保证!"抬头望见北斗星,心中想念毛泽东。"这是根据地人民的切身感受。这样的领袖,不能不让人敬佩不已!

综上,我们完全有理由说,对于"红旗到底打得多久"这个问题,从理论上和实践上作出科学回答并提出"工农武装割据"伟大思想的,毛泽东是第一人。

• 这里可以提出一个问题,即:毛泽东为什么能作出科学的回答呢?总的来讲,是毛泽东运用了马克思主义的唯物辩证法,对中国社会问题和红军发展问题作出了科学的分析,从一般情况的表象中把握了问题的实质,从而得出了科学的结论。具体来讲,主要是采取了四个正确的方法:

第一,阶级分析的方法。毛泽东曾在 1925 年 12 月,针对当时党内存在的两种倾向(一种以陈独秀为代表,只注重与国民党合作,忘

---

① 《毛泽东选集》第一卷,人民出版社 1991 年版,第 106 页。

记了农民,这是右倾机会主义;一种以张国焘为代表,只注重工人运动,同样忘记了农民,这是"左"倾机会主义),写出了《中国社会各阶级的分析》,对中国社会各阶级的经济地位及其对于革命的态度作出了深刻的分析。中国社会既有地主阶级和买办阶级、中产阶级、小资产阶级,还有半无产阶级、无产阶级等。正是这些阶级的存在,构成了中国社会的性质和特点。这时的中国是一个半殖民地半封建国家,政治经济发展不平衡,受帝国主义间接统治。统治阶级是军阀、官僚、买办阶级、地主豪绅和帝国主义等,被统治阶级是广大的工人农民和小资产阶级。地主豪绅、帝国主义和军阀残酷地剥削、压迫着广大的工人农民和小资产阶级。统治阶级是少数人,而被统治阶级是绝大多数人。只要绝大多数人被发动起来,就能形成巨大的革命力量。毛泽东在这篇文章中明确指出:"一切勾结帝国主义的军阀、官僚、买办阶级、大地主阶级以及附属于他们的一部分反动知识界,是我们的敌人。工业无产阶级是我们革命的领导力量。一切半无产阶级、小资产阶级,是我们最接近的朋友。那动摇不定的中产阶级,其右翼可能是我们的敌人,其左翼可能是我们的朋友——但我们要时常提防他们,不要让他们扰乱了我们的阵线。"[1]毛泽东还指出:中国无产阶级的最广大和最忠实的同盟军是农民。这样就解决了中国革命最主要的同盟军问题。除此之外,毛泽东又分析了大革命失败后国内的政治状况,他指出:"现在国民党新军阀的统治,依然是城市买办阶级和乡村豪绅阶级的统治,对外投降帝国主义,对内以新军阀代替旧军阀,对工农阶级的经济的剥削和政治的压迫比从前更加厉害。""全国工农平民以至资产阶级,依然在反革命统治底下,没有得到丝毫政治上经济上的解放。"[2]通过对中国社会各阶级的分析,

---

① 《毛泽东选集》第一卷,人民出版社1991年版,第9页。
② 《毛泽东选集》第一卷,人民出版社1991年版,第47页。

毛泽东已经预见到,在无产阶级及其政党的正确领导下,只要能把最广大的农民阶级发动起来,就能取得革命的胜利。这应该是毛泽东的最大底气!也是他作出正确判断的坚实基础。

第二,矛盾分析的方法。哪里有压迫,哪里就有反抗。城市买办阶级、乡村豪绅阶级、帝国主义以及他们支持的军阀,对社会底层和广大劳动人民进行残酷剥削和压迫,必然激起社会底层和广大劳动人民的反抗。这就构成了当时的社会矛盾,主要有:中国人民与帝国主义的矛盾,地主豪绅与农民阶级的矛盾,军阀之间的矛盾,帝国主义之间的矛盾,城市买办阶级与资产阶级的矛盾,资产阶级与小资产阶级的矛盾等。在这些复杂的矛盾中,主要矛盾是中国人民与帝国主义的矛盾,军阀、地主豪绅与工人、农民阶级的矛盾。帝国主义为了各自的利益,划分势力范围,采取分裂剥削政策,支持不同的军阀,这样军阀之间的割据和战争就不断发生。毛泽东指出:"中国内部各派军阀的矛盾和斗争,反映着帝国主义各国的矛盾和斗争。故只要各国帝国主义分裂中国的状况存在,各派军阀就无论如何不能妥协,所有妥协都是暂时的。今天的暂时的妥协,即酝酿着明天的更大的战争。"①这样一来就造成了一定的社会缝隙,为红色政权提供了生存和发展的空间。"因为有了白色政权间的长期的分裂和战争,便给了一种条件,使一小块或若干小块的共产党领导的红色区域,能够在四围白色政权包围的中间发生和坚持下来。湘赣边界的割据,就是这许多小块中间的一小块。"②由于地方军阀忙于混战,对边界"结合部"地带无暇顾及,"结合部"便成了"不管部"。共产党就可以利用敌人的矛盾和缝隙,发展革命力量,建立红色政权。这是毛泽东通过分析矛盾、作出正确判断的依据。

---

① 《毛泽东选集》第一卷,人民出版社 1991 年版,第47—48 页。
② 《毛泽东选集》第一卷,人民出版社 1991 年版,第49 页。

第三,综合分析的方法。事物的发展不是孤立的,往往会涉及到方方面面的因素和条件。为此,毛泽东不仅分析中国各阶级的经济地位和对待革命的态度、国内的主要矛盾、中国社会的性质和特点等,还分析了共产党的领导、红军的存在、群众的基础、党和红军的政策等因素的作用。[①] 毛泽东指出,共产党组织的有力量和它的政策不错误,这是一个"要紧的条件"。党的领导是核心问题,只有党的坚强领导,才能确保正确的方向,才能将武装斗争、土地革命和根据地建设结合起来,才能不断胜利前进。工农革命军上了井冈山以后,在前委的正确领导下,建立井冈山革命根据地,党的建设、军队建设、政权建设等取得了显著成绩。如果党的特委和军委没有力量,或政策上出现失误,就会给红军和根据地发展带来重大损失。比如,"三月失败"和"八月失败"。[②] 毛泽东指出,相当力量的正式红军存在,是红色政权存在的必要条件。从井冈山来说,先后有了工农革命军、红四军的到来,就能打退敌人的多次"进剿",井冈山根据地就能巩固和发展。反之,如果只有地方赤卫队之类的群众武装,而没有正式的红军,则只能对付挨户团,而不能对付正式的白军,"更不能造成长期的和日益发展的割据局面。"[③]毛泽东指出,良好的群众基础,是红色政权发生和存在的重要条件。他说:"中国红色政权首先发生和能够长期存在的地方,主要是在 1926 年和 1927 年两年资产阶级民主革命过程中工农士兵群众曾经大大地起来过的地方,例如湖南、广东、湖北、江西等省。这些省份的许多地方,曾经有过很广大的工会和农民协会的组织,有过工农阶级对地主豪绅阶级和资产阶级的许多经济的政治的斗争","有过农民的割据"。毛泽东指出,全国革

---

① 《毛泽东选集》第一卷,人民出版社 1991 年版,第 50 页。
② 《毛泽东选集》第一卷,人民出版社 1991 年版,第 49—50 页。
③ 《毛泽东选集》第一卷,人民出版社 1991 年版,第 50 页。

命形势继续向前发展,是小块红色政权长期存在的充分条件。他说:
"现在中国革命形势是跟着国内买办豪绅阶级和国际资产阶级的继续的分裂和战争,而继续地向前发展的。所以,不但小块红色区域的长期存在没有疑义,而且这些红色区域将继续发展,日渐接近于全国政权的取得。"综合分析白色政权的分裂和战争、群众基础、革命形势、红军存在、党的力量等多方面因素,毛泽东得出了中国红色政权存在和发展的条件,具有十分可信的理论依据。

第四,长期学习积累的方法。毛泽东能够写出这样独具慧眼、鞭辟入里的雄文,与他长期的学习积累有着直接的关系。来到井冈山,即使再忙,他也丝毫没有放松学习。就是靠着这种坚持不懈的学习精神,加上紧密结合实际,才使他的思想更加深刻、眼光更加深远,更能看到事物的本质,从而找到指导中国革命的理论。看看杨至诚上将是如何回忆的,他说:"在井冈山这一段时间,毛党代表不仅在生活上很艰苦,在工作和学习上也是很刻苦的,真是我们的榜样。他非常关心时事,记得还在井冈山会师时,我们刚到大垅,一见面,他就问我们带报纸来了没有,他如获至宝,把这些报纸都拿去了。有一天我去向他请示工作,见他正在看《资本论》,研究马列主义学说。他时时刻刻不忘学习,经常看书到深更半夜,工作稍有空隙,他就学习,即使在行军中,骑在马上也要看书,马袋里满满的都是书。他看书很认真,重要的地方点圈划线加批语,进行分析和研究。所以,他作文章也好,讲话也好,都是引古证今,深刻、透彻、明确。凡是重要报告和文件,都是他亲自撰写。如《井冈山的斗争》就是在 1928 年 11 月 25 日写的。同时,他还写了一些诗词。毛党代表在战斗环境中坚持不懈的学习精神,是我们应该深刻体会和学习的。"①时任茶陵县委书记、红四军前

---

① 井冈山革命根据地党史资料征集编研协调小组、井冈山革命博物馆:《井冈山革命根据地》(下),中共党史资料出版社 1987 年版,第 546 页。

委秘书,新中国成立后任浙江省委书记、最高人民法院院长的江华同志也回忆说:"那时,是用铁皮箱给毛泽东同志装文件的,贺子珍同志负责剪报纸,文件的底稿也都放在她那里。行军的时候,一条扁担,一头挑着文件,一头挑着报纸,毛泽东同志那时什么报纸都看。杨至诚同志是副官长,他每到一个地方总要先找报纸和书籍,不管什么报纸和书籍都要搜集起来给毛泽东同志看。"①从这些细节可以看出,毛泽东是如饥似渴地在读书学习。

通过以上分析,毛泽东透过现象、找到本质,得出了红色政权能够长期存在和发展的正确结论,有力回答了广大指战员和地方党员干部中存在的疑虑和悲观失望的问题。毛泽东不愧为卓越的伟大的领袖,每到重要关头,他总能先人一步看到事物发展的普遍规律,并毫不含糊、一针见血地给出自己的观点,辅以周密的分析和论断,给人一种豁然开朗之感。

十、改造国民党起义部队

毛泽东、朱老总继改造袁文才、王佐的地方武装成功以后,又把这些经验运用到改造国民党起义部队官兵上来,进一步瓦解敌军,提升我军政治工作的威力。我军政治工作三大原则是:官兵一致、军民一致、瓦解敌军。改造王佐队伍后,毛泽东曾对何长工说:"你不要看王佐、袁文才这么一点儿,要放大起来看。""我们还要把敌人变为我们的朋友,把敌人的敌人也变为我们的朋友。意思是说,改造王佐部队是我军改造旧军队的起点,它的意义远不止于此,将影响整个国民党军队。"②由于我军制定并执行优待俘虏的政策,释放俘虏和医

---

① 井冈山革命根据地党史资料征集编研协调小组、井冈山革命博物馆:《井冈山革命根据地》(下),中共党史资料出版社 1987 年版,第 549 页。

② 《何长工回忆录》,解放军出版社 1987 年版,第 170—171 页。

治伤兵,对瓦解敌军起到了很大作用。

1928年10月中旬,"驻湖南的国民党军新八军第三师阎仲儒部126人,在营长毕占云的率领下,于桂东举行起义,弃暗投明,参加红军。11月初,赣军向成杰驻宜春的一个正规连,又在连长张威的带领下,投奔红军。"[1]

这两支队伍举行起义,看似简单,实际也是我们党和红军积极开展统战工作的结果。

毕占云,四川广安人,原是川军阎仲儒师第8团2营营长。1928年六七月间,阎仲儒师被调往桂东参加"剿共"。2营下辖3个连,其中有两个连长是武汉政治学校毕业的共产党员。这两个连长在士兵中教唱《国际歌》和少年先锋队歌,被上级发现,追究责任。毕占云让他们离开部队,发了路费。为此,该营被改编为连,开到醴陵、茶陵、安仁一带驻防。毕占云"与朱德、陈毅彼此间曾有过来往,在土地革命的浪潮中,对共产党的主张和政策产生了赞赏之情,同时对国民党的独裁统治甚为不满"[2]。1928年8月,"红军在遂川大汾、左安一带,俘虏了毕占云部一班人,从俘虏口中了解到毕占云的情况。为了争取毕占云,红二十八团党代表何长工向军部请示,释放俘虏,毛泽东、朱德、陈毅等一致同意何长工的意见,将这个班连人带枪全部放回,朱德、陈毅并联名以同乡的身份给毕占云写了一封信,指出了他属杂牌军、受蒋介石排异之处境,希望他反戈一击,投奔红军。""毕占云接信后,见红军将他的人马放回,深为感动,于是决定投奔红军。"[3]毕占云是国军起

---

① 《浴血罗霄——井冈山革命根据地历史》(修订版),中国发展出版社2014年版,第241页。

② 《浴血罗霄——井冈山革命根据地历史》(修订版),中国发展出版社2014年版,第241页。

③ 《浴血罗霄——井冈山革命根据地历史》(修订版),中国发展出版社2014年版,第241页。

义的第一人。

张威,云南人,北伐时担任连长,后随滇军朱耀华十八师调来江西樟树、袁州(宜春)"剿共"。当时莲花县委派出谢振国等人在袁州秘密活动,侦察敌情。"一天,谢振国同志发现国民党朱培德部有一个营长叫张威,驻扎在袁州城,此人天天精神不振,经常到酒店酗酒解闷。为了探得他的情况,这天,谢振国同志特意请张威到他酒店喝酒,了解情况。经过一番谈心,才知道张威喜欢赌钱,把全营官兵的薪饷输光了。团长知道此事后,给张威以撤职查办的惩处,因此他天天苦闷不堪,感到前途渺小。"[①]根据这种情况,谢振国积极开展政策攻心,劝他弃暗投明,让他起义参加红军。张威经过一番考虑,于11月初率部起义。说是一个营,其实"此时,只剩下96条枪了"[②]。

这两支部队起义过来了,如何安排? 如何改造? 这是红军初创时期一个崭新的问题。

一是举行隆重仪式,表示热烈欢迎。为了表示对毕占云起义部队的欢迎,红四军召开了隆重的欢迎大会。时任毕占云部战士、新中国成立后担任华北军区空军政治部主任的黄连秋少将回忆说:"队伍到达井冈山的茨坪,红四军的部队集合在广场上,召开大会欢迎我们,红四军的首长都参加了大会。""我们这支126人的队伍都站在红四军部队的最前面,对红四军首长看得很清楚。"[③]大会开始,朱德同志说:"同志们,国民党不是天天喊打倒朱、毛吗? 今天咱们先认

---

① 井冈山革命根据地党史资料征集编研协调小组、井冈山革命博物馆:《井冈山革命根据地》(下),中共党史资料出版社1987年版,第577—578页。

② 井冈山革命根据地党史资料征集编研协调小组、井冈山革命博物馆:《井冈山革命根据地》(下),中共党史资料出版社1987年版,第578页。

③ 井冈山革命根据地党史资料征集编研协调小组、井冈山革命博物馆:《井冈山革命根据地》(下),中共党史资料出版社1987年版,第516页。

识一下,我就是朱德,他就是毛泽东!""就在这时,毛委员站起来向我们126人的队伍挥手打招呼!这是我们第一次亲眼看到毛委员的情景,我感到格外亲切和幸福,终身难忘。""接着,朱军长就当场宣布,我们这126人的队伍改编为中国工农红军红四军特务营,任命毕占云为营长,唐××为营党代表,陶云清为副营长,还派了许多干部、老战士和共产党员来充实改造我们的部队。原来是班长的改为副班长,副班长改为战士。我们由126人充实到300人左右。朱军长宣布完毕,大会在雷一般的掌声中结束。"①隆重的欢迎仪式,让毕占云部队的指战员感到亲人般的温暖!

二是职务安排,就高不就低。当时毕占云的营已改编为连,这时他实际只是一个连长,起义过来的时候,毕占云的部队只有126个人;张威因为赌钱把全营的军饷输光已被撤职查办,他带过来的部队也只有96支枪。如果按照他们实际过来的人枪数安排他俩的职务,也是可以的。但毛泽东没有计较他们的过去,就高不就低,着眼未来,仍然安排他们当营长。最为难能可贵的是,一个是特务营营长,一个是独立营营长。

三是编制位置,既独立又重要。这两支部队刚从国民党那边过来,很难说得上是知根知底,而且人数也很少。一开始,张威的部队编入莲花红色独立团,张威担任营长。一般情况下,可以打破建制,分散安排到红四军4个团中去;或者成立两个连,列入红四军人数相对较少的2个团中。但毛泽东没有这样做,因为熟读历史、深通人性的毛泽东肯定会考虑到,这些起义过来的军官最怕自己的部队被肢解、分开,最怕被别人看不起,得不到应有的信任和尊重,得不到应有的待遇等。所以,毛泽东、朱德将这两支队伍一个编为特务营,一个

---

① 井冈山革命根据地党史资料征集编研协调小组、井冈山革命博物馆:《井冈山革命根据地》(下),中共党史资料出版社1987年版,第516—517页。

编为独立营,直属于军部领导,特务营担任警卫任务,就在前委和军部首长身边工作。这是需要胆量和勇气的,一般人很难做到。这样,两支部队既保持了一定的独立性,两位营长有职有权;又得到了和红四军其他干部战士一样的地位和待遇。这是多么大的信任和尊重啊!我们不难看出,毛泽东宽阔的胸怀和过人的气魄!黄连秋少将回忆说:"刚起义时,毕占云乡土观念较重,常常与四川人待在一起。我们不懂得'革命到底'的含义,只知道共产党信得过我们,我们也信得过共产党。我们特务营为毛委员、朱军长站岗,这样安排是顶信任我们。部队就住在军部西北角的大屋里,打的是地铺,分成两排,中间留一条路过身。"①正是这种高度信任和尊重,换来了他们对党和红军的忠诚和信赖。毕占云回忆说:"到宁冈后,毛主席将我部编在特务营,直属红四军军部领导。毛主席来特务营了解情况,很关心我们的干部战士,对我们进行政治教育,给我们鼓舞很大。从此,我获得了新生,走上了毛主席领导的革命道路。"②古人讲:"士为知己者死!"这也许就是毛泽东最人性化的领导智慧吧!实践证明,信任也是十分重要的领导力!

四是加强政治思想教育,提高思想认识和觉悟。改造一支部队,必然要进行思想教育,只有思想认识提高了,才能从根本上改变部队的性质。为此,毛泽东、朱德、陈毅十分重视思想教育工作。

1."毛委员为我们上了第一堂阶级教育课"。毕占云部队到达井冈山后,毛泽东第一时间就给他们上了一堂生动而又难忘的政治课。黄连秋回忆说:"一天上午,天空下着细雨,夹着雪花,天气十分寒冷。毛委员走到中间的一堆火旁,和我们一起坐下来,他环视了一

---

① 井冈山革命根据地党史资料征集编研协调小组、井冈山革命博物馆:《井冈山革命根据地》(下),中共党史资料出版社1987年版,第517页。

② 《星火燎原》(井冈山斗争专辑),解放军出版社1986年版,第299页。

下这间大屋,又摸了摸铺上的金丝被(稻草),慈祥地打量着我们。"

"毛委员从来讲话都是采用启发式,由浅入深,说话通俗、明白,毛委员这次讲话就是这样做的。"

"毛委员伸手一面烤火,一面向大家问道:过年了,地主家大鱼大肉,你们家能吃饱饭吗? 毛委员的话,使我们感到很亲切,大家你看着我,我看着你,谁也说不出话来。"

"毛委员又继续问道:天冷了,地主老财穿着大袍子,外面还套上大褂,你们家能穿上棉袄吗? 有人立刻回答:'我们什么都没有。'我一看,就是在家扛长工的李春生。"

"对呀! 毛委员接着又问道:你们不是天天种地吗? 不是天天起早摸黑,累得很吗? 不是打了很多粮食吗? 为什么没有吃的,粮食哪里去了呢?"

"这几句话,立即在我们这些穷苦出身的战士心中掀起了一层波浪,大家都在思考着。"

"毛委员就像讲故事一样,他接着说下去:过年,老财家里张灯结彩,欢天喜地。穷人呢,过年却叫'年关'。地主老财给穷人规定了一个日子,就是农历 12 月 30 日,是穷人还债的日子,这就是'法律'。他们有权有势,谁敢违抗? 不管你是丰年还是灾年,到了年关,地主老财就要派他的狗腿子上门逼租逼债,你要还不起,得逃债跑出去。……"

"毛委员的话,句句说到我们心坎上。正在这时,我们的副班长碰碰我说:'哎唷,毛委员可能到过我们家乡吧? 要不怎么连我们家里的事都晓得呢?''是呀,我家里的事他也知道!'我回答说。"

"每人回想着自己的身世,听了毛委员的话,感到毛委员是最了解我们穷人的心事。"

"毛委员又问:穷人白天黑夜耕田种地,还挨饥受冻,而且地主老财抱着水烟袋,什么都不干,可是他们却吃不完用不尽,这是为什么呀?"

"我们这些穷苦农民出身的战士,祖祖辈辈受旧传统的观念太深,有的同志不由地叹了一声说:'命苦啊!'这声音虽然不大,因大屋里很静,他的话被大家听到了,毛委员也听到了。"

"毛委员亲切地看一眼那个战士,就面对大家大声地说:老财家祖祖辈辈'八字'就那么好? 我们大家祖祖辈辈的'命'就那么苦? 什么天神、灶神、土地神,你们不是每月的初一、十五,还向它烧香吗? 怎么都把它得罪了……"

"大家听到这,都哈哈大笑,毛委员也笑了。"

"毛委员又接二连三地提问题:粮食是不是你们种的呀? 有许多的战士齐声答道:'是!'"

"又问:棉花是不是你们种的呀? 我们回答:'是。'这声音就更大了。"

"毛委员随后说道:对嘛! 劳而不获,不劳而获,这就是剥削嘛! 所以才要革命,打土豪分田地。有人说自己'八字'不好,什么'八字'不好,因为人家手里有枪杆子嘛! 有的地方打了土豪,分了地,贫苦人家的'命'一下子就好起来啦。因为那个地方的穷人手里有了枪杆子,穷苦人家翻了身嘛,要过好年,要有饭吃,就必须拿起枪杆子闹革命! 打倒国民党,打倒反动派,打倒反动军阀,打倒土豪劣绅,把我们的斧头镰刀的红旗插遍全中国……"

"毛委员说出了多少年来我们穷人的心里话! 这是 50 年前,毛委员在井冈山上给我们上的第一堂阶级教育课,也是作为一个革命战士的基础课。"[①]毛泽东讲得多么朴实,通俗易懂,道理深刻,一下子使战士们明白了革命的道理! 毛泽东不愧为语言大师!

_____

[①]　井冈山革命根据地党史资料征集编研协调小组、井冈山革命博物馆:《井冈山革命根据地》(下),中共党史资料出版社 1987 年版,第 517—519 页。

2. 毛泽东为整训人员上了一堂"政治形势课"。1928 年 11 月，湘赣边界特委决定调莲花独立团到宁冈新城参加红四军整训。时任莲花独立团战士的王福善、刘振鸿回忆说："有一次，毛泽东同志在百忙中特意给我们整训人员上了一堂政治形势课。他的讲话犹如春风化雨，点滴入土，使莲花红色独立团的全体战士，尤其是张威本人及其所属人员，受到极其深刻的教育。他们对共产党与国民党所领导的军队在性质上有了进一步的认识。通过这次整训，张威部大部分能自觉地清除自己在旧军队沾染鸦片烟和赌钱的恶习，并且向组织提出不要军饷了，有的还把烟枪扔掉了。这样一来，红色独立团在政治觉悟和军事素质上都有了极大的提高。"[1]随后，张威的部队编入红四军独立营。"从此，张威部一直在毛泽东、朱德等同志的领导下进行战斗。""张威，虽然是一个旧军队过来的旧军官，但是在党和根据地的人民教育和培养下，真正成为一名坚强的无产阶级革命战士，对莲花和井冈山革命根据地作出了很大的贡献，他的英勇事迹永远刻在人民心中。"[2]

五是政治上关心和生活上照顾。毛泽东、朱德、陈毅等军中领导既关心他们的生活又关心他们的成长。生活上，予以照顾。起义部队不仅和红四军是一样的，而且还有一些特别关照。黄连秋回忆道："我们起义部队的生活每人每天除粮食外，只有 5 分钱的伙食费。发钱五毛就是五毛，一块就是一块，这是照顾我们的，原来的部队则有时候就有，没有的时候就没有。"[3]政治上，关心培养。黄连秋说："井冈山斗

① 井冈山革命根据地党史资料征集编研协调小组、井冈山革命博物馆：《井冈山革命根据地》(下)，中共党史资料出版社 1987 年版，第 579—580 页。

② 井冈山革命根据地党史资料征集编研协调小组、井冈山革命博物馆：《井冈山革命根据地》(下)，中共党史资料出版社 1987 年版，第 580 页。

③ 井冈山革命根据地党史资料征集编研协调小组、井冈山革命博物馆：《井冈山革命根据地》(下)，中共党史资料出版社 1987 年版，第 519 页。

争时期生活虽然艰苦,但是官兵待遇平等,我们起义部队在政治和生活方面都得到关心和照顾。因此,坚定了我们革命到底的信心。"经过党组织的培养和教育,不少干部战士入了党。"10 月的一天,营长毕占云、副营长陶云清、副官蔡大金、连长杨云章、班长彭子辉等 10 来个人,在一间房子里举行入党宣誓仪式,大家举起手念誓词。"①

六是榜样的无穷力量。国民党军队等级森严,官兵不平等,官大一级压死人。这两支部队加入红四军后,他们很自然会看红四军领导是如何做的。毛泽东、朱德以身作则,与士兵们同甘共苦,让毕占云、张威等人刮目相看、心生敬意。黄连秋回忆说:"朱军长和毛委员都是南方人,爱吃点辣椒,毛委员天天要吃点辣椒,他吃辣椒还有一个方法,把辣椒放在火上烧一下就吃,没有油也没有盐,他经常端着碗从我们门口过,我们常看见他就是这样吃饭。""朱军长也常到我们特务营来,营长很尊重军长,他来了就要搞点菜,朱军长说:'你们不要搞菜嘛! 随便吃哟'这样次数多了,干部自己也不好意思,毕占云就取消了干部小厨房,把麻将也没收了。""毕占云同志对毛委员、朱军长那言行一致、官兵一致的作风深受感动,所以他对他们是非常尊重的。""1929 年 1 月下井冈山时,在大余打了一仗,当时如果没有我们特务营的保护,朱军长他们是很危险的。那时,朱军长连脱套裤都来不及了。他三个警卫员被敌人打死了两个,朱军长的爱人伍若兰同志就是在这次战斗中被俘的。在当时那种危急的情况下,毕占云下了死命令:无论如何要保卫首长的安全,并指挥部队把敌人打下去了,保护了朱军长和军部的安全。"②

① 井冈山革命根据地党史资料征集编研协调小组、井冈山革命博物馆:《井冈山革命根据地》(下),中共党史资料出版社 1987 年版,第 519 页。
② 井冈山革命根据地党史资料征集编研协调小组、井冈山革命博物馆:《井冈山革命根据地》(下),中共党史资料出版社 1987 年版,第 520 页。

237

七是进行整训改造。为了把这两支部队改造成真正的工农革命军,毛泽东、朱德派何长工负责对这两支部队进行整训改造。在何长工看来,这两支部队不同于袁文才、王佐的部队,袁、王的队伍是逼上梁山的绿林好汉,底子好,好改造。"而这两支部队,虽然大多数出身于劳动人民家庭,被生活驱使当了雇佣军,但大部分在旧军队中沾染了不少恶习,特别是吸鸦片和赌博成风,不少人成为'双枪兵',怎么使他们由旧变新,由白变红,改变他们的非无产阶级思想,成为真正的工农红军,我还没有经验,把握的确不大。""毛泽东笑着坚毅地说:难是自然,万事开头难,但我们还是要走出一条改造起义部队的路子来。"①

1."这些兵油子到底还要不要?"针对这个问题,毛泽东严肃地说:"怎么不要?人家是梳妆打扮送上门来的,起义是义举嘛,不要就不好了,不要是消极的,要积极改造,若改造不好证明我们没有本事。马克思曾经讲过,改造社会的同时还要改造人,这是与我们所进行的伟大事业相一致的。当然改造是艰巨的,可是要记住,中国军阀割据,地方部队多得很,对这部分人的工作做好了可以影响一大片,改造这支部队的经验,将来是有用的。"

2."是说服还是压服,两种办法,两个前途。"何长工建议说:"这伙烟鬼关他 20 天,烟枪缴掉算了。"毛泽东摇了摇头说:"那还行?那样办说明我们和国民党没有什么区别了,是说服还是压服,两种办法,两个前途。"毛泽东还说:"你当戒烟'所长',从戒烟入手,要叫他们思想通。为此,必须向他们讲清我军的性质和任务,红军和白军有本质区别,这样从根本上提高觉悟,转变他们的立场和世界观。"②

---

① 井冈山革命根据地党史资料征集编研协调小组、井冈山革命博物馆:《井冈山革命根据地》(下),中共党史资料出版社 1987 年版,第 260—261 页。
② 井冈山革命根据地党史资料征集编研协调小组、井冈山革命博物馆:《井冈山革命根据地》(下),中共党史资料出版社 1987 年版,第 261 页。

3. 形式多样、多管齐下。"我们把住戒烟这一关的同时,还注意改善伙食,增加文体活动时间,动员干部带头戒烟,同时特别加强了政治思想教育工作,把时事政策教育作为中心的一环来抓,给他们讲打土豪分田地,讲群众工作,讲商业政策等等。还到农村请老农讲阶级教育课,弄清苦根甜源。……这样一来,如春风化雨,点滴入土,使大家心地豁然开朗,把吸大烟与不吸大烟提高到红、白军本质不同上来加以认识,人民的军队只要手中的钢枪,不要自杀的烟枪,鸦片枪是不能战胜敌人的,而只能招致失败。因而,自觉戒烟的空气浓厚起来,大家互相监督、互相帮助,戒烟工作取得很大成效。随之,其它劣根陋习也逐渐减少。"

4. 在行动中改造,在斗争中锻炼。"为了把这两支部队彻底改造好,后来,毛泽东同志又指示我们把部队拉出去,在行动中改造,在斗争中锻炼,在群众中受教育。这样内外夹攻,上下结合,使其加速革命化。"何长工带领这两支部队去莲花县九都迎接红五军上山,到三湾村参观学习,与莲花的反动靖卫团打了一仗,取得了胜利。"

"就这样,在毛泽东、朱德、陈毅同志关怀和指示下,使这两支部队成为真正的人民军队。"①两支部队的政治素质得到改造和提高,很快成为红四军的重要武装力量。"在以后的征战中,为坚持井冈山根据地和开辟赣南闽西及后来的中央苏区以及开辟湘鄂赣边根据地,这两支部队作出了贡献。"②张威在大余战斗中英勇牺牲。毕占云跟随党中央和毛泽东一路冲锋陷阵,立下了赫赫战功,新中国成立后被授予中将军衔、担任武汉军区副司令员。1952年,毛泽东视察

---

① 井冈山革命根据地党史资料征集编研协调小组、井冈山革命博物馆:《井冈山革命根据地》(下),中共党史资料出版社1987年版,第263页。

② 井冈山革命根据地党史资料征集编研协调小组、井冈山革命博物馆:《井冈山革命根据地》(下),中共党史资料出版社1987年版,第263页。

黄河,在开封下车时突然发现一个熟悉的面孔,立即走上前去,紧紧握住那个人的手说:"这不是井冈山上的特务营长吗? 这二十年,你去哪里了?"这个让毛泽东牵挂的人,就是毕占云! 此时,毕占云担任河南军区副司令员。

实践证明,这两支部队是可信赖的,是有战斗力的,也充分说明朱、毛对这两支部队的改造是成功的。同时也证明,毛泽东关于优待俘虏、改造旧军队的政策是正确的、有效的。后来,之所以不断有国民党成建制的军队投诚起义,与我们党正确的统战政策和改造经验有直接的关系。这也是毛泽东的一个英明举措。

十一、开办红色圩场,打破敌人的经济封锁

红四军的一系列军事斗争的胜利,使湘赣两省敌人极为惊慌。他们在继续策划新的"会剿"的同时,又从经济上对根据地实行严密的封锁,企图将红军困死在井冈山地区。一时间赤白边界的贸易被割断,井冈山地区的农副产品、手工业产品、竹木等运不出去,生活所需要的日用品、工业品运不进来,药材、火柴、煤油、布等十分紧张,食盐更是奇缺。怎么办? 毛泽东召集大家出谋划策,根据宁冈县委书记龙超清和袁文才提议,决定由宁冈县委在大陇建立红色圩场。毛泽东又指示袁文才代表湘赣边界工农兵政府发动群众全力支持。这样,从5月开始启动,经过一个多月的筹备,终于在 1928 年 7 月 15 日,大陇圩场正式开圩。"开圩那天,人们从四面八方涌向圩场。在川流不息的人群中,有来自宁冈本县各地的农民。有红军采买人员,也有来自遂川、酃县、茶陵边界的小商小贩。圩场上,土特产、中草药、油类、家禽野味等应有尽有,还有外地运进来的布匹、食盐、药材等。"①为了确

① 余伯流、陈钢著:《井冈山革命根据地全史》,江西人民出版社 2010 年版,第 219 页。

保圩场的正常贸易,大陇区政府成立管理机构,并派出赤卫队保护秩序。同时,大陇区政府出资在圩场办了一个商店,这是公营经济活动。这个圩场与草林圩场相比,有两个显著的特点:①政府管理圩场。由大陇区工农兵政府直接管理,成立了相应的机构,负责组织圩场的贸易活动,处理圩场上出现的问题。同时,区政府还派出赤卫队员在圩场巡逻,维护圩场贸易秩序。②公营经济参加圩场贸易活动。区政府在圩场办了一个商店,货物很多,价格公道,凡是使用根据地自己铸造的银元在这个商店购买东西,优先供应,并给予适当优惠。大陇圩场的开办,不仅打破了敌人的经济封锁,渡过了难关,而且促进了根据地的工农业生产和经济建设的发展。

赖春风少将回忆说:蒋介石为了摧毁刚刚建立的井冈山农村革命根据地,调集湘赣两省的军阀部队,连续进行三次军事"会剿"并且采取经济封锁的手段,企图困死英雄的井冈山军民。面对这样一种复杂的形势和残酷的局面,毛委员提出要大力发展农村工农业生产,繁荣农村经济,他亲自找宁冈县委书记龙超清和红军三十二团团长袁文才等领导干部,研究在宁冈县大陇镇建立红色圩场,开展红区和白区经济贸易。以此来打破敌人的经济封锁,克服红军面临的困难。① "红色圩场建立起来以后,毛委员又指示湘赣边特委和宁冈县委要制定保护中小商人的政策,并要开展各种形式的宣传工作。"② "为了彻底打破敌人的经济封锁,活跃城乡经济贸易,毛委员指示:县、区、乡政府要派出地方武装,打掉酃县和茶陵反动派为封锁根据地所设的哨卡。""大陇红色圩场开辟后,白区的商贩和人民群众一

---

① 井冈山革命根据地党史资料征集编研协调小组、井冈山革命博物馆:《井冈山革命根据地》(下),中共党史资料出版社1987年版,第504页。
② 井冈山革命根据地党史资料征集编研协调小组、井冈山革命博物馆:《井冈山革命根据地》(下),中共党史资料出版社1987年版,第506页。

直反映:'我们来到红色大陇圩场做生意,感到什么都比白区新鲜,心情格外舒畅,红区和白区两重天,红军和白军完全不一样,白区和红区人民亲如一家,我们那怕冒着生命危险,也要到根据地来做生意,支持根据地人民的斗争。'""井冈山根据地人民群众说:毛委员真英明,大陇圩场开得好,不仅打破了敌人的经济封锁,渡过了难关,而且促进了根据地的工农业生产和经济建设的发展。"①

通过以上措施,红四军多次打败了敌人的"进剿""围剿",粉碎了敌人的经济封锁,牢牢地守住了根据地,使井冈山武装割据进入鼎盛时期。

第二节　毛泽东的领导智慧和艺术

早在上井冈山的途中,毛泽东就料到敌人一定会"进剿""围剿"的,毛泽东及时采取多种措施,不仅守住了井冈山,而且确保了这块革命根据地进入鼎盛时期。这就是毛泽东的守山智慧! 主要是制定了一整套政治、军事、党建、经济等方针政策,突出地表现在:

一、实现朱毛会师,迅速扩大了武装力量

历史上的两军会师的情况很多,包括后来一、四方面军的会师,红一方面军与陕北红军的会师,中央红军三大主力的会师等,而这一次会师与其他会师明显不同,因为毛泽东主动作为,千方百计地推动两支部队的会师,实现了强强联合,形成了统一的整体,从而使井冈山根据地的军事力量迅速增强,打败了敌人的多次"进剿"和"会剿",为探索正确的革命道路赢得了宝贵的时间和空间,为红四军挺

---

① 井冈山革命根据地党史资料征集编研协调小组、井冈山革命博物馆:《井冈山革命根据地》(下),中共党史资料出版社1987年版,第509页。

进赣南、开辟革命根据地奠定了坚实的基础,也为其他根据地的军队建设树立了良好的榜样。

二、科学回答"红旗到底打得多久"的疑问,在黑暗中指明了正确的革命方向和道路

统帅能否正确判断形势、看准未来,直接决定着战争的胜败。在处于困难和危机的时候,有一些人失去信心,认为前途渺茫,产生了悲观情绪,提出了"红旗到底打得多久"的疑问。在湘赣边界党的第一次、第二次代表大会上,毛泽东深刻地阐述了红色政权能够长期存在和发展的原因和条件,回答了这个疑问。毛泽东的讲话,像黑暗中的一盏明灯,照亮了一些人思想上的不明之处,提振了军队和地方广大干部战士的信心和积极性,有力地推动了根据地的迅速拓展和边界各县的工作。这样的理论贡献和实践经验,无论是在国内还是国际上都是史无前例的,是边界军民提高思想认识、同心同德、一往无前的强大精神力量。杨尚昆主席(1926 年 11 月至 1931 年在莫斯科中山大学学习)曾回忆说:"以前,我们在中山大学期间也读过不少马列的书,也学革命史,但教员引经据典地讲的都是俄国的经验、英国的经验,我在那里 4 年,就没有在课堂上听说过毛泽东,也没有听说过农民运动,虽然知道中国人口中的百分之九十以上是农民,但认为农民只是工人阶级的同盟者,并不是革命的基本力量。出席党的六大的代表到中山大学来作过报告,也没有讲毛泽东在井冈山这股革命力量,没有指出它是将来的希望。所以大革命失败后,在中山大学里一味责备是那些缺乏'理论'的老干部断送了革命,王明还大肆鼓吹中国革命非我们这些'新知识分子'不成。"①可以想象,如果按

---

① 李敏、高风等主编:《真实的毛泽东》(上),中央文献出版社 2022 年版,第 6 页。

照王明的那一套来指导中国革命,就不可能有井冈山革命根据地的建立,也不可能找到中国革命的正确道路。正是与这种错误的比较中,才显示出毛泽东的正确和伟大!

三、因地制宜,广泛采取"十六字诀"及其一整套游击战术

国民党军队习惯于打正规战、阵地战等,这是他们的强项。在敌强我弱的情况下,如果与敌人打正规战、阵地战,拼勇气、拼消耗,那是死路一条。毛泽东、朱德的聪明之处在于,能够结合井冈山的实际,吸取地方武装的经验,扬长避短,灵活地采用游击战术,有效地打退敌人的多次进攻,使弱小的红军不仅没有被敌人击溃,反而不断发展壮大。

四、实行人民战争,充分调动各方面的积极性

毛泽东把马克思辩证唯物主义和历史唯物主义运用到中国革命的实际中来,确立了建设"人民军队"、开展"人民战争"等独特理论,有力地指导了井冈山的革命斗争。国民党军队一般都是雇佣军,军人是为了"薪饷"而打仗,作战的主体主要是军人。而毛泽东建立的是人民军队,开展的是人民战争。针对敌人"进剿""围剿",毛泽东发动根据地的党、政、军、群一起上,调动各方面的积极性和主动性,形成了强大的合力,以弱胜强、以少胜多,最终挫败了敌人的进攻。

五、成功改造了国民党起义部队,为后来的国民党军队投诚起义开了好头

毛泽东以宽阔的胸怀、过人的胆略,采取多种措施,对国民党毕占云部、张威部进行教育改造,使这两支部队成为真正的人民军队,

成为红四军的重要武装力量,为坚持井冈山根据地及后来的中央苏区,开辟湘鄂赣根据地,作出了重要贡献,也为后来国民党成建制的部队投诚起义树立了良好的典范。

第四章　下井冈山的智慧

工农革命军的目标是要解放全中国,不可能也没有必要长期守在井冈山这个弹丸之地。如何立足井冈山,走出湘赣两省,夺取全国政权? 这是发展问题。也是毛泽东遇到的第四个大难题。

第一节　毛泽东的应对办法

在巩固井冈山革命根据地、发展壮大武装力量的过程中,不断遇到新的困难和问题,毛泽东迎难而上,采取了一系列措施,为下山、走出湘赣两省作了必要的准备,为出击赣南、建立中央根据地奠定了较好的基础。

一、坚持正确思想,积极应对内部分歧

俗话说,有人群的地方就会有矛盾、就会有意见分歧。这是人类社会所特有的现象。一般情况下,当革命、工作顺利的时候,意见分歧、矛盾不容易显露出来;当革命、工作不顺利、遇到困难的时候,意见分歧、矛盾就会暴露出来,有时候还会激化。朱毛会师后,两支部队走到一起,加上地方党组织和地方武装的人员,在建党、建军以及政权建设、土地革命等方面,认识不一致、意见不同是难免的,是正常的。但关键是,有了意见分歧、矛盾如何对待、如何解决? 这是需要

水平和智慧的。朱毛会师后，先后打退敌人三次"进剿"，三占永新，边界红军和游击队发展很快，根据地不断扩大，革命力量一天天壮大，土地革命一天天胜利，形成了一个非常好的革命战争形势。此时红军和党内存在一些意见分歧，但没有显露出来。1928 年农历七月，湖南的敌人又来进攻了。这时意见分歧暴露出来了。萧克上将回忆说："红军刚到井冈山不久，在红军和党内出现了意见分歧。毛主席要建立以井冈山为中心的罗霄山中段政权。但是，我们军队中，特别是湘南来的农民同志，对毛主席的这个思想不理解，想回家。原来我们有九个团，后来因为没有枪，到了五月，从湘南来的农军六个团回去了一部分，回去了五个团，留下了 29 团。打了七溪岭之后，29 团也要回去，要回湘南去。于是，就开会，争了起来，两边都讲自己的道理。主张留在罗霄山脉中段的就讲，这个地方住也好，打也好，有很多很多好处。反对的就说，这个地方不及湘南好，说湘南群众比这个地方好，那里地方也大。在发枪问题上也有争论。毛主席和有些同志主张武装地方，主力红军要帮助地方建立武装。他常常讲，我们要建立根据地，我们红军是大哥，游击队、地方武装是兄弟，我们一定要把武器交给群众和游击队，有了地方武装，有了游击队，那就好多了。所以，他主张发枪给地方武装。当时有些同志不同意，说这样是把红军削弱了。这是不正确的意见。特别是湘南来的同志，就是要回湘南，要回家。"①面对红军和党内的意见分歧，毛泽东既坚持正确的思想，又积极灵活地应对。一方面，旗帜鲜明地坚持建立罗霄山脉中段政权的正确思想。萧克说："毛主席的思想是建立罗霄山脉中段政权，把这个根据地扩大，深入进行土地革命，吸引群众斗争，所以

---

① 《星火燎原》第一辑（井冈山斗争专辑），解放军出版社 1986 年版，第 186—187 页。

主力不宜分散。"①另一方面,反复向 28 团、29 团官兵讲清建立井冈山根据地的必要性和重要性,讲清红军主力不宜分散的道理,做深入细致的思想教育工作,耐心地进行规劝。尽管有意见分歧,但由于毛泽东、朱德、陈毅等领导人在思想上的统一,加上深入细致的思想工作,这时部队还是保持了基本稳定,没有大的波动。

二、针对湖南省委的"左"倾错误,据理力争、极力阻止

井冈山斗争时期,湘赣边界特委的组织关系是隶属于中共湖南、江西两个省委双重领导的,大政方针必须请示两个省委,只要有双方中的一方点头同意,才算合法,才能实施。为此,毛泽东多次向湖南、江西省委汇报关于建立以宁冈为中心的罗霄山脉中段红色政权的计划以及相关的大政方针。

天有不测风云,地有坎坷泥泞。正当革命形势迅速向前发展的时候,毛泽东的正确路线又一次受到"左"倾盲动错误的干扰。一方面,来自湖南省的错误指示和省委代表的错误指令,另一方面,来自红军大队(指红四军军委、军部和 28、29 团)的右倾悲观情绪、极端民主化和决策上的失误。据杜修经回忆:"湖南省委这时也移到安源,中央也派了林仲丹、贺昌来到安源,在湖南省委工作,省委书记是廖宝庭(安源工人),但实际工作是林仲丹和贺昌负责。"②湖南省委对边界的行动计划,六七月间一再改变其主张。第一次,袁德生以省委特派员身份到井冈山,带来省委 6 月 19 日给湘赣边界特委和红四军军委的信,赞成罗霄山脉中段政权计划;第二次,杜修经以省委巡视员的身份、杨开明以省委派充边界特委书记的身份,来到井冈山,

---

① 《星火燎原》第一辑(井冈山斗争专辑),解放军出版社 1986 年版,第 187 页。
② 井冈山革命根据地党史资料征集编研协调小组、井冈山革命博物馆:《井冈山革命根据地》(下),中共党史资料出版社 1987 年版,第 419 页。

传达省委 6 月 26 日指示,要求红四军离开大本营,立即向湘南发展;第三次,相隔不过十天,袁德生又送来湖南省委《给湘赣边特委的补充指示》,要求红四军向湘东发展。面对湖南省委这些朝令夕改、不切实际的错误指示,毛泽东及边界特委、红四军军委十分为难,"不从则迹近违抗,从则明知失败,真是不好处。"①但这又关系到红军和根据地的发展前途,在这关键时刻,毛泽东进行了有理有利有节的斗争,主要措施为:

一是召开永新联席会议,集体作出决定,并把责任扛在自己肩上。1928 年 6 月 30 日,杜修经与袁德生同时抵达永新。② 省委的代表一到,毛泽东立即在永新县城召开了特委、军委和永新县委联席会议,史称"永新联席会议"。参加会议的有"四军军长朱德,军委书记陈毅,军参谋长兼二十八团团长王尔琢,二十九团团长胡少海、团党代表龚楚,三十一团团长朱云卿、团党代表何挺颖;特委委员宛希先、谭震林;永新县委刘真、王怀、刘作述、贺敏学、贺子珍等。……湖南省委代表袁德生、杜修经也参加了会议。共约 20 余人。"③

会上,首先由杜修经传达了湖南省委的指示。湖南省委指令红四军离开大本营,"立即向湘南发展","留下二百条枪会同赤卫队保卫边界",主力"杀出一条血路,向湖南资兴、耒阳、永兴、郴州一带发展",而且要"毫不犹豫地立即执行",并说这是"绝对正确"的方针。还指示"泽东须随军出发""派杜修经同志前来为省委巡视员""派杨开明同志为特委书记"(杨开明为湖南省委秘书长,杨开慧的堂

① 《毛泽东选集》第一卷,人民出版社 1991 年版,第 80 页。
② 参见余伯流、陈钢著:《井冈山革命根据地全史》,江西人民出版社 2010 年版,第 227 页。
③ 《浴血罗霄——井冈山革命根据地历史》(修订版),中国发展出版社 2014 年版,第 202 页。

弟,时年23岁——作者注),以改变湘赣边界特委领导,敦促执行省委指示。① 随后,大家进行了讨论。"朱德、陈毅、王尔琢等都认为,四军主力去了湘南,留下的200多条枪,难以担负保卫边界的任务,根据地将会重蹈'三月失败'的覆辙。因此,四军主力不能去湘南,而应继续留在边界工作,创造以宁冈为中心的罗霄山脉中段政权。他们请求湖南省委重新考虑,收回成命。"②杜修经、袁德生则强调:"这是湖南省委的决定,下级应服从上级,毫不犹豫地执行命令。"③在这大是大非的问题上,毛泽东旗帜鲜明地表明了自己的意见,据理力争。他深入分析了红军主力不能去湘南的理由:第一,从敌情来看,"目前敌人仍处暂时稳定时期,湘敌实力强大,四军前去,必将是'虎落平原被犬欺'";第二,从我情来看,"四军刚刚按照湖南省委的上次指示安顿下来,深入土地革命,大力宣传群众,各县的群众均已起来,不能离开边界";第三,从经济上看,"湘南的经济已经破产,不及边界筹款容易";第四,从伤兵情况看,"伤病员太多,移师会造成人员不安";第五,从形势来看,"不去湘南非保守观念,而正是借如今的形势,矫正过去不太重视营造根据地中心区域坚实基础的缺点";第六,从地势上看,"宁冈地势好,只要政策得当,完全可以与敌人进行长期的斗争"。④ 毛泽东不仅阐述了不能去湘南的理由,而且还作出三项判断:如去湘南有被消灭的危险;井冈山大本营无法守住;到湘南经济困难绝不可能解决。"毛主席的意见和建议,获得绝

---

① 以上引文参见余伯流、陈钢著:《井冈山革命根据地全史》,江西人民出版社2010年版,第226—227页。

② 《浴血罗霄——井冈山革命根据地历史》(修订版),中国发展出版社2014年版,第202—203页。

③ 《浴血罗霄——井冈山革命根据地历史》(修订版),中国发展出版社2014年版,第203页。

④ 参见余伯流、陈钢著:《井冈山革命根据地全史》,江西人民出版社2010年版,第228页。

大多数与会者的支持。"①考虑到杜修经、袁德生回去不好交差，毛泽东明确表示，自己会向湖南省委写报告，请求省委重新作出决定。这样，毛泽东主动把责任揽在自己身上，杜修经、袁德生也表示同意会议的主张。于是，会议最后决定："不执行湖南省委的指示，四军继续留在湘赣边界活动，深入各县工作，建立巩固的根据地。"②

1928 年 7 月 4 日，也就是永新联席会议后的第五天，毛泽东起草并上报了《中共湘赣边界特委和红四军军委给湖南省委的报告》，建议省委收回成命。"这是一个下级公然抵制上级省委决定的报告，在党内尚属首次；因此毛泽东显得格外谨慎。"③这不是一般的文书，是一种"抗命"的报告，所以他"讲究策略，讲究分寸，周密思考，仔细运笔"④。报告态度诚恳、理由充分、分析透彻、方法得当，有胆有识、有理有节、匠心独运。让毛泽东没有想到的是，有人置若罔闻，一意孤行；湖南省委八月中旬向中央报告说："毛泽东等来信，反对向湘南移动，是保守观念，要守在永新、宁冈一带。"⑤很显然，湖南省委向中央告了毛泽东一状。结果是，红军和根据地人民付出了沉重的代价。

二是针对湘赣两省敌人的第一次"会剿"，及时分兵迎敌。不出毛泽东所料，也就是毛泽东上书陈言的第三天，湘敌吴尚第八军于

---

① 《浴血罗霄——井冈山革命根据地历史》(修订版)，中国发展出版社 2014 年版，第203 页。

② 《浴血罗霄——井冈山革命根据地历史》(修订版)，中国发展出版社 2014 年版，第203 页。

③ 参见余伯流、陈钢著：《井冈山革命根据地全史》，江西人民出版社 2010 年版，第229 页。

④ 余伯流、陈钢著：《井冈山革命根据地全史》，江西人民出版社 2010 年版，第229 页。

⑤ 《毛泽东年谱(一八九三——一九四九)》上卷，中央文献出版社 2013 年版，第247 页。

1928年7月7日，按照湘赣两省协约，对井冈山根据地发动第一次"会剿"。7月9日，吴尚的两个师突破砻市防线，意欲与赣敌第六军胡文斗部和第9师杨池生部会合，在永新南北夹击朱毛红军。毛泽东、朱德、陈毅立即召开特委、军委联席会议，决定：32团守井冈山的茨坪和大小五井；毛主席率领31团对付进入永新的赣敌；由朱德、陈毅率领28团、29团直取湘敌的老巢酃县、茶陵，迫敌回救，得手后再回援永新。7月13日朱德、陈毅率部攻克酃县，湘敌害怕、退回茶陵。此时赣敌11个团进入永新，31团面临严重威胁。于是朱德、陈毅准备按计划返回永新，与31团会合。就在这时，突然发生了意外，29团要回湘南，还提出："打回老家去！""就地闹革命！"的口号。这支部队原来由湘南起义后成立的宜章农军第三师改编而成，官兵百分之八十是宜章人，家乡观念十分严重，他们不愿意在井冈山地区继续过艰苦的生活，一心想回家乡去。杜修经和29团党代表龚楚（大革命时期入党，曾参加过南昌起义、百色起义，井冈山时期任红四军前委委员兼第29团党代表，百色起义后任红七军参谋长，中央苏区时接任红七军军长、后接替刘伯承代理红军总司令部总参谋长，红军长征后任中央军区参谋长，1935年5月叛变，是当年若干叛徒中职务最高者，被称为"红军第一叛将"，给南方红军和游击队造成了最大损失，项英、陈毅、杨尚奎、陈丕显等人差一点被俘。新中国成立后，改名为龚松庵，在香港定居，1990年返回大陆定居，1995年在家乡乐昌去世）又在下面鼓动官兵闹着要回湘南。7月12日晚上，该团在酃县县城秘密召开士兵委员会会议，"不通知上级官长及党代表，竟决定十三日由酃县去湘南，私自找好了带路的人，出动的时间都定了。"[①]朱德、陈毅闻讯后，连夜找来29团团长胡少海、党代表龚楚，"当

---

① 《杨克敏关于湘赣边苏区情况的综合报告》，《井冈山革命根据地》（上），中共党史资料出版社1987年版，第253页。

即指示连夜加紧做工作,制止这种无组织无纪律的事件发生。并且,连夜向毛泽东写一封信,派人急送永新。"①13 日,王尔琢、胡少海向28 团、29 团传达了军委要红军大队回永新增援的命令。可是命令传达后,部队马上出现混乱、士气低落,29 团官兵坚持要回湘南,"28 团官兵则也不愿回永新,提出去赣南"。② 对此。朱德、陈毅等都觉得很棘手。

三是得悉 28、29 团开往湘南后,立即写信并派人前去制止。接到陈毅的来信后,毛泽东在永新立即给杜修经和朱德、陈毅回信,并派茶陵县委书记江华一天赶一百多里送到酃县。"此信要求军部及第 28、29 两团按永新联席会议决议行事,断然停止去湘南的行动,以避免不应有的损失,并重申不能开赴湘南的理由。"③因为"敌人太强大,去了必然失败"④。正在朱德、陈毅焦急之时,收到毛泽东的来信。"为此,当晚宿营决定次日停止行动,召开连以上干部会就毛泽东来信进行讨论。""这次连以上干部会由杜修经主持。开会前几个领导人碰了头,当时宣读了毛泽东的来信,多数人认为事已至此,只能朝前走,争取到湘南打几个胜仗,万一不利再向井冈山靠拢也不难。"⑤此外,朱德在酃县沐泉书院外,向部队讲话。他说:"弟兄们,毛委员在永新派人给我们飞马传信了! 现在永新吃紧,我们要回兵永新! 至于湘南,我们是要去的,但现在不能去。二十九团的同志

① 余伯流、陈钢著:《井冈山革命根据地全史》,江西人民出版社 2010 年版,第229 页。

② 余伯流、陈钢著:《井冈山革命根据地全史》,江西人民出版社 2010 年版,第233 页。

③ 《毛泽东年谱(一八九三——一九四九)》上卷,中央文献出版社 2013 年版,第248 页。

④ 中央文献研究室编,逢先知、金冲及主编:《毛泽东传》(一),中央文献出版社 2011年版,第185 页。

⑤ 《陈毅传》,当代中国出版社 2015 年版,第46 页。

们想'打回老家去'看看,这种心情可以理解。但宜章、郴州敌情不明,不知道有多少敌人。我们闹革命,是全国性的革命。……""朱德同志三劝四劝也不行",29团的战士仍叫嚷着"我们自己指挥自己","杀回老家去"。①从这场官兵对话可以看出,29团官兵乡土观念太重,存在无组织无纪律的严重错误倾向。"军队当时的负责同志都感觉到非常棘手,后来经过千言万语的解释,说暂时回去解了井冈之危,再行回湘南不迟,勉强将军队开出,十四号由郴县城开至沔渡,走了一天只走了三十里,士兵垂头丧气,似行不行,三五成群,步伍凌乱,军心涣散。"②

朱德、陈毅感到事态严重,于7月15日在郴县沔渡召开军委扩大会议,继续做说服工作。杜修经不但不出面做工作,反而"导扬其焰",怂恿29团去湘南。在两种意见争论不休的情况下,陈毅提议派人到宁冈请示一下毛泽东再作定夺。杜修经自告奋勇前往宁冈。龚楚竟对杜修经说:"等你一天,你不来,我们就走了!"③这样的党代表可以说已到了无组织、无纪律的地步!为什么军委领导还能容忍这种现象呢?不能不让人深思!杜修经飞马赶到宁冈,这时毛泽东在永新,杜修经见到边界特委书记杨开明就向他说明来意,杨开明听后,不假思索,就表态说:"决定了,就走吧!老毛那里,我跟他说。"④于是杜修经连夜回到沔渡,官兵们问他:"走不走?"他手一扬:"走!"⑤杜修

---

① 参见余伯流、陈钢著:《井冈山革命根据地全史》,江西人民出版社2010年版,第233页。

② 参见余伯流、陈钢著:《井冈山革命根据地全史》,江西人民出版社2010年版,第234页。

③ 参见余伯流、陈钢著:《井冈山革命根据地全史》,江西人民出版社2010年版,第243页。

④ 参见余伯流、陈钢著:《井冈山革命根据地全史》,江西人民出版社2010年版,第234页。

⑤ 参见余伯流、陈钢著:《井冈山革命根据地全史》,江西人民出版社2010年版,第234页。

经、杨开明,两个 20 多岁的年轻人对这样重大问题的处理如此草率,不能不令人唏嘘!"朱德、陈毅等人闻知,知道再劝阻也无用了。为顺应军心,避免红军大队分裂和走上极端之路,同时也担心 29 团孤军深入,有被敌人击破之虞,同意 28 团一同前往,出击湘南。""7 月 17 日,红军大队由酃县沔渡出发,冒进湘南。""红军大队离开沔渡后,29 团回乡心切,日行 100 多里,一口气走到水口宿营。"①"说回去增援永新,一天才走 30 里,说回湘南就日行 130 里,真是不可思议。"②

得知红军大队离开边界前往湘南的消息,毛泽东非常生气、非常着急,不能眼看着他们往火坑里跳啊!他立即又写了封长信,派人急追,力图把红军大队拉回来。送信人追到水口才赶上红军大队。"朱德、陈毅等阅信后,在水口又召开了一个连以上干部会议。会议由杜修经主持,朱德、陈毅、王尔琢、何长工、胡少海、龚楚等都参加了。会议主题仍然是回边界还是去湘南的问题。""王尔琢气得与杜修经顶撞起来,杜修经竟反讥说:'是你听省委的,还是省委听你的?!'口气极为强硬,弄得不欢而散。""第二天一大早,29 团仍然向湘南移动,28 团随后跟进。"③

对这起在当时特定历史条件下发生的突发性事件,我们可以作些分析,目的是为了弄清历史真相,总结经验教训,探索事物发展规律,启迪和警示后人,而不是深究哪个人的历史责任。

在作出这个决定过程中,有三个关键环节:**第一个环节**,在酃县沔渡召开的军委扩大会议。"出席这次会议的除连以上干部外,还

---

① 余伯流、陈钢著:《井冈山革命根据地全史》,江西人民出版社 2010 年版,第 234 页。

② 余伯流、陈钢著:《井冈山革命根据地全史》,江西人民出版社 2010 年版,第 235 页。

③ 余伯流、陈钢著:《井冈山革命根据地全史》,江西人民出版社 2010 年版,第 235 页。

有各连士兵委员会的负责人 100 余人。""绝大多数不愿回井冈山，要回湘南或赣南。"①据时任 29 团 1 连战士李步云回忆："29 团的同志主张回湘南，我也是其中的一个，也发了言，想回郴州去耀武扬威一下。龚楚说：'这个小同志(当时 16 岁——作者注)说得很好。' 28 团到会同志主张到大汾去，伺机去赣南，也不想回井冈山。王尔琢团长极力反对部队去郴州，主张去赣南，言辞激昂，甚至拍桌子，说：'我就不同意回湘南。'去不去争论得很激烈。"②龚楚提议举手表决，"结果哄的一声举了 80 多个人的手，超过了半数，王尔琢团长看看大多人举手，他也举手同意回湘南，他觉得好笑，朱德和陈毅同志也举了手。"③时任 28 团特务连司号员、新中国成立后任湖南省军区和山西省军区政委的郑效峰少将回忆说："29 团要回湘南的情绪很激烈。28 团也有 300 多个湘南人，还有水口山工人，都想去湘南。但 28 团管得严，大家不敢讲。29 团闹得很凶。王尔琢背着支驳壳枪大声说：'你们回湘南去，我们回江西区。走，28 团的跟我走。'朱德、陈毅也在场。朱德劝王尔琢，并拉他去开会。朱德对大家说：'同志们，大家要回湘南去，好吧，我跟你们回湘南去。'大家鼓掌。杜修经也在场。"④"陈毅后来曾在向中央政治局的口头报告中说这次会议是'代表会'。和其他材料综合研究，可以认为沔渡会议还推选了陈毅为前委书记(湖南省委原指定毛泽东为前委书记，毛泽东不去湘南，便推选了陈毅)。"⑤"于是军委召集扩大会议，决定照省委指示将军

---

① 《陈毅传》，当代中国出版社 2015 年版，第 45 页。
② 井冈山革命根据地党史资料征集编研协调小组、井冈山革命博物馆：《井冈山革命根据地》(下)，中共党史资料出版社 1987 年版，第 672 页。
③ 井冈山革命根据地党史资料征集编研协调小组、井冈山革命博物馆：《井冈山革命根据地》(下)，中共党史资料出版社 1987 年版，第 672 页。
④ 《星火燎原》第一辑(井冈山斗争专辑)，解放军出版社 1986 年版，第 141 页。
⑤ 《陈毅传》，当代中国出版社 2015 年版，第 45 页。

委改为前委,因毛泽东在永新,由陈毅任代书记,毛泽东以军党代表名义指挥边界的第三十一、三十二团,前委指挥第二十八、二十九团往湘南。"①从这两份材料可以看出,存在两个严重问题:第一个问题是,出席这次会议的是连以上干部,100多人参加会议,举手同意去湘南的居然有80多人,可见28团、29团的干部中绝大多数人是同意去湘南的,这反映出红四军内部在思想认识上存在严重不统一问题;第二个问题是,军委改为前委,陈毅为代书记,"毛泽东以党代表名义指挥边界的第三十一团、三十二团,前委指挥第二十八团、二十九团往湘南。"这从组织程序上剥夺了毛泽东对28团、29团的指挥权。这为杜修经、龚楚等人坚持开往湘南提供了组织依据,他们更加不把毛泽东的意见放在眼里。结果是"军部未能有力地加以制止"。更为严重的是,29团没有劝住,还搭上了28团。

我们还可以把这次军委扩大会议与文家市前委扩大会议比较一下。1927年9月19日晚上,毛泽东在文家市里仁学校召开前敌委员会会议,讨论工农革命军的行军方向问题。师长余洒度、三团团长苏先俊以及黄埔系的多名军官坚决反对南下的主张。经过激烈争论,否定了余洒度等人坚持的"取浏阳直攻长沙"的意见,通过了毛泽东关于放弃攻打长沙、向农村山区转移的正确主张。这次会议的议题与文家市会议基本相同,也是讨论行军方向问题,不同的是秋收起义这支部队的主力是卢德铭带出来的警卫团,经余洒度之手升编为一个师,应该说这支部队是他们带出来的部队,毛泽东虽然是前委书记,但是外来户,又没有带兵打仗的经验,工作难度可想而知,但毛泽东通过深入细致的工作,据理力争,在总指挥卢德铭的支持下,最终使大家接受他的正确主张,可以说,毛泽东作为前委书记发挥了

---

① 《毛泽东年谱(一八九三——一九四九)》上卷,中央文献出版社2013年版,第248页。

力挽狂澜的作用。而这次军委扩大会议,28团是南昌起义的余部,29团是湘南起义发展起来的,应该说都是朱老总和陈毅的部队,此时朱德同志是德高望重的军长,他的威望远在卢德铭之上;参谋长王尔琢是黄埔一期生,1926年北伐战争时任国民革命军第3军第3师党代表兼26团团长,1927年7月任国民革命军第4军25师74团参谋长,他的资历也在卢德铭(黄埔二期生)以上;陈毅同志是前委书记,当年和蔡和森(时任中央政治局常委)、李立三(时任中央政治局候补委员、候补常委)是赴法勤工俭学的同学,他的影响也在卢德铭之上,至于要讨论的行军方向问题,永新联席会议已经作出了决议,在这种情况下,会议却被20岁的杜修经所左右,军委正式决定同意29团打回湘南、28团同去湘南,这不能不说是一种遗憾!很显然,作为前委书记,没能发挥好党的领导核心作用,作为军长和参谋长很难说起到了"卢德铭"的作用。"这正是陈毅后来常检讨的,两次被推举代替毛泽东为前委书记的第一次。"①革命元老李维汉曾说:"当时主管军事的朱德和陈毅不同意,杜修经怎么也不可能把部队拉走。"应该说,这是一句比较公道的话。谭震林也曾说过:"八月失败,不只是杜修经的责任,朱德、陈毅同志也有责任,朱德同志是军长,陈毅同志是军委书记,要是他们坚持不听湖南省委的指示,不去湘南,杜修经是无法把部队拉走的,'将在外,君令有所不受'嘛!"②谭震林同志说得在理,也是实情。何长工说:"在斗争中领导之间为了某一问题发生争论和不同意见的发表是极为常见的。在某些问题上做出错误的决定也是有的。其中进军湘南遭致'八月失败'就属这方面的例子。陈毅同志从来不否认自己的这个缺点和错误……体现了一个

① 《陈毅传》,当代中国出版社2015年版,第46页。

② 井冈山革命根据地党史资料征集编研协调小组、井冈山革命博物馆:《井冈山革命根据地》(下),中共党史资料出版社1987年版,第17页。

共产党员的高尚品质。"①

　　第二个环节,去宁冈向毛泽东请示,为什么不派其他人去呢? 是去湘南还是留在井冈山,永新联席会议上,毛泽东把去或留的利弊作了深入的分析,经过讨论,已经作出不去湘南的决定,毛泽东也于7月4日向湖南省委写了报告。同时湘赣敌人正准备南北夹击永新,一旦28、29团开往湘南,井冈山根据地危在旦夕。在这危急关头,军委或军部领导为什么不亲自与毛泽东见一面、最后商定呢? 作为省委巡视员的杜修经,用现在的话来说,他只负有监督责任,负主体责任的只能是前委或军部。杜修经到宁冈只见到了杨开明,到底毛泽东是什么意见,他也没听到。这哪里是去请示? 分明就是跑一趟,走一下形式,回来还是按照自己的意见去办。这种草率行事的做法,难道前委、军部不该及时纠正吗?

　　第三个环节,29团去湘南,为什么要陪上28团? 一般史书讲,29团去湘南,28团一同去,理由是"恐怕29团单独回去,孤军奋斗为敌所算,乃决定28团同去湘南"②。"二十八团紧追不舍。二十八团是南昌起义部队,他们本来不想去湖南的,但也不想去永新,他们提出去赣南。如今,奉了朱德军长和军委之命,为保护二十九团,才去湘南。"③我觉得,这样说的理由不够充分。如果说28团去湘南,是因为担心29团可能被敌人击破。那么请问:31团在永新被赣军11个团和湘军两个师围攻,是否会被敌人打败? 井冈山根据地能否守得住? 这些大问题,28团想到了吗? 如果只想到29团可能遇到的危险,这只是一种可能,暂时还未发生,只能说是"将来时";而没有想到31团的安危,这时敌人已开始对永新南北夹击了,现实的危险

---

①　《何长工回忆录》,解放军出版社1987年版,第224页。
②　《朱德传》,中央文献出版社2016年版,第167页。
③　余伯流、陈钢著:《井冈山革命根据地全史》,江西人民出版社2010年版,第235页。

已经摆在了那里,这可是迫在眉睫的"现在进行时"啊! 对此,28 团却不管不顾,还执意去湘南,这样做,对 31 团来说是不是有点见死不救啊? 说 28 团去湘南是为了保护 29 团,这样的理由就显得苍白无力,实在有些牵强。

● 如何理解"军委亦未能加以阻止"? 对于"八月失败"的原因,毛泽东是怎样说的呢? 他说:"杜修经导扬第 29 团的错误意见,军委亦未能加以阻止,大队遂于 7 月 17 日由酃县出发,向郴州前进。"①"军委亦未能加以阻止"这一句话,从字面上来看,说得很轻,应该是毛泽东对军委的含蓄批评。从军委的表现来看,军委领导人参加了永新联席会议,亲耳聆听了毛泽东阐明的理由,也同意联席会议的决议;打下酃县后也准备回永新与 31 团会合;29 团提出要回湘南后,及时予以阻止,先后多次召开了连以上干部会议、军委扩大会,也向 29 团官兵作了演讲规劝,还派人去宁冈向毛泽东请示等。应该说,军委做了许多阻止工作,但阻止不力,在关键时刻还是不够坚定。比如,7 月 15 日在沔渡扩大会议上,龚楚竭力主张把部队拉到湘南去,"还提出'围魏可以救赵',我们到湘南,把敌人引过去,可以促进毛泽东率领的部队在永新发展。"②整个湖南的敌人力量强大,吴尚的 2 个师还在茶陵,31 团危在旦夕,龚楚的这个说法明显是荒谬的,但军委为什么没有作出强有力的驳斥呢? 再比如,毛泽东的劝阻信飞马传到酃县,次日召开连以上干部会进行讨论,杜修经主持,"多数人认为事已至此,只能朝前走,争取到湘南打几个胜仗,万一不利再向井冈山靠拢也不难。据杜修经 1982 年 12 月回忆:那次会'主要是我发言,没听到什么反对意见'。"③看来,军委的态度是含糊的。

① 《毛泽东选集》第一卷,人民出版社 1991 年版,第 61 页。
② 《朱德传》,中央文献出版社 2016 年版,第 167 页。
③ 《陈毅传》,当代中国出版社 2015 年版,第 46 页。

还比如,毛泽东得悉红军大队开往湘南后,又派人追到水口,红军大队又在水口召开了连以上干部会议,仅仅是王尔琢与杜修经顶撞起来,弄得不欢而散,军委依然没有人像毛泽东那样站出来斩钉截铁地作出正确的决断。萧克将军后来回忆说:"如果态度坚决,多做思想工作,说服干部战士,是可以避免的。"①陈毅同志自己也说:"润之若在,必能阻止部队南行,无论胜败,都会回来的。"②这背后是否还有更深层次的原因? 这行为上的不坚定,背后一定是有原因的。

作为军委领导层,第一方面,湖南省委有明确的指示,又有省委代表的当面督促,执行上级的指示对个人来说是最安全的,同时28团、29团都是自己带出来的部队,手心手背都是肉,他们坚持去湘南,怎好狠心拒绝呢?

第二方面,对毛泽东建立井冈山根据地的重大意义认识不足,对"当时正是统治阶级暂时稳定的时候"、不能分兵冒进的形势认识不足。何长工同志回忆说:"事实上,在当时的历史条件下,我们对马克思主义的认识相当肤浅,对党的认识也不深刻,更没有什么'路线斗争'一类的观点","那时候,走州过府行军作战并不难,最难的是建立根据地,发动群众","由于对形势认识不正确和单纯军事观点的影响,陈毅同志的思想认识也是有个过程的。"③

第三方面,对毛泽东在永新联席会议上讲的反对开往湘南的理由、作出的三点判断,既相信又有保留,特别是28、29团在湘南暴动时打了不少胜仗,此去湘南怎么就一定会打败仗呢? 所以对毛泽东的预言可能是半信半疑的。"那时干革命的方向是一致的,但怎样

---

①　萧克:《回忆八月失败》,见《井冈山革命根据地》回忆资料。

②　《毛泽东年谱(一八九三——一九四九)》上卷,中央文献出版社2013年版,第248页。

③　《何长工回忆录》,解放军出版社1987年版,第224页。

干好革命,可以说是'八仙过海,各显神通'。"①也许他们心里想,去湘南没准还能打几个胜仗呢,打了胜仗经济困难也就解决了。

第四方面,毛泽东当时只有35岁,脾气大、性子急,批评人不留情面,有人不适应。此时朱德42岁,陈毅27岁,都是血气方刚的年轻人,都有争强好胜的一面。这些因素也许是军委同志心里有但说不出口的原因。

马克思主义者认为,一个革命者的成长、成熟不是一蹴而就的事情,要经过无数次成功和失败的历练,并且不断总结经验教训,才能使自己的思想和行动跟上时代的步伐。这也许是他们共同致力于中国人民的解放事业并成为终身不渝的革命战友所要经历的磨炼。尽管毛泽东耐心细致、锲而不舍,做了十分深入的劝阻工作,但遗憾的是,这两个团还是开往了湘南。

三、永新困敌,打破敌人的第一次"会剿"

红军大队开往湘南后,边界只剩下31、32两个团。这时,赣敌第3军王均、金汉鼎部5个团,第6军胡文斗部6个团,共11个团,又协力进攻永新。② 面对强敌,怎么办? 毛泽东只能独支危局,立足自救。他让袁文才率领32团守宁冈,自己率领31团和革命群众在永新迎敌。"7月中旬,毛泽东在永新西乡召开了干部会议,把31团分成东、北、中三路,分别成立行动委员会指挥这次行动。"③东路行委,毛泽覃为书记,陈毅安为指挥,在永新东乡活动;北路行委,宛希先为书记,伍中豪为指挥,在永新北乡活动;中路行委,何挺颖为书记,朱

① 《何长工回忆录》,解放军出版社1987年版,第224页。
② 参见《毛泽东选集》第一卷,人民出版社1991年版,第60页。
③ 《浴血罗霄——井冈山革命根据地历史》(修订版),中国发展出版社2014年版,第222页。

云卿为指挥,在永新城郊活动。"中共永新县委动员了万余名革命群众,配合各路红军,参加袭扰敌人的军事行动。"①在毛泽东的组织领导下,第31团和万余名革命群众,以四面游击的方式,日夜袭扰敌人,使敌寝食难安,将赣敌这11个团困在永新县城及附近30里内达25天之久,坚决地遏制了敌人向根据地中心的推进。史称"永新困敌"。这一点很了不起,可以说创造了红军游击战争史上的奇观,体现了毛泽东非凡的胆略与杰出的军事指挥艺术。后来赣敌得知红军主力已去湘南,发起猛攻,31团和地方武装被迫从永新撤出,随后又失去莲花、宁冈。不久,赣敌发生内讧,胡文斗的第6军与王均的第3军战于樟树,6个团退出根据地,金汉鼎部5个团退守永新城内。这样,敌人第一次"会剿"宣告破产。"设我大队不往湘南,击溃此敌,使割据地区推广至吉安、安福、萍乡,和平江浏阳衔接起来,是完全有可能的。"②

四、正确处理"八月失败"

红军大队开赴湘南,造成了严重失败,史称"八月失败"。即:1928年7月中旬至8月,湘赣两省国民党军队对井冈山根据地发动第一次"会剿",湖南省委代表不顾湘赣边界特委、红四军军委、永新县委联席会议决定,引导28、29团向湘南冒进,结果使红军损失近一半;边界被焚之屋、被杀之人不可胜数;各县相继失陷,党的组织和红色政权大部分损失殆尽。何长工说:"所谓'八月失败'实际上是两处失败。一处是赴湘南部队本身损失一个团,只剩下两个连;另一处是边区的失败,因为那时红军大队正由宁冈进攻酃县、茶陵,并在酃

---

① 《浴血罗霄——井冈山革命根据地历史》(修订版),中国发展出版社2014年版,第222页。

② 《毛泽东选集》第一卷,人民出版社1991年版,第60页。

县变化折赴湘南。……最后因敌猛攻失去永新,随后又失去莲花、宁冈。"①这是井冈山斗争时期的一次重大挫折。

如何妥善解决"八月失败"所带来的严重问题,这是一个非常棘手的大问题。一旦处理不好,将会出现红四军的分裂局面,导致井冈山革命根据地的丢失。这是毛泽东最担心的事情,为此,毛泽东十分慎重地处理这一重大历史事件。

一是密切关注红军大队的进展情况。毛泽东可以说使尽了全身的解数,却没有能阻止住红军大队冒进湘南。要说不生气,那是不可能的,但毛泽东依然十分关注红军大队的动向,安排部队有关人员及时了解红军大队的进展情况。

红军大队冒进湘南后,7月24日与范石生部战于郴州,先胜后败。之所以先胜后败,原因在于:驻守郴州的是范石生第16军46师师长张浩,他知道朱德与范石生的关系与旧约(朱德与范石生在汝城离别时相约,今后相遇,你不打我,我也不打你),自认为红军的进攻,是朱部路过郴州,碍于国共两党的原因做个样子,于是下令补充团退守。补充团不战自退,可29团认为守敌怯战,便猛冲猛打,攻入了郴州城。进城之后,战士们疯狂东奔西跑,打开敌人仓库,大发"洋财",准备回家。张浩接报后非常气愤,当即下令驻守在苏仙桥的四个团从城北向县城逼进,29团腹背受敌,非常危急。朱德、陈毅即令28团赶来增援。战斗打得很激烈,红军伤亡很大。面对数倍于我的敌人,于是朱德下令边打边撤往资兴。到东江时一清点人数,29团几乎全团覆灭,仅剩下100余人;28团虽建制完整,但也有些损失。此役损失近一个团的兵力,折了一员大将。"营长袁崇全率一

---

① 《何长工回忆录》,解放军出版社1987年版,第193页。

步兵连一炮兵连叛变,虽然追回了这两个连,但牺牲了团长王尔琢。"①

二是得悉红军主力在湘南失败,立即率领部队前往湘南迎回红军大队。8月上旬,赣敌得悉红军主力远去湘南的消息后,又毫无忌惮地向根据地发起了猛攻。31团被迫退入永新山区。为了应对这种严峻的形势,毛泽东于8月中旬在永新西乡九陂村,召开了连以上干部紧急军事会议,总结永新困敌的经验,研究下一步的对敌政策。"军中宛希先、朱云卿、何挺颖、陈毅安,特委书记杨开明,永新地方党、军负责人等参加了会议。"②会议召开不久,袁德生又来到九陂,并带来了湖南省委给四军的一封指示信(即《给湘赣边特委的补充指示》),湖南省委还是要求红四军向湘东发展。大家进行了激烈讨论,袁德生被问得哑口无言,因此会议决定不去湘东。正在这时,"突然来了个叫贺礼昌的农民,是给红军大队挑伙食担子的。他给会议带来一个惊人的消息:红军大队兵败郴州,二十九团几乎全团覆灭!"③顿时,大家无不惊色,毛泽东则潸然泪下! 他立即决定,亲率31团3营前往湘南迎回红军大队,留下31团1营、特务连和32团坚守井冈山。

• 毛泽东为什么要亲自去迎接红军大队呢? 因为他已经预料到28团不想再回井冈山了,红四军面临分裂的危险。按道理,红军大队在湘南失败,军委应该派人来井冈山通知一下,可毛泽东知道这个不幸的消息却是从一个郴州逃回来的农民口中得知的。从这一细节或者还有其他征兆,毛泽东敏锐地感到,红军大队不会派人来通知

---

① 《毛泽东选集》第一卷,人民出版社1991年版,第61页。

② 《浴血罗霄——井冈山革命根据地历史》(修订版),中国发展出版社2014年版,第224页。

③ 《浴血罗霄——井冈山革命根据地历史》(修订版),中国发展出版社2014年版,第224页。

的,也不愿再回来了。

● 到底 28 团的官兵愿不愿意回井冈山呢?革命元老何长工回忆说:"我们二十八团不同意打湘南,王尔琢去开联席会议时,我们就统一了认识,打郴州到赣南就食。那时我们有万把人上井冈山,单靠宁冈受不了,中心地区还有点粮荒,虽然不甚厉害,但时间一长肯定要把老百姓的粮食吃光,尽管部队有些生产,但终非久远之策。我们主张屁股坐在井冈山的边缘,到赣南就食,一有事马上回来。我们开始就不同意回永新,而进军到余口。"①时任红四军特务营三连三排七班战士、新中国成立后任国防部副部长的杨得志上将回忆说:"这时由宜章起义农民为主组成的二十九团的一部分干部和战士,想返回湘南家乡;而二十八团也由于游击主义习气和流寇思想的影响不想返回井冈山根据地过艰苦的斗争生活。杜修经、杨开明他们利用了二十九团部分人的家乡观念,鼓动他们向湘南冒进。""二十九团在前,朱军长率领我们特务营和二十八团跟进。"②红军大队 7 月 24 日攻打郴州,先胜后败,当晚撤出郴州向资兴旧县转移。据杜修经回忆,"陈毅在布田(资兴旧县的布田村)曾起草《告湘南人民书》,并让杜修经帮助审定。这文告中提出了开展土地革命,发展武装力量和反对盲目烧杀等方针政策,显然旨在把湘南的工作健康地坚持下去。派出先期探路的 28 团 2 营和团直机炮连,其行军方向也是向东,去沙田以及他们所熟悉的湘粤赣边界区。"③部队在布田村集结完毕,"下一步怎么办?二十八团有不少人是一直主张到赣南的,而当时部队的主要领导人也不想迅速回井冈山。"④"28 团也不

---

① 《何长工回忆录》,解放军出版社 1987 年版,第 190 页。
② 井冈山革命根据地党史资料征集编研协调小组、井冈山革命博物馆:《井冈山革命根据地》(下),中共党史资料出版社 1987 年版,第 382 页。
③ 《陈毅传》,当代中国出版社 2015 年版,第 47 页。
④ 《陈毅传》,当代中国出版社 2015 年版,第 47 页。

愿回永新增援。28 团虽然是为了保护 29 团才跟着去了湘南，但 28 团却提出过要去赣南，也可见 28 团对建立根据地的思想根基也不深，客观上助长了 29 团的军事行动。"①

从这些回忆来看，如果当时毛泽东不率部来迎接 28 团，那 28 团可能就不回井冈山了。之所以不愿意回去，还有以下几个原因：

1. 28 团没有经过严格的"三湾改编"精神的洗礼，不少官兵"对党和军队的关系缺乏实践的认识"，"一些下级军官存有单纯军事观点，认为只要能打仗就是好队伍。因此忽视党的领导，有时党员意志高于党的意志"，"当时部队成分大部来自旧军队，一般都带有单纯军事观点，极不愿做艰苦的群众工作，而愿意搞游击作战。"②

2. 两支部队会师时间不久（仅 3 个月），还没有完全磨合好，难免存在磕磕绊绊的事情。南昌起义的部队有的干部、战士"带着某种优越感，认为自己人众枪多，能打胜仗。个别人瞧不起秋收起义的部队，认为他们多是湖南的学生兵，文质彬彬的。而秋收起义的部队则认为南昌起义部队军阀作风重，是'兵油子'，纪律差"③。

3. 永新联席会议，毛泽东作出的预判都应验了，特别是他坚决反对去湘南，但军委和军部没有执行到位。俗话说："好马不吃回头草。"现在失败了，再回去，不好意思，真是"无颜见江东父老"啊！

幸运的是，洞悉人性的毛泽东似乎看透了 28 团官兵的心思，早已料到了这一点，所以他亲自带队，并作了周密细致的安排，前来湘南迎接 28 团。历史，也许就是因为毛泽东的大格局、大胸怀，才把几乎要分成两半的红四军又紧紧地团结在一起了，才演绎出后来的井

---

① 余伯流、陈钢著：《井冈山革命根据地全史》，江西人民出版社 2010 年版，第 243 页。
② 《何长工回忆录》，解放军出版社 1987 年版，第 223—224 页。
③ 《何长工回忆录》，解放军出版社 1987 年版，第 229 页。

冈山根据地精彩辉煌的篇章。他采取了如下措施：

第一步，九陂会议的第二天，毛泽东即率领 31 团 3 营，冒着骄阳似火的酷暑，以日行 130 余里的速度，踏上了去湘南的征程。在南下途中，毛泽东对官兵们作了交代："我们去迎回红二十八团，不要讲他们的缺点，要严格遵守这一点，对他们采取团结和欢迎的态度。"① 反复叮嘱伍中豪等人：你们要记住，我们迎接 28 团，态度一定要热情，一定要团结！不能讲他们的缺点，更不能指责和埋怨他们！《井冈山革命根据地全史》一书是这样说的："毛主席担心红军大队不回井冈山。一路上，对 31 团 3 营交代说，我们去迎回红军大队，不要讲他们的缺点，要严格遵守这一点，对他们采取团结和欢迎的态度，足见毛泽东的谋略与胸襟。"② 与此同时，28 团败退到沙田后，朱德、陈毅等人开了一晚上的会，商量下一步的走向。大家都觉得无颜见井冈山的父老，无颜见毛泽东，于是决定去赣南发展，等把部队扩大了，再回头上井冈山。"湘南之行的一系列事实，使陈毅深感自己作为前委书记领导不力。在沙田他已一再向部队作检讨，此时，他与前委成员们商议决定召开党员代表大会。"③ 会议由何长工主持，"会上，陈毅检讨了此前作为军委书记，对错误倾向制止不力的责任，听取了与会代表的尖锐批评。前委委员、特务营营长宋乔生的批评更是激烈，要求将朱德、陈毅撤职查办。会议充分发扬了民主，加强了理解和团结。最后决定分别给予朱德、陈毅以'留党察看 3 个月'的处分。"④

---

① 《毛泽东年谱(一八九三——一九四九)》上卷，中央文献出版社 2013 年版，第 249 页。

② 余伯流、陈钢著：《井冈山革命根据地全史》，江西人民出版社 2010 年版，第 251 页。

③ 《陈毅传》，当代中国出版社 2015 年版，第 47 页。

④ 《陈毅传》，当代中国出版社 2015 年版，第 48 页。

第二步，8月22日，毛泽东率部进抵桂东。朱德、陈毅、王尔琢等人没有想到毛泽东还会亲自来接他们，心中五味杂陈，既感动又羞愧。朱德还嘱咐他俩：润之脾气大、性子急，不管他怎样训我们，我们都要虚心接受！因为我们错了，真的错了！8月23日，毛泽东与28团的官兵在桂东县城再次会合。毛泽东一见杜修经的面就急切地问道："朱军长怎么样？朱军长还好吧！"见到陈毅就说："这次来是同三十一团做了工作的，不要讲二十八团的缺点，你可放心；打仗就如下棋，下错一着棋马上就得输，取得教训就行了。"①毛泽东"态度和婉而亲切"，主动讲自己在井冈山的情况，"他说前些日子，赣敌经过猛攻，最后占领了永新，还占了莲花、宁冈，但是敌人又发生了内讧，大部队仓皇退去打内战。'你们不走就好了'，那就可能乘机把割据地区推进到吉安、安福、萍乡，和平江、浏阳连起来。"②陈毅向毛泽东"报告了部队失控和先胜后败的情况并作自我批评。"③陈毅说：我这个书记没当好，我应该作出深刻的检讨。这次教训，真的是刻骨铭心哪！毛泽东安慰道：秋收起义失败，我们到文家市的时候，我比你现在还狼狈呢！毛泽东握住王尔琢的手，王尔琢什么话也没说，眼泪却忍不住流了下来。毛泽东安慰说：英雄有泪不轻弹，只是未到伤心处。团里的同志怎么样？王尔琢回答道：就是伤了几十个人，没什么大碍。毛泽东高兴地说：这是天大的好消息啊！最后，毛泽东和朱老总的大手终于又一次紧紧地握在了一起！朱老总激动地说：润之啊，真没想到，你会亲自来接我们！毛泽东说：朱毛红军，朱和毛是分不开的嘛！不难看出，毛泽东对军委和28团的官兵更多的是宽容、安

---

① 《毛泽东年谱(一八九三——一九四九)》上卷，中央文献出版社2013年版，第250页。

② 《陈毅传》，当代中国出版社2015年版，第48页。

③ 《陈毅传》，当代中国出版社2015年版，第48页。

慰,没有责备、埋怨! 毛泽东这种宽阔无边的胸怀和真诚对待犯错误同志的气度,让军委和28团的官兵感到由衷的温暖! 据杨得志上将回忆:"有一天,连队党代表告诉我们:毛党代表带着三十一团的一个营从井冈山来接我们了,这真是旱中得雨,病中遇医,大家高兴极了。""毛泽东同志找到我们也很不容易,当时他带病下山,有一个担架班随行,沿途几次遇到敌人,边打边走,最后一次,部队被冲散,他只带着几十个人,击退围追的敌人才找到这里。毛党代表不但没有批评我们,还说,井冈山人民天天打听二十八团哪里去了,盼望我们快些回去,刚刚经历了失败的我们,听了这些话,感动得泪水怎么也止不住。""后来听说,毛泽东同志得知郴州失败,并且知道二十八团中有人不愿回井冈山时,他很着急。为了使红军部队更加团结,避免继续分散而被敌人各个击破,以保存红军的有生力量,他特地赶来,向主张分兵的人说明利害,以便把部队带回井冈山。毛泽东同志不顾个人安危,坚持正确路线,维护党和军队团结的伟大精神,给了我们极深的教育。"①杨得志还痛心地说:"错误的领导给革命事业带来了多么巨大的损失啊! 单说我们从衡阳板子桥到韩家村投奔红军的25个筑路工人,仅8个多月的时间,到'八月失败'后重上井冈山的时候,就只剩下我一个人了。"杨得志的哥哥杨海堂(比杨得志大5岁)当时在特务营三连一排三班当班长,杨得志在三排当兵。郴州一战,杨得志再也没有见到过哥哥。他回忆说:"我哥哥他们有六百多人没有过河,往宜章去了,后来都被国民党消灭了。自那时起,我就再没有与我哥哥见过面。后来长征路过那个地方时,听当地老百姓说,那六百多人全部被敌人杀害了。"②

---

① 井冈山革命根据地党史资料征集编研协调小组、井冈山革命博物馆:《井冈山革命根据地》(下),中共党史资料出版社1987年版,第385—386页。
② 《星火燎原》第一辑(井冈山斗争专辑),解放军出版社1986年版,第205页。

　　第三步，毛泽东与朱德、陈毅商定，召开营以上干部参加的前委扩大会议，总结郴州失败的经验教训，议决今后的行动和工作。8 月 23 日晚上，毛泽东在桂东城内唐家大屋召开前委扩大会议。朱德、陈毅、王尔琢、何长工、宛希先、杜修经、龚楚等人参加。这是一次极为重要的会议，对以后井冈山的斗争产生了深远的影响。让我们领略一下毛泽东开会的智慧和艺术。先看一下会议的气氛，"会议的气氛很沉闷。湘南之行，前后仅一个月，就突然少了一个团，大家的心情很伤感。一种共同的强烈失落感袭上了心头，指挥员们思念和怀恋着昔日 29 团的战友们。"①在这种氛围下，毛泽东先讲自己的情况和边界的损失。"毛泽东向朱德等通报了红军大队走后边界的情况。他讲了王均、金汉鼎、胡文斗合计 11 个团向边界'会剿'的情况，讲了派江华送信请求红军大队返回根据地的经过，讲了根据地遭到重大损失的严重后果。与会同志听了无不为冒进湘南而懊悔，为边界丧失而痛心。"②毛泽东从自身讲起，摆事实、讲道理，让大家自觉地认识到自己的错误。接下来，"杜修经在会上检讨了自己的错误。朱德、陈毅、王尔琢等也讲述了红军大队冒进湘南的经过，并各自解剖自己，承担了应有的责任。"③这时，时机已经成熟，毛泽东提议，"经过充分协商，统一了认识，决定一起回井冈山，取消前委，成立以毛泽东为书记的行动委员会（简称行委）。"④"留杜修经、龚楚在湘南重新组织湘南特委，指定杜修经为书记。"⑤这样，毛泽东再次

---

　　① 余伯流、陈钢著：《井冈山革命根据地全史》，江西人民出版社 2010 年版，第 252 页。
　　② 余伯流、陈钢著：《井冈山革命根据地全史》，江西人民出版社 2010 年版，第 252 页。
　　③ 余伯流、陈钢著：《井冈山革命根据地全史》，江西人民出版社 2010 年版，第 252 页。
　　④ 《陈毅传》，当代中国出版社 2015 年版，第 48 页。
　　⑤ 《毛泽东年谱（一八九三——一九四九）》上卷，中央文献出版社 2013 年版，第 250 页。

发挥了核心作用,把红军即将分裂的问题解决了,为边界重开割据新局面打下了良好的基础。

• 对杜修经、龚楚的安排合理吗?

杜修经、龚楚是"八月失败"的关键人物,两人犯了这么大的错误,毛泽东没有对他们一棍子打死,还是妥善安排他们的工作。也许有人会说,这是毛泽东在"甩包袱"。这个观点是站不住脚的。

一方面,由于他俩的错误给红军和边界造成这么大的损失,如果回去的话,无论是部队的官兵还是根据地的群众都会对他俩埋怨、责备、仇恨,他俩根本抬不起头来,也难以开展工作。说到这里,肯定会有人说你在危言耸听,杜修经是湖南省委代表,龚楚是 29 团党代表,人们恨他干什么? 有必要再作进一步的分析,前面讲到了"八月失败",只是作了简要的定性分析,下面再作一下定量分析。边界失陷以后,县城和平原地区尽被敌人所踞。"各县的保安团、挨户团、靖卫团继而为虎作伥,甚嚣尘上,对根据地的革命群众实行了疯狂的报复,杀人放火,无恶不作,白色恐怖遍及边界城乡。""富农分子和党内的投机分子纷纷'反水',挂起白带子,倒向地主土豪一边,甚至带领白军进行烧杀。""各地的土豪劣绅、'还乡团'乘机反扑,夺回农民已分得的田地,出现了'农民种田,地主割谷'的现象,整个边界笼罩着一片阴霾,恐怖至极。"①宁冈是红军的大本营,更是遭受了空前的劫难。在"八月失败"中,"宁冈被杀人数达 942 人,坐牢 229 人,随军外出 113 人,阵亡 117 人,损失枪支 48 支,土炮 49 门,鸟铳 396 支。""国民党军和当地的反动武装、地主豪绅对宁冈人民实行焚烧政策外,还使用了吊打、火烙、水牢、灌辣椒水、坐老虎凳、蜘蛛上壁(四肢钉在墙上)、倒挂金钩、活割剖腹、挖心肝、点天灯(肚子

---

① 余伯流、陈钢著:《井冈山革命根据地全史》,江西人民出版社 2010 年版,第239 页。

上挖个洞,点灯烧)等十多种惨无人道的刑法。"①有两个同志在执行侦察任务时,被敌人抓获,受尽了严刑拷打。敌人割去他们的鼻子、耳朵、舌头,直至将他们活活折磨而死。"这样的例子在边界各县都有发生,惨不忍睹,不胜枚举。"②大家可以想象,对造成"八月失败"的两个关键人物,井冈山根据地的群众会是什么样的心情,不恨他们才怪呢！个别人杀他们的心都有啊！在半个世纪之后,我们再来看看杜修经是怎么说的。他说:"正当革命事业向前发展的时候,我却破坏了这一事业,造成井冈山斗争的'八月失败',使年轻的红军损失一半,边界政权尽失,被杀之人,被焚之屋,难以数计,几毁中国革命的根基,其错误是非常严重的！半个世纪后的今天,在人民革命战争胜利的凯歌声中,重忆'八月失败'的经过及其先后,我仍是内疚之深,寝食难安！"③看到这些情况介绍,我们还会有疑问吗？

另一方面,"毛泽东还考虑湖南省委一贯对湘南工作的要求,以及5月间30、33、34、35团遣回湘南的农军早已失败的状况,觉得有必要重建一个湘南特委,深入发动群众,再创割据局面,与井冈山互为掎角。因此,提议请杜修经、龚楚两人留下,组建湘南特委。参加会议的同志对毛泽东这一主张极为赞赏,经议决,指定杜修经暂任湘南特委书记,再报湖南省委核批。"④杜修经"很是感动,当即表示服从分配,立功折罪"。"龚楚原本不想留下,见毛主席点

①　余伯流、陈钢著:《井冈山革命根据地全史》,江西人民出版社2010年版,第240页。

②　余伯流、陈钢著:《井冈山革命根据地全史》,江西人民出版社2010年版,第240页。

③　参见余伯流、陈钢著:《井冈山革命根据地全史》,江西人民出版社2010年版,第241页。

④　余伯流、陈钢著:《井冈山革命根据地全史》,江西人民出版社2010年版,第253页。

了他,大家又赞成,考虑到29团已失,自己在军中失重,也就半推半就地应承了。"①不仅如此,为了帮助杜修经、龚楚组建湘南特委,当时红军大队向桂东转移时帮助建立了汝城、桂东两个县委,连同原有的资兴、郴州两个县委,计有4个县委,在龙溪与杜修经、龚楚分手前,毛主席、朱德还决定"拨出80条枪给资兴、桂东、汝城三县,帮助成立湘南游击大队,并将28团3营党代表唐天际(八一南昌起义前是贺龙部警卫连副连长、新中国成立后担任湖南省军区司令员、总后勤部副部长等,1955年被授予中将军衔)留下担任湘南游击队的大队长。"②这可是实实在在的帮助啊! 这就是毛泽东的胸怀,更是毛泽东的团结智慧!

8月25日,毛泽东、朱德、陈毅率领红军主力分两路从桂东寨前出发,回师井冈山。途中击败赣敌刘士毅部,缴枪数百,击毙袁崇全,占领遂川。9月26日,朱、毛、陈率工农红军重回井冈山。从某种意义上说,这是红四军的新生!

三是两支队伍重新会师后,着力解决统一思想、加强团结的问题。部队回师井冈山了,但内部思想没有统一,两军团结问题令人焦虑。1. 下山前后形成了鲜明对比。下山前,红军四个团,现在只剩下三个团了;下山前,武装割据三城数县,如今只占住几个山头,县城与平原尽被敌人占领,群众遭受血洗和摧残。"湘南之行造成了'边界与湘南同归失败'的大损失,大家意见更多。"③2. 军委和28团领导层思想压力很大。作为军委书记、前委书记,陈毅同志的思想压力很大。"陈毅心情沉重","陈毅痛感自己的责任","更使陈毅焦虑的是

---

① 余伯流、陈钢著:《井冈山革命根据地全史》,江西人民出版社2010年版,第253页。

② 余伯流、陈钢著:《井冈山革命根据地全史》,江西人民出版社2010年版,第254页。

③ 《陈毅传》,当代中国出版社2015年版,第49页。

统一思想、加强团结的问题。"①"为了大局,陈毅深感必须沟通思想。他的办法首先是用自己的认真检讨来承担责任,同时还在行委的会议上开展批评与自我批评。"②3. 两支队伍认识上本来就有分歧。"对有些问题看法不一致,本来就有。有人倾向于巩固井冈山根据地;有人倾向于远道大规模游击。有些人主张把缴获的枪更多地发给农民武装,有些人主张大力扩大红军。"③4. 回师后两支队伍思想上的隔阂增加了。"主张远出游击的人被称为'逃跑主义',相反,主张巩固根据地的人被称为'保守主义'。"④

针对这种情况,毛泽东主动采取了一系列的团结措施:

第一条,在砻市沙洲坝上为王尔琢举行了隆重的追悼大会。王尔琢的牺牲,使毛泽东、朱德、陈毅等十分悲痛。朱德抱着王尔琢的尸首痛哭不已。毛泽东为王尔琢亲拟一副挽联,用棉花缀贴在两侧,表达全军将士的缅怀深情:

一哭尔琢,二哭尔琢,尔琢今永矣,留却责任难承受;

生为阶级,死为阶级,阶级念如何,得到太平方始休。

我们党是唯物主义者,是无神论者,那么毛泽东为什么要给牺牲的同志开追悼会呢?因为在毛泽东看来,用身边的典型事例来教育活着的人,能够更好地增进团结,强化队伍的凝聚力,调动广大党员干部和指战员的革命积极性和自觉性,也是对死者家属的一种极大安慰!毛泽东以红四军行动委员会书记的名义,为王尔琢举行隆重的追悼会,并亲自撰写挽联,情真意切,感动了28团的将士们,他们从内心深处被毛泽东的真情实意所折服。这样的追悼会,就不是一

① 《陈毅传》,当代中国出版社2015年版,第48—49页。
② 《陈毅传》,当代中国出版社2015年版,第48—49页。
③ 《陈毅传》,当代中国出版社2015年版,第49页。
④ 《陈毅传》,当代中国出版社2015年版,第48—49页。

般意义上的悼念活动了,而是激励红四军官兵团结一致、振奋精神、英勇杀敌的一个重要措施。这在我军的历史上开启了一个激励人心、团结奋进的先例。这也是毛泽东比一般人想得深、看得远的地方。此后,在延安还先后为林育英、张思德等人举办过多场追悼会,有效地促进了队伍的团结统一,充分调动了广大党员干部和指战员的大无畏革命精神。

第二条,在两军重会时,他对部队说:"湘南的问题让二十八团自己讲,三十一团不要讲。"他还召集部队讲话,"说明了朱军长本人是反对去湘南的。这一来,团结的气氛就大为增强。"①招致边界和湘南两方面失败,其主要责任在谁? 毛泽东曾对江华说:"主要是湖南省委、湘赣特委的问题,军队内部也有责任,29 团的龚楚,还有些人附和他,结果去了湘南,就失败了。"②

第三条,妥善安排 29 团回来的干部。据欧阳毅中将回忆:"一个 1000 多人的二十九团,只剩下八九十人回到井冈山。"③回来这些人如何安排? 这非常关键,安排好了能够增进团结,反之可能会导致分裂。毛泽东是这样处理的,欧阳毅中将回忆说:"返回井冈山后,毛委员总结了经验教训,对部队进行了整编,我们二十九团没有了,团长胡少海被任命为二十八团一营营长。"④胡少海是 29 团团长,部队失败了,他有责任,但他毕竟带着残部回来了,这种革命精神要给予肯定。在职务安排上,依然安排他担任 28 团第一营营长(前任营长

---

① 《陈毅传》,当代中国出版社 2015 年版,第 49 页。
② 江华:《井冈山斗争时期几事的回忆》,《井冈山革命根据地》(下),中共党史资料出版社 1987 年版,第 548 页。
③ 井冈山革命根据地党史资料征集编研协调小组、井冈山革命博物馆:《井冈山革命根据地》(下),中共党史资料出版社 1987 年版,第 329 页。
④ 井冈山革命根据地党史资料征集编研协调小组、井冈山革命博物馆:《井冈山革命根据地》(下),中共党史资料出版社 1987 年版,第 330 页。

是林彪),其他人员编入 28 团。这样就妥善地安排了 29 团回来的同志,有利于增进红四军的团结统一。

第四条,于 1928 年 10 月 4 日至 6 日,在宁冈茅坪召开中共边界第二次代表大会,通过了《政治问题和边界党的任务》等决议,毛泽东是这样说的:"八月失败,完全在于一部分同志不明了当时正是统治阶级暂时稳定的时候,反而采取统治阶级政治破裂时候的战略,分兵冒进,致边界和湘南同归失败。湖南省委代表杜修经同志不察当时环境,不顾特委、军委及永新县委联席会议的决议,只知形式地执行湖南省委的命令,附和红军第 29 团逃避斗争欲回家乡的意见,其错误实在非常之大。"①除此之外,在人事安排上,依然把朱德、陈毅等人选为第二届特委委员,杨开明为书记(后因病,由谭震林继任)。这样,通过党代会的形式,对"八月失败"作了明确的结论,统一了思想认识,增进了队伍的团结。

第五条,毛泽东在给中央的报告中,针对八月失败,严肃地批评了杜修经和杨开明,只提到"军委亦未能加以阻止"。很多人不知道的是,"八月失败"使红四军遭到了重创。4 个月后,毛泽东、朱德不得不率红四军出击赣南,从此离开井冈山。在离开井冈山之前,毛泽东先后写下了《中国的红色政权为什么能够存在?》《井冈山的斗争》两篇彪炳史册的文章,第一篇是为湘赣边界党的第二次代表大会写的,第二篇是写给中央的报告。在这两篇文章中,毛泽东先后5 次点名批评杜修经、3 次批评杨开明。杨开明是杨开慧的堂弟,也是受毛泽东、杨开慧的影响走上革命道路的,毛泽东对他的批评也是毫不客气、不留情面。但只字未提陈毅、朱德等人的名字。可以看出,为了更好地团结军委和 28 团,毛泽东尽了最大的努力。

---

① 《毛泽东选集》第一卷,人民出版社 1991 年版,第 52 页。

● 这里有必要介绍一下杨开明的情况。

杨开明，1905 年出生，23 岁任湘赣边界特委书记，"八月失败"后，他认识到自己的错误，继续投身革命，先后担任湘鄂赣特派员、湖北省委鄂西特派员，在长沙、武汉等地从事党的秘密工作，参与和领导了恢复和重建武汉地区党组织和湖北省委。他与杨开慧感情很深。1929 年 2 月下旬，杨开慧从报纸上看到伍若兰被杀的消息，即有一种不祥的预感，为此，于 1929 年 3 月提笔给杨开明写了一封"托孤信"，提到"我决定把他们——小孩们——托付你们"。但是杨开慧一直没有联系上杨开明，这封信没有寄出。1982 年 3 月 10日，人们在修缮杨开慧烈士故居板仓杨家老屋时，才从杨开慧卧室后墙的砖缝中发现这封托孤信。

1929 年底，因为叛徒出卖，杨开明在汉口不幸被捕，随后被押回长沙。敌人知道他是毛泽东的妻弟，威逼利诱，无所不用其极。杨开明坚贞不屈，大义凛然。敌人恼羞成怒，于 1930 年 2 月 22 日将杨开明押往长沙浏阳门外识字岭，用乱刀戳死。杨开明临死不惧，高呼革命口号，气壮山河。让人心疼不已的是，几个月后杨开慧也不幸被捕，于 1930 年 11 月 14 日同样就义于长沙浏阳门外识字岭。

毛泽东为团结同志所做的这些工作，今天来看，大家可能会觉得平淡，但在当时都是建党建军中以前没有过的，可以说都是第一次，让人真切地感受到毛泽东对战友的一片真情，也让人感受到毛泽东个人品质中最宝贵的一面。这也许就是朱德、陈毅等人一辈子愿意追随毛泽东的一个重要原因。与此相反，广州起义失败，叶挺被李立三、王明批评是起义失败的主要责任人，横加指责，叶挺受不了这种批评责难，一气之下跑到莫斯科评理，从此长期流落海外，与党脱离联系十年。比较一下，就能看出毛泽东团结智慧的可贵！杨得志将军后来回忆说:"毛泽东同志知道了大队的行动和郴州失败的消息,为了使部队团结、集中,避免继续分散被敌人各个击破,他特地赶了来,向主张分兵的人说明利害,以便把部队带上井冈山去。⋯⋯这件事使我深深体会到毛泽东同志坚持正确路线,珍惜党的团结的精神是十分伟大的。"①

总的来看,毛泽东通过以上措施,有力地抵制了湖南省委的错误,发挥了中流砥柱的作用,最大限度地团结了红军,保住了井冈山根据地,推进了土地革命和红色政权建设,探索出"农村包围城市"的正确道路,为全国革命的发展提供了宝贵的经验。1962 年 3 月,朱德重上井冈山,写下了五个苍劲有力的大字:"天下第一山!"还写了一首诗:

> 红军荟萃井冈山,主力形成在此间。
>
> 领导有方经百炼,人民专政靠兵权。

从这五个大字和这首诗,可以看出当年的井冈山在他心目中的崇高地位,以及红四军建立的必要和根据地建设的伟大意义;也可以看出,经过 34 年的实践检验,他对毛泽东的领导智慧是由衷的认可和敬佩!

五、黄洋界保卫战,打破敌人的第二次"会剿"

1928 年 8 月中旬,得知红军大队兵败郴州的第二天,毛泽东亲率 31 团 3 营冒着酷暑,向湘南桂东方向疾驰,前去迎接红军大队。8 月下旬,湘赣敌军趁我红军主力远在湘南欲归未归之际,通电合谋,向井冈山根据地发动第二次"会剿"。"湘敌吴尚部 3 个团,赣敌王均部 1 个团"②,分两路向井冈山发动进攻。当时敌军已占领井冈山

---

① 《星火燎原》(上),人民文学出版社 1958 年版,第 315 页。

② 《浴血罗霄——井冈山革命根据地历史》(修订版),中国发展出版社 2014 年版,第 230 页。

根据地的所有县城和平原地区。"留守井冈山的第31团党代表何挺颖，立即召开留守机关、红军医院负责人及伤病员代表会议，传达毛泽东在永新西乡会议上提出的坚守井冈山的意见。会议讨论了应付敌人的对策。"①在敌我兵力如此悬殊的情况下，大家的意见不一。杨至诚上将回忆说："会议争论得很激烈，大体上有两种意见，一是守，一是撤。有的同志认为，山上兵少粮缺不能守，主张把伤病员分散到深山和老百姓家里，队伍撤退山下打游击去。有的同志认为，山上虽然兵少粮缺，守住井冈山是不成问题的。……最后，何挺颖作结论说，我们要坚守井冈山，这个方针是不能动摇的。毛党代表在下山以前，就决定要我们保存井冈山这块根据地。""到会的大多数同志听了何挺颖的讲话后，都纷纷表示坚决执行军委和毛党代表指示精神，坚守井冈山。"②这里，毛泽东"要坚守井冈山"的指示起到十分重要的引领作用。

8月30日，敌人向黄洋界哨口发起猛攻。31团团长朱云卿、党代表何挺颖即率31团1营两个连，会同袁文才、王佐的32团，在广大人民群众的支持配合下，利用悬崖峭壁的有利地形顽强抵抗。"第二天清晨，敌人继续向我们进攻，气势比头一天更厉害，上午连续几次冲锋，都被我们打退了。下午敌人又发起更猖狂的冲锋，共有好几个团的兵力，比我们多十几倍。我们的工事渐渐难以支撑了……"③在这十分危急的时刻，王耀南回忆说："下午，我们把修械所里的一门迫击炮搬上了黄洋界，当敌人进攻时，炮手刘显宜打得真好，一炮打倒（应

① 《毛泽东年谱(一八九三——一九四九)》上卷，中央文献出版社2013年版，第250—251页。

② 井冈山革命根据地党史资料征集编研协调小组、井冈山革命博物馆：《井冈山革命根据地》(下)，中共党史资料出版社1987年版，第540—541页。

③ 井冈山革命根据地党史资料征集编研协调小组、井冈山革命博物馆：《井冈山革命根据地》(下)，中共党史资料出版社1987年版，第541页。

为"到"——作者注)了敌群中,敌人着慌了,便马上撤退。"①敌人遭到突然袭击,以为我军主力还在,所以,仓忙逃窜。我军乘胜追击,打得敌人落花流水。这次战斗,以不足一个营的兵力,打败了敌人四个团的进攻,粉碎了湘赣两省敌人的第二次"会剿"。

杨至诚说:"黄洋界保卫战的胜利,给湘赣边界的群众和红军战士以很大鼓舞和深刻的革命斗争教育。同志们深深感到毛委员的伟大,有的同志说:'我们的主力部队不在,留守的人这样少,还有伤病员,可敌人就是上不了山,这倒有点象诸葛孔明的空城计哩。'另一个同志接口说:'这不是空城计,是毛委员给敌人摆的空山计'。""几个人就仿照京剧'空城计',你一言我一语凑起唱词来。最后凑成一段戏文,还给他起个名字,叫'毛泽东的空山计'。"②

这年9月,毛泽东为这一胜利作《西江月·井冈山》:"山下旌旗在望,山头鼓角相闻。敌军围困万千重,我自岿然不动。早已森严壁垒,更加众志成城。黄洋界上炮声隆,报道敌军宵遁。"③

六、大力恢复和巩固根据地

红四军主力从9月回师井冈后,三个月内采取飘忽不定、避实就虚的游击战术,三战三捷,取得了遂川、坳头垅和新城—龙源口战斗的胜利,迫使敌人转入守势,恢复和巩固了井冈山革命根据地。"到11月,井冈山根据地已恢复到:'南自遂川井冈山南麓,北至莲花边界,包括宁冈全县,遂川、酃县、永新各一部,成一南北狭长之整块。此外莲

---

① 井冈山革命根据地党史资料征集编研协调小组、井冈山革命博物馆:《井冈山革命根据地》(下),中共党史资料出版社1987年版,第138页。

② 井冈山革命根据地党史资料征集编研协调小组、井冈山革命博物馆:《井冈山革命根据地》(下),中共党史资料出版社1987年版,第542页。

③ 《毛泽东年谱(一八九三——一九四九)》上卷,中央文献出版社2013年版,第251页。

花之上西区,永新之天龙山区、万年山区,则与整块不甚联属。'"①

一是对边界党的建设进行整顿。

1.九月"洗党"。1928 年 5 月以后党组织的"大发展时期",许多投机分子混进党内,造成党组织的严重不纯。"八月失败"时,投机分子纷纷反水,带领反动派捉拿同志,白区党的组织大半塌台。为此,毛泽东和边界特委决定:"九月以后,厉行洗党。"重点放在井冈山根据地的中心区域宁冈、永新两县,"永新、宁冈两县的党组织全部解散,重新登记。"②"洗党"的主要做法:一是进行组织整顿;二是建立秘密组织。"洗党"的对象大致有以下几种:(1)不起党员作用,不服从指挥,不愿革命的;(2)投敌叛变或被敌人抓去,问题没有搞清楚的;(3)出身不好,革命又不积极的。重点放在开除投敌叛变分子上。"当时边界被清洗的党员计有 4000 人左右。"③洗党之后,党组织重新转入秘密状态。虽然"党员数量大为减少,战斗力反而增加。""通过'洗党',纯洁了党的组织,提高了党的战斗力,不失为我党历史上一次成功的卓有成效的整党运动。这次'洗党',为我党以后的整党运动,提供了有益的启示和宝贵的经验。"④

2.召开边界党的"二大"。1928 年 10 月 4—6 日,毛泽东和边界特委在宁冈茅坪主持召开了边界县党的第二次代表大会。出席会议的有边界各县党和军中党的负责人共 100 多人。毛泽东作了长篇报告,详细论证了国内的政治形势,肯定了创建罗霄山脉中段政权的重

---

① 余伯流、陈钢著:《井冈山革命根据地全史》,江西人民出版社 2010 年版,第 268 页。

② 余伯流、陈钢著:《井冈山革命根据地全史》,江西人民出版社 2010 年版,第 270 页。

③ 余伯流、陈钢著:《井冈山革命根据地全史》,江西人民出版社 2010 年版,第 271 页。

④ 余伯流、陈钢著:《井冈山革命根据地全史》,江西人民出版社 2010 年版,第 272 页。

大意义,对"八月失败"作出结论,再次回答"红旗到底打得多久"的疑问。这次会议的重要成果是:通过了毛泽东为大会起草的决议案;改选了边界特委,推选了毛泽东、朱德、陈毅等 19 人为第二届特委委员,杨开明为书记,因杨生病,由副书记谭震林代理书记;对边界党的改造与建设、各项工作问题、农村斗争问题、工人运动问题、兵士运动问题、宣传问题、训练问题、苏维埃问题、土地问题、青年团问题进行了讨论和决议,并通过了《井冈山土地法》和《工会组织法》。这次大会的召开,标志着毛泽东"工农武装割据"思想初步形成,为中国革命"农村包围城市、武装夺取政权"理论的确立奠定了坚实基础。"边界二大以后,根据地的割据局面出现了新的转机,红色区域迅速扩大,革命政权日益巩固。"①

　　3. 重建红四军前委。1928 年 6 月 4 日,中央给湘赣边界前委发出了一封指示信(简称六月来信),直到 11 月 2 日才送达边界。11 月 6 日,根据中央 6 月 4 日来信的指示精神,边界重建红四军前委,由毛泽东、朱德、谭震林、宋乔生、毛科文五人组成,毛泽东为书记。前委统辖边界特委和红四军军委。毛泽东这个前委书记几经变化,1927 年 9 月秋收起义时,湖南省委任命他为前委书记。1928 年 3 月,周鲁来井冈山宣布撤销前委,他的前委书记也随之撤销。1928 年 5 月 20 日至 22 日,中共湘赣边界第一次代表大会召开,选举产生湘赣边界特委,毛泽东为书记。特委统辖第四军军委和边界党组织。1928 年 7 月红军大队冒进湘南,又组织了前委,以陈毅为书记。"八月失败",这个前委又被取消了,改为行委,毛泽东为行委书记。一年多的时间,毛泽东的职务 5 次变化,可见毛泽东的工作难度是何其大呀!这次重新组织前委,使根据地有了统一的党的领导机构,对加

---

　　① 《浴血罗霄——井冈山革命根据地历史》(修订版),中国发展出版社 2014 年版,第 246 页。

强党和军队的集中领导,起到了重要的作用。

4. 改组边界特委。湘赣边界特委是 1928 年 5 月 22 日成立的,毛泽东是特委的创始人和决策者。但 6 月底,湖南省委要求毛泽东随红四军向湘南发展,由杨开明代理特委书记。8 月中旬,特委在永新九陂村召开紧急会议,选举杨开明为书记。8 月末—12 月,杨开明生病,谭震林代理书记。之后,谭震林调前委工作,邓乾元为书记。这样,特委自 5 月成立以来,半年的时间里,变动了五六次,换了几任书记。毛泽东既要管军委,又要管特委,加上任务繁重,干部缺乏,经常忙得不可开交。杜修经曾说:"现有边界特委工作日益扩大,实际上一切工作与指导,都集中在泽东同志身上,而泽东同志又负军代表责,个人精力有限,怎理得许多? 实际上也就有很多的地方顾及不到了。"①干得多,问题就多。对此,杨开明认为:"特委的事总是书记一个人处理,个人专政,书记独裁,成为边界的通弊。首先泽东为特委书记时,特委就在泽东一个人荷包里,后来开明代理书记,特委又是开明一个人的独角戏。……有些事不知道到前委解决呢? 还是到特委解决呢? 甚至有什么事前委就推特委办,特委就推前委办,两下你推我让,甚至两下都不管了。"②针对杜修经、杨开明反映的问题,毛泽东在湘赣边界党的第二次代表大会上提出了设立巡视员、一切权力集中在常委会、一切政策都需要党员热烈讨论、委员和书记用选举办法产生、增加工人领导力量、注重机构健全、铁的纪律等 7 条措施,因此边界在党的"二大"以后,党的建设得到了加强,有力地领导边界军民打破了敌人的"会剿"。

5. 加强党的思想建设。井冈山是一个自给自足的封闭式的农村山区,"边界各县的党,几乎完全是农民成分的党","社会组织普遍

---

① 《杜修经给湖南省委的报告》,1928 年 6 月 15 日。
② 杨克敏(又叫杨开明):《关于湘赣边苏区情况的综合报告》,1929 年 2 月 25 日。

是以一姓为单位的家族组织。"支部会议往往就是家族会议,党组织也有一些裙带关系。比如宁冈县委书记是龙超清,可组织部长刘克犹、宣传部长刘辉霄,都是他的姐夫。针对边界各县的家族观念、地方主义等问题,毛泽东说:"我们感到无产阶级思想领导的问题,是一个非常重要的问题。边界各县的党,几乎完全是农民成分的党,如不给以无产阶级的思想领导,其趋向是会要错误的。"①毛泽东看到了问题的实质,提出了建党的精髓问题,即思想建党问题。正是在这种思想的指导下,边界党的"二大"上毛泽东强调,"指出过去党内的错误,洗刷党内机会主义的遗毒,改造各级党部,使之走上真正无产阶级领导的道路,是今后各级党部重要的职责。"②"二大"以后,边界特委加大了无产阶级思想教育工作的力度。根据毛泽东的提议,边界特委和军队分别开办了党团训练班。参加训练班的学员由各地党组织选派,分期分批,集中学习。学习时间视情况而定,一般为一个半月。学习内容分为政治教育、形势教育、阶级教育、党的性质和基本理论教育,部队的还有军事训练等。训练的内容主要以授课为主。毛泽东、朱德等领导同志经常来训练班察看,并亲自为学员们上课。通过开办党团训练班,有效提高了党团员的思想觉悟和政治素质。

6. 召开红四军党的六大。为了整顿军中的党,处理半年来军中的政治、军事、党务、思想等问题,1928 年 11 月 13—15 日,前委在宁冈新城召开了红四军党的第六次代表大会。会议总结了红军半年来的经验教训,通过了政治问题、党务问题、军事问题、经济问题、纪律问题决议案等 5 个重要文件,明确了今后的任务,选举了 23 人组成的第六届军委,朱德为书记。这对于红四军党的建设以及井冈山根

---

① 余伯流、陈钢著:《井冈山革命根据地全史》,江西人民出版社 2010 年版,第 279 页。

② 《湘赣边界各县党第二次代表大会决议案》,1928 年 10 月 5 日。

据地的巩固,具有十分重要的意义。

7.恢复和健全各种群众组织。边界革命群众组织分为两类:一类是群众团体,如共青团、工会、妇女会等,由各级党组织领导;另一类是群众武装,如赤卫队、暴动队、儿童团等,由各级苏维埃政府指挥。这些组织在"八月失败"前都已建立,"八月失败"时都遭到一定的破坏。红四军回师井冈山后,前委和毛泽东立即要求各级党组织和政府将这些组织恢复和健全起来。经过各级党组织和政府的努力,这些群众组织很快得到了恢复和健全,并发挥了很好的作用。红军部队得到了补充,红军给养有了保障,群众武装也发挥了重要作用,从而使边界的武装斗争和根据地建设有了深厚的根基。

8.慎重处理土客籍矛盾。土客籍矛盾,是井冈山斗争时期一个特殊而尖锐的问题,也是一个历史遗留问题。宁冈的土、客籍矛盾历史上由来已久,且结怨很深。一开始,这个问题并没有引起毛泽东的注意,因为从三湾改编到茅坪安家期间,宁冈的土籍革命派龙超清、刘辉霄与客籍革命派袁文才、刘克犹等,配合很默契,他们还共同控制宁冈达一年之久。可后来随着斗争的深入,矛盾便逐渐显露出来,演变为"土籍的党,客籍的枪"的尖锐对峙。"土籍的党",是指以土籍领导龙超清、朱昌偕、王怀为代表的的政治势力;"客籍的枪",是指以袁文才、王佐为代表的军事势力。袁文才的 32 团官兵大部分是客籍人,掌握了全县的枪杆子;而县委主要负责人又几乎都是土籍人,因而社会上就有"土籍的党,客籍的枪"之说。龙超清,1905 年出生,宁冈县唐南村人,1921 年在南昌省立第二中学读书,1925 年入党,1926 年 9 月担任宁冈县农民协会委员长。他父亲龙钦海早年留学日本,历任江西省参议会参议长、教育厅长等。利用这种身份,龙超清说服国民党宁冈县长对袁文才所在的"马刀队"招安,在龙超清、刘辉霄等共产党员的影响下,袁文才的思想逐渐向共产党靠拢、听从党组织的安排。1926 年 10 月，袁文才率部在宁冈县城起义，推翻该县国民党反动政权，出任农民自卫军总指挥。1926 年 11 月，经龙超清、刘辉霄介绍，袁文才加入了中国共产党。可以说，龙超清是袁文才走上革命道路的引路人。1927 年 7 月，袁文才、王兴亚等人率部攻克永新县城，营救出国民党反动当局关押在监狱的贺敏学、王怀、欧阳洛等 80 多名党员干部（多属土籍）和 300 多名革命群众。接着又打败从吉安前来反攻的国民党特务营，然后退回宁冈。龙超清受袁文才的委托，到三湾村与毛泽东见面，为秋收起义部队上山穿针引线。井冈山根据地建立后，两人都担任了重要职务。袁文才担任工农革命军第 1 军第 1 师第 2 团团长，龙超清担任宁冈县委书记。两人本来是好朋友，但后来因工作上的分歧和土客籍矛盾反目成仇。[①] 由于土客籍矛盾，致使宁冈三次分田都分不下去，"八月失败"时，土籍农民大部分反水，带领白军烧屋搜山，压迫客籍人。对此，毛泽东和工农革命军其他负责同志曾出面干预，批评了龙超清和袁文才，并采取了相应的措施。"对于这个矛盾，毛泽东在边界时，曾做过大量的工作，使得土客两籍间逐渐趋于相合。"[②]

二是加强红色政权的整顿与建设。井冈山革命根据地初创时期建立的革命政权称为"工农兵政府"，直到 1928 年 5 月，收到中央《关于"左派国民党"及苏维埃口号问题决议》后，便正式改称"工农兵苏维埃政府"。湘赣边界红色政权诞生后，究竟如何建设，如何完善，中央没有明确的规定。在频繁的战斗中，毛泽东、朱德、陈毅等人，不等不靠，根据自己的学识、胆略，结合根据地军民的需要，一切

---

① 参见中国井冈山干部学院著：《井冈山斗争时期的县委书记——袁文才》，中国发展出版社 2015 年版，第 288—291 页。

② 余伯流、陈钢著：《井冈山革命根据地全史》，江西人民出版社 2010 年版，第 394 页。

从实际出发,在斗争中摸索、探讨、实践,逐步创造了一系列成功的经验:

1.把民主集中主义(即民主集中制)运用于政权组织。边界红色政权,是红军和边界革命群众流血牺牲换来的权力机构。但是由于边界复杂的社会历史条件以及我们党和军队当时缺乏政权建设的经验,在一段时间内,"县、区、乡各级民众政权是普遍地组织了,但是名不副实。许多地方无所谓工农兵代表会。乡、区两级乃至县一级,政府的执行委员会,都是用一种群众会选举的。一哄而集的群众会,不能讨论问题,不能使群众得到政治训练,又最便于知识分子或投机分子的操纵。一些地方有了代表会,亦仅认为是对执行委员会的临时选举机关;选举完毕,大权揽于委员会,代表会再不谈起。名副其实的工农兵代表会组织,不是没有,只是少极了。所以如此,就是因为缺乏对于代表会这个新的政治制度的宣传和教育。"①为了纠正这些错误,前委和毛泽东采取了如下措施:向群众广泛宣传"民主集中主义";制定详细的苏维埃组织法;吸引广大群众参加苏维埃工作,把"民主集中主义"广泛运用于群众组织,让群众自己去了解,成为看得见、摸得着的东西。对于苏维埃执行委员会办事脱离群众、缺乏监督的问题,采取两条措施:厉行民主集中制;对政府中少数贪污腐化分子进行彻底清理和严肃处理。

2.正确处理党政关系。边界的红色政权是在党的领导下建立的,如何有效发挥政权组织的作用,也出现了一些不正常的现象。"党在群众中有极大的威权,政府的威权却差得多。这是由于许多事情为图省便,党在那里直接做了,把政权机关搁置一边。这种情形是很多的。政权机关里的党团组织有些地方没有,有些地方有了也

---

① 《毛泽东选集》第一卷,人民出版社1991年版,第71—72页。

用得不完满。"①这是一种党政不分、以党代政的偏向。一方面使党的组织直接去处理政权事务,削弱了党的领导;另一方面也束缚了政权机关的职能,降低和削弱了苏维埃政权的作用。为了加强红色政权建设,特委和毛泽东对党政关系及其分工作出了明确规定:(1)"以后党要执行领导政府的任务"②,而不是包办政府的行政事务。(2)"党的主张办法,除宣传外,执行的时候必须通过政府的组织。国民党直接向政府下命令的错误办法,是要避免的。"③(3)边界党的"二大"决议案规定:"各级党部与各级苏维埃的关系要弄清楚,免除党即政府的弊病。关于党与政府不同,特委须发一通告,各级党部要作一普遍宣传。"④这是毛泽东领导创建井冈山革命根据地的重要经验。

　　3. 全面整顿,纯洁组织。在边界红色政权建立过程中,一些小地主、富农和投机分子乘机混进了党内和政府,给红色政权带来了危害。毛泽东敏锐地察觉到这一问题,他指出:"初期的政府委员会中,特别是乡政府一级,小地主富农争着要干。他们挂起红带子,装得很热心,用骗术钻入了政府委员会,把持一切,使贫农委员只作配角。只有在斗争中揭破了他们的假面,贫农阶级起来之后,方能去掉他们。"⑤于是前委和毛泽东决定整顿政权、纯洁组织,采取了两项措施:一、发动群众,在斗争中识别阶级异己分子和投机分子。识别后,立即驱逐出政府。二、对被小地主富农和投机分子把持的苏维埃政权,进行改组,对代表和委员的成分与质量作出限制,选出代表,重新

---

　　①　《毛泽东选集》第一卷,人民出版社 1991 年版,第 73 页。
　　②　《毛泽东选集》第一卷,人民出版社 1991 年版,第 73 页。
　　③　《毛泽东选集》第一卷,人民出版社 1991 年版,第 73 页。
　　④　余伯流、陈钢著:《井冈山革命根据地全史》,江西人民出版社 2010 年版,第290 页。
　　⑤　《毛泽东选集》第一卷,人民出版社 1991 年版,第 73 页。

组织苏维埃。通过以上措施,纯洁了组织,使边界的政权得以健康发展。

4. 根据斗争需要,适时改变机构与活动方式。在频繁与残酷的斗争中,红色政权的斗争策略与活动方式表现得较为灵活、机动。在政权名称上,开始叫"工农兵政府",后来又叫"人民委员会"。活动方式,1927 年 10 月—1928 年 3 月间,基本上是半公开的;后来随着斗争的发展,才逐渐完全公开;"八月失败"后,又逐渐转入秘密状态;边界度过第三次"会剿"之后,恢复了割据区域,才逐步由秘密转为公开。

这些好的做法和经验,是毛泽东等人把马克思主义政权建设学说运用于井冈山根据地实践的结果,是边区军民用鲜血和生命凝聚而成的产物,为中国革命的政权建设开了先河,积累了宝贵的经验。

三是大力加强军事建设。 1928 年 9 月红四军回师井冈山根据地后,连续三战三捷,重开了边界的武装割据局面。鉴于江西反动军队屡战屡败,不敢贸然进犯,边界出现了平和景象,前委和毛泽东利用这种有利形势,采取多项措施,加强军事建设。

1. 对部队进行整编。为了克服队伍中存在的"分团主义",对 28 团、31 团的干部进行调整。28 团,林彪任团长,何挺颖为党代表(原在 31 团);31 团,伍中豪任团长,何长工为党代表(原在 28 团)。同时,提拔朱云卿为军参谋长;将莲花独立团进行改编,其中张威部编为军部独立营,张威任营长,其余编为莲花县赤卫大队,指派红军连长夏炎担任大队长。

2. 开展冬季整训。针对红四军存在的党的意识淡薄、悲观失望情绪、单纯军事观点等问题,前委和毛泽东决定对红四军全体官兵进行整训。时间在 11 月 9 日以后,时间为一个月左右,地点在宁冈县城和城郊,内容是进行政治教育和开展军事训练,上午是军事课,下午是政治课。政治教育主要是整顿军队党的组织,整顿士兵委员会,解决官兵之间、干部之间的矛盾。毛泽东经常来部队作政治教育报告,对于铲除一般同志的机会主义思想和封建小资产阶级思想,确立无产阶级的人生观,起到了重要的作用。红四军的冬季整训,虽然只有一个月的时间,但整训后的队伍面貌焕然一新,全军上下团结一致,政治、军事素质都得到进一步提高,从而为应对敌人第三次"会剿"打下了坚实的基础。

3. 建设巩固的军事根据地。在井冈山革命根据地内,有两个"军事根据地":第一个根据地是井冈山,介于宁冈、酃县、遂川、永新之交。第二个根据地是九陇山,介于宁冈、永新、莲花、茶陵四县交界,重要性不及井冈山,但与井冈山互为掎角,拱卫着井冈山根据地的大本营——宁冈。按照边界党的"二大"关于建设巩固的军事根据地的决议,采取了以下措施:(1)建立防务委员会。在当时的井冈山、九陇山两个军事根据地中,井冈山军事根据地是红军的最后根据地。因此,前委和毛泽东对此十分重视,决定建立防务委员会。由王佐任主任,地点设在茨坪。职责是:"负责筹备修工事的材料,负责后方粮食的保管,以及负责伤兵、医院的管理。"[1]防务委员会成立后,开展了一系列工作:"组织群众对五大哨口进行了修筑;设立了递步哨,沟通山上山下的联络;组织人员修建了小井红军医院;协助红军筹粮筹款;组织群众挑粮上山等,为建设巩固的军事根据地作出了重要贡献。"[2](2)组织红军挑粮上山。1928 年 12 月间,边界红军在井冈山掀起了一场轰轰烈烈的挑粮运动。井冈山军事根据地,军粮全靠宁冈、永

---

① 余伯流、陈钢著:《井冈山革命根据地全史》,江西人民出版社 2010 年版,第296—297 页。

② 余伯流、陈钢著:《井冈山革命根据地全史》,江西人民出版社 2010 年版,第297 页。

新、遂川三县输送。因此边界党决定,由宁冈县委、县政府负责筹集粮食。1928年宁冈实行土地革命分田后,获得了空前的丰收,自政府征收土地税以来,农民踊跃交售,征粮比例高达20%。在极短的时间内,就筹集了几十万斤稻谷。从宁冈上山,到茨坪、大小五井,往返近百里,尽是羊肠小道,山高路陡,崎岖不平,还要登上海拔1300多米的黄洋界哨口。前委决定动员部队到山下运粮上山。毛泽东、朱德、陈毅等军中领导都亲自参加挑粮上山运动。"朱德扁担的故事",当时就在边界军民中传为美谈,极大地鼓舞了参加挑粮运动的军民。很快,井冈山军事根据地内粮食充足,有人估计"足足可以吃三年"。(3)建设九陇山军事根据地。在建设井冈山军事根据地的同时,对九陇山军事根据地也进行了建设。宁冈县委发动群众,配合红四军31团1营2连,修筑工事,储运粮食,开设医院,巩固了根据地。这样,两个军事根据地成为边界党和红军及地方武装活动的重要基地。

四是巩固土地革命成果。地处罗霄山脉中段的各县农民,与全国的农民一样,饱受着三座大山的压迫。地主豪绅阶级凭借着封建土地所有权,对农民进行残酷的剥削。第一次国内革命战争期间,湘赣边界各县党组织曾领导人民开展过打土豪、烧田契的斗争,广大农民甚为拥护,投入到斗争的洪流之中,没想到轰轰烈烈的大革命失败了,农民受压迫的状况依然如旧。毛泽东率领工农革命军来到井冈山,一开始,许多农民也是持怀疑态度的,有的说"国民革命军也好,工农革命军也好,横直老百姓吃苦",还有的说"从前要抽捐税,现在还不是要抽土地税?"一句话,人民群众对这支工农革命军也是半信半疑的,不是你贴几幅标语,喊几句"我们是穷人的队伍,我们是人民子弟兵"的口号,就能解决问题的。毛泽东的伟大之处,就在于采取了一系列重大行动,让人民群众得到了实实在在的利益,感受到了红军是为人民群众谋利益的,党和红军才是自己的亲人。

1.颁布并实施了工农革命军"三大任务""三大纪律、六项注意",使人民群众真真切切体会到这是一支真正的人民军队。

2.组织打土豪、分浮财的游击暴动,红军每到一处,就发动群众打土豪、分浮财,既让农民得到实惠,又为部队筹款,密切党和红军与群众的关系。

3.帮助人民建立政权,让农民当家作主。

4.广泛开展土地革命,让农民获得生存之本——土地。土地革命最早从根据地的中心区域宁冈开始,然后逐步扩大到其他各县。

5.在"八月失败"中,敌人占领了边界的县城和平原,夺走了农民手中的土地,破坏了土地革命的成果。毛泽东、朱德率领红四军回到边界后,收复了大部分失地,把被地主豪绅抢回去的土地又重新夺了回来,还给农民。

这一系列的重大活动非常厉害!因为这形成了强烈的对比,让人民群众彻底看清了共产党与国民党的本质区别。国民党的军队一打过来,地主豪绅就来反攻倒算,就把土地抢了回去,变本加厉地残害人民,国民党及其军队是代表地主豪绅利益的,是人民的敌人,而共产党及其军队是代表人民利益的,是真心实意为人民谋利益的,是用鲜血和生命来保护人民利益的。这一比较,人民群众就把共产党和红军当作亲人,更加拥护共产党和红军了。

为了巩固土地革命的成果,依照中央来信精神并结合井冈山地区的实际,边界党的"二大"制定了《井冈山土地法》,又经过两个月的酝酿、讨论和修改,同年12月以边界政府的名义正式颁布。这是土地革命时期我们党制定的第一部土地法。虽然这部法律存在三个错误:一是"没收一切土地"而不是只没收地主的土地;二是规定土地没收后"归苏维埃政府所有",而不是归农民所有;三是"一切土地,经苏维埃政府没收并分配后,禁止买卖",与当时民主革命性质和国情不相适应,但仍不失为我们党在土地革命初期的第一部比较完备、比较成熟的土地法,不仅直接指导了湘赣边界的土地革命,也为后来的土地革命政策的完善提供了宝贵经验。1929 年 4 月制定的《兴国土地法》就去掉了"没收一切土地"的规定,改为"没收一切公共土地及地主阶级的土地"。1930 年春,又确立了土地分配给农民私有,并允许买卖的政策。这就是说,《井冈山土地法》存在的错误,后来都改正了。

"八月失败"后,边界各级党政领导和广大群众深感土地革命的胜利成果来之不易,必须用武装斗争来保卫。于是,从边界党的"二大"以后,边界各县出现了积极的变化:

1. 人民群众踊跃参军参战。"八月失败"中红军损失一个主力团(29 团),红四军决定招兵补编。当政府的号令一下,整个根据地出现了母送子、妻送郎,当红军、上战场的动人情景,送鞋送粮、慰问红军、支前参战的事例不胜枚举。永新县做得最好,参军参战的最多。井冈山时期的许多重要胜利,都是广大人民群众积极参战支援的结果。比如永新困敌,主要就是依靠了上万名群众的支持。敌人在永新要柴要不到,要粮要不到,要菜要不到。少数人出来搞采买,又被我们捉了去,搞得他们没有办法。所以,红军一个团就能困住敌人 11 个团达 25 天之久。

2. 广大农民群众踊跃交售公粮、支援革命战争。土地分配后,极大地激发了广大农民群众的生产热情。1928 年秋,边界各县获得了空前的大丰收,因此广大农民群众积极交税交粮。在征收公粮、缴纳土地税方面,宁冈人民表现出了极高的热情,贡献最大。毛泽东在《井冈山的斗争》一文中写道:"土地税,宁冈收的是百分之二十,比中央办法多收半成,已在征收中,不好变更,明年再减。"[1]这样,为井

---

① 《毛泽东选集》第一卷,人民出版社 1991 年版,第 71 页。

冈山武装割据奠定了雄厚的物质基础。

五是开展思想文化建设。湘赣边界各县地处偏隅,"社会经济政治文化一切落后,封建宗法思想充满乡村,农民做梦也想不到机器工业是一个什么样儿,是一回什么事,帝国主义到底是一回什么事。"①正是因为封闭、落后,边界各县普遍存在赌博之风、吸食鸦片、买卖婚姻、迷信活动、宗法礼教等社会陋习。在第一次大革命的浪潮中,这些封建陋习受到很大冲击,一时间赌博和吸食鸦片的现象销声匿迹,买卖婚姻、迷信活动、宗法礼教也受到批判和打击。但大革命失败后,边界各县政权重又落到国民党右派手中,被荡涤一清的社会陋习又沉渣泛起。在井冈山根据地创建过程中,前委、特委和毛泽东领导边界各级党组织采取了以下措施:

1. 再一次对封建陋习进行一场革命。"在轰轰烈烈的土地革命运动中,没收了宗祠的山林田产,清算了族长们的劣迹,废除了买卖婚姻,实行婚姻自由、男女平等,提倡婚嫁简朴、节约。禁止赌博,打击有劣迹的赌徒赌棍。对吸鸦片者,县、区、乡苏维埃政府规定:凡吸鸦片者,自动到苏维埃政府报告,限期戒绝;否则拘留,强制戒毒,阶级异己者则加以重罚;并发动少先队、儿童团暗中访查,发现后没收赌具、烟具,予以罚款。"②

2. 成立各级妇女组织,推进妇女解放。千百年来,广大农村妇女深受封建制度下"三纲五常""三从四德"精神枷锁的压迫,受尽了封建政权、族权、神权、夫权的蹂躏,一直生活在社会的最底层。湘赣边界的妇女尤甚。前委和毛泽东来到井冈山后,十分重视妇女的解放,领导各级党组织及时成立各级妇女委员会,发挥妇女的作用。通过妇女委员会,向广大妇女进行宣传,号召妇女放脚、剪髻,学知识、学

---

① 杨克敏:《关于湘赣边界苏区情况的综合报告》,1929 年 2 月 5 日。
② 余伯流、陈钢著:《井冈山革命根据地全史》,江西人民出版社 2010 年版,第 319 页。

文化,提倡男女平等,争取人身自由,参加社会革命等。比如,1928年2月21日宁冈县工农兵政府成立后,妇女解放协会改称妇女委员会,重新选举了龙佩云、陈春英等人为委员,龙佩云为主任。妇委会组织了宣传队、洗衣队、担架队等,积极为红军送茶饭、洗衣服、做军鞋、削竹钉、搞运输、看护伤病员、探听敌情等,起了很大的作用,涌现出许多英雄人物。"妇女的解放,为中国革命锻造了一支雄厚的有生力量。在井冈山斗争中,活跃着贺子珍、伍若兰、彭儒、吴仲莲("莲"应为廉——作者注)、康克清、曾志、段子英等一大批知名巾帼英雄。"①

经过边界党组织和政府的努力,根据地的社会风气出现了崭新的变化。封建宗法制度被摧毁了,工农群众的政治地位根本改变了,赌博、吸食鸦片销声匿迹了,迷信之风大为减少了,广大妇女解放了,婚姻自由了,男女平等了,越来越多的妇女走出家门、离开灶台、参加革命了。边界涌现了许许多多公而忘私、舍生取义的英雄人物,为根据地革命事业的发展作出了应有的贡献。

六是开展反对敌人经济封锁的斗争。湘赣两省的敌人对井冈山根据地进行军事"进剿""围剿"都没有取得胜利,他们就对根据地加大了经济封锁的力度,企图把红军困死。当时井冈山的生活是十分艰苦的。谭冠三回忆说:"井冈山斗争时期,我们红军的生活是非常艰苦的。那时,我们经常没有菜吃,有时即使吃到了一点菜,也是一没有盐二没有油。在条件好的时候,我们的菜金每人每天只有五分钱,每人只有二钱油、五钱盐。五分钱菜金中还要节余伙食尾子,隔二三个月清算一次,把剩下来的伙食尾子分给大家用。那时候我们根本不发钱,官和兵都是一样的。我们只有饭吃有衣穿就可以,哪里

---

① 余伯流、陈钢著:《井冈山革命根据地全史》,江西人民出版社2010年版,第312页。

还想到要什么薪金。我们冬天没有棉衣穿,只穿二件单衣,晚上睡觉时,没有棉被盖,有个夹被就了不起。"①毛泽东在《中国的红色政权为什么能够存在?》一文中写道:"一年以来,边界政权割据的地区,因为敌人的严密封锁,食盐、布匹、药材等日用必需品,无时不在十分缺乏和十分昂贵之中,因此引起了工农小资产阶级群众和红军士兵群众的生活的不安,有时真是到了极度。红军一面要打仗,一面又要筹饷。每天除粮食外的五分钱伙食费都感到缺乏,营养不足,病的甚多,医院伤兵,其苦更甚……边界党如不能对经济问题有一个适当的办法,在敌人势力的稳定还有一个比较长的期间的条件下,割据将要遇到很大的困难。"②为此,毛泽东和边界党采取了一系列措施:

1. **大力发展农业生产。**颁发布告,动员农民群众发展农业生产;组织红军参加农业生产;发动妇女参加农业生产;组织耕田队,开展互助合作;进行农田基本建设,修牛路、修水利。1928 年秋,根据地获得了农业大丰收。"宁冈县的粮食比哪一年都好,大增产,为感谢红军,宁冈人民都踊交公粮,支援革命。"③

2. **着力办好红色圩场。**1928 年 7 月中旬大陇圩场开办后,毛主席十分关注,多次过问圩场贸易情况,督促宁冈县委和边界政府大力支持和帮助,精心办好这个圩场,开辟赤白贸易线,有力地活跃了根据地的经济输出与紧缺物资的输入,沟通了赤白贸易,缓解了经济危机。

3. **成立竹木委员会。**1928 年底,边界政府在红色区域内设立竹

---

① 井冈山革命根据地党史资料征集编研协调小组、井冈山革命博物馆:《井冈山革命根据地》(下),中共党史资料出版社 1987 年版,第 498 页。

② 《毛泽东选集》第一卷,人民出版社 1991 年版,第 53 页。

③ 余伯流、陈钢著:《井冈山革命根据地全史》,江西人民出版社 2010 年版,第 322 页。

木委员会,有计划地组织人力物力,通过各种渠道向白区输出根据地盛产的竹、木、油、茶等,扩大赤白贸易,增进根据地的经济发展。

4. 开展熬硝盐运动。当时,盐是最为奇缺的物资,少得连红军医院里对伤员洗伤口的盐都严重缺乏。边界党组织发动群众,将一些老房子的墙根土挖出来,用水浸泡,再用泡过的水来熬硝盐。这样的盐,虽然又苦又涩,但比没有一点盐、长期不食盐引起浮肿好多了。王耀南少将回忆说:"硝盐熬出以后,上面是硝,下面是盐。就是这样的硝盐,在南瓜汤里放进一点,味道就算很好了。要是南瓜汤里能放一点咸盐,就了不起了。"①

5. 设立公卖处。鉴于长期的经济封锁会带来严重的负面影响,考虑到"因为这种压迫,不但中等阶级忍不住,工农阶级及红军亦恐有耐不住之时",于是毛泽东和特委指示新遂边陲特区工农兵苏维埃政府在茨坪设立公卖处,用打土豪筹得的一部分款子,买回一批货物放在公卖处出售;还指示大陇区政府在大陇圩场设立公营商店,直接为群众排忧解难。

6. 创办上井造币厂。为进一步打破敌人长期的经济封锁,解决经济流通中的困难,毛泽东和边界特委指示边界工农兵政府于1928年5月在井冈山上井村创办一个造币厂,铸造了"工字银元"(意为工农兵银元),在市场上逐步流通,有效地缓解了根据地的经济困境,对打破敌人的经济封锁起到了很大作用。井冈山时期"工字银元"的铸造和流通,成为中国新型人民货币的萌芽,为以后的中央苏区乃至新中国的货币制造提供了经验。

7. 勒紧裤带、节约开支。对于井冈山军民的艰苦生活,时任边界特委书记的杨开明在报告中是这样描述的:"红军中的生活与经济

---

① 《星火燎原》第一辑(井冈山斗争专辑),解放军出版社1986年版,第262—263页。

是非常之艰难的。拥有数千之众,每个月至少要一万五千元作伙食费,米还是由当地筹办的,经济的来源全靠去打土豪……红军中的薪饷,早就废除了,只有吃饭,有钱的时候发一二块钱的零用钱。最近几个月来,不讲零用钱不发,草鞋费也没有发,伙食费也减少了。最近两个月来,每人每天只发伙食费3分,4分油,4分盐,米1斤4两。3分钱一天的小菜钱,只买得南瓜。……所以近来士兵生活感觉得不安,当时有一句口号:'打倒资本家,天天吃南瓜',可以概见士兵的情形。……这个经济问题,要算红军中最困难的问题,也就是边界割据的致命伤。"①针对这个"致命伤",军委、特委和毛泽东、朱德等领导同志没有被困难所吓倒,而是想尽一切办法来解决这些困难。其中一条措施,就是要求部队和各级组织节省一切非必要的开支。比如:"办公费规定具体数字,原来擦枪要买油布……此时,为了节省开支,这些钱我们就节省不花,地主家里有茶油、旧衣服、旧布,很自然的部队就会解决擦枪开支问题了"②

8. 领导带头、作好表率。俗话说的好,榜样的力量是无穷的。首先,毛泽东、朱德、陈毅等军中领导从自我做起,与官兵同甘共苦。毛泽东带头吃苦菜,晚上办公也只点一根灯芯。"毛委员吃苦菜""一根灯芯的故事"很快在井冈山军民中传开,起到了很大的激励作用。杨至诚上将回忆说:"我们在井冈山的岁月中,从毛党代表起,官兵的生活都是一样的。每天吃的是南瓜和红米,有时红米都吃不上,只吃到南瓜;每人每天只有5分大洋的油盐菜钱,有时连油盐都吃不上。由此可以想见,那时我们的生活是多么艰苦。但是同志们对于井冈山的艰苦斗争是有信心的,我们的心情都是愉快的。"③

---

① 余伯流、陈钢著:《井冈山革命根据地全史》,江西人民出版社2010年版,第324页。
② 余伯流、陈钢著:《井冈山革命根据地全史》,江西人民出版社2010年版,第323页。
③ 杨至诚:《艰苦转战——毛主席在井冈山的片段》,《井冈山革命根据地》回忆材料。

毛泽东在给中央的报告中有一句话令人难忘,这就是"好在苦惯了"。"而且什么人都是一样苦,从军长到伙夫,除粮食外一律吃五分钱的伙食。发零用钱,两角即一律两角,四角即一律四角。因此士兵也不怨恨什么人。"①尤其令人感怀至深的是,当年的红四军军长朱德竟与伙夫一样,衣冠普通,鞋履褴褛。陈毅在给中央的报告中曾提到:"群众及敌兵俘虏初看见顶顶大名的四军军长那样芒鞋草履十分褴褛莫不诧异,若不介绍,至多只能估量他是一个伙夫头,同时到现在伙夫头三个字恰成了四军军长的诨号。"②王耀南少将曾回忆说:"从毛主席、朱军长到炊事员都是一样的,在经济上、政治上没有什么区别。这是我们当时能够克服困难,战胜敌人的一个重要原因。"③

9. 充分发挥士兵委员会的作用。士兵委员会,是 1927 年毛主席在"三湾改编"时确立的,是井冈山根据地初创时期加强军队建设的一项创造,是红军民主主义制度化的具体运作形式。1928 年 4 月下旬井冈山会师后,陈毅同志担任红四军的士兵委员会主任。各级士兵委员会的任务是:"(1)参加军队管理;(2)维持红军纪律;(3)监督军队的经济;(4)做群众运动;(5)作士兵政治教育。"④猛一看这五条似乎没有啥了不起的,实际上它发挥了巨大的作用,保证了部队"官长不打士兵,官兵待遇平等,士兵有开会说话的自由,废除繁琐的礼节,经济公开。""士兵管理伙食……这些办法,士兵很满意。尤其是新来的俘虏兵,他们感觉国民党军队和我们军队是两个世界。他们虽然感觉红军的物质生活不如白军,但是精神得到了解放。同

---

① 《毛泽东选集》第一卷,人民出版社 1991 年版,第 65 页。
② 余伯流、陈钢著:《井冈山革命根据地全史》,江西人民出版社 2010 年版,第 326 页。
③ 《星火燎原》第一辑(井冈山斗争专辑),解放军出版社 1986 年版,第 265 页。
④ 陈毅:《关于朱毛红军的历史及其状况的报告》,1929 年 9 月 1 日,《井冈山革命根据地》历史文献。

样一个兵,昨天在敌军不勇敢,今天在红军很勇敢,就是民主主义的影响。"①这"民主主义"的实行,主要是通过士兵委员会的工作来体现的。关于士兵委员会的作用,毛泽东是这样说的:"他们(指红军战士——作者注)能在艰苦的斗争中不出怨言。连、营、团都有了士兵会,代表士兵利益,并做政治工作和民众工作。"②可见,在井冈山长达一年多的艰苦岁月中,红四军各级士兵委员会发挥了重大作用。

由于以上这些措施得当有力,有效地活跃了井冈山根据地的经济,缓解了敌人经济封锁所造成的严重困难,并在一定程度上改善了人民群众的生活,打破了湘赣两省敌人对井冈山根据地残酷的经济封锁。

七、热烈欢迎红五军上山

正当井冈山工农武装割据不断发展壮大的时候,毛泽东于1928年11月底获悉红五军即将来井冈山,立即与朱德商量决定,派出精干部队前往莲花迎接。

(一)**红五军的由来**。红五军的成立与平江起义有直接的联系。平江,地处罗霄山脉北段,北抵湖北通城,东连江西修水,西近长沙,西北与汨罗、岳阳接壤,是湘鄂赣三省要冲,自古为兵家必争之地。自大革命以来,平江就有党的组织,并领导了轰轰烈烈的反帝、反封建斗争。"马日事变"后,平江工农义勇军在余贲民率领下参加了秋收起义,上了井冈山。此后革命斗争一直没有停息。1928年3月,平江县组织了声势浩大的"扑城"战斗,沉重打击了当地的反动势力,全省为之震动。随后,湖南军阀何键急调周磐独立第5师开赴平江镇压工农

---

① 《毛泽东选集》第一卷,人民出版社1991年版,第65页。
② 《毛泽东选集》第一卷,人民出版社1991年版,第64页。

革命。这时彭德怀任独立第5师1团团长。彭德怀年轻时投身湘军，因作战勇敢，擢升为连长、营长、团长。1928年4月，经段德昌等共产党人介绍，加入共产党，成为独立第5师的秘密党员。1928年7月22日，彭德怀、滕代远(时任湖南省委特派员)、黄公略(时任独立第5师3团3营营长)等率部举行平江起义，打垮了反动军队，占领了平江县城。7月24日，起义部队在平江县城召开大会，宣布成立中国工农革命军第5军，辖第13师，彭德怀任军长兼第13师师长，滕代远为第5军党代表兼第13师党代表，邓萍为军参谋长兼师参谋长。师下辖1、4、7三个团和军医处、经理处、重机枪连、迫击炮连、特务队、卫生队、电话队等，总人数约2000人。雷振辉为1团团长(后叛变，被处决)，党代表李灿；陈鹏飞为4团团长(后叛逃)，党代表黄公略；黄纯一为7团团长，党代表贺国中。次日，又成立第5军军委，邓萍任书记，彭德怀、滕代远、黄公略、贺国中、李灿、黄纯一、李光等为委员。从此，在我们党领导的军队行列中，增添了一支武装劲旅。

(二)红五军为什么要上井冈山？平江起义的爆发，使国民党当局极为惊恐，湖南省清乡督署急调第5独立师陈光中部、第23师朱耀华部共5个团，于7月29日直逼平江城下，彭德怀率部抗击，因寡不敌众，被迫撤出平江城，向修水转移。8月6日，红五军占领修水。8月中旬，湘赣两省10多个团的"会剿"军进逼修水，红五军被迫撤出，后返回平江黄金洞。8月20日，红五军接到湖南省委的指示信，省委要求红五军"避免与敌主力部队作战，并派一部向萍、安与朱毛联络"①。于是，彭德怀、滕代远率主力向万载一带发展，伺机与朱毛会师；黄公略则率部留在平、浏一带坚持游击斗争。在经修水、铜鼓，开向万载途中，由于敌人穷追不舍，激战频繁，红五军内部一些旧军

---

① 《滕代远给中共湖南省委的报告》，1929年1月12日，《井冈山革命根据地》历史文献。

官和意志薄弱者纷纷开小差,甚至叛变投敌,致使9月9日红五军主力部队在万载大桥受挫,不得不折回铜鼓,第一次上井冈山的计划落空。9月17日,滕代远以湖南省委特派员的身份,在铜鼓幽居主持召开红五军党组织负责人和平(江)浏(阳)修(水)铜(鼓)四县党组织负责人联席会议,正式组建湘鄂赣边界特委。滕代远任书记,彭德怀、王首道、李宗白、邱训民为常委。会议总结了平江起义以来的经验教训,研究红五军下一步的去向问题。会议认为,革命处于低潮,敌人随时都有10团之众,加上地方反动武装,其兵力超过我军10倍以上,如继续在此孤军奋战,极易被敌人各个击破;而到井冈山与红四军会合,则能有效地保存力量,相机对付敌人,共同促进革命形势的发展。这次会议对红五军挺进井冈山起到了关键性的作用。幽居会议后,部队进行了整编,取消了团的建制,军下辖5个大队:一大队长雷振辉,二大队长黄公略,三大队长贺国中,四大队长李玉华,五大队长李灿,全军不足一千人。队伍缩编后,以修水台庄为中心,开展游击活动。不久,发生了李玉华与雷振辉图谋叛逃事件,雷振辉趁彭德怀训话之机举枪向他射击,幸被身边的勇士扳倒,才避免不幸事件的发生。10月,部队再次整顿,将红五军与地方武装合编,仍称红五军,下辖3个纵队10个大队。这时,湘鄂赣三省敌军调集20个团,步步紧逼,"会剿"台庄。为了冲破敌人的"会剿",决定留下1、2纵队,由黄公略统一指挥在平、浏边境坚持斗争;彭德怀、滕代远、邓萍等率第3纵队及特务大队再次向井冈山靠拢,与朱毛会合。"红五军在万载从缴获的国民党报纸上获悉,军阀间的矛盾冲突趋于妥协,这意味着敌人联合对平、浏一带的进攻将会更加激烈。回平、浏是不可能了,只有加紧与朱毛联络才有出路。于是,决定'直向赣南推进与朱毛联络'。"①

---

①　余伯流、陈钢著:《井冈山革命根据地全史》,江西人民出版社2010年版,第348—349页。

（三）**彭德怀为什么向往井冈山？**其实，彭德怀向往井冈山由来已久，为什么这样说呢？第一点，早在平江起义前，彭德怀曾给黄公略写过一首"密诗"：

> 求知心切去黄埔，夜梦依依我不然。
>
> 马日事变教训大，革命必须有武装。
>
> 秋收起义在农村，失败教训是盲动。
>
> 唯有润之工农军，跃上井冈旗帜新。
>
> 我欲依之为榜样，或依湖泊或山区。
>
> 利用周磐办随校，谨慎争取两年时。

从这首诗可以看出，彭德怀对井冈山的一片向往之情。第二点，平江起义后，彭德怀这种心情变得特别迫切。他在《往事回忆》中说："特别有井冈山的革命旗帜作榜样和毛泽东所领导的秋收起义的指引——这不是偶然的，是北伐战争失败后在毛泽东同志领导下，井冈山起了收容阵地和继续指导全国武装斗争的作用；总结了秋收起义、南昌起义、广州起义等运动的丰富经验，而成为指导全国革命斗争的旗帜，是湘、鄂、赣边区和其他革命根据地的指路明灯。只有在它的指导下，我们才有胜利的前途。"①正是在这种心情的支配下，红五军处在危难之际，又有湖南省委的指示，这样，红五军上山与红四军会合才成为历史的必然。1928 年 11 月底，红五军第三纵队和特务大队在彭德怀、滕代远等率领下，从台庄出发，一路所向披靡，于12 月上旬抵达江西莲花高州。

（四）**毛泽东是怎样欢迎红五军上井冈山的呢？**首先，派何长工率领特务营、独立营和莲花赤卫大队，前往莲花一带策应红五军上井冈山。这样，红五军与红四军的接应部队在莲花九都会合了！随后，

---

① 余伯流、陈钢著：《井冈山革命根据地全史》，江西人民出版社 2010 年版，第 349 页。

红五军跟随何长工带领的队伍,直向井冈山进发! 其次,安排宁冈县委、县政府张贴标语、组织群众欢迎。宁冈县委、县政府组织人员在城墙外、街道旁,到处用石灰水新刷大标语:"欢迎红五军!""欢迎彭军长!""向红五军学习!"新城内外,站满了欢迎的群众。再次,让何长工先把红五军安顿在宁冈新城,军部设在王下村的"敬爱堂"。当地的老表们,像迎亲人一样,把红五军战士领进家家户户。红五军的官兵们看到根据地人民安居乐业、喜气洋洋、亲如一家的情形,无不为毛泽东创建的井冈山根据地感到骄傲、佩服! 彭德怀虽然在旧军队时就听说过毛泽东的名字,也知道他的家乡与自己的家乡仅一山之隔,同饮湘江水、同吃湘潭菜,但从未见过面。如今来到井冈山,真想见一见! 很快,何长工领着毛泽东、朱德、陈毅等来到新城"敬爱堂"。一见面,毛泽东就热情地说道:"欢迎你,彭军长!"彭德怀也高兴地说:"你好,毛委员!""你好,朱军长!"敬爱堂里,喜气洋洋,热闹非凡,一双双大手紧紧地握在一起。双方各自介绍情况后,最后决定:为纪念广州起义一周年和欢迎红五军上山,于 12 月 11 日举行一个庆祝活动。第四,隆重召开两军会师庆祝大会。12 月 11 日上午,庆祝大会在宁冈新城西门外的稻田上举行。红四军 28 团、31 团、32 团 5000 余人,红五军三纵队和特务大队 800 余人,加上当地群众近万人参加会师大会。当毛泽东、朱德、陈毅、彭德怀、滕代远、邓萍等两军领导人登上主席台时,台下顿时响起经久不息的掌声。毛泽东、朱德、彭德怀、滕代远等在会上讲了话。彭德怀说:"井冈山根据地是毛委员、朱军长领导红四军建立起来的,她是中国革命的一盏明灯。我们红五军到井冈山来,要好好学习红四军的建军经验。"①毛泽东在会上分析了国内外的形势后,说:"我们的革命事业就是这样

---

① 李寿轩:《从平江到井冈山》,《井冈山革命根据地》回忆资料。

从无到有,从小到大地向前发展,今天我们有了红四军和红五军,将来一定还会有几十个军。我们一定要粉碎敌人的围攻,最后胜利一定是属于我们的。"①毛泽东热情洋溢的讲话,入情入理、气势恢宏,给全军将士以极大的鼓舞!会后,红五军开赴茨坪等地休整。红四军与红五军的胜利会师,是继朱毛会师后的又一次大会师,有力地增强了井冈山根据地的武装力量,为中国人民的解放事业做出了巨大的贡献!

(五)**毛泽东为什么这样热情欢迎红五军上山**?这里不免会让人提出这样的疑问,前边讲了井冈山根据地的经济是如何困难,朱毛会师时带来的湖南农军也被迫让他们回去了,本来山上的经济已经捉襟见肘,现在红五军又来了800多人,这可是800多张嘴啊,井冈山的"吃饭大难"问题更是雪上加霜了,那为什么毛泽东等人还这样热情地欢迎他们来呢?这就是毛泽东的大格局、大胸襟!第一点,毛泽东的站位不仅仅是立足于井冈山,他的理想是要解放全中国;第二点,当时最主要的是军事建设,他的目标不光是建设红四军,而是要建立"几十个军";第三点,红五军虽然人少,但毕竟是来源于国民党的正规军,而且是战斗力比较强的"湘军",他们的到来就会大大增强井冈山的武装力量。所以,他和朱德、陈毅等人宁愿勒紧裤带、吃苦受穷,也要欢迎红五军上山!这与袁文才当初拒绝工农革命军上山截然不同。可见,毛泽东的格局之大、胸怀宽广,无与伦比!

八、红四军主力下山与井冈山突围

红五军与红四军的会师,是继朱毛会师后的又一次大会师,等于三支武装力量的汇合,大大增强了井冈山的武装力量。按道理,这三支武装力量就要在此并肩战斗,继续巩固和发展井冈山革命根据地。

---

① 李寿轩:《从平江到井冈山》,《井冈山革命根据地》回忆资料。

然而随着形势的发展变化,井冈山前委和毛泽东还要适时作出战略调整。

一是红四军主力为什么要下山? 这是因为:

1. 应对湘赣两省国民党军队发动第三次"会剿"的需要。红五军上井冈山与红四军会合的消息很快传到了南京总统府,蒋介石气得要命,撤换了朱培德,委任何键为"湘赣剿匪总指挥部"代总指挥,向井冈山根据地发动了第三次"会剿"。1929 年 1 月 1 日,元旦伊始,湘赣"会剿"总部在江西萍乡成立,何键任代总指挥,金汉鼎为副总指挥,刘晴初为参谋长,刘鹏年为秘书长。调集两省共 6 个旅计 18 个团,"其中湘敌主力 12 个团"①,分五路向井冈山根据地进攻,1 月 10 日前到达指定地点,采取层层包围、步步紧逼、最后合击的战术,企图一举消灭红军,血洗井冈山。敌人的兵力部署:第一路,赣敌李文彬的第 21 旅和刘士毅的第 15 旅,分别驻遂川和赣州,李文彬为司令;第二路,张兴仁的第 35 旅和周浑元的第 34 旅,驻泰和、永新一线,张兴仁为司令;第三路,湖南王捷俊部 3 个团,驻江西的莲花,王捷俊为司令;第四路,吴尚部一个旅,驻鄱县、茶陵,吴尚为司令;第五路,刘建绪部,驻湖南的桂东,刘建绪为司令。②

2. 敌强我弱的严峻形势。敌人是 6 个旅 18 个团,而我红军充其量不过 4 个团;敌人兵力 3 万多人,而我红军仅 5000 人左右,"兵力实在太悬殊了"③。前委、军委和边界各级党组织的负责人以及红军的将领们无不为当前的严峻形势所焦虑,大家都在思考破敌之策。

3. 未来事业发展的需要。在 1928 年 12 月 11 日红四军、红五军

---

① 《何长工回忆录》,解放军出版社 1987 年版,第 203 页。

② 参见《浴血罗霄——井冈山革命根据地历史》(修订版),中国发展出版社 2014 年版,第 323 页。

③ 《浴血罗霄——井冈山革命根据地历史》(修订版),中国发展出版社 2014 年版,第 323 页。

胜利会师的庆祝大会上，毛泽东就明确提出："今天我们有了红四军和红五军，将来我们一定还会有几十个军。我们一定要粉碎敌人的围攻，最后胜利一定是属于我们的。"[1]这就是说，毛泽东身在井冈山，但他的思想和战略规划并没有局限在井冈山，而是想到了未来、想到全国，他迟早是要带领部队走出湘鄂赣，夺取全中国的。正是基于以上的思考和长远打算，所以，在研究破敌之策时，作出了出击赣南的正确决策，这是立足现实、着眼长远的一项重大决策。

二是怎样部署下山的？针对敌人的"会剿"，毛泽东于1929年1月4—7日，在宁冈县柏路村横店主持召开军队与地方党的联席会议，传达中共"六大"决议，研究迎敌的对策。参加会议的有前委委员、红四军和红五军军委委员、边界党和团的特委常务委员、边界六县党组织负责人、红四军各团及红五军各大队的代表。"毛泽东、朱德、陈毅、彭德怀、滕代远、袁文才、王佐、何长工、谭震林、陈正人等60多人出席会议。"[2]史称"柏路会议"。会议主要议程：①传达党的第六次全国代表大会的有关决议；②通过前委给中央的报告（即《井冈山的斗争》）；③讨论如何迎击敌人的"会剿"。这次会议主要解决了以下几个问题：

1. 正确分析四种不同意见。在讨论如何迎击敌人"会剿"时，争论十分激烈，提出四种不同意见：（1）主张凭险死守；（2）主张到湘鄂赣去；（3）主张到湘南去；（4）主张到赣南去。民主是充分发扬了，但不可能按这四种意见同时办，只能选择一种主张。这时毛泽东作了发言，对这四种主张的利弊都作了有理有据的分析，最后提出：井冈

---

① 《浴血罗霄——井冈山革命根据地历史》(修订版)，中国发展出版社2014年版，第320页。

② 《浴血罗霄——井冈山革命根据地历史》(修订版)，中国发展出版社2014年版，第324页。

山根据地不能放弃,也不能死守,必须采取积极的策略,敌人从这边打进来,我们就从那边打出去,迂回敌后,使敌人穷于应付,求得在外线消灭敌人的有生力量,打破敌人的"会剿";实行"围魏救赵"的策略,影响边界,以解井冈山之危。何长工同志回忆说:"毛委员认真听取了大家的意见,详细地分析了各种情况后,他认为井冈山这块根据地一定要守,不能轻易丢失,但不是死守,要采取积极行动,要善于钻敌人的空子,敌人大军围困井冈山,后方必然空虚,有机可乘。他说:'我们的办法是,一部分守山;主力打出去,打到敌人后方去。敌人从这边来,我们从那边打出去,打他一个太极圈。这样就牵制了敌人,分散了他们的精力,顾了这边,顾不了那边,敌人不但不能消灭我们,反而被我们钻了空子,发展了新的根据地。这就是东方不亮西方亮,南方起云有北方,条条道路通胜利,就看走得对不对。'毛主席这一英明论断,得到全体同志赞成和拥护。"①毛泽东的主张获得了大多数人的赞成。会议既否定了据险死守的消极防御观点,又反对了全部转移不要根据地的逃跑主义,采取了内线作战与外线作战相结合的策略方针。这是一种"攻势的防御",也是切合当时实际的一种策略。

2.确定了外线作战的合理去向。策略方针确定以后,接下来就要研究外线作战的去向问题。在讨论中,提出三个去向,毛泽东和与会同志逐一作了分析:1.去湘鄂赣,这里距大城市比较近,位于武汉、长沙和南昌中间,东有赣江和南浔铁路,西有湘江和粤汉铁路,北有长江天险,南有株萍铁路,敌人运动方便,地区狭小,红军不宜前去。2.去湘南,这里敌人兵力强,易于聚集,群众斗争尚未恢复,因此也不宜前去。3.去赣南,这里山区路近;物资丰富,有足够的经济给养力;

---

① 《星火燎原》第一辑(井冈山斗争专辑),解放军出版社1986年版,第394页。

距离大城市较远,敌人聚集困难;赣敌战斗力较弱,外省军队地形人情不熟;赣东北有方志敏领导的红军,吉安东固一带有江西红军二、四独立团,可以相互配合;中央 6 月 4 日来信中亦有向赣南发展的指示。综合以上分析,最后毛泽东决定去赣南,得到了多数人的认同。

3.反复权衡,艰难作出谁守山、谁出击赣南的正确决策。当时井冈山的红军,实际上是由四支部队组成的,一是来自秋收起义的 31团,二是来自井冈山的 32 团,三是来自南昌起义的 28 团,四是来自平江起义的红五军(随后改编为 30 团)。让谁留下来守山,让谁去出击赣南,确实很难做出选择。说到这里,或许有人提出(包括我本人也曾有过这样的疑问),红五军刚到井冈山不久,为什么让他们留下来守山?为什么不让 28 团或 31 团留下来守山?我们可以作一简要分析。

从敌我兵力上看,敌人 18 个团,3 万余人;而我们的兵力,4 个团,5800 余人,兵力悬殊 5 倍多。从敌我双方指挥力量上看,何键当时是国民党的"剿共"干将,北伐战争时已任国民革命军第 35 军军长,带领部队打了不少大仗、恶仗,1935 年 4 月被授予国民党军二级陆军上将军衔,有一定的指挥经验;相比较而言,我军的指挥力量不占上风,朱军长实际指挥过的部队不足 5000 人,彭德怀 1928 年 7 月之前还是湘军的一个团长。从内线作战与外线作战的重要性和难度来看,在敌强我弱的情况下,能否守住井冈山,关键看外线作战能否调动敌人回撤,应该说外线作战的重要性更大,同时外线作战的难度也大,没有根据地的依托,没有群众的支持,沿途情况也不熟,游击到哪里也没有定数,会碰到什么样的敌人也不确定,随时有被敌人分割消灭的危险,关系到红四军的生死存亡,这些都需要临机决断和处置,难度可想而知。内线作战还是有一定的有利条件,有井冈山和九陇山两个军事根据地,地势险峻,易守难攻;有地方党组织、地方武装和当地群众的大力支持和帮助;后勤给养已做了充分准备;目标集中,就是如何守住山,没有多少需要临机决断和处置的重大事项。从井冈山的优势来看,有巩固的根据地,有党和群众的大力支持,最主要的还是朱、毛的珠联璧合。他俩在一起,军事与政治、战略与战术就能完美地结合,就能打胜仗,反之就可能失败。"八月失败"就是一个例证,在后来的革命实践中,反复得到了验证。从部队的磨合程度来看,28团和31团经过半年多的相处,尤其是经过"八月失败"的挫折,两个团的官兵有了进一步的了解和信任,彼此之间有了一定的默契,打起仗来战斗力就会增强。30团与28团或31团的官兵才接触十多天,从来没有合作战斗的经历,还谈不上磨合的问题。从对井冈山情况的熟悉程度来看,32团最熟,31团次之,28团再次之,30团可以说不熟。所以,留下32团守山是完全必要的。

鉴于上述情况,可以有三个选项:

一、如果让28团留下来与32团守山,31团和30团出击赣南。这样,朱德可能就要留下来,毛泽东可能就要随31团出征,一方面朱毛的珠联璧合就要打破,红四军的优势可能发挥不出来,另一方面,朱德指挥王佐可能会有困难,因为当时在井冈山袁文才、王佐最佩服毛泽东,只听毛泽东的,对别人的话有时不听。

二、如果让31团留下来与32团守山,30团和28团出击赣南。这样,毛泽东就必须留下来,不然,朱德、毛泽东、彭德怀三个核心人物都走了,显然不合适;毛泽东留下来,朱毛的珠联璧合就要打破,况且朱德与彭德怀刚认识不久,两支队伍配合起来会怎么样,也是个未知数。28团早在"八月失败"前就想去赣南,如果与30团一起去赣南,下一步与31团、32团的联系会不会减弱,这也是个未知数;30团会不会北返湘鄂赣边区,这也是一个未知数。一旦出现上述情况,红四军这个整体就会受到削弱,甚至会出现各自为政的局面。这也许是毛泽东最担心、最不愿意看到的局面。

三、让30团留下来与32团守山,28团和31团出击赣南。让30团留下来,把指挥权统一交给彭德怀同志,这也是前委和红四军对他和30团的充分信任。虽然30团对井冈山的情况不熟,但对于国民党军、对于湘军和赣军比较熟,特别是对湘军的战略战术、作战特点比较熟,与湘军、赣军作战不会吃亏,就会像朱军长打赣军那样得心应手。

三种方案,各有利弊,比较而言,第三种方案更符合实际。因此,会议决定:红四军与红五军进行混合编制,红五军三纵队编为红四军30团,彭德怀任红四军副军长兼30团团长,滕代远为红四军副党代表兼30团党代表。由彭德怀率领30团、32团防守井冈山;红四军大部出击赣南,吸引敌人,反身从敌后打过来,共同打破"围剿"。

通过以上分析,可以看出,这个选择是极其艰难的。我们都是后来人,可以坐在办公室里品头论足,可是作为当事人,在关系到红四军生死存亡的关键时刻,面对这些两难的选择,是很难下决心的。作为前委书记的毛泽东,立足大局、深谋远虑,最终还是作出了正确的决策,确保了红四军的团结统一,确保了守山、下山的正确方向,为中央根据地的建立和井冈山根据地的恢复奠定了坚实的基础。这正是毛泽东异于常人的伟大之处!

在这一问题上,彭德怀、滕代远能够顾全大局、勇挑重担,这种精神难能可贵,但红五军的部分干部还是不太理解,甚至有意见。在红五军军委扩大会议上,"当时部分同志因红五军上山不久,对地形不熟,对群众不大了解的实际情况,提出不愿守山的意见。彭德怀、滕代远在会上反复地说明了守山的重要性,并想方设法说服大家,但是未能奏效。"[①]彭德怀在《往事回忆》中亦直言不讳地说:"我当时接

[①] 《井冈山革命根据地和中央苏区大事纪实》,江西人民出版社2006年版,第67页。

受了这个任务。但在红五军军委讨论时,意见是不一致的,多数同志是不同意五军固守井冈山的。他们的理由是:平江起义推迟了湘赣两省对井冈山的'会剿',现在,湘赣两省白军主力对井冈山'会剿'而对湘鄂赣边区的反动势力减弱,我们红五军部队已经完成了同红四军取得联络的任务了,就应该迅速北返,扩大湘鄂赣苏区根据地,传达六次大会的决议案,对井冈山根据地的坚持,只有配合作用,而不应承担固守井冈山的任务。井冈山虽然地势险要,周围约近二三百里,弹缺兵力也少,是守不住的。但是,我和代远同志为了照顾大局,并且准备必要的牺牲,因而坚决地执行了四军前委的决定。"①《彭德怀自述》中是这样说的:"由他(指滕代远)召集了五军党委会议。参加会议的有我、邓萍、李灿、贺国中,可能还有李光。讨论时有两种意见:一种意见认为,我们是来联络的,任务已完成,应立即回湘鄂赣边区,传达'六大'决议。如果我们长期留在井冈山,就会影响湘鄂赣边区的发展。一种意见是接受前委指示,保卫井冈山后方,使红四军主力安全脱离敌军包围,向白区发展。……第一种意见是大多数,第二种意见是我和滕代远。我们说服了不同意见的同志,准备牺牲局部,使主力安全向外发展。"②

从这两个回忆来看,在站位上,红五军还没有把自己与红四军看成是一个革命整体,没有从井冈山革命根据地的全局去考虑问题,给自己的定位是"配合作用","我们是来联络的,任务已经完成,应立即回湘鄂赣边区";在立足点上,红五军还是想在平江一带开辟湘鄂赣根据地,自己干出一片天地,没有想与红四军绑在一起干的打算,来井冈山只是权宜之计,据李聚奎上将回忆:"当时,我们这支队伍

---

① 余伯流、陈钢著:《井冈山革命根据地全史》,江西人民出版社 2010 年版,第361 页。

② 《彭德怀自述》,解放军文艺出版社 2002 年版,第 118—119 页。

上井冈山的目的是学习红四军建军、建政、建党的经验，并没有打算留在井冈山，只是上了井冈山以后，根据前委、特委、红四军和红五军联席会议的决定，才改变了原来的打算"①；在对未来的判断上，红五军以为靠自己的力量可以把湘鄂赣根据地做大做强，没有认识到井冈山根据地具有全国性的意义，没有预计到朱毛联合将会成为中国革命的核心力量。

4.妥善解决面临的两大难题。虽然确定了红四军主力出击赣南、实施"围魏救赵"的策略，但对于毛泽东来说，还是面临两大难题：第一个，如何做通红五军官兵的思想工作，使他们能够全力守山；第二个，如何化解土客籍矛盾，确保边界党政军形成合力。为此，前委和毛泽东采取了一系列措施：

①召开茨坪会议。1月上旬，前委在茨坪召开扩大会议，军队营以上干部和地方党部分干部参加。毛泽东耐心地说服了红五军部分干部，提出了守山的重要性。为了加强守山力量，前委决定从红四军中抽调一批得力干部，充实守山部队领导，陈伯钧、陈毅安为红五军参谋，李克如、游雪臣、徐彦刚等留下担任相应职务。

②向红五军官兵通报敌情，统一思想，让大家做好应战准备。

③留下最得力的两个助手。在井冈山时期，毛泽东比较倚重的有两个人：一是宛希先，政治上比较强；另一个是张子清，军事上比较强。他俩被誉为毛泽东的"左丞右相"。"宛希先以其卓越的政治远见、出色的工作成就以及顾全大局的宽阔胸襟，深得毛泽东的信赖与倚重。他是协助毛泽东抓军队党、地方党建设的主要助手。"②"为了

①　井冈山革命根据地党史资料征集编研协调小组、井冈山革命博物馆：《井冈山革命根据地》（下），中共党史资料出版社1987年版，第630—631页。

②　中国井冈山干部学院著：《井冈山斗争时期的县委书记——袁文才》，中国发展出版社2015年版，第105页。

保卫井冈山革命根据地,毛泽东很不舍得把他留下来,担任边界特委常委兼中共茶陵县委书记"。① 张子清是毛泽东深为倚重的军事助手,被誉为"红军的关云长"! 他协助毛泽东指挥了攻打遂川县城、攻克宁冈县城的战斗;率领工农革命军第一团,随毛泽东进入桂东、资兴,打退湘敌2个团的进攻,踝骨受伤后继续指挥战斗,接应朱德、陈毅等湘南农军上井冈山;朱毛会师后,他被任命为第4军第10师师长兼31团团长。他既熟悉井冈山情况又有丰富的战斗经验,加上脚伤未愈,毛泽东让他留下来担任红五军参谋长。在红四军主力下山前,毛泽东把这两个重要人物都留下来了,足以看出毛泽东对守卫井冈山的高度重视并充满期待。

④将永新、宁冈、莲花、茶陵四县的赤卫大队、暴动队编成边界赤卫总队,由鄢辉任总队长,刘作述任党代表,统一调配,坚守九陇山军事根据地,与井冈山军事根据地互为掎角。

⑤在柏路会议期间套开了一个小范围的专题会。柏路会议期间,在传达"六大"决议案中关于"杀戮土匪首领"问题时,因袁文才、王佐在场,毛泽东省去未念,说"休息一下"。随后,毛泽东召集朱德、陈毅、彭德怀、谭震林、王怀、龙超清等人又开了一个小范围的会议,对袁、王的具体问题进行了讨论。王怀、龙超清主张杀袁、王;毛泽东提出要具体问题具体分析,不能机械地执行上级的指示,并认为袁文才在大革命中就是党员,不属于"土匪"之列,王佐参加红军后,表现积极,也加入党的组织,因此袁、王都不能杀。大多数人同意毛泽东的意见。同时,大敌当前,不能先斩杀自己的大将。"最后,会议决定不杀袁、王。"②

---

①　中国井冈山干部学院著:《井冈山斗争时期的县委书记——袁文才》,中国发展出版社2015年版,第105页。

②　陈正人:《毛主席创建井冈山根据地的伟大实践》。

⑥召开下庄会议。1月13日,针对边界特委提出的问题,为了解决宁冈党内土客籍的矛盾,更好地开展边界工作,毛泽东和特委采取断然措施,将龙超清调往莲花工作;将何长工调任宁冈县委书记兼红四军32团党代表,加强边界党的领导工作;同时对边界各县、区委干部也做了相应的调整。

⑦改组边界特委,以邓乾元为书记,滕代远、陈正人、宛希先、朱昌偕为常委,统筹边界群众反"会剿"的准备工作。

⑧为防止内耗,一致对外,前委决定将袁文才调任红四军参谋长,宁冈县委宣传部长刘辉霄调任前委秘书长,宁冈县工农兵苏维埃政府主席、边界特委常委谢桂标调任红四军军部副官兼司务长,一同随红四军出征。[1]

⑨抽调湘赣边界一批地方党的干部随军行动,准备到赣南后用以发动当地群众。比如原边界特委书记谭震林调任前委职工运动委员会书记。

⑩1月10日起,红四军主力部队开始在茨坪、小行洲集结,毛泽东、朱德对他们进行政治动员,组织军事训练,布置出击路线、序列等事宜。

可以说,毛泽东这些安排,是细致周到的,是科学正确的。后来井冈山尽管短暂失守,但很快失而复得,一直到1930年2月之前,井冈山军事根据地始终掌握在党和人民手中。

在安排并做好一系列准备工作后,1929年1月14日,红四军主力在毛泽东、朱德率领下,向赣南出击。红四军下山后,又面临着一场场艰苦的恶战。有人说:"上山伟大,下山也伟大。"此话不无道理。因为上山是创新,下山也是创新。红四军下山出击赣南,寻求更大的发展空间,开辟了一个新的更大的革命根据地。

---

[1]　参见中国井冈山干部学院著:《井冈山斗争时期的县委书记——袁文才》,中国发展出版社2015年版,第84—85页。

　　三是红四军主力是如何出击赣南的？第一步，冒雪前行，挺进赣南。1月14日，正值寒冬腊月，大雪纷飞。毛泽东、朱德率领红四军主力28团、31团和军部特务营、独立营共3600余人，乘国民党"会剿"部队还没有合围，从茨坪、小行洲出发，离开井冈山。"当晚，歼灭遂川大汾的国民党守军一个营，突破了封锁线。"进入赣南以后，周边环境和井冈山斗争时期完全不同，红四军可以说是举步维艰。第二步，采取游击战术，摆脱敌人的跟踪尾追。1月16日，何键发现红四军主力离开井冈山南下，急电蒋介石，调整部署，安排两路人马"追剿"红四军主力，三路人马继续"进剿"井冈山。毛泽东、朱德指挥红军采取"盘旋式"打圈子的战术，"避强击弱，摆脱国民党军第7师第21旅（旅长李文彬）、第5师第15旅（旅长刘士毅）等部的跟踪尾追，击溃沿途各地进行堵截的地主武装，进驻赣南地区，经上犹抵达崇义。1月22日，红四军进占大余县城，在县城附近开展群众工作。"①第三步，大余仓促应战，惨遭失利。1月24日，李文彬旅3个团的追兵来得很快，悄悄地逼近大余县城，突然发起猛攻。因当地没有群众组织，红军没有事先得到情报，毛泽东、朱德指挥红四军依据大余县城东北高地，与敌人展开激烈的战斗，由于仓促迎战，遭到失利。红军只得乘着夜色主动撤出战斗，向梅岭关东北转移，再转入"三南"（龙南、全南、定南）地区。第四步，圳下遭袭，奋战突围。1929年1月底，"红四军主力在项山的圳下村宿营，拂晓时遭到尾追的刘士毅旅一部的偷袭。毛泽东、朱德等处在敌人的包围中，情况十分危急。红军英勇奋战，突出敌人的包围时，毛泽东同朱德失掉联系。"②第五步，罗福嶂决

---

　　① 《毛泽东年谱（一八九三——一九四九）》上卷，中央文献出版社2013年版，第261页。

　　② 《毛泽东年谱（一八九三——一九四九）》上卷，中央文献出版社2013年版，第262页。

策,及时脱离险境。圳下突围后,朱、毛会合,并于2月初进驻闽、粤、赣三省交界的寻乌县罗福嶂山区,在这里停留一天。毛泽东主持召开前委会议,研究当前的形势,决定红四军开往江西红军独立第二团、第四团的根据地——东固地区。会议刚结束,就接到寻乌党组织负责人古柏送来的情报,敌军第15旅正在包围罗福嶂。随后,毛泽东、朱德率部向江西会昌、瑞金一带行进。第六步,大柏地伏击战,彻底扭转被动局面。2月10日,红四军主力抵达瑞金县北部的大柏地山区。担任前卫的31团3营指战员要求在此打一仗,击溃尾追的敌人。毛泽东立即召开前委扩大会议,研究部署这次伏击战。这场战斗,全歼被围之敌,"俘敌正副团长以下八百余人,缴获步枪八百余支,重机关枪六挺,刘士毅残部溃退赣州。""这是红军下井冈山以来的第一次大胜仗。"[1]

- **红四军主力下山有没有调出敌人的部队呢?** 红四军主力南下的目的就是要调出敌人的部队,到底有没有调出敌人的部队呢? 答案是肯定的。红四军主力刚走2天,敌人就发现了我军的行动,何键立即给蒋介石发报,"同时命令第7师21旅李文彬部、第5师第15旅刘士毅部跟踪追击红四军。"[2]《朱德传》也记载:"何键得知红四军出动的消息后,立即从'会剿'红军的五路人马中,抽调第一路李文彬部和第五路刘建绪部共四个旅,前往大汾、左安等地堵击,并尾随红军南下。"[3]从以上的记载可以看出,李文彬、刘士毅、刘建绪等都是"会剿"井冈山敌军的组成部分,这就是说,红四军出击赣南,调出了敌人约四个旅,但敌人的兵力太多,没能调出"会剿"敌军的全部,"围

---

① 《毛泽东年谱(一八九三——一九四九)》上卷,中央文献出版社2013年版,第263页。

② 《浴血罗霄——井冈山革命根据地历史》(修订版),中国发展出版社2014年版,第336页。

③ 《朱德传》,中央文献出版社2016年版,第184页。

魏救赵"的计划没有完全实现。后来到了 2 月中旬,张兴仁的第 35 旅也被调往赣南,"江西国民党军在大柏地遭到打击后,急令在井冈山地区参加'会剿'的第 12 师第 35 旅赶赴赣南,配合位于于都的第 7 师第 21 旅,'追剿'红四军主力。"①但这时井冈山已经失守。

●**红四军出击赣南的情况到底如何?** 面对敌人的"会剿",守卫井冈山是艰难的,那么出击赣南的情况又如何呢? 如果用一句话来概括,就是屡次陷入险境。党史书上讲,"进入赣南以后,在敌军重兵尾随和袭击下,红四军屡次陷入险境。"②具体来说:

第一,处境非常困难。红四军主力一离开原有的根据地,周围环境和井冈山完全不同,"既没有共产党的组织,又缺乏群众斗争的基础,连报信的群众也没有。红军一时很难适应这种状况。"③"由于脱离根据地作战,没有地方党组织的接应和群众的配合,红四军处境非常困难。"④1929 年 3 月 20 日,毛泽东写给中央的报告中说:"沿途都是无党无群众的地方,追兵五团紧蹑其后,反动民团助长声威,是为我军最困苦的时候。"⑤陈毅曾回忆说:"当时红军人生地不熟,常常找不到向导……一走错路便有全军覆没的危险。"⑥

第二,五战全部失利。1929 年 1 月 22 日,红四军占领大余县城。24 日,赣敌李文彬第 21 旅与红四军在大余县城激战,红军"伤亡达

---

① 《毛泽东年谱(一八九三——一九四九)》上卷,中央文献出版社 2013 年版,第 264 页。

② 《中国共产党的九十年》(新民主主义革命时期),中共党史出版社 2016 年版,第 116 页。

③ 中共中央文献研究室编,逄先知、金冲及主编:《毛泽东传》(一),中央文献出版社 2011 年版,第 193 页。

④ 《中国共产党历史》第一卷(1921—1949)上册,中共党史出版社 2011 年版,第 273—274 页。

⑤ 《陈毅传》,当代中国出版社 2015 年版,第 52 页。

⑥ 《陈毅传》,当代中国出版社 2015 年版,第 52 页。

二三百人"①,红 28 团党代表何挺颖、红 31 团营长周舫、独立营营长张威先后牺牲。这是红四军主力下山后遭受的一次重大失利。"首战大庾(今大余)失利后,再战平顶坳、崇仙圩、圳下、瑞金皆失利。"②直到大柏地一战,才扭转红军下山以来屡战屡败、被动挨打的局面。"面对部队连遭失利,袁文才跟毛泽东、朱德一样,心情十分沉重。他还是第一次真正领略到战争的残酷后果,一次战斗就伤亡二三百人,这对袁文才来说,简直就是不敢想象的数字。他回顾在井冈山根据地的每次战斗,即便是当时最大、最激烈的龙源口战斗,伤亡也不过几十人。他在痛心疾首之余,陷入一种深深的自责。"③贫苦出身的袁文才,什么苦他都经历过,但"这次出击赣南,他却体味了从未体验的那种苦:部队长期跋涉、频繁转战、挨冻受饿之苦,遭受敌军前堵后追、左右拦截、重重围困之苦,特别是看到部队连遭失利、伤亡惨重,给他内心带来的深深痛苦,使得袁文才对革命斗争的艰苦性形成了更全面、更深刻的认识。"④"最使袁文才内心难以平静的是,在出击赣南短短一个月时间里,许许多多红军指战员为了革命事业,献出了宝贵的生命。"⑤在袁文才看来,出击赣南的艰苦性、危险性远比在井冈山大得多。

第三,圳下之战军部险些覆灭。红四军转移到寻乌项山时,又与赣敌刘士毅第 15 旅交手。1929 年 1 月底,"红四军主力在项山的圳下村宿营,拂晓时遭到尾追的刘士毅旅一部的偷袭。毛泽东、朱德等处在敌人的包围中,情况十分危急。红军英勇奋战,突出敌人的包围

①　《朱德传》,中央文献出版社 2016 年版,第 185 页。
②　《中国共产党历史》第一卷(1921—1949)上册,中共党史出版社 2011 年版,第274 页。
③　袁建芳著:《我的爷爷袁文才》,江西人民出版社 2011 年版,第 126 页。
④　袁建芳著:《我的爷爷袁文才》,江西人民出版社 2011 年版,第 129 页。
⑤　袁建芳著:《我的爷爷袁文才》,江西人民出版社 2011 年版,第 132 页。

时,毛泽东同朱德失掉联系。"①"在圳下,军部险些覆灭。当夜军部驻圳下,前卫 31 团驻圳下以东的吉潭,后卫 28 团驻圳下以西。次日拂晓,后卫 28 团先于军部开拔,特务营也未及时察觉敌情,敌人进入圳下村时,陈毅、毛泽覃等正在吃早饭。毛泽东经常夜间工作,晚睡晚起。这天他尚未起床,枪声惊醒了他,实际上敌人的先头分队已越过他的住房,他当即随警卫员乘昏暗向村外转移。朱德离开住屋时,敌军已近在眼前。警卫员开枪掩护,中弹牺牲,朱德依依不舍地摘下警卫员的冲锋枪,在敌我交错中夺路撤退。当时弹雨横飞,人群奔突,他同妻子伍若兰被敌冲散。陈毅披着大衣急走,被突然冲上来的敌人一把抓住了大衣。陈毅立即把大衣向后一抛正好罩住了敌人的脑袋,自己快跑脱身。"②可见当时情况十分危急!军部几位领导均被围困,差一点被敌人包了饺子。毛泽覃腿部中弹,行军艰难。朱德的妻子伍若兰为了掩护军部转移,腿部受伤,不幸被敌人抓去,后被押送赣州残忍杀害,年仅 26 岁。

第四,大柏地绝地反击。之所以说是"绝地",主要体现在以下四个方面:

(1)连续失利、损兵折将,使毛泽东、朱德感到十分困惑和痛苦!没有根据地,红军如浅水之鱼,处于十分被动的地位。

(2)内部意见不统一,不满情绪显著增加。1929 年 2 月 1 日,红军摆脱追兵,来到寻乌县的罗福嶂山区。红四军前委在这里召开会议,就领导体制、行动方向以及如何应对复杂的敌情等,展开了讨论。会议决定:红四军开往江西红军第二、第四团的根据地——东固地区;军委暂时停止办公,由前委直接领导军内各级党委。在讨论"分

---

① 《毛泽东年谱(一八九三——一九四九)》上卷,中央文献出版社 2013 年版,第262 页。

② 《陈毅传》,当代中国出版社 2015 年版,第 52 页。

兵"问题上,发生了争论。"为解决给养和宿营问题,大家认为部队有必要分成两个有独立机动作战能力的单位。于是决定将红四军所属部队进行改编,一纵队由二十八团、特务营编成,党代表陈毅,纵队长林彪。三纵队由三十一团编成,党代表蔡协民,纵队长伍中豪。必要时军长朱德、军党代表毛泽东分别率一、三纵队行动。"①毛泽东不同意立即分兵,他认为"分兵活动容易遭敌人各个击破,此事议而未决"②。在随后一个星期的"打圈子"行军中,三千多人吃饭很难,目标很大,不少干部要求分兵活动,要求前委开会决定。"毛泽东看到如果开会则分兵成为多数意见,就压下不予讨论。对于因此而增加的不满情绪他置之不理。"③2月9日,红军来到瑞金大柏地。"这天,正是旧历除夕,然而大柏地的群众不了解红军,逃跑一空。部队饥寒疲乏,追敌又无法摆脱,大年三十面对冷灶黑房,二十多天郁积的烦闷恼怒简直要爆炸。有的怪军长'无能',有的叫'拼了算了!'"④可以说,这时部队的不满情绪已经到达极点,稍有不慎就有可能不战自败。

(3)敌人紧追不舍,要"以绝根株"。此时,刘士毅旅两个团仍穷追不舍,误认为红军已难坚持。刘士毅得意地向"会剿"军总司令致电报捷:"朱毛部'自寻乌属之吉潭圩附近被职旅给与重创后,即狼狈向项山罗福嶂逃窜',仍未能立足。他宣称:该旅现正分路堵截追剿,'以绝根株'"。⑤"敌人就像是饥饿的群狼,贪婪地嗅着血腥,轮番向前追赶。"⑥

① 《陈毅传》,当代中国出版社2015年版,第52页。
② 《陈毅传》,当代中国出版社2015年版,第52页。
③ 《陈毅传》,当代中国出版社2015年版,第53页。
④ 《陈毅传》,当代中国出版社2015年版,第53页。
⑤ 中共中央文献研究室编,逄先知、金冲及主编:《毛泽东传》(一),中央文献出版社2011年版,第194页。
⑥ 《罗荣桓传》,当代中国出版社2015年版,第40页。

（4）红军困难重重。"红军几次阻击都未打好,只得且战且走。这一路多是人迹罕至的大山,战士们日复一日地披荆斩棘、攀悬崖、走绝壁,几乎得不到群众的帮助,体力消耗极大,一个个又黑又瘦。……当时正值数九隆冬,大雪纷飞,山山岭岭一片白茫茫。……他（罗荣桓）经常带领着担架并亲自扶着负了伤的战士踏雪前进,身后留下了一串看不到头的脚印和血迹。……红军每天半夜便出发,一天要走百里左右方才宿营。"①

可以说,这时红四军内外兼困,随时面临着被敌人消灭的危险。怎么办? 作为前委书记,经过一段时间的深入思考,毛泽东决定抓住时机,打一胜仗,来扭转不利局面。只有打了胜仗,才能提升士气、振奋精神,才能解决困难、统一思想。正好"（三十一团）三营极度疲惫的干部、战士纷纷向罗荣桓建议,向上级反映,只有打一仗打垮追兵,部队才能得到休整补充。罗荣桓感到大家说得有理,便到前委反映。此时,毛泽东、朱德等正决定打敌人的伏击,以摆脱被动局面。"②于是,毛泽东立即召开前委扩大会议,决定利用大柏地南北走向的十余里长的狭谷打伏击战,痛击刘士毅部。2 月 10 日（大年初一）,红军一部把刘士毅两个团诱进长形"口袋阵",主要兵力埋伏在瑞金通往宁都的道路两侧的山林中。"下午战斗打响后,红军发起勇猛攻击,尽管兵力少、弹药缺,仍与敌军浴血奋战。"③朱德军长带队冲在前头,"战斗到最紧张最激烈的时候,连平时很少摸枪的毛泽东也提着枪带着警卫排向敌军阵地冲锋"④。这也是一场肉搏战,由于缺少弹

---

① 《罗荣桓传》,当代中国出版社 2015 年版,第 40 页。

② 《罗荣桓传》,当代中国出版社 2015 年版,第 40—41 页。

③ 《毛泽东年谱（一八九三——一九四九）》上卷,中央文献出版社 2013 年版,第263 页。

④ 《中国共产党的九十年》（新民主主义革命时期）,中央党史出版社、党建读物出版社 2016 年版,第 116 页。

药,体力疲乏的广大指战员被迫拿起刺刀、石头、枪托同敌人拼死搏斗。"鏖战至十一日下午,才全歼被围之敌。这次战斗,俘敌正副团长以下八百余人,缴获步枪八百余支,重机枪六挺,刘士毅残部溃退赣州。这是红军下井冈山以来的第一次大胜仗。"①陈毅在这年九月给中央的报告中说:"是役我军以屡败之余作最后一掷击破强敌。官兵在弹尽粮绝之时,用树枝石块空枪与敌在血泊中挣扎始获得最后胜利。为红军成立以来最有荣誉之战。"②这是转战赣南以来的首次大捷,也是关键一战。一方面,打了胜仗,广大指战员"胸中的郁闷为之一扫"③;这一仗的胜利也证明了毛泽东反对分兵的意见是十分正确的,"而实践正好证明,分兵就不会有后来大柏地的胜利。"④另一方面,敌李文彬部得知刘士毅惨败,再不敢贸然追击。这次战斗扭转红四军被动的局面,从此在赣南站稳了脚跟。

第五,根据形势变化,不断作出新的决策。随后,为解井冈山之围,红四军挥师宁都,接着又进入吉安东固。2月17日,与江西红军独立第二团、第四团胜利会合。红二、四团赠送红四军4000块银洋和大批子弹,安置了300多名伤病员;红四军赠送了4挺机枪和1门迫击炮给红二、四团,并留下毛泽覃等一批干部,加强东固根据地的工作。

在东固,毛泽东、朱德及红军将士们闻知井冈山失守的消息,极为震惊和悲痛!井冈山回不去了,下一步怎么办?善于长远谋划、开疆拓土的毛泽东又必须面对新的形势、作出新的决策。2月中旬,江西国民党军急令在井冈山地区参加"会剿"的第35旅赶赴赣南,配

---

① 《毛泽东年谱(一八九三——一九四九)》上卷,中央文献出版社2013年版,第263页。
② 《朱德传》,中央文献出版社2016年版,第189页。
③ 《陈毅传》,当代中国出版社2015年版,第53页。
④ 《陈毅传》,当代中国出版社2015年版,第53页。

合第21旅"追剿"红四军主力。鉴于李文彬部正在向东固逼近,金汉鼎部也对东固采取进攻之势,于是前委和毛泽东决定,把原定的固定区域的公开割据政策改为变幻不定、变动不居的"打圈子"游击政策,沿闽、赣边界向南转移,拖住"追剿"敌人。1929年2月25日,红四军离开东固,经永丰、宁都、广昌,再折至瑞金壬田,在赣南、闽西的广大地区掀起了新的革命风暴。

总的来看,红四军主力出击赣南,比人们的想象更为复杂、更为艰难、更为危险!事实上,毛泽东、朱老总把更大的困难和危险留给自己!值得庆幸的是,正是这两位伟人的强强联合,审时度势,及时作出正确的决策,才使红军在出击赣南的途中转危为安并不断发展壮大。否则,后果不堪设想。

四是红五军是如何守山的? 红四军主力下山后,敌人的兵力部署也作了调整,李文彬、刘建绪、刘士毅等被派往赣南追击红四军主力,进攻井冈山的敌人就剩下"进至永新一线的第二路张兴仁第三十五旅、周浑元第三十四旅,进至莲花的第三路王捷俊部一个团,进至酃县、茶陵一线的吴尚部一个旅。"①针对敌人的紧缩包围,红五军和边界特委对守山作了精心组织:

1. 提高认识,统一思想。红五军部分将领对守山的重要意义认识不够,认为红五军已完成了同红四军取得联络的任务,应当迅速北返,扩大湘鄂赣苏区根据地,不应当承担坚守井冈山的任务。彭德怀、滕代远和边界特委向守山的部队做了艰苦细致的思想工作,反复说明前委的意图和守山的重大意义,号召大家团结一心,统一对守山意义的认识。

2. 对守山作出周密部署。分为三大块:▲防守井冈山:围绕五大

① 《浴血罗霄——井冈山革命根据地历史》(修订版),中国发展出版社2014年版,第328页。

哨口进行部署,(1)黄洋界:李灿率第1大队(实际相当于一个连)和徐彦刚率32团1个连,抗击湘敌王捷俊部;(2)桐木岭:贺国中率第8大队和宁冈赤卫队一部扼守白泥湖阵地,黄云桥率第9大队扼守梨坪,抗击赣敌周浑元第34旅和张兴仁第35旅一部;(3)八面山:彭宝才率第10大队和教导队一部,抗击湘敌吴尚部;(4)双马石:黄龙率第12大队和酃县赤卫队、遂川赤卫队一部在此守卫;(5)朱砂冲:王佐率32团2连和遂川赤卫队一部,抗击李文彬21旅之一部和反动地方武装。▲防守九陇山:由鄢辉、刘作述率领永新、宁冈、茶陵、莲花四县赤卫队坚守。▲山下扰敌:由何长工率32团1营开展游击斗争,袭扰敌人。

3. 召开联席会议,研究应急措施。红五军与边界特委召开一次联席会议,会议决定:"在军事方面,如五井被敌人攻破,五军冲出五井取道敌人薄弱的地方往赣南与四军取得联络。各县地方武装尽可能埋藏于各县。在党的方面,特委和县委均需留边界指挥工作,党不能离开群众。"①这一决定给红五军吃了定心丸,对他们后来及时冲出重围、保存有生力量起了关键作用。此外还召开一系列会议,布置相关工作,为迎战作了充分的准备。

4. 召开誓师大会,做好战前动员。1月25日,彭德怀、滕代远在茨坪召开了参战誓师大会,红五军官兵、红四军32团,以及各县赤卫大队和群众2000余人参加。彭德怀作了慷慨激昂的动员讲话,提出了"誓死保卫井冈山!""与井冈山共存亡!"等口号。会后,各路队伍按原定计划各就其位。

5. 浴血奋战,寡不敌众。尽管守山部队作了充分的准备,但兵力悬殊太大,红五军800余人、红四军32团500余人、加上各县赤卫队

---

① 余伯流、陈钢著:《井冈山革命根据地全史》,江西人民出版社2010年版,第362页。

等,总共 2000 多人,可敌人共十多个团 2 万余人。敌人采取了"四面围攻"的战术,以湖南方面为主攻,而且搬来了许多重武器,在山下可以架起山炮,猛攻哨口工事,守山部队面临一场严峻的考验。1 月 27 日,敌人对黄洋界、八面山、桐木岭三大哨口发起猛攻。经过三天三夜的鏖战,广大指战员不畏艰难、英勇奋战,多次打退了敌人的进攻。"未料斜源村驻扎了一个敌团长,用了一个阴谋,用 80 元银洋买动了一个经常捉石蛙的人。这人叫陈开恩,他熟悉黄洋界的山路,不要经过哨口,可以进到五井之内。陈开恩领兵走泸泉州小河道,没有冰冻,直接跟山泉小道上到黄洋界顶上避开了哨口,到了黄洋界哨口背面。离哨口一二里远,跨下山坡,可至金狮面,下到小井。"①1 月 29 日夜,敌人摸进小井村,致使黄洋界 30 日失守。八面山 100 多名红军指战员几乎全部壮烈牺牲。桐木岭守军坚持 4 天 4 夜,最后阵地被敌人突破。在十分危急的情况下,红五军 500 余人以及遂川赤卫队等千余人,冲出重围,经遂川向赣南转移,寻找红军主力。敌人占领井冈山军事根据地后,2 月又调集赣军第 5 师 14 旅、第 12 师 35 旅共计 4 个团,向九陇山军事根据地发动进攻。坚守九陇山的四县赤卫大队凭险抵抗,英勇奋斗,然因寡不敌众,丢失阵地。至此,第三次反"会剿"失败,井冈山军事根据地落入敌手。但是,守山部队在战斗中表现出来的顽强不屈精神,是可歌可泣的,钳制和拖住了敌人,为红四军出击赣南赢得了时间。

6. 红五军撤往赣南,红四军 32 团和革命群众坚持战斗。在这十分危急的时刻,难能可贵的是,为了掩护红五军顺利突围,王佐率领 32 团继续战斗,让敌人每前进一步都要付出血的代价。王佐的 32 团彻底被打散,但他依旧没有丧失对革命胜利的信心,积极联络

---

① 井冈山革命根据地党史资料征集编研协调小组、井冈山革命博物馆:《井冈山革命根据地》(下),中共党史资料出版社 1987 年版,第 99 页。

被打散的部队,转入深山,化整为零,采取游击战术与敌人周旋。何长工同志说:"撤到深山的几支红军会合后,李灿、徐彦刚和我等几个同志负责领导,进行了游击斗争。我们以班为单位,出没于森林峡谷,不断地打击敌人。山上的游击队、赤卫队、暴动队也配合行动。……像捉迷藏一样,弄得敌人晕头转向,最后把他们吃掉。"①广大革命群众积极配合32团开展斗争。何长工同志回忆说:"井冈山的人民在保卫井冈山的斗争中,表现了英勇顽强的精神,不论男女老幼,都全力投入支持红军的战斗,和红军并肩杀敌,修工事、运军火、送菜饭、抢救和看护伤员,红军在哪里就支援到哪里,在这紧急的关头,还是那么沉着坚强。他们说,同志们放心走吧,我们一定坚持斗争,等你们回来。他们还向我们表示,请告诉毛委员,井冈山的人们永远跟着共产党、毛委员与敌人战斗到底!红军听了这些话,无不感动地热泪盈眶,真舍不得离开这块红色根据地,舍不得离开毛委员亲自教育的可爱的人民。但是,为了党,为了革命,为了将来的胜利,我们不得不挥泪而别。"②

● 王佐杀掉陈开恩全家(除留一个吃奶的孩子外)。"进剿的敌军退走以后,王佐同志感到黄洋界是打不破的,敌人怎么能从黄洋界进来?是何原因?便到下湖子详细调查,原来是陈开恩沿泸泉州的山泉小道把敌人带上去的。王佐就立即把陈开恩抓住审讯,陈承认是实。王佐母亲讨保,看在母亲的面子上,除捧出一个吃乳的婴儿外,其余一家杀尽。"③这个细节表明,王佐对敌人的刻骨仇恨和对革命的坚定性,但王佐在这个问题上也做得有些过分。

---

① 《星火燎原》第一辑(井冈山斗争专辑),解放军出版社1986年版,第399—400页。
② 《星火燎原》第一辑(井冈山斗争专辑),解放军出版社1986年版,第398页。
③ 井冈山革命根据地党史资料征集编研协调小组、井冈山革命博物馆:《井冈山革命根据地》(下),中共党史资料出版社1987年版,第99页。

五是失守后的井冈山情况如何？井冈山失守,牵动了敌我双方的极大关注,形势严峻、情况复杂。

1. 敌人的嚣张和残暴。敌人调动湘赣两省大军围攻井冈山,满以为可以消灭红军,哪知道消耗了几个团的兵力后,所得到的只是一座空山。敌人计划失败了,于是便进行报复性的残酷屠杀。何长工同志回忆说:"敌人像疯狗一样叫嚷:石头过刀,茅草过火,人要换种。"①敌人占领井冈山后,对根据地实行了惨无人道的"三光政策",残酷杀害共产党员、革命干部;利用自首政策欺骗党内外的动摇分子,散布谣言,制造混乱,致使边界一时处于白色恐怖之中。

(1)"小井之难"。井冈山失守后,敌人摸入了小井村,恰好小井红军医院还有100多名重伤病员没有办法突围出去。当天敌人就把他们全部拖到一块田地里用机枪扫射,100多名红军伤病员倒在血泊之中,鲜血把小井溪中的水都染红了。井冈山人民冒着生命危险,偷偷地掩埋了这些烈士的遗体,带着对敌人的无比仇恨,投入了新的战斗。

(2)残酷杀害共产党员、革命干部和人民群众。大井村共有200多人,被杀害136人,占全村人口的2/3;大小五井的120户村民被杀绝69户;五大哨口之内的房屋全被烧光;山下的永新小江区被烧房屋2574间,占全区房屋的2/3;其他各地被焚烧的民房,平均都在半数以上;红军曾经住过的地方更是被遂川县萧家璧的靖卫团血洗一遍。据时任宁冈东南特区团委书记的苏兰春调查统计,"这次敌人'进剿'到宁冈烧杀是很残酷的,茅坪八角楼这栋毛委员住过的房子中间拦腰烧断。……地方反动民团五县联防进剿总指挥罗克绍对中心区域的人民烧杀惨不忍睹,他们还把群众家里的砻、石碓、风车、床

---

① 《星火燎原》第一辑(井冈山斗争专辑),解放军出版社1986年版,第399页。

铺、楼板打烂,撬掉,用来作柴火烧饭吃,把家家户户一洗而空,人民群众无不垂泪。经过这次'会剿',烧房子412栋,被杀人数942人,坐牢房人数229人,叛变313人,随军外出人数113人,逃亡16人,阵亡人数117人,损失枪支48根,土炮49门。鸟铳396根。"①

（3）地主豪绅反攻倒算。当地的地主豪绅借着国民党反动派的势力,疯狂反扑,纷纷反攻倒算,夺回农民已分得的土地。这样共产党发动群众打土豪、分田地,一夜之间又被地主豪绅抢了回去,而且地主豪绅气焰嚣张,使得边界的农民心理上笼罩着层层阴影,充满了恐怖。同时"敌人的残酷罪行,更加激起了人们的仇恨,复仇的火焰在每个人的心里燃烧"②。

（4）对进入深山坚持斗争的红军和地方武装继续"围剿"。敌人组织十几个团的兵力大举搜山。林海茫茫,无边无际,一两万军队就像大海里捞针,根本找不到红军。敌人恼羞成怒,对山上进行反动宣传,妄图瓦解和动摇红军。国民党飞机还散发很多传单。其中,"敌人对王佐也进行了很多分裂活动,叫王佐投入国民党,给官做,发大财。王佐和王佐的部队经过改造和锻炼,此时表现很坚决,很能打,他们回答敌人说:'你们的命活不长,我们要消灭你们这些反动家伙,天下是我们的。谁做你们的臭官! 谁要你们的臭钱!'"③这个细节充分表明,王佐对党的忠诚和革命的坚定性。

2. 红军和革命群众顽强不屈、坚持斗争。红五军撤出井冈山、开往赣南之后,红四军32团和红五军一部以及边界党组织和地方武装,继续坚持斗争,直至取得最后胜利。

---

① 井冈山革命根据地党史资料征集编研协调小组、井冈山革命博物馆:《井冈山革命根据地》(下),中共党史资料出版社1987年版,第99—100页。
② 《星火燎原》第一辑(井冈山斗争专辑),解放军出版社1986年版,第399页。
③ 《何长工回忆录》,解放军出版社1987年版,第216页。

（1）红军余部转入深山、坚持战斗。红四军 32 团和红五军 1 大队,在王佐、李灿、何长工率领下,分别转入深山密林和岩洞里坚持斗争,不断地袭扰敌人,加之天寒地冻,大雪封山,给养困难,使敌人被拖得精疲力竭、处于四面楚歌之中。"因而,敌人不到 10 天即被迫退出大小五井。3 月间,蒋桂战争爆发,大部分'会剿'军被调往前线,只留下 1 团兵力驻防永新。这时,我红军赤卫队连连出击,恢复了根据地。"①这就是说,留在井冈山坚持斗争,最后取得了胜利。

（2）边界党组织继续坚持斗争。①组建临时特委。1929 年 2 月,为恢复边界工作,边界特委委员兼特委巡视员宛希先来到九陇山,召集宁冈、茶陵、永新三县党的负责人联席会议,成立边界临时特委,以刘真、宛希先、朱昌偕为常委,朱昌偕为书记,统一领导边界斗争。②召开边界特委扩大会议。1929 年 3 月 14 日,边界特委在永新召开扩大会议,成立新的临时特委,朱昌偕为书记,何长工、宛希先、刘真、陈正人等为常委。会议确定了健全、改组和扩大各地党的工作,积极深入宣传发动群众,开展政治、经济斗争,迎接新的革命高潮的到来。3 月 17 日,临时特委向江西省委、湖南省委上报了边界第三次反"会剿"以来的情况和目前的工作。在边界临时特委的领导下,各项工作又出现了勃勃生机。③成立边界红军独立第一团。利用蒋桂战争爆发的有利时机,边界临时特委决定将红五军李灿率领的第 1 大队,袁文才、王佐部以及从永新、宁冈、莲花、茶陵各县抽调的武装合编,成立边界红军独立第一团,下辖两个营:第一营,为袁、王部,下设 3 个连,王佐为营长;第二营,各县赤卫队和红五军李灿的第 1 大队,下辖 2 个连,李灿为营长。两营共有枪 400 余支。该团成

---

① 余伯流、陈钢著:《井冈山革命根据地全史》,江西人民出版社 2010 年版,第 368 页。

立后,在边界党的领导下,对国民党反动派、地主豪绅展开了英勇的反击。第一营以大小五井为中心,向遂川、酃县、宁冈游击;第二营以九陇山为中心,向永新、宁冈、茶陵等县游击。红军独立第一团先后打破了敌人"茶、永、酃、宁"四县联防组织的"会剿",先后收复了宁冈、莲花两县割据区域等。到1929年5月,边界各县党组织先后恢复和健全,各县的地方武装也相继恢复和拓展,井冈山革命根据地的武装割据重新出现新的局面。

• 或许有人提出这样的问题:如果红五军不撤离井冈山将会怎么样?可以从三个方面来分析,其一,陈毅同志对这次"会剿"的看法。作为红四军领导人,陈毅同志给党中央写了一个报告,是这样说的:"彭德怀、王佐部留守井冈山,于1月28日敌分3路兵力各3团左右,向井冈山进迫,彭王部仅只千余枪左右,与敌相持5夜自动引退。彭部取道赣南与朱毛合,王部则埋伏在井冈山附近,所谓三省"会剿"实际只是到井冈山游了一次,除红军因战略引退而外,所谓三省大兵对成千整万之赤色群众,只有一个'莫可如何',所以不到一个礼拜即行撤退,边界区域仍然在赤色群众之掌握中。"①这其中一个关键词"莫可如何",可以看出,尽管敌人气势汹汹,但只要坚持游击战术,是可以守住井冈山的。其二,王佐部留下来坚持斗争,最后取得了胜利。何长工同志说:"敌人走后,我们发动群众又把井冈山恢复了。王佐部队和五军守黄洋界的李灿大队也基本上没有损失,反而得到了补充和扩大。"②李聚奎上将回忆说:"在红五军撤出井冈山以后,王佐率领部队化整为零,分散活动,以顽强的革命精神,同'会剿'的敌人进行两个月的游击战,结果无大损失。随后,三十

---

① 井冈山革命根据地党史资料征集编研协调小组、井冈山革命博物馆:《井冈山革命根据地》(上),中共党史资料出版社1987年版,第362页。

② 《何长工回忆录》,解放军出版社1987年版,第236页。

二团改编为湘赣边界红军独立团第一营(又称特务营)。"①其三,红五军如果不撤离井冈山就会取得更大的胜利。何长工同志说:"如果红五军不离开井冈山,敌人的失败将更惨,五军也不至于受到那样严重的损失。"②他的意思是,如果红五军不去赣南,和32团一起坚守井冈山,采取灵活机动的游击战术,就能更有力地打击敌人,甚至会打败敌人的"会剿"。遗憾的是,红五军打的是阵地战、防守战,没有像32团那样"打得赢就打,打不赢就跑,跑不赢就绕,绕不赢就化(化装)"③,"既要会打圈,又要会打仗",最后在敌人的强攻下,撤离井冈山前往赣南,途中还受到了很大的损失。这让人感到有些惋惜!

3. 红四军前委和毛泽东对井冈山军民的关心和指导。毛泽东对井冈山的军民十分关心和惦念! 这是他付出极大心血建立起来的第一块根据地,他对井冈山始终念兹在兹,可以说是身在赣南、不忘井冈。

(1)指示红五军尽快赶回井冈山。何长工同志回忆说:"敌人刚从井冈山撤退,毛主席就从敌人的报纸上了解到我们恢复井冈山的情况。"④他把报纸拿给彭德怀看,并说:"敌人报道'一股恶匪何长工又重新盘踞井冈',这就说明,井冈山又回到我们的手中,你们应赶快回去,进一步发展井冈山革命根据地,壮大红军力量。"⑤

(2)指示何长工把井冈山的部队编入红五军,扩大井冈山根据地。随后毛泽东给何长工写信,指示他把坚守井冈山的部队编入红五军。何长工同志说:"毛主席还亲自给我写一封信,大意是说五军这次损失很大,但五军的旗子不能倒,指示我尽快把五军补充起来。

---

①　井冈山革命根据地党史资料征集编研协调小组、井冈山革命博物馆:《井冈山革命根据地》(下),中共党史资料出版社1987年版,第640页。

②　《何长工回忆录》,解放军出版社1987年版,第236页。

③　《何长工回忆录》,解放军出版社1987年版,第216页。

④　《何长工回忆录》,解放军出版社1987年版,第236页。

⑤　《何长工回忆录》,解放军出版社1987年版,第237页。

这时把坚守井冈山的部队编为五军一个纵队,并让我任政治委员,李灿任纵队司令,王佐任纵队副司令,尔后协助彭德怀同志扩大井冈山根据地。"①根据毛泽东的指示,何长工等发动根据地青年积极参加红军,"我们的队伍发展到五千多人,除了充实各个纵队外,以原红军三十二团为基础,编成了红五军第五纵队。"②"到红五军回到井冈山时,胜利的红旗已在井冈山到处飘扬了。"③

六是红五军突围后的情况怎样?

1. 与红四军在瑞金会师。1929 年 1 月 30 日,彭德怀、滕代远率领红五军冲出重围,冒着风雪,速向赣南疾驰,前去寻找红四军。红四军在哪里? 谁也不知道,只得边走边寻。红五军经左安,过上犹,越崇义,渡章水,于 1929 年 2 月 9 日到达大余新城。后又经安远、会昌、于都,来到瑞金。这一路走来,一次又一次遭到敌人的追击、堵击、侧击……彭德怀在《往事回忆》中记述说:"我们便率领收容起来的六七百人,再加伤、残、病、弱共千余人,从井冈山腹部峭壁向南突围……经过数昼夜艰苦战斗才脱离了敌人的重重包围(当时饥饿交迫的困境是无法形容的)。……在这次长途战斗行军中,所部仅剩 300 余人,从而也深深体会到了根据地的重要性。"④占领瑞金后,"这时红五军部队从 300 余人,又发展到了 700 余人。"⑤1929 年 4 月 1 日,红四军回到瑞金,与红五军会合。两军重逢,广大官兵无不兴高采烈、欣喜若狂! 毛泽东、朱德、陈毅、彭德怀等领导也感到十分欣慰!

---

① 《何长工回忆录》,解放军出版社 1987 年版,第 237 页。

② 《何长工回忆录》,解放军出版社 1987 年版,第 221 页。

③ 《何长工回忆录》,解放军出版社 1987 年版,第 221 页。

④ 井冈山革命根据地党史资料征集编研协调小组、井冈山革命博物馆:《井冈山革命根据地》(下),中共党史资料出版社 1987 年版,第 588 页。

⑤ 余伯流、陈钢著:《井冈山革命根据地全史》,江西人民出版社 2010 年版,第 372 页。

当天,毛泽东主持召开了红四军前委会议,听取彭德怀汇报守卫井冈山战斗和突围的情况。会议决定:红四军30团、32团改编为红四军第五纵队,湘赣边界赤卫队为第六纵队,彭德怀以红四军副军长名义指挥这两支部队。4月4日,彭德怀在瑞金写给中央的信中总结了井冈山失守的原因,他说:"井冈山失败的缺点:部队复杂,指挥不统一,兵力单薄(1与20比),昼夜出兵,得不到休息,子弹缺乏。然敌此次会剿有决心,有计划,悬重赏。比如得到我们一支枪30元。其兵前仆后继的攻击。虽然如此,敌人没有缴一支枪去。"①4月11日,鉴于蒋桂战争爆发,毛泽东在于都召开红四军前委扩大会议,"同意彭德怀提出的率红四军第五纵队打回井冈山、恢复湘赣边政权的意见"②。从以上情况可以看出,红五军不仅安全地撤到了赣南,重新与红四军主力会师,而且还要打回井冈山、恢复边界政权。

●这里也许会有人提出这样的问题:红五军留下来守山比出击赣南更危险吗? 有些史料讲:红五军守山"显而易见,留下来是非常危险的,但为了顾全大局,彭德怀毅然接受命令,战斗到最后一刻,而红五军也从当初的800多人变成300多人"。还讲,1965年,毛主席找彭德怀谈话,谈及井冈山这次突围,毛主席说:"当初把红五军留下来阻击敌人,看来是你们吃了亏的。"对这个说法怎么看? 首先我们要说,彭德怀同志敢打硬仗、勇于担当、把生的机会留给他人的精神永远值得我们学习和崇敬! 其次,还要辩证地分析。(1)关于人数,红五军上山时约700人③;撤退时,"率红三十团五百余人冲出重

---

①　井冈山革命根据地党史资料征集编研协调小组、井冈山革命博物馆:《井冈山革命根据地》(上),中共党史资料出版社1987年版,第295页。

②　《毛泽东年谱(一八九三——一九四九)》上卷,中央文献出版社2013年版,第270页。

③　见《中国共产党历史》第一卷(1921—1949)上册,中共党史出版社2011年版,第256页。

围,向赣南寻找主力"①,加上当时在井冈山还有红五军李灿率领的第一大队(一个连左右)没有来得及撤出,这时红五军人数应该在600余人;到赣南时,据彭德怀回忆说,约300余人。这就是说,红五军守井冈山损失100人左右,撤往赣南途中损失300人左右。这正说明,出击赣南更加危险。1929年四五月间,红军第四军前委给中央的信中写到:"彭德怀同志之第五军到井冈山者800人、枪500支。此次到瑞金者600人400枪,现在编为四军第五纵队,彭同志以副军长名义指挥之。数日后须返湘赣边界,收集旧部,恢复政权,与赣南取得联络,仍属前委指挥。"②这说明红五军在赣南得到了补充,又发展到600余人。(2)当时红四军32团掩护红五军突围,后被打散,损失惨重,但王佐、何长工等人转入深山,继续与敌人战斗,在红五军打回来之前已大部分恢复被敌人占领的地方。比较而言,32团和边界赤卫队面临的危险更大。(3)毛泽东作为当时的主要决策者,他不可能说自己出击赣南更危险,红五军留下来守山危险性就小。善于肯定鼓励别人,严格要求自己,这也许正是他的领导艺术之所在。从毛泽东对待红五军前前后后的态度上,也能反映出他着眼大局、注重团结,充分调动了红五军的积极性和主动性。

2. 红五军二上井冈山。4月14日,"彭德怀离开于都,毛泽东、朱德为他送行。彭德怀率部经信丰、南康、遂川等地,返回井冈山。"③经过近20天的一路拼杀,红五军于5月初回到井冈山。这时红五军已经发展到七八百人。回到井冈山,彭德怀同志主要开展了

---

① 《毛泽东年谱(一八九三——一九四九)》上卷,中央文献出版社2013年版,第261页。

② 井冈山革命根据地党史资料征集编研协调小组、井冈山革命博物馆:《井冈山革命根据地》(上),中共党史资料出版社1987年版,第301页。

③ 《毛泽东年谱(一八九三——一九四九)》上卷,中央文献出版社2013年版,第271页。

以下工作:第一,在茨坪会见了王佐,"拨了两千银元救济老百姓","茨坪和大小五井的男女老少,每人分得一块银元。"①第二,5月2日,又来到宁冈茅坪,会见了李灿、何长工等人。何长工回忆说:"五军随即整编为四、五两个纵队,四纵队司令员贺国中,政委张纯清;五纵队司令员李灿,副司令员王佐,……我任五纵队政治委员。"②"以后,第五纵队恢复湘鄂赣,开辟鄂东南,发展为红八军,连同红五军发展成红三军团。"③第三,参加了边界特委第四次执委会。1929年5月14日,边界特委第四次执委会在宁冈古城举行,特委书记邓乾元主持,彭德怀、滕代远也参加了会议。这是井冈山革命根据地后期斗争的一次重要会议。会议全面分析边界的政治、军事、土地问题及特委本身的工作。在军事斗争及其策略方面做出如下重要决定:(1)确定"集兵政策"。"将新近成立的边界红军独立第一团编为红五军第六纵队,以王佐为司令,何长工为党代表。"④担负"恢复边界政权"的重大任务。(2)制定游击政纲。包括没收地主土豪的财物,解除军阀军队和靖卫团、保安队、挨户团的武装等九项内容。(3)划分游击区域,实行分区游击。确定红五军的游击范围为永新、茶陵等13个县,划分4个游击区。(4)决定新的游击策略。确定"游击初期工作应不超出永新、茶陵、莲花、宁冈4县之外,非经济无法时亦不宜去安福……"⑤这次会议成立了新的领导机构,正确地估量了形势,确定了"集兵政策",体现了前委和毛泽东"分兵以发动群众,集中以应

---

①　《浴血罗霄——井冈山革命根据地历史》(修订版),中国发展出版社2014年版,第352—353页。

②　《何长工回忆录》,解放军出版社1987年版,第237页。

③　《何长工回忆录》,解放军出版社1987年版,第221页。

④　余伯流、陈钢著:《井冈山革命根据地全史》,江西人民出版社2010年版,第387页。

⑤　《浴血罗霄——井冈山革命根据地历史》(修订版),中国发展出版社2014年版,第355页。

付敌人”的军事思想，提出建立以永新为政治区域指挥中心的设想，为以后湘赣革命根据地的形成奠定了良好的基础。第四，率领红五军和王佐特务营第二次撤离井冈山。红五军的归来，使边界的武装力量顿增，根据地的军民一扫敌人“会剿”的阴霾，再度激起了胜利的信心。但同时也引起了江西敌人的注意，他们立即调集两个团从永新开拔，向宁冈袭来，企图攻击红五军。在湘赣边界特委第四次执委会召开期间，赣敌2个团向根据地和红五军发起进攻。由于敌人突然袭击，同时因为红军新编，不利于战，故决定退往大陇。当红五军退抵酃县时，得知遂川、茶陵敌军前来堵截，为了摆脱困境、保存实力，彭德怀率红五军和王佐特务营撤出井冈山，向湘东、粤北一带开展游击活动。红军离开边界，敌人趁虚而入，割据局面再次受到损失。红五军及王佐部南下，沿途先后打下酃县、桂东、城口、南雄等地，筹办了现款数万元以及大批食盐、布匹、药品，还缴获了100余支枪及10万多发子弹，将大部物品救济了当地群众，还为井冈山群众购买了大批奎宁、盐和布匹等紧缺物品①，进一步鼓舞了革命群众的斗志。

3. 红五军三上井冈山。1929年7月初，红五军从湘粤赣边境游击归来，回到宁冈，并接连收复遂川、宁冈两县城，第三次来到井冈山。红五军的回归与胜利，有力地推动了边界武装割据局面的恢复和发展。随后，红五军主要开展了以下工作：

(1)攻打安福。边界特委和红五军召开了联席会议，决定攻打安福。会上，特委书记邓乾元和多数人主张夺取安福，唯彭德怀独持异议。7月中旬，彭德怀率领红五军前往安福，当行至“严田(安福城西约30里)即与敌人两个连相遇，一经接触，敌人便逃窜至安福城

① 参见《彭德怀传》，当代中国出版社2015年版，第44页。

内。我追至城关时，得知是一个团驻守此城，而不是原估计的一个营兵力，城虽小而高且坚，不易攻取，当日即撤回严田宿营。翌晨出发即被敌四面包围，敌人如此迅速，真出于意料之外。幸赖我红军英勇，从南面突围而出。""这次战役，伤200余人，参谋长刘之至及四纵队司令贺国中两同志英勇牺牲，五纵队司令李灿同志负伤，九个大队长有八个同志伤亡。鉴于这次损失之大我是有责任的，不该轻易放弃自己的意见，但后悔晚矣，只可作为教训。"[1]"战斗结束后，彭德怀坐在路旁石头上为牺牲的战友和士兵痛哭。"[2]后来彭德怀回忆说："争论（指联席会议关于是否攻打安福）的结果，他们是全体，我是完全孤立的一个人，就采取少数服从多数，决定了一次非常错误的行动，几乎全军覆灭。"[3]这是红五军建军以来的一次重大损失。

（2）对部队进行改编。安福之战后，部队来到永新、宁冈休整了一个月。为整顿和加强红五军的力量，"将五、六纵队合并为一个纵队，仍以王佐为司令官，纵队以下设两支队，一个支队长为李灿同志，一个是秉生同志，支队之下设两个大队，每个大队以90杆好枪编成之。……党的组织共分三级，每大队立一支部，辖于支队委，支队委归纵队委管辖。纵队委书记是刘宗义同志，纵队政治部主任是滕代远同志。两个支队党代表，一个是何长工同志，一个是刘宗义同志。"[4]

（3）再次离开井冈山。1929年8月初，赣敌金汉鼎部第69团、70团和工兵营进攻边界。8月6日，敌人以4个营的兵力进攻驻宁冈的红五军。此时，湘鄂赣特委派人来要求红五军返回平江、浏阳、

　①　井冈山革命根据地党史资料征集编研协调小组、井冈山革命博物馆：《井冈山革命根据地》（下），中共党史资料出版社1987年版，第589—590页。

　②　《彭德怀传》，当代中国出版社2015年版，第44页。

　③　《彭德怀传》，当代中国出版社2015年版，第44页。

　④　《浴血罗霄——井冈山革命根据地历史》（修订版），中国发展出版社2014年版，第358页。

修水。8月7日,红五军应湘鄂赣边特委的要求,第三次离开井冈山,返回湘鄂赣边界开展游击活动。"1929年8月,彭德怀率领原红五军两个纵队,从湘赣边长途跋涉,回到阔别将近一年之久的湘鄂赣边根据地,同留在那里坚持游击战争的第二纵队会合。"①

这时,第二纵队在黄公略的率领下,部队不断壮大,已成立湘赣边界支队,由黄公略任支队长,下辖三个纵队。回到湘鄂赣后,红五军主要开展以下工作:①彭德怀出席湘鄂赣边界特委扩大会议。1929年9月2日,彭德怀出席在铜鼓召开的湘鄂赣边界特委会议。会议决定:打通井冈山、幕阜山、九宫山的联系,将湘鄂赣、鄂南、湘赣苏区连成一片,建立巩固的根据地;为适应形势发展的需要,决定重组红五军军部,将彭德怀率领的原红五军一、三纵队和湘鄂赣支队(原红五军二纵队)扩编为五个纵队,彭德怀仍任军长兼军委书记,黄公略为副军长,滕代远为党代表兼政治部主任,邓萍为参谋长。②②红五军在长寿街召开军委扩大会议。会议"决定由孔荷宠率一纵队在湘鄂赣边境活动;李实行率二纵队在浏阳、万载、萍乡一带活动;吴溉之率三纵队在铜鼓、宜丰境内活动;郭炳生率四纵队在湘鄂边活动;李灿率五纵队前往鄂东南阳新、大冶、通山、通城地区,开辟新的苏区"③。随后,各纵队分别在新划定的地区内开展工作。在短短的三四个月内,红五军迅速发展到数千人,健全了各级党组织,军事、政治素质都有很大的提高;地方武装也有了显著发展,湘鄂赣、鄂南、湘赣边界基本连成一片。

红五军离开井冈山,返回湘鄂赣后,江西敌人闻讯,又乘机占领了宁冈、永新、莲花县城。"这时,边界的武装斗争,主要依靠袁、王

---

① 《彭德怀传》,当代中国出版社2015年版,第45页。
② 参见《彭德怀传》,当代中国出版社2015年版,第45页。
③ 《彭德怀传》,当代中国出版社2015年版,第45页。

红军部队和地方武装力量,共拥枪 700 余支。……他们在边界特委的领导下,坚持了边界的武装斗争。"①尤其难能可贵的是,他们在红五军离开井冈山的情况下,依靠自己的力量,不仅收复了莲花、宁冈,还攻克了永新县城。"10 月 30 日,刘作述、王佐、陈竞进率领永新、宁冈、莲花三县地方武装,在广大群众的配合下,攻克永新县城。这是边界军民自红四军、红五军离开井冈根据地后所取的重大胜利。"②攻克永新后,湘赣边界特委由大湾村迁至永新城。从此永新成为湘赣边界斗争的中心。随着武装斗争的胜利开展和割据区域的不断扩大,以宁冈为中心的井冈山革命根据地,逐步发展为以永新为中心的湘赣革命根据地。

4.红五军第四次来到湘赣边界。1929 年 12 月间,红五军已回边界游击。③ 这次到来,主要做了两件事:

(1)在边界开展游击活动。彭德怀在《往事记忆》中说:"是年(1929 年)12 月中旬,我们率领军直属队和三纵队又回到湘赣边区,粉碎了白军进攻以后,除永新、莲花两城外,还占领了遂川、泰和两县城。这时五军部直属队和三、四纵队由早禾地区移至州(应为"洲"——作者注)湖(永新、吉安之间)进行整训,准备打安福城。"④

(2)接受湘赣特委请求,出兵弹压袁王部队。1930 年 1 月 18 日至 21 日,在中央巡视员彭清泉(即潘心源)的建议和主持下,赣西特委、湘赣边界特委、红五军军委在遂川县于田召开联席会议。会议决

---

① 《浴血罗霄——井冈山革命根据地历史》(修订版),中国发展出版社 2014 年版,第358—359 页。

② 《浴血罗霄——井冈山革命根据地历史》(修订版),中国发展出版社 2014 年版,第359 页。

③ 参见余伯流、陈钢著:《井冈山革命根据地全史》,江西人民出版社 2010 年版,第400 页。

④ 井冈山革命根据地党史资料征集编研协调小组、井冈山革命博物馆:《井冈山革命根据地》(下),中共党史资料出版社 1987 年版,第 591 页。

定:将赣西特委、湘赣边界特委合并为赣西特委;将江西红军第二、三、四、五团合并,组成红六军(不久改为红三军),军长黄公略,政治委员刘士奇(后为陈毅),下辖三个纵队,湘赣边的赤卫队编为第六军的第三纵队;红五军、红六军准备相机夺取吉安。此外,还作出了武力解决袁文才、王佐的决定。遗憾的是,不久边界特委设计诱杀袁文才、王佐,红五军出兵弹压,酿成了我党我军历史上的一大悲剧。

• 这里也许有人会提出这样的问题:如果毛泽东的部队在井冈山,会弹压袁、王的部队吗?我们把红五军与毛主席的部队上井冈山的情况稍作比较,就可以得出答案。从红五军上井冈山一年多来的活动可以看出,红五军与毛泽东的部队还是有所区别的,相同的点都是党领导的武装力量,都是为了解放劳苦大众而奋斗的,不同的地方主要体现在:一是"扎根安家"与"临时驻扎"。毛泽东的部队自从1927年10月7日到1929年1月14日,共一年零三个多月,一直扎根在井冈山;红五军自1928年12月11日至1929年12月间,先后四上四下井冈山(第四次只是来到湘赣边界),第一次上井冈山,1928年12月11日—1929年1月30日,在井冈山待了19天;第二次上井冈山,1929年5月初—5月14日,待了10多天;第三次上井冈山,1929年7月初—8月7日,待了1个月;第四次上井冈山,1929年12月间,只在遂川、泰和一带游击;合计起来,红五军在井冈山的时间只有2个月左右。毛泽东的部队来到井冈山,就在这里"安了家",而红五军来到井冈山,今天来了明天就走了,给人以"飘忽不定"的感觉。如果说毛泽东的部队上井冈山是"扎根安家",那么红五军上井冈山只能说是"临时驻扎"。二是"全面建设"与"单打一"。毛泽东的部队在井冈山将"武装斗争""土地革命""根据地建设"有机结合起来,全面开展党建、军事、政治、经济、组织、文化等建设,而红五军在井冈山主要是开展军事斗争。三是"决策者"与"执行者"。

毛泽东在井冈山是领导核心,发挥"决策者"的作用,而彭德怀等同志是重要领导人,但不是主要决策者,有的时候是"执行者"。比如攻打安福县城。四是"家人"与"客人"。毛泽东的部队与井冈山人民朝夕相处、生死与共,亲如一家,人民群众把红军看成亲人、恩人、家人,而红五军多次在困难时刻离开井冈山,难免让当地军民缺乏安全感、亲近感,在他们的心目中这支队伍似乎是过路的"客人"。五是"权威"与"战友"。毛泽东在井冈山享有崇高的威望,大家都信任他、崇拜他,包括袁文才、王佐,毛泽东是名副其实的"权威";红五军的领导人在井冈山来去匆匆,与当地军民思想交流不多,感情上不够深厚,彼此之间的信任度也不高,难以让袁文才、王佐等人心服口服,在红 32 团的官兵看来,红五军只是"战友"。比如,井冈山地区土客籍矛盾突出,毛泽东做了大量工作,他在时能镇得住,双方也能相安无事;可红五军领导人不仅缺乏毛泽东那样的权威,也没有做深入细致的调查了解,仅听边界特委一面之词就轻率出兵弹压袁、王部队。这"轻率"的背后反映出红五军与红 32 团之间的真实关系。综上所述,这几点"不同",也许是红五军"出兵弹压"的较好注解。

九、下山的伟大

有人说:"上山伟大,下山也伟大。"因为上山是创新,下山也是创新。红四军下山出击赣南,寻求更大的发展空间,开辟了一个新的更大的革命根据地。

一是沿途复制井冈山的经验。1929 年 1 月 14 日,红四军主力下山,这不是被动的撤退,而是主动的出击,是有准备的积极行为。行军途中,部队张贴了毛泽东起草的《红军第四军司令部布告》。宣告红军的宗旨是:民权革命,打倒列强,打倒军阀,统一中华。还宣传了中国共产党在民主革命时期的各项政策主张,号召全国工农为完成民主革命的任务而奋斗。此外还散发了根据党的六大精神而编写的《共产党宣言》(注:这里是指红四军前委写的宣传内容,不是马克思、恩格斯1848年所写《共产党宣言》),提出工农红军所要实现的民主革命"十大政纲":比如推翻帝国主义在中国的统治;没收外国资本;统一中国;推翻军阀国民党政府;工人实行八小时工作制,增加工资;没收一切地主阶级的土地,分给无田或少田的农民等。同时,红四军还向沿途群众散发了油印的数百份"六大"决议案,广泛宣传党的路线、方针、政策。红军所到之处,除了打仗之外,就是宣传群众、发动群众,寻找当地党组织或帮助当地建立党组织、政权,有条件的地方组织群众打土豪分田地,适时开展武装斗争、土地革命和根据地建设等,就是把井冈山成功的经验运用到南下途中。

二是寻找并开辟新的根据地。1929年2月10日,红四军在瑞金的大柏地将尾追之敌刘士毅部两个团击败,取得了转战赣南以来的第一个大胜仗,扭转了被动的局面。2月17日,红四军到达吉安的东固根据地,与李文林等领导的江西红军独立第二、第四团会合。3月,红四军第一次进入福建境内,揭开了创建闽西根据地的序幕。3月14日,在长汀县长岭寨全歼地方军阀郭凤鸣旅,歼俘敌2000余人,补充了大量军需。在这里,获悉蒋介石和桂系军阀已经决裂,一场大会战即将爆发。面对新的形势,毛泽东擘画了建立赣南、闽西大块根据地的战略决策。3月20日,在长汀县城毛泽东召开前委扩大会议,决定:"四军、五军及江西红军第二、第四两团之行动,在国民党混战的初期,以赣南、闽西二十余县为范围,从游击战术,从发动群众以至于公开苏维埃政权割据,由此割据区域以与湘赣边界之割据区域相连接。"①根

---

① 《毛泽东军事文集》第1卷,军事科学出版社、中央文献出版社1993年版,第54页。

据这一决策,红四军利用蒋桂战争爆发的有利时机,在赣南分兵发动群众,打土豪、分田地,发展地方武装,很快在雩都(今于都)、兴国、宁都三县建立革命政权,奠定了赣南根据地的坚实基础。5月中旬蒋桂战争结束后,红四军利用福建军阀主力去广东参加粤桂军阀战争的机会,又先后两次进入闽西,歼灭地方军阀陈国辉旅和卢新铭旅。1930年春,赣南根据地和闽西根据地形成,成立了以曾山为主席的赣西南苏维埃政府和以邓子恢为主席的闽西苏维埃政府。

● 这里也许有人提出这样的问题,毛泽东为什么没有打回井冈山呢?

井冈山根据地在两年零四个月的斗争岁月中,共丢失过两次。第一次是1929年2月,由于国民党的重兵"围剿",包括江西的宁冈、永新、遂川、莲花,湖南的酃县、茶陵,以及以大小五井为中心的"五百里井冈"等所有地区(即六县一山),基本落入敌手。第二次是1930年2月底,袁、王被杀后其旧部反水,大小五井等地再次失守,井冈山地区沦为白区,直到1949年9月解放。毛泽东是井冈山革命根据地的主要创始人,对井冈山怀有特殊的感情。但是,为什么在井冈山失守后,他没有想尽办法打回去呢? 我们来分析一下原因。1929年1月湘赣国民党"会剿"井冈山,红四军主力下山主要任务有两个:一是解井冈山之围,二是扩大新的根据地。1929年2月初,红四军达到闽粤赣三省交界的寻乌县罗福嶂山区后,"为安置伤兵计,为找有党群众的休息地计,为救援井冈山计,决定前往东固。"2月22日到达东固后,得知井冈山失守,按道理这时毛泽东应该率领主力部队打回井冈山,但他没有作出打回去的决定,主要是考虑到以下因素:首先,井冈山的物质条件非常困难,已经严重限制红四军的进一步发展,这是最根本的原因。井冈山的物资有限,不能屯重兵。井冈山自古"人口不满两千,产谷不满万担",自给勉强还行,但养活大量非生产人员就困难了。一度时间"吃饭大难","有时真是到了极度"。其次,东固革命根据地的经验,给毛泽东带来了重要启示。一方面,困扰井冈山发展的物质条件问题,没想到这个难题到东固后就迎刃而解了。另一方面,东固采取"公开的武装斗争与秘密的割据相结合",使敌人到来寻不到目标,党的组织和群众组织完全处于秘密状态。邮路是照常的,商业贸易是照常的,边界所受的痛苦此间完全没有。东固的经验使毛泽东拓宽了视野,认识到了固守井冈山的局限性,所以,他决定把原定的固定区域的公开割据政策,改为盘旋式打圈子的游击政策。再次,赣南、闽西的区域广阔,与敌人的回旋余地大,加上物产丰富,能提供足够的给养,适合大部队的长远发展。这里山岭河川纵横,交通不便,敌人往来苦难;赣敌较弱,又多是客籍军队;受过大革命的洗礼,群众基础较好;赣东北有方志敏红军,赣西南有称为"小井冈"的吉安、东固,并有红二、四团可以互为掎角。综合以上因素,毛泽东决定沿闽、赣边界向南转移,继续以盘旋式打圈子战术拖住"追剿"军,并在赣南、闽西地区不断建立根据地。

具体来看:井冈山第一次失守后,1929年4月11日,毛主席又同意彭德怀率红四军第五纵队打回井冈山,主要是考虑:(1)井冈山根据地具有重要的战略意义。"边界红旗子之始终不倒,不但表示了共产党的力量,而且表示了统治阶级的破产,在全国政治上有重大意义。"①在毛泽东看来,不到万不得已,井冈山革命根据地是不能丢的,因为它的斗争对全国的革命形势有着重要的政治影响。(2)彭德怀的强烈要求。井冈山失守,对毛泽东来说是很惋惜的,对彭德怀来说是没有完成任务、是有负重托的。彭德怀回忆说:"向四军前委

① 《毛泽东选集》第一卷,人民出版社1991年版,第81页。

汇报了撤出井冈山的经过。毛党代表说,这次很危险,不应该决定你们留下守井冈山。"毛泽东虽然没有对彭德怀提出批评,但彭德怀心存愧疚,出于将功补过的心理,他坚决要求率部打回井冈山,恢复湘赣边界政权。"会上,彭德怀恳切而又坚决地提出红五军打回井冈山去,恢复根据地。"①(3)出于战略布局的考虑。彭德怀打回井冈山,恢复湘赣边界政权,这样就可以与赣南、闽西苏区遥相呼应、互相支持,逐步将几个根据地连接起来,"形成一坚固势力,以为前进的根基"。(4)井冈山有夺回的可能。敌人占领井冈山后,红军和地方部队转入深山继续斗争,不断袭扰敌人,加上天寒地冻,大雪封山,敌人不到十天就被迫退出了大小五井。随着蒋桂战争的爆发,大部分"会剿"部队被调往前线,只留下一个团驻防永新,战斗力有限。这时边界仍保留一定的军事实力,王佐部有枪200余支,六县赤卫队有枪800余支,正在逐步收复井冈山。这样,在毛泽东和红四军前委的支持下,彭德怀率部打回了井冈山。随后毛泽东又根据形势的变化,作出不必固守井冈山的决定。1929年4月13日,毛泽东代表红四军前委给湘赣特委的信中指出:"守势的根据地的观念,以后应该抛弃,大小五井、九陇等地,再不必固守了,强敌来了就用盘旋式的打圈子政策对付他。"②可见,在毛泽东看来,井冈山并不是在任何条件下都必须固守的。红军应该到广大乡村地区发展与壮大自己,而不是继续待在山上坚守五大哨口。应该说,这是毛泽东综合分析当时的客观情况后作出的正确判断。1929年9月28日,中央给红四军前委致信(即"九月来信"),对红四军不再固

---

① 余伯流、陈钢著:《井冈山革命根据地全史》,江西人民出版社2010年版,第374页。

② 《毛泽东年谱(一八九三——一九四九)》上卷,中央文献出版社2013年版,第271页。

守井冈山,扩大游击范围和赤色区域,并在全国产生重大政治影响,给予高度评价。

井冈山第二次失守后,毛泽东没有率红四军主力去收复,除了前面分析的原因之外,还有以下三点考虑:(1)当时国内的革命形势与之前相比有较大的不同,工作方式、斗争形式都需要随之改变,红四军主力有更重要的任务去完成。(2)以永新为中心的湘赣革命根据地日趋形成,成为井冈山革命根据地的延伸和发展。在毛泽东看来,井冈山革命根据地的中心在宁冈,但永新也很重要,搞好了对其他地方可以起到很好的示范作用。他曾认为:"我们看永新一县,要比一国还重要。所以现在集中人力在这一县内经营,想在最短的期间内,建设一个党与民众的坚实基础,以应付敌人下次的'会剿'。"①到1930年上半年,湘赣边界根据地再次扩大,除原有六县外,又发展到万安、泰和、分宜、安福、新余、吉安、吉水、峡江等八县。原井冈山革命根据地的主体仍在共产党和红军的手中,很小一部分山头被敌人夺去了,无碍大局。(3)在赣南、闽西建立革命根据地的战略目标已经实现。赣南、闽西的革命形势很好,毛泽东已不再紧盯着井冈山的几个山头,而是希望通过占领吉安,再到夺取江西全省,进而建立南方各省红色政权。基于以上考虑,所以他没有派红四军主力去收复被敌人占领的大小五井等地。

从1929年2月至1930年2月底,在两次失守间隔的一年时间里,井冈山在毛泽东心中的战略地位及作用已经发生了重大变化。它由一些据险可守的哨口、工事等,逐步演变为幅员辽阔的农村腹地;从山上转移到山下;从山区走向乡村。这表明毛泽东对中国革命规律的认识和把握越来越深刻,作出的决策和部署越来越符合

---

① 余伯流、陈钢著:《井冈山革命根据地全史》,江西人民出版社2010年版,第200页。

中国的实际。

三是井冈山的经验在江西乃至全国多地开花结果。毛泽东根据井冈山革命的实践,论证了红色政权能够长期存在并发展的主客观条件,阐述了武装斗争、土地革命和政权建设三者之间的关系,提出了工农武装割据的思想。这个思想和做法在井冈山是有效的、是成功的,但到其他地方是否有效、是否能得到认可,还需要在实践中进一步检验。因为在国际共产主义运动史上,无产阶级及其政党还没有首先在农村建立根据地,在革命力量超过反革命力量时占领城市的经验。因此,革命工作以城市为中心,武装起义首先是为了占领中心城市,这是当时全党的共同认识。

1930 年 2 月上旬,红四军由闽西返回吉安地区活动。1930 年 2 月 6 日至 9 日,红四军前委在吉安陂头召集红四、五、六军军委和赣西、赣南、湘赣边界特委联席会议,讨论赣西南的形势和任务。史称"二七"陂头会议。会议由毛泽东、刘士奇、曾山等主持。会议明确了赣西南党的三项任务:扩大苏维埃区域,深入土地革命,扩大工农武装;确定了攻取吉安的行动目标和战役部署;制定了土地法;成立前委,毛泽东为书记,曾山、刘士奇、毛泽东、朱德、潘心源五人为常委,统一领导红四、红五、红六三个军委以及赣西南特委、闽西特委、粤东特委。湘赣边界特委、赣西特委、赣南特委合并为"新的赣西南特委"。这次会议的召开,使赣西南的群众斗争和土地革命走上了健康发展的道路。

"二七"陂头会议后,在主力红军分兵发动群众的推动下,湘赣边界以至整个赣西南全面掀起了轰轰烈烈的土地革命运动。在毛泽东"一要分、二要快"的思想指导下,赣西南革命群众开展了如火如荼的分田运动。随着土地革命的深入开展,广大农民不但在政治上翻了身,而且在经济上得到了解放,革命热情空前高涨,出现了踊跃参加红军的热潮,群众武装斗争也迅猛发展。为此,赣西南特委决定将赣西南地方武装扩编为红 20 军,于 1930 年 6 月底在吉安陂头村正式成立。军长为曾炳春,政委兼军委书记为刘士奇,参谋长为刘泽民,政治部主任为谢汉昌。下辖 172 团、173 团两个团,不足 2000人。红 20 军成立后,先后发动六次攻打吉安的行动,虽因武器装备差没能攻下,但使吉安成为了一座孤岛。1930 年 10 月 4 日,毛主席、朱德率领红一方面军一举攻下吉安重镇。随后,连续解放泰和、安福、吉水、峡江、新干、清江等地,"使赣江两岸的根据地连成一片,部队也发展至约 4 万人。"[1]10 月 7 日,10 万群众集聚在吉安城中心广场,隆重举行"庆祝吉安暴动胜利大会"。会上宣告江西省苏维埃政府成立,曾山任主席,并颁布了苏维埃政府的十三大政纲。这为后来中央根据地的形成和苏维埃中央政府的建立,奠定了坚实的基础。

毛泽东在井冈山时就预见:"以宁冈为中心的湘赣边界工农武装割据,其意义决不限于边界数县,这种割据在湘鄂赣三省工农暴动夺取三省政权的过程中是有很大意义的。"[2]他还进一步指出:"全国革命形势是向前发展的,则小块红色区域的长期存在,不但没有疑义,而且必然地要作为取得全国政权的许多力量中间的一个力量。"[3]江西省苏维埃红色政权的诞生,正是"取得全国政权"伟大斗争的重要一步。

井冈山革命根据地对全国其他地区红军游击战争的发展和根据地的建设也起到了重要的示范作用。中共中央不仅对井冈山的斗争予以关注和指导,而且充分肯定朱、毛红军的经验,并通过党内文件指示和刊物向全国各地介绍和推广井冈山根据地的经验。这样,井

---

① 《中国共产党的九十年》(新民主主义革命时期),中央党史出版社、党建读物出版社 2016 年版,第 128 页。
② 《毛泽东选集》第一卷,人民出版社 1991 年版,第 52 页。
③ 《毛泽东选集》第一卷,人民出版社 1991 年版,第 50 页。

冈山的经验,一方面,在井冈山四周毗邻地区的东固、赣南、闽西、湘鄂赣等根据地广泛传播和推广;另一方面,对鄂豫皖、湘鄂西、左右江、东江、陕甘等全国边远根据地和游击区,也产生了广泛的影响。比如,刘志丹1925年加入中国共产党,受组织委派,到黄埔军校进一步深造。1928年大革命失败后,他根据中央的命令,潜回家乡陕西,组织领导了"渭华起义",随后学习井冈山的先进经验,开辟了陕甘边革命根据地。在短短的3年时间里,就发展成面积超过3万平方公里、人口超过90万、红军队伍超过1万人的大型根据地,为党中央和中央红军落脚陕北创造了条件。总的来说,井冈山的经验在江西乃至全国多个地方开花结果。这一系列的重要实践,再一次证明毛泽东关于"工农武装割据"的思想以及井冈山的革命经验是正确的、有效的。

与此同时,毛泽东没有拘泥于井冈山一山一地的经验,而是结合新的实际、新的实践,不断学习借鉴各地的经验和做法,比如方志敏式、贺龙式、李文林式的好经验等,逐步完善工作决策和战略战术,进而形成"工农武装割据""农村包围城市、武装夺取政权"的正确思想。从井冈山根据地,到赣南、闽西根据地,再到江西省苏维埃政府的成立,表明在井冈山率先燃起的这一点星星之火,已逐步成为燎原之势。实践证明,毛泽东领导创建了中国第一块农村革命根据地,走出了一条适合中国实际情况的革命道路——井冈山道路。由于中国革命形势的迅速发展,特别是毛泽东带领红四军所取得的历史成就,使他从井冈山革命根据地的领导人,成为中央苏区的领导人,再到中国共产党、中国红军、中华苏维埃共和国的主要领导人。时代潮流推动他在更大的历史舞台上发挥更大的作用。

从这个角度说,上井冈山是正确的、合理的;下井冈山也是必要的、伟大的。

第二节　毛泽东的领导智慧和艺术

毛泽东之所以能够做到下山也是必要的、伟大的,特别是面对南京总统府命令的、以何键为代总指挥的、湘赣两省气势汹汹的第三次"会剿",毛泽东没有惊慌失措,而是"兵来将挡,水来土掩",沉着镇静,召开军队和地方党的联席会议,研究应对方略。镇静的底气在于根据地的全面建设、党的领导有力、武装力量的加强、士气的旺盛。这就是下山的智慧,主要体现在:

一、克服种种困难,千方百计迎回 28 团

在秋收起义部队与南昌起义部队会师并建立红四军的过程中,毛泽东有两个"千方百计"。第一个是千方百计实现朱毛会师。前面讲到,毛泽东经过努力,千方百计实现了朱毛会师。第二个是千方百计迎回 28 团,实现了红四军的团结统一。朱毛会师后,没有想到仅仅 3 个多月时间,两支部队又不幸分开了,而且有分裂的可能,郴州失败后 28 团确实没有回井冈山的打算。在这种情况下,毛泽东以大海一般的胸怀,不计较任何个人意见分歧,得知红军主力在湘南失败,立即率部前往桂东,迎回了红军大队,而且采取了一系列措施,加强两支队伍的团结统一。可以设想,假如没有毛泽东这一次的"千方百计",红四军能否继续存在,就要打上一个问号;中国革命能否胜利,也会打上一个问号。正是由于毛泽东这第二个"千方百计",才确保了红四军的团结统一,才确保了红四军下山的成功,才确保了中央革命根据地的建立。

二、迎接红五军上山,迅速扩大军事力量

朱毛会师后,人员激增,井冈山上"吃饭大难",为此只好将湘南农军遣返。但红五军上山,毛主席非常欢迎,因为红五军是正规部

队,有很强的战斗力。红五军与红四军会合,井冈山的军事力量就会大大增强,对于井冈山根据地的巩固,对于革命事业的进一步发展壮大有着重要的作用。随后面对湘赣两省的第三次"会剿",红四军主力挺进赣南,红五军守山,发挥了极其重要的作用。随后,毛泽东始终联络红五军、团结红五军,形成了一个统一的整体。中央革命根据地建立后,以红五军为主体成立的红三军团,是红一方面军的重要组成部分。红一方面军在长征、抗日战争、解放战争中发挥了核心主力的作用,这其中红五军发挥了不可替代的作用。因此说,欢迎红五军上山是正确的选择、英明的选择。

三、大力恢复和巩固根据地,积累了一整套成功的经验

"八月失败"以后,毛泽东总结近一年来的经验教训,大力加强党的建设、军队建设、政权建设、思想文化建设,积累了一系列治党、治军和政权建设、群众工作的经验,形成了一整套比较系统完善的思想、原则、制度、机制、方法等,经过一年多的实践检验,已经比较成熟、比较有效。这为挺进赣南、沿途复制井冈山根据地的经验做法、建立中央革命根据地奠定了坚实的基础。

四、制定并实施我们党的第一部土地法,让农民吃了"定心丸"

毛泽东率领工农革命军来到井冈山,一开始,许多农民也是持怀疑态度的。通过颁布并实施工农革命军"三大任务""三大纪律、六项注意",通过打土豪、分田地、建立工农政权,特别是制定并实施《井冈山土地法》,使人民群众得到实实在在的利益,吃到了"定心丸",真真切切体会到这是一支真正的人民军队。人民群众与党和红军建立了血肉联系、"鱼水情谊",从而形成了军民团结的"铜墙铁壁"。

五、深谋远虑、反复论证,确定到赣南开辟新的根据地

在确定"围魏救赵"策略、内线作战与外线作战相结合的方针之后,接下来重点研究了外线作战的去向问题。在讨论去湘鄂赣、去湘南、去赣南等三个去向时,毛泽东周密考虑,深入分析,反复论证,最后决定去赣南,得到了多数人的认同。如果没有这个正确的决策,就难以开辟赣南根据地,也难以建立中央苏区。事实证明,这是一个深谋远虑的伟大决策。

这其中,最突出的是毛泽东把红四军和红五军连成一个有机整体的智慧:

(一)正确面对失败,坚持团结至上。作为一个政治家,毛泽东清醒地认识到,如果红四军分裂了,井冈山根据地肯定守不住,红军的生死存亡将成为大问题。所以,毛泽东处处以团结为重,对于红军大队出击湘南造成的"八月失败",没有埋怨、没有指责、没有过分的批评,更多的是理解、安慰、鼓劲,不仅千方百计把 28 团接了回来,而且采取了一系列暖心感人的措施,提高了思想认识,使红四军更加团结、更加相互信任,形成一个稳固的统一整体。如果没有红四军的团结统一,也就不可能把红五军吸引上山,也难以把红五军合编到红四军中来。

(二)抓住有利时机,实行混合编制。红五军上井冈山,用他们自己的话来说,是来学习红四军建党、建军经验的,"我们红五军部队已经完成了同红四军取得联络的任务了,就应当迅速北返,扩大湘鄂赣苏区根据地","对井冈山根据地的坚持,只有配合作用,而不应承担固守井冈山的任务。"①恰在这时,敌人"会剿"井冈山的消息传到了红军总部,为此,毛泽东召开了"柏路会议",提出红四军与红五军进行混编,将红五军上山的部队编为红四军第 30 团。这支部队虽然只有 800 余人,但任命彭德怀为红四军副军长兼 30 团团长,滕代

①《浴血罗霄——井冈山革命根据地历史》,中国发展出版社 2014 年版,第 328—329 页。

远为红四军副党代表兼 30 团党代表。客观地讲,这是高配,目的是为了团结调动红五军参加反"会剿"的责任感和积极性。之所以说是高配,一是从人数上看,当时红四军的 28 团、31 团、32 团已有 5000余人①,平均每个团是 1667 人,而红五军只有 800 余人。二是从干部资历上看,当时 28 团团长是林彪(21 岁),黄埔军校四期生,是红四军中的一员悍将,王尔琢牺牲后他担任 28 团团长,军事素质和指挥能力是大家公认的;31 团团长是伍中豪(24 岁),黄埔军校四期生,也是毛泽东手下的一员大将,是红四军公认的文武全才;当时在养伤的张子清(27 岁),湖南讲武堂毕业,曾任工农革命军第一师参谋长兼第一团团长,红四军成立后,任 11 师师长兼 31 团团长,是毛主席最倚重的军事干部;何挺颖、宛希先、何长工等,都是井冈山根据地的主要创建者和重要领导人,也是红军初创时期的杰出领导者和人民军队政治工作的先驱,都是可堪大任的优秀干部;彭德怀(30 岁),湖南陆军军官讲武堂毕业,湘军独立第五师 1 团团长,1928 年 7 月在湖南省委的领导下发动平江起义,担任红五军军长,滕代远为党代表。平心而论,从人数和装备来看,只是一个团级架子,叫团才名副其实。从这些干部的资历来看,只任命彭德怀、滕代远为 30 团团长和党代表也是可以的。但毛泽东没有这样做,而是着眼大局、着眼团结,任命他们为红四军的副军长和副党代表兼任 30 团团长和党代表。这是红四军前委和军部对兄弟部队的最大尊重和信任! 也是毛泽东最无私的表现! 作为从国民党阵营转过来的军官,彭德怀更希望得到红四军前委和军部领导的尊重和信任。所以,彭德怀、滕代远同志以大局为重,坚决执行了红四军前委的决定。可以设想一下,如果仅仅根据人数,任命彭德怀、滕代远为团长和党代表,红五军的

① 参见《浴血罗霄——井冈山革命根据地历史》,中国发展出版社 2014 年版,第320 页。

将士就很难接受，也不一定会留下来守山。不难看出，在干部任免上，毛泽东没有私心，没有狭隘的局部观念，心里装的都是党的根本利益、军队的整体利益。这就是毛泽东最高深的团结智慧！

（三）留下精兵强将，坚定红五军信心。柏路会议虽然决定红五军留下来担任守山任务，但毛泽东清楚地知道，他们的信心不足、决心不大，"但在红五军军委讨论时，意见是不一致的，多数同志是不同意五军守井冈山的。""井冈山虽然地势险要，周围约近二三百里，弹缺兵力也少，是守不住的。"①因此，毛泽东采取了一系列措施，改组了边界特委，组建了边界赤卫总队，进行了必要的人事调整等。为了坚定红五军守山的信心和决心，一方面，毛泽东亲自向红五军官兵通报敌情，阐述守山的重要意义，统一大家的思想，做好迎战的准备；另一方面，留下精兵强将，把红四军极为重要的干部留下来，比如张子清、宛希先、何长工、王佐、陈正人等领导干部，以及陈伯钧、陈毅安、游学臣、徐彦刚、李克如等重要军事干部等。这样就会使红五军的同志看到红四军是真正想守住井冈山的，没有把责任一推了之的想法，这无形中就增加了红五军官兵守山的自觉性和积极性。结果是，红五军在彭德怀、滕代远的正确领导下，勇挑重担、奋力守山，掩护了红四军主力挺进赣南，在黄洋界、八面山等哨口失守后及时突围，后来在于都红四军前委扩大会议上，"彭德怀恳切而又坚决地提出红五军打回井冈山去，恢复根据地。"②这些都说明，当时毛泽东采取的团结鼓劲措施，打动了红五军的官兵，提高了他们的积极性、自觉性，这也为后来成立的红一方面军，打下良好的思想基础和组织基础。

---

① 《浴血罗霄——井冈山革命根据地历史》，中国发展出版社 2014 年版，第 328—329 页。

② 余伯流、陈钢著：《井冈山革命根据地全史》，江西人民出版社 2010 年版，第 374 页。

第五章 毛泽东在井冈山时期的
伟大功绩

有人说:"蒋介石以黄埔军校起家,毛主席以井冈山起家。"此话说得有道理。秋收起义前,毛泽东在党内地位并不高,然而秋收起义后部队来到井冈山,毛泽东的时代开始了。不同的是,黄埔军校是国民党、共产党和共产国际联合办的,而井冈山革命根据地是毛泽东自办的,其艰难程度可想而知。

《中国共产党简史》上是这样讲的:"1917 年,十月革命一声炮响,给中国送来了马克思列宁主义。中国先进知识分子从马克思列宁主义的科学真理中看到了解决中国问题的出路。"[1]听起来,好像是马克思主义传播到中国后,中国革命就一帆风顺似的,其实充满了艰辛、挫折和失败,甚至在 1927 年以前,连一条正确的革命道路也没有找到。毛泽东的最可贵、最伟大之处,就是既坚持马克思主义,又紧密结合中国的实际,走出一条创新之路,形成了一整套科学有效的思想体系、制度体系、工作体系,为中国革命指明了正确的前进方向,带领党和红军取得了中国革命的胜利。这些都是原创性的思想、原则、制度、机制,不仅保证我们党取得新民主主义革命的胜利,而且对新中国成立以后的社会主义改造和建设,乃至改革开放都起到了基

---

[1] 《中国共产党简史》,人民出版社、中共党史出版社 2021 年版,第 6 页。

础性、决定性的作用,对新时代中国特色社会主义现代化建设依然发挥着十分重要的作用。这些就是毛泽东的最伟大之处,主要表现在:

第一,为我们党和中国革命找到一条正确的道路。在人类历史长河中,模仿的多,创新的少;模仿容易,创新难。中国共产党成立以后,无数共产党人都在探索中国革命的正确道路,这是一条创新的路。瞿秋白有一句名言:"我总是想为大家开一条光明的路"。虽然他作了艰辛的探索,但他没有能为我们党找到一条正确的道路。遵义会议之前的领导人陈独秀、瞿秋白、李立三、王明、博古都没有解决这个问题,王明、博古还差一点葬送了中国革命。历史表明,开辟一条正确的道路是不容易的,是非常艰难的。

大家知道,我们党是学习苏俄并在苏俄共产党的帮助下建立起来的,所以,我们党很多人就把共产国际的指示和苏联的经验当作"圣旨"来看待。苏联的经验是什么呢? 主要是俄国的十月革命,凭借 20 余万工人赤卫队、卫戍部队和波罗的海舰队,由工人阶级首先在城市发动武装起义,推翻沙皇的反动统治,取得了胜利。十月革命的成功,诞生了世界上第一个无产阶级专政国家,开辟了人类历史的新纪元,由此产生的十月革命道路,为世界无产阶级政党所认同。所以,我们党成立以来,工作重心一直放在城市。大革命后期,在上海先后组织了三次工人武装起义,没有成功。大革命失败后,八七会议确定了实行土地革命和武装起义的方针,并先后组织了秋收起义、广州起义等百余次武装起义,几乎都是以攻打中心城市为目标,基本上都失败了。而蒋介石却在上海、南京等中心城市建立了强大的反革命统治,倘若共产党再以仅有的一点弱小的武装力量去同敌人硬拼,那无异于以卵击石,自取灭亡。中国革命的道路应该怎么走? 没有现成的答案。在大革命失败后的严峻形势下,以毛泽东为代表的中国共产党人进行了艰苦的探索,终于找到了一条适合中国国情的革命道路——井冈山道路。这就是毛泽东后来所表述的"建立农村革命根据地,以农村包围城市,武装夺取政权"的道路。井冈山道路的内涵是:以武装斗争为主要形式,以土地革命为基本内容,以农村根据地建设为根本依托。三者密切相连,缺一不可。井冈山斗争的胜利,开辟了中国革命胜利的道路。正是靠着这条道路,我们党带领全国各族人取得了中国革命的胜利。实践证明,只有毛泽东开创的农村包围城市、夺取政权的道路才是正确的道路。

可当初毛泽东在探索这条道路上充满了艰辛,遭到多少怀疑、非议、批评、打击,完全可以说是"万难"的,主要表现为:一是,当时的党中央由一群留苏学生和社会名流学者组成,他们冒着生命危险在上海、广州、武汉等大城市与国民党周旋,遥控指挥各地的起义,关注的是大城市,不太关心在乡下拼杀的农民军和它的领导人毛泽东。二是,湖南省委和湘南特委机械地执行上级的"左"倾盲动主义政策和指示,对井冈山根据地支持的少、干扰责难的多。比如,我们今天读毛泽东的文章《中国的红色政权为什么能够存在?》,可能会觉得毛泽东在那种艰苦的条件下能提出这样的观点、能有这么深刻的认识,确实了不起!可是我们很难想象到,当初他辛辛苦苦创建的井冈山革命政权,却被后来的湘赣边界特委、湖南省委认为是"与土匪的联合政权"。1929 年 8 月,邓乾元在《关于湘赣边界五月至八月工作对中央的报告》中写道:"本来边界的政权并不是真正的共产党所领导的政权,而是与土匪合作的联合政权。"[①]党内"左"倾教条主义者也讥笑嘲讽毛泽东"山沟里出不了马克思主义"。三是,毛泽东与他的对手蒋介石根本不在一个层面上。当时的毛泽东,34 岁,湖南第一师范毕业,没有上过军校;而蒋介石时年 40 岁,长毛泽东6 岁,保

---

① 井冈山革命根据地党史资料征集编研协调小组、井冈山革命博物馆编:《井冈山革命根据地》(上),中共党史资料出版社 1987 年版,第 338 页。

定陆军学堂毕业,后在日本东京振武军校留学,此时已经高居国民党军事委员会主席、国民党中央组织部长、军人部长、国民革命军总司令以及国民党中央常务委员会主席等要职,成为中国政坛上最闪耀的一颗将星,是中国当时最有实力的人物。四是,在实力和条件上与国民党有天壤之别。当时国民党有几十个正规军,而且掌握全国的政权,掌控着全国的政治、经济、文化资源,在国际上还有美国、苏联等国家的支持。国民党对军官提供很好的教育和优厚的薪饷,给部队装备优良的武器;而毛泽东不足千人的队伍,在贫瘠偏远的井冈山,吃饭穿衣都成了问题,哪里还有饷可发。总之,无论是国际国内,还是政治军事经济文化等各个方面,井冈山的毛泽东与掌握全国政权和资源的蒋介石都无法站在一个平台上。手握军权、纵横捭阖,把国民党的各位大佬和大小军阀一一摆平的蒋介石,决不会注意到、也决不会想到,历史上未有任何名气的井冈山,竟会在中国革命中如此显赫;从未有任何军事学历、仅为湖南师范毕业的一介书生毛泽东,会在 22 年后成为中国历史上最伟大的将帅和领袖之一。

然而,奇迹就发生在这"不可能"上。毛泽东毕竟是毛泽东,他不信邪、不认命,以深刻的历史自觉、杰出的智慧和顽强的意志,扭转了乾坤。井冈逶迤五百里,红旗一展乾坤赤。为此,毛泽东坚信:红色政权能够长期存在,中国革命一定能够胜利。1928 年冬,在挑粮小道上,他对战士们坚定地说:"我们革命者就是要站得高、看得远,站在井冈山,不仅要看到江西和湖南,还要看到全中国、全世界。"但前进的道路是十分艰难曲折的。周鲁、杜修经等人的激烈争吵,让毛主席愤怒、生气、上火,度过了多少不眠之夜,但作为下级,只能埋头给湖南省委写信申明理由。的确,桌面上的争吵,有时比战场上打仗还让人心力交瘁!可以想象,毛泽东当时有多难啊!好在战场是最公正的法庭,能够准确地判明谁是谁非。"三月失败""八月失败"充分证明,湖南省委的指示是错误的,毛泽东的意见是正确的。亲身经历过朱毛会师的粟裕大将说:"自从第一次大革命失败以后,许多优秀的共产党人都竭尽全力积极探索新的革命道路。伟大领袖和革命导师毛主席,把马列主义普遍原理与中国革命具体实践相结合,站得更高,看得更远,亲自领导了秋收起义和井冈山斗争,同时总结了其他各地革命斗争的经验,创造性地开辟了这条中国革命唯一正确的道路。"①曾担任茶陵工农兵政府主席的谭震林说:"上井冈山是十年土地革命战争的开始,农村包围城市的道路是从井冈山发展起来的。"②邓小平说:"在井冈山打旗帜才几千人,一打就是二十二年,最后还是战胜了帝国主义和他们支持的力量,中国人站起来了。"③黄克诚大将说过:"没有毛主席,就没有井冈山这面红旗"。不难看出,在探索中国革命的正确道路上,毛泽东起到了最根本、最关键的作用,所以说,这是他最伟大的地方。

第二,彻底解决了中国几千年来没有解决的农民的土地问题。从陈胜、吴广开始,波澜壮阔的农民起义,最鼓动人心的口号就是"等贵贱,均贫富",到近代孙中山的"三民主义",其中就有平均地权。但农民的土地问题一直没有得到彻底解决。在共产党内,毛泽东发动农民运动的主张,却遭到了陈独秀和共产国际的强烈反对,他们认为那时候进行农民运动有些操之过急,这些提议都不成熟。国民党和共产党都有很多上层人物对毛泽东进行的湖南农民运动予以批评,认为"糟得很"。毛泽东克服种种困难,坚持自己的正确主张。在井冈山的斗争中,毛泽东通过对边界各县土地占有情况

---

① 井冈山革命根据地党史资料征集编研协调小组、井冈山革命博物馆:《井冈山革命根据地》(下),中共党史资料出版社 1987 年版,第 323 页。

② 《星火燎原》第一辑(井冈山斗争专辑),解放军出版社 1986 年版,第 72 页。

③ 《邓小平文选》第三卷,人民出版社 1993 年版,第 345 页。

的调查,深深感觉到土地问题是农民最大、最重要的切身利益问题,认识到只有领导边界农民实行土地革命,彻底摧毁封建土地占有制度,才能满足农民的土地要求,调动农民投身革命的积极性。所以,当边界党的"一大"召开、边界特委一成立,毛泽东就布置各县开展轰轰烈烈的打土豪、分田地运动。昔日缺田少地的广大农民,分得了土地,尝到了甜头,看清了共产党的性质和宗旨,认识到共产党和红军才是劳苦大众的真正救星,从而在参军、参战、征粮等各个方面全力支持党和红军。分了土地的农民最怕再次失去土地,但如果没有军队和政权来保护,那也是不行的,因为地主豪绅是要反攻倒算的。毛泽东把武装斗争、土地革命和政权建设紧密结合起来,这样确保农民能够真正拥有了土地。当时的《井冈山土地法》尽管还有一些缺点,但它毕竟指导了边界土地革命健康发展,彻底解决了农民的土地问题。在历朝历代土地问题上,应该说,毛泽东开了历史的先河。

第三,团结改造了井冈山的绿林武装。毛泽东在井冈山战斗生活了一年零三个月。从上山时被人拒绝,到下山时恋恋不舍;从初到时被人多有怀疑,到后来被人民群众发自内心地拥戴。他的思想最光辉的起点就是在井冈山,所以,他对井冈山有一种特殊的感情,一种魂牵梦绕的眷恋。1965 年 5 月 22 日,他以 72 岁的高龄,千里来寻故地,来到茅坪、茨坪等。5 月 29 日接见了井冈山的老红军、老同志和群众,并特意会见了袁文才、王佐两位烈士的遗孀,紧握两位老人的手深情地说:"袁文才、王佐不在了,他们为中国革命的胜利作出了贡献。"[①]从这一细节,可以看出,毛泽东对 38 年前的"井冈寨主"袁文才、王佐印象之深刻,给予了充分肯定。这两个人

---

① 余伯流、陈钢著:《井冈山革命根据地全史》,江西人民出版社 2010 年版,第449 页。

被很多人认为是"土匪",包括当时的宁冈、永新县委和边界特委,直至省委和中央。但是,如果没有他俩的支持和帮助,红军就难以在井冈山立足,更谈不上扎根。毛泽东以无产阶级革命家的胸怀,团结改造了他们,充分调动了他们的革命积极性、自觉性,使阻力变成了动力,使他们由土匪变成了革命战士。这一点,一般人是做不到的,而毛泽东却做到了。改造人是不容易的,尤其是改造这样一支地方武装,更是难上加难。经过建立党组织、成立士兵委员会、加强军事训练和政治教育等一系列活动,终于改变了这支队伍。队伍迅速改变面貌,从落后变先进,绝大多数人都走向了革命道路,做了新人。袁文才、王佐成为井冈山根据地的重要领导人,这支部队也成为工农革命军的一支重要力量。"之后,借鉴改造袁、王部队的经验,红四军又成功地把起义过来的毕占云、张威两个营,改造成为真正的人民军队,分别编为红四军的特务营和独立营。张威在红四军开辟赣南根据地途中英勇牺牲。毕占云建国后曾担任武汉军区副司令员、中将军衔。"①这些都是毛泽东的英明举措。

第四,成功地实现了朱毛会师。世人皆知井冈山,那可是一个令人魂牵梦绕的地方。不仅因为井冈山自然风光奇秀,更是因为那是中国革命的摇篮。1928年的井冈山,一件大事影响了中国革命的进程,这就是著名的井冈山会师,又称"朱毛会师"。从此,毛泽东与朱德的名字紧密联系在一起,"朱毛红军"的名号响彻云霄。可这一会师也是相当不容易的。毛泽东在带领工农革命军向井冈山进发的途中即派人下山寻找南昌起义余部,说明他已经认识到要在井冈山长期安家,没有相当力量的红军存在是不可能的,光有秋收起义这点人

---

① 参见井冈山革命根据地党史资料征集编研协调小组、井冈山革命博物馆:《井冈山革命根据地》(下),中共党史资料出版社1987年版,第263页。

是不够的,这是他作为战略家的清醒和深谋远虑。所以,他要千方百计把南昌起义余部请上井冈山。会师的部队大致有六个部分:"一是南昌起义保留下来的部队;二是参加秋收起义的国民政府警卫团;三是平江、浏阳等县的农民武装;四是湘南暴动后上山的湘南农军;五是国民革命军江西、湖南的投诚部队;六是边界各县的农民地方武装。"[1]这些来源不同的部队合在一起难免会出现一些意想不到的问题。比如第一个是,各部队的待遇问题。28 团是正规部队,战斗力强,他们的军饷也是最高的,当时每人每月 12 元,而其他部队每人每月只领 3 元。可想而知,其他部队肯定是有意见的,也违背了红军公平、平等的原则。最后,毛泽东与朱德商定,不发军饷了,改为全军统一的供给制,每人每月 3.5 元,包括伙食费每月 1.5 元,零用钱 2 元。最困难时期,每人每月只有几分钱。第二个是,缴获物资分配问题。28 团战斗力强,一般都是顶在最前面,缴获的物资自然也是最多的。但是红军要求缴获的物质都要平均分配,这就引起 28 团官兵的不满。第三个是,筹款接济其他部队问题。袁、王的部队是井冈山土生土长的队伍,长期在这一带活动,有天然熟悉的优势,筹款最多,但他们不想把筹集到的钱款去接济其他部队,这样一来矛盾就出来了。第四个是,家乡观念问题。湘南起义过来的部队,家乡情结重,一心想打回湘南去,认为在湘南发展比在井冈山好,后来导致了"八月失败"。第五个是,要不要根据地的问题。很多人习惯于"走州过府"的流动性生活,不愿意去建立根据地,帮助地方建立政权,认为这样分散了战斗力。所有这些问题,毛泽东都积极地、认真地去加以解决。毛泽东提出军队不发饷、搞供给制,在当时是非常难的一件事情。因为自古以来"军无财,士不来;军无赏,士不往。"很多军官(包

---

① 余伯流、陈钢著:《井冈山革命根据地全史》,江西人民出版社 2010 年版,第 211 页。

括黄克诚)和士兵都对毛泽东的这一主张持怀疑态度,心想哪有军队不发饷的? 能行得通吗? 让大家意想不到的是,这个办法居然行通了。不发饷,也成为这支军队与其他所有军队截然不同的标志之一。这是毛泽东同志对中国革命的又一大贡献,无人能比。尤其是当28团、29团在湘南失败后,毛泽东亲自带领一个营到湘南把28团接了回来。从此,朱毛的部队一直战斗在一起,在中国革命战争中发挥了核心主力的作用,直至夺取全国革命的胜利。实践也证明,朱毛不能分家,一分家就失败;朱毛联合,就是政治与军事的强强联合,从此将无敌于天下。如果没有朱毛的会师,中国革命能否成功也许会打上一个大大的问号。朱毛会师的伟大意义确实不容低估。粟裕大将是这样评价朱毛会师意义的:"千流归大海,奔腾涌巨澜。"他说:"井冈山会师,两支铁流汇合到一起,在毛主席领导下,从此形成红军主力,使我们党领导的武装斗争的大旗举得更高更牢。"①"从此,我们这支队伍就在毛主席的直接领导下,沿着正确的道路胜利前进。这条正确的道路,就是毛主席亲手开辟的光芒万丈的井冈山道路,就是以武装斗争为主要形式,建立农村革命根据地,以农村包围城市,最后夺取全国政权的光辉道路。"②"井冈山会师,具有伟大的历史意义,它不仅对当时坚持井冈山地区的斗争,而且对尔后建立和扩大农村革命根据地,坚决走农村包围城市的革命道路,推动全国革命事业的发展,产生了极其深远的影响。"③之所以能够实现这样伟大的会师,主要在于:毛泽东思考在前、筹划在前,行动坚决、力挽狂

---

① 井冈山革命根据地党史资料征集编研协调小组、井冈山革命博物馆:《井冈山革命根据地》(下),中共党史资料出版社 1987 年版,第 323 页。

② 井冈山革命根据地党史资料征集编研协调小组、井冈山革命博物馆:《井冈山革命根据地》(下),中共党史资料出版社 1987 年版,第 322—323 页。

③ 井冈山革命根据地党史资料征集编研协调小组、井冈山革命博物馆:《井冈山革命根据地》(下),中共党史资料出版社 1987 年版,第 323—324 页。

澜,消除隔阂、凝心聚力,确保了两军的胜利会师、合二为一。这突出体现了毛泽东的远见卓识和力定乾坤!

第五,总结提出了游击战争的思想和原则。很多正规部队,特别是军事院校毕业出来的军官,都愿意或擅长打正规战、阵地战、运动战等。井冈山时期,敌强我弱,打不起也打不赢阵地战、正规战。毛泽东率领工农革命军就一切从实际出发,在井冈山斗争中形成了"敌进我退,敌驻我扰、敌疲我打,敌退我追"的游击战争的"十六字诀"。这是毛泽东运用古代兵家的军事知识,吸取井冈山与绿林武装的盘旋经验,特别是对井冈绿林朱聋子(又称朱孔阳)的"打圈子的战术"的改造,加上总结井冈山工农革命军武装斗争的实践,逐步提出的游击战争的思想和原则。除"十六字诀"之外,还提出"既要会打圈,又要会打仗","分兵以发动群众,集中以应付敌人","打得赢就打,打不赢就走,赚钱就来,蚀本不干"等一套游击战争的战略战术和原则,有力地指导了当时的游击战争,使根据地一天天地扩大。在中央根据地的前四次反"围剿"中,我军实行机动灵活的游击战术,取得了胜利。抗日战争时期,我们党领导的八路军、新四军和地方游击队实行独立自主的山地游击战方针,因地制宜、灵活机动,发动群众,采取多种形式,击毙、击伤、俘虏日伪军100多万人。应该说,毛泽东关于游击战争的思想和原则,有效地指导了中国革命的战争。这在世界军事史上也是独一份。这也是他为中国革命和世界革命作出的重要贡献!

第六,培养并带出了一大批开国元勋和革命功臣。看一个人是否成功,除了看他的历史功绩之外,还要看他能影响多少人、培养多少人、带出多少人。毛泽东在井冈山影响了一大批人、带出了一大批人,为党和国家的干部事业作出了极大的贡献。而这些干部出生入死、忘我工作,为国家的建立、人民的解放、民族的复兴立下了汗马功

劳！据统计,从井冈山走出的开国元勋和功臣如下①:

元帅 5 人:

朱德、彭德怀、林彪、陈毅、罗荣桓

大将 3 人:

粟裕、谭政、黄克诚

上将 15 人:

邓华、朱良才、李聚奎、杨至诚、杨得志、萧克、宋任穷、宋时轮、张宗逊、陈士榘、陈伯钧、赵尔陆、黄永胜、赖传珠、彭绍辉

中将 21 人:

王辉球、王紫峰、毕占云、杨梅生、李寿轩、肖新槐、张令彬、张国华、欧阳毅、赵镕、姚喆、晏福生、周玉成、唐天际、曹里怀、韩伟、赖毅、谭甫仁、谭希林、谭冠三、谭家述

少将 11 人:

王云霖、王耀南、龙开富、吴树隆、张平凯、张树才、刘显宜、黄连秋、郑效峰、曾敬凡、赖春风

省部以上干部 22 人:

谭震林、滕代远、何长工、陈正人、江华、刘型、李立、李克如、吴仲莲、杨立三、张际春、周里、贺敏学、贺子珍、高自立、黄达、曾志、彭儒、康克清、熊寿祺、谭正文、肖明

这其中,谭震林担任过中央书记处书记、中央政治局委员、国务院副总理、全国人大副委员长等职,滕代远担任过铁道部部长、全国政协副主席等职,何长工担任过重工业部副部长兼航空工业局局长、地质部副部长和党组书记、全国政协副主席等职,陈正人担任过江西省委书记、建筑工业部部长、农业机械部部长等职,江华担任过浙江

---

① 《浴血罗霄——井冈山革命根据地历史》(修订版),中国发展出版社 2014 年版,第409 页。

省委书记、最高人民法院院长等职。

这些功绩彪炳史册、无人能及！改革开放初期，社会上一度出现一种质疑、歪曲和否定毛泽东的声音。针对这种现象，黄克诚大将主动站出来说话。他说，没有毛主席，就没有井冈山这面红旗，就没有长征的胜利，就没有党的独立自主的统一战线和革命力量的大发展。在一次会议上黄克诚还动情地说过一段非常经典的话，他说："他（指毛主席——作者注）作为我们党和国家的主要缔造者，多次在危机中挽救了革命，这是我们党和国家任何人都不可比拟的。如果硬说有人比毛主席更高明、功劳更大，那就是对历史开玩笑！"1981 年 4 月 10 日，黄克诚在《解放军报》发表了《关于对毛主席评价和对毛泽东思想的态度问题》一文，对党内外辨清政治方向、统一思想认识发挥了极其重要的作用。黄克诚对毛泽东的评价更客观公正、更具有代表性、更有说服力，这是因为：一是黄克诚曾参加湘南起义，跟着朱德、陈毅上了井冈山，是这段历史的亲身经历者和见证者；二是1959 年庐山会议后，黄克诚是其中的受害者之一，是"挨整最厉害的"。黄克诚的讲话，反映出一个共产党人的良心，折射出我们党的实事求是态度。因此，他的讲话受到了社会各界的充分肯定和广泛好评。1981 年 6 月 27 日至 29 日，党的十一届六中全会通过的《关于建国以来党的若干历史问题的决议》，对毛泽东的历史功绩作出了符合历史事实的客观评价。

第六章　超越时空的重要启示

　　学习回顾历史，为了启迪现在。九十七年过去了，历史渐行渐远，但井冈山斗争和毛泽东的光辉思想在中国革命历史上的伟大贡献，犹如一面鲜艳夺目的旗帜，永远飘扬在共产党人和中国人民心中。周恩来总理曾说："决不要把毛泽东看成一个偶然的、天生的、神秘的、无法学习的领袖。""我们的领袖是从人民当中生长出来的，是跟中国人民血肉相联的，是跟中国的大地、中国的社会密切相关的，是从中国近百年来和'五四'以来的革命运动、多少年革命历史的经验教训中产生的人民领袖。"因此，我们要认真学习毛泽东的思想、理论和方法。毛泽东领导创建井冈山根据地的方法智慧和艺术，对当今各级领导干部依然具有重要的现实指导意义。党的二十大提出"从现在起，中国共产党的中心任务就是团结带领全国各族人民全面建成社会主义现代化强国、实现第二个百年奋斗目标，以中国式现代化全面推进中华民族伟大复兴"。新时代、新征程、新任务、新要求，更加迫切需要我们各级领导干部学习借鉴毛泽东等老一辈无产阶级革命家、政治家的领导方法、智慧和艺术。为此，党的二十大鲜明提出"坚持理论武装同常态化长效化开展党史学习教育相结合，引导党员、干部不断学史明理、学史增信、学史崇德、学史力行，传承红色基因，赓续红色血脉"的光荣任务。

一、始终保持清醒的头脑,是领导干部极其可贵的素质

毛泽东在率领工农革命军上井冈山的途中就派人去打听南昌起义余部的消息,目的就是联合这一支军队,来加强和提高井冈山的武装力量。从这一举动可以看出,毛泽东是十分清醒的,**一是认识到当时处境的艰难**。一方面,在袁文才洞开山门、欢迎工农革命军上山的大好形势下,潜藏着政治上的危机。1927 年 9 月 28 日,中共中央在武汉召开临时政治局常委会议,讨论长江局人选。"苏联驻长沙领事、共产国际代表马也尔坚决反对毛泽东等任长江局委员,他武断地认为长沙没有开展所谓的'血海运动'是'表示党的懦弱心理',毛泽东正率军'逃跑'。刚来中国并不了解中国国情的共产国际代表罗明那兹也同意马也尔的意见。"①这说明,党内教条主义指责他是"右倾逃跑主义",政治上不信任他。与此同时,待在遥远的大城市里的党中央对这支好不容易保存下来的革命队伍具体情况也不是十分了解,发布不切合实际的指示,如果机械地执行,结果确实难料。这对毛泽东来说,是很大的考验。另一方面,队伍的状况也确实堪忧。1975 年 10 月 1 日,病重的毛泽东在床榻上向身边工作人员感叹:"这可能是我过的最后一个国庆节了。"接着他回忆秋收起义说:"这故事,你只有从我这里才能听到,哪个书本上都没有。即还是上井冈山的时候。秋收暴动以后,我们连打了几个败仗。人不断地跑,连师长都不辞而别了,人心乱得很。当时,就有人说,'还是散了吧,就这么几个人,能顶什么用?'"②作为叱咤风云一生的领袖,他说的这些话,才是当时秋收起义队伍的最真实的状况。**二是看到了敌强我弱的全国形势**。一方面,国民党没有把中共暴动放在眼里。此时,国民

① 梅黎明主编:《决定中国革命命运的 20 天》,江西人民出版社 2014 年版,第 168 页。
② 梅黎明主编:《决定中国革命命运的 20 天》,江西人民出版社 2014 年版,第 169 页。

党宁、汉、沪（西山会议派）三方达成"清党"共识后，各方都在全力消灭共产党。"事实上，此时无论是南昌起义部队还是秋收起义队伍，都处在一个极端危险的境地中。"[1]毛泽东率领秋收起义余部向湘赣边界的农村山区转移。"在蒋介石看来，这支溃败不堪的队伍必将成为一股流寇，不足为患。"[2]所以，他于 1927 年 9 月 28 日，在张群（国民党元老，时任国民革命军总司令部总参议兼军事委员会委员）、陈群（国民党元老，时任北伐东路军总指挥部政治部主任、上海警备总司令部军法处长）陪同下，踌躇满志东渡日本向宋美龄求婚。让他万万没有想到的是，正是这井冈山的"星星之火"，发展成燎原之势，最终推翻了蒋家王朝。另一方面，国民党高度重视军事力量并发展迅速，而共产党的军事力量十分薄弱。1925 年 7 月 1 日，广州国民政府宣告成立。8 月 18 日，国民政府军事委员会将辖下各地方军队名目取消，统一更名为国民革命军，简称国军，初编为 5 个军。1926 年 7 月北伐时，共有 8 个军约 10 万人。不到半年，北伐军增加到 25 万人。1928 年 1 月蒋介石复出，到北伐后期，已扩编为 49 个军、19 个独立师。1928 年 7 月国民政府裁兵时，共有 84 个军、300 个师，约 220 万人，其中尚未包括东北、四川及云南等地的军队。而当时我党的军事力量只有南昌起义和秋收起义等少数部队。可见，当时的敌我力量悬殊，真是天壤之别。**三是看到了自己力量十分弱小的局部形势。**虽然工农革命军上了井冈山，但部队不足千人，战斗力远称不上强大，加之卢德铭一手带出的警卫团虽说是正规军，但却是由叶挺独立团抽调的少量军官为骨干，大量招募新兵编成的新部队，此前遂行的是站岗放哨这样的任务，战斗经验不足，与敌人正规部队较量时，还是得避实就虚。**四是看到了朱德、陈毅的队伍是南昌起义**

---

① 梅黎明主编：《决定中国革命命运的 20 天》，江西人民出版社 2014 年版，第 172 页。

② 梅黎明主编：《决定中国革命命运的 20 天》，江西人民出版社 2014 年版，第 172 页。

部队精华所在的外部力量。这支部队原来是叶挺独立团的主力,北伐战争时期,叶挺独立团是最能打的部队。如果能把这支部队拉到井冈山上来,就能大大提高井冈山的战斗力,就能在井冈山站稳脚跟。后来的实践证明,朱毛会师后,28团的战斗力最强,毛泽东曾多次毫不忌讳地说,如果没有28团,怕是很难守住井冈山。事实上,朱毛会师后的8个多月时间里,先后取得了新城战斗、五斗江战斗、草市坳战斗、龙源口战斗等胜利,在这些战斗中,都是28团担负攻坚任务。28团是当之无愧的主力团。相形之下,31团只有黄洋界保卫战那次大放异彩,其他战绩与28团相比就显得有些暗淡。这说明,毛泽东当时的判断是正确的。只有保持清醒的头脑,才能正确地预测和把握形势,才能保证作出科学的决策。新时代,面对复杂的形势,各级领导干部要从党的历史中汲取智慧和经验,向毛泽东学习,始终保持清醒的头脑,戒骄戒躁,科学地判断形势,及时作出正确、科学的决策,确保社会主义现代化建设不断前进。

二、大格局、大胸怀、大团结,才能成就大事业

毛泽东创建井冈山根据地取得成功的一条重要经验是:团结出凝聚力,团结出战斗力,团结成就大事业。团结了袁文才、王佐,上了山;团结了南昌起义余部,打退了敌人"进剿""会剿";团结了红五军,成功地挺进赣南、开辟了新的根据地。

很多人总结毛泽东成功结交袁文才、王佐的经验,一是赠送枪支,送给袁文才100支枪,给王佐70支枪,诚信待人;二是同仇敌忾,杀了他们的仇人。这些都有一定道理,但我觉得最主要的是毛泽东的大格局、大胸怀、大团结。自古以来,收服三山五岳的土匪,绝大多数都是采取大鱼吃小鱼的做法。在上山之前,也有人主张武力解决他们。当时毛泽东就不同意,并说明我们是共产党的队伍,要团结一

切可以团结的力量,袁文才、王佐的队伍也多是穷苦人出身,所以要团结他们。上山之后,对他们缺点和不足,不歧视、不排挤,多宽容、多帮助,采取了团结、教育、改造的方针,使他们逐步改掉土匪的习气,成为革命的队伍。这背后,如果毛泽东没有大格局、大胸怀、大团结,是很难坚持下来的。再看看袁、王被杀的悲剧就知道了。红四军下山一年以后,朱昌偕、王怀、龙超清等人就设计把袁文才、王佐杀害了。边界特委书记杨开明、邓乾元等人也把袁、王当作土匪看待。中央巡视员彭清泉、红五军的领导也偏听偏信,把袁、王视为土匪。这些都是一个又一个的反证。

毛泽东千方百计联系南昌起义部队上山,成功实现了会师,在机构设置、人员安排、部队待遇等各方面都大公无私、先人后己,团结了南昌起义余部的广大官兵。"八月失败"后,毛泽东亲自带领 31 团的部分官兵到湖南桂东迎接 28 团,而且交代谁都不许说 28 团的错误。对杜修经、龚楚等人也没有一棍子打死,而是给予出路,安排他们担任湘南特委书记和副书记。尤难能可贵的是,留下 28 团 3 营党代表唐天际(黄埔军校第四期毕业生,参加北伐战争、南昌起义,井冈山会师后,任红四军第十师党委秘书,第 28 团参谋、团党委委员,第 28 团 3 营党代表、营党委书记兼团党委委员,新中国成立后担任解放军防空部队政委,湖南省军区司令员、总后勤部副部长,1955 年被授予中将军衔)担任湘南游击队大队长,并拨给 80 余支枪。派这样重要的军事干部留下来,对杜修经、龚楚等人来说,这是真心实意的支持和关心!

敌人"会剿"井冈山,红四军、红五军和边界党组织召开联席会议,决定采取"围魏救赵"的策略,实行外线作战和内线作战相结合的方针。外线作战没有根据地作依托,危险性更大,他主动和朱德、陈毅出击赣南,在寻乌项山的圳下村被敌人包围、差一点被抓住;陈毅被敌人抓住,他急中生智摆脱敌人后才得以生还;朱德妻子伍若兰不幸落入敌人魔掌,被杀害于赣州。井冈山失守,红五军突围,留下32团继续坚守。彭德怀认为,丢掉了井冈山他负有一定责任,可毛泽东没有责备红五军。当时"听了彭德怀的叙述,沉默良久,毛泽东说,这次很危险,不应该决定你们留守井冈山。""这话使彭德怀深感毛泽东襟怀的坦荡。"①袁文才、王佐、宛希先等人被杀,井冈山军事根据地从此落入敌手,我们没有看到毛泽东公开批评谁的史料等。从这些情况不难看出,为了革命队伍的团结统一,为了党的事业,毛泽东始终展现出伟人的大格局、大胸怀、大团结!

毛泽东的大格局、大胸怀、大团结,还表现在:

——对余洒度、苏先俊的出走,同意放行。余洒度、苏先俊等人反对上井冈山,在部队来到酃县水口时,他俩就开了小差。时任工农革命军第一团排长的谭希林回忆说:"到水口的第三天,原师长余洒度和三团团长苏先俊开小差,经过我们的岗哨,被我们拦住了,问他们到哪里去,他们说:'我们要走,是毛委员允许我们走的。'……结果还是把他们两个拦住,并立即报告毛委员。毛委员气量大,他说:'他们要走,就让他们走吧!'"②

——在遵义会议上,能正确对待对博古、李德、凯丰等人。没有残酷斗争、没有无情打击,只是让执行"左"倾错误的人离开原来的领导岗位。博古同志的"左"倾错误对中央红军造成的损失的确太大了,但遵义会议上毛泽东等没有盯住他的错误不放,没有深究他的责任。博古不再担任党的总负责人,但他仍然是政治局成员,仍然负责党的一方面工作。这次会议只解决军事指挥权问题,没有在政治上

---

① 《彭德怀传》,当代中国出版社 2015 年版,第 42 页。
② 井冈山革命根据地党史资料征集编研协调小组、井冈山革命博物馆:《井冈山革命根据地》(下),中共党史资料出版社 1987 年版,第 161 页。

给犯错误的同志定性。这样把所有的同志都团结在党的目标下面。应该说,遵义会议的伟大意义,不仅在于"力挽狂澜",还表现在"把所有同志都团结到同一目标下面"。遵义会议后,博古、李德、凯丰等人都在长征中发挥了应有作用。

——对张国焘的处理,做到了仁至义尽。 1937 年 3 月 23 日,中央在延安召开政治局扩大会议,批判张国焘的分裂主义。在会议结束时毛泽东讲话,说了两层意思:对待张国焘本人,他说:"对我们党内犯错误的同志,惩办为次,挽救为主,张国焘虽然犯下了重大的错误,但我们应该耐心地等待他回归到正确的路线上来";对待四方面军干部战士,他说:"张国焘的错误只属于他张国焘一个人,不能把张国焘的错误扩大到四方面军的干部和战士的头上。" 1937 年 3 月 31 日政治局扩大会议通过了《关于张国焘同志错误的决议》,为了给张国焘改正错误的机会,决定对他暂时不做组织结论,继续保留政治局委员职务,随后安排他担任陕甘宁边区政府副主席。这样的安排,客观地讲是比较合理的。当时边区政府主席是林伯渠,论资历林伯渠远在张国焘之上。林伯渠比张国焘大 11 岁,早年留学日本,后加入孙中山领导的同盟会。1920 年,林伯渠就担任了孙中山大元帅府参议,1921 年在李大钊和陈独秀的介绍下,加入了上海共产主义小组,成为最早的党员之一。而那时候的张国焘还是北大的学生呢。所以,这样的安排对张国焘来说是可以接受的。西安事变爆发后,林伯渠去西安谈判,张国焘代理边区政府主席一职。在清算张国焘错误过程中也出现过偏差:一是负责此项工作的凯丰同志组织开展了"毛主席和张国焘比谁的学问大?"讨论。毛泽东知道后说:"我看是张国焘的学问大",还批评凯丰同志把问题扩大化了。二是一些四方面军的干部受到了冲击,被人骂成了"张国焘的徒子徒孙""大别山的土匪"等。许世友一怒之下,策划了一个"拖枪逃跑"事件。在许世友的鼓动下,有5个军职干部、6个师职干部、20多个团职干部、2个营职干部愿意和他一起走。此事被抗日军政大学保卫处得知,最后报到毛泽东那里。毛泽东非常冷静、理智处理了这件事,并教育和保护许世友、詹才芳等人。许世友、詹才芳等人后来都成为了新中国的开国将领。更为感人的是,1938年清明节,张国焘趁祭拜黄帝陵之机叛逃,投入国民党的怀抱。他在汉口给妻子杨子烈写了一封信,希望她带儿子到汉口团聚。当时在延安的杨子烈向有关部门提出请求,说去武汉要劝说张国焘回来,此时张国焘已经公开叛变,很多人都认为这是杨子烈想离开延安的借口,肯定是有去无回,没有人敢批准。此事后来报到毛泽东那里,毛泽东不仅批准了,还指示要派出地下交通员护送杨子烈和儿子及妹妹到汉口,亲手交给张国焘。1951年杨子烈对程思远谈起这件事时说:"国焘不辞而别,毛泽东真是大仁大义,嘱咐我到武汉后要好好照顾国焘的生活。"直到晚年,杨子烈也对此十分感激。张国焘写回忆录诋毁毛泽东,杨子烈忍不住怒斥张国焘:"你可真没有良心"。

——在党的七大前后,千方百计团结犯过错误的同志。王明、博古、张闻天、王稼祥等犯过"左"倾错误的人,毛泽东主动提前做工作,确保他们能够当选中央委员、候补委员。

——让犯过"左"倾错误的同志参与文件起草工作。1945年4月20日通过的《关于若干历史问题的决议》,这个决议主要是对1931年六届四中全会到1935年遵义会议期间错误路线作出决议。让人想不到的是,起草这个决议的8位成员中一大半是犯过"左"倾错误的当事人,其中就有博古。决议稿还三番五次地送给王明看,王明经过研究充分表达了他的个人意见,他的意见也得到了充分的尊重。按照西方政治斗争的理论,按照一般人的理解,这是不可能的。让犯错误的人、"失败者"来书写党的历史和自己的历史,这岂不是天方夜谭？但光明磊落的共产党人和它的伟大领袖毛泽东做到了。

——对国民党战犯实行特赦。1959 年冬,新中国进行了第一次特赦。国民党高官杜聿明、王耀武、陈长捷、杨伯涛、郑庭笈、邱行湘、宋希濂、曾扩情、周振强、卢浚泉等十人重获自由。这其中,时任国民党补充 1 旅旅长的王耀武在谭家桥战役中死咬着红 10 军团不放,一直围追堵截,致使该军团几乎全军覆没,令人气愤的是,他为了邀功,命人找到红 10 军团 19 师师长寻淮洲的埋身处取走了头颅。时任国民党第 36 师师长的宋希濂奉蒋介石之命,下令枪杀了自己的老师瞿秋白等。这些都是血海深仇啊！但是为了党的利益、民族的团结,调动一切积极因素,党中央还是决定特赦这些人。这一重大决策,在党内外、海内外产生了广泛而深刻的社会影响。

——对王明要出走苏联,同意放行,绝不为难。1955 年,王明提出来要去苏联治病,其实他的病国内也能治,明眼人一看就知道他不会再回来了。毛泽东不仅同意他去苏联治病,还嘱咐秘书、警卫、医生等随行人员要照顾好王明,安排有关人员定期给他送去医疗费和国内的报纸,希望他治好后尽快回国。八大时仍然安排他担任中央委员。

综上,可以看出,毛泽东对于那些犯过错误的人乃至敌人都做到了大公无私、仁至义尽！几十年的实践充分证明:毛泽东的一生始终是大格局、大胸怀、大团结。有人说,毛泽东一生有很多敌人,但从没有一个私敌。此话说得十分有道理！这也是毛泽东赢得社会各界高度拥戴的一个重要因素。

习近平总书记在党的二十大报告中明确提出:"团结就是力量,团结才能胜利。全面建设社会主义现代化国家,必须充分发挥亿万人民的创造伟力。"靠谁去充分发挥亿万人民的积极性和创造性？

就是要靠各级领导干部来调动和发挥广大人民群众的积极性和创造性。怎样才能调动大家的积极性和创造性？最主要的方式之一，就是要靠团结的手段、方法和措施。这就要求我们各级领导干部必须深入学习领会党的二十大精神，同时学习借鉴毛泽东注重团结的经验和智慧，努力做到大格局、大胸怀、大团结。

三、充分发挥各类组织的作用，才能有效调动各方积极性

如果把一个人比作一根筷子，那么把很多人组织起来就是一把筷子。一根筷子很容易折断，一把筷子就很难折断。这就是组织的力量。毛泽东到了井冈山之后，就以党组织的建设为核心，逐步建立了苏维埃政府、农民协会、工会、共青团、妇女协会、赤卫队、暴动队、儿童团等各级各类组织，配备干部、制定章程、规定任务、指导培训，充分调动各方面的积极性、主动性，推动了武装斗争、土地革命和根据地建设。比如，在湘赣边界特委和各级党委的领导下，成立了湘赣边界第一个红色政权——茶陵工农兵政府，之后又建立了遂川、宁冈、永新、酃县、莲花工农兵政府，还成立了湘赣边界工农兵政府、共青团湘赣边界特委等，同时还相应地建立了各级工会、农会、共青团、妇女协会等。通过这些组织把边界广大的农民、工人、妇女、青年等充分发动起来了，形成了强大的革命洪流。可以说，中国共产党和毛泽东的最大成就之一，就是把中国人民组织起来了，特别是在最基层，把最广大的农民组织起来，从社会结构上解决了长期妨碍中国成为现代国家的"一盘散沙"的问题。他的经验告诉我们，必须发挥各类组织的职能和作用，这是干成事、做大事的重要前提和基础。现实中，很多人不太重视组织建设，特别是企事业单位，有的连个党委、党支部、共青团、工会、妇联等都不愿意建立，这样就很难发挥组织的作用，也难以最大限度地调动各方面的积极性和自

觉性。党的二十大指出:"严密的组织体系是党的优势所在、力量所在。各级党组织要履行党章赋予的各项职责,把党的路线方针政策和党中央决策部署贯彻落实好,把各领域广大群众组织凝聚好。"所以,各级领导干部,包括企事业单位的领导干部,要学习贯彻党的二十大的部署和要求,深刻领会毛泽东的成功经验和做法,通过发挥各级各类组织的职能作用,把各方面的积极性和主动性调动起来,推动我们的事业高质量、高水平发展。

四、坚持民主、平等、公平、正义原则,才能增强队伍的凝聚力、战斗力

民主、平等、公平、正义,是人性中最基本的价值追求。在井冈山时期,毛泽东把这些人性中的基本追求,运用到党的建设、军队建设、政权建设、社会建设等各个方面,有效地解决了一系列难题,取得了巨大的成功!井冈山上的共产党人在那样艰苦的年代,名不正、位不稳,能够赢得普通民众和下层官兵的认可,与毛泽东和各级领导干部坚持民主、平等、公平、正义原则是密不可分的。而且这些原则也是马克思主义的题中应有之义。马克思站在无产阶级和最广大人民的立场上,通过对资本主义私有制度、资本主义虚假民主、资本主义虚伪保障制度的批判,阐释了科学的民主、平等、公平、正义思想,即:消灭私有制,建立生产资料公有制的经济正义;建立为无产阶级和劳动人民谋利益的政治正义;建立公平合理保障制度的社会正义。毛泽东在井冈山革命根据地建设中,也体现了马克思主义的这些基本原则。毛泽东是怎样做的呢? 首先,"前委领导同志的作风是很民主的"。作为前委书记,毛泽东以身作则,带头贯彻民主的作风。谭震林同志回忆说:"在党内生活中,毛泽东同志说,我的话不管正确与否,多数不同意就按多数人的意见办。在井冈山时期与党内机

会主义错误的斗争中,毛泽东同志表现了既坚持正确意见,决不盲从错误的领导,但又遵守党的纪律,是少数服从多数,下级服从上级,全党服从中央的典范。"①曾志同志回忆道:"那时前委领导同志的作风是很民主的。每次行军一到宿营地,毛主席就把营以上的干部共约十几人召集来开会,朱总司令和陈毅同志都参加。每次开会,毛主席总是先听大家的意见,先出题目,提问题,他在听了大家发表的意见后,就归纳成几条,然后再征求大家的意见,等到大家都没有意见了,他就讲一讲敌我情况,明天的行动。讲完后大家就走了。紧接着毛主席就亲自动手写会议决定,并把将要做的事情用命令的形式写出来。吴仲莲("莲"应为"廉"——作者注)同志是文书,她立即将主席写的命令复写多份发下去。开会的人刚回到自己的队伍,就收到了毛主席代写的军部命令,既迅速,又明确。这一路上,我看到毛主席的工作方法都是这样的。"②正是毛泽东带头发扬民主的作风,给井冈山党政军各级领导干部做出了表率,带动了大家不断加强民主作风建设。其次,在军队中实行民主平等、官兵一致。当时井冈山的队伍来源于六个方面,人员素质不同、战斗力不同、薪饷待遇不同、风格特点不同等,如何把这些队伍融为一体? 这是一个很艰难的问题。与此同时,"当时井冈山的红军战士历尽了人间三大苦:一是打仗苦,打仗成了日常生活。二是伤病苦,药品及医生缺乏,问题很大。三是生活苦,吃穿住都极其困难。"③如何解决这些困难和问题? 没有过硬的机制和措施是不行的。于是,毛泽东与朱德商量,在连以上

---

① 井冈山革命根据地党史资料征集编研协调小组、井冈山革命博物馆:《井冈山革命根据地》(下),中共党史资料出版社1987年版,第18页。

② 井冈山革命根据地党史资料征集编研协调小组、井冈山革命博物馆:《井冈山革命根据地》(下),中共党史资料出版社1987年版,第76页。

③ 《峥嵘岁月——井冈山斗争与中国革命》(修订版),中国发展出版社2014年版,第347页。

单位建立士兵委员会,提倡官兵平等、经济民主;将部队的薪饷制统一改为供给制,不发薪饷只发津贴;领导带头、以身作则等,把民主、平等、公平、正义的理念贯彻到全军上下。毛泽东虽然是井冈山前敌委员会书记,是名正言顺的一把手,但他与普通战士一样吃红米、南瓜度日,穿破衣烂衫御寒,床上垫的是稻草,盖的是一条薄薄的线毯。"好在苦惯了。"①这是毛泽东在《井冈山前委给中央的报告》中的一句话。毛泽东、朱德、陈毅等军中领导从"我"苦起,将士一样苦,官兵平等,从上到下一个样。当年,陈毅向中央的报告中记述:红四军的经济做到彻底公开,于经济上最能表现红军的平等精神,红军有一副联语道:"红军中官兵伕薪饷穿吃一样,军阀里将校尉起居饮食不同。"②这副对联真实地记录了当时红四军的状况,非常形象地把红军与国民党军队区别开来。正因为如此,所以很少听到有人叫苦发牢骚。时任红四军第28团迫击炮连司务长、党支部委员,新中国成立后任总后勤部运输部部长的刘显宜少将回忆说:"虽然生活这样苦,但是大家都不感到什么苦,情绪是饱满的,精神是乐观的。为什么呢,因为干部以身作则,和我们一起过艰苦的生活。毛泽东同志处处和我们红军战士一起艰苦奋斗,共同克服困难,比如在穿着方面,他穿得很朴素,衣服上常有补丁。到了一个地方,如果房子里没有桌子,没有凳子,他就坐在石头上看书。领导这样,我们一个普通战士吃点苦还算得了什么呢?"③这样,就把六支队伍凝聚成一支坚不可摧的队伍,最后发展成为全国闻名的红一方面军。再次,贯彻民主、平等、公平、正义原则,与当地人民群众建立了军民"鱼水"关系。由

---

①　《毛泽东选集》第一卷,人民出版社1991年版,第65页。

②　井冈山革命根据地党史资料征集编研协调小组、井冈山革命博物馆:《井冈山革命根据地》(上),中共党史资料出版社1987年版,第364页。

③　井冈山革命根据地党史资料征集编研协调小组、井冈山革命博物馆:《井冈山革命根据地》(下),中共党史资料出版社1987年版,第473页。

于毛泽东在红军中实行了"三大任务""三大纪律、六项注意",执行了严明的纪律,民主、平等、公平地处理了军民关系,所以,在井冈山建立了军爱民、民拥军的大好局面,团结了最广大的人民群众。正如曾志同志初到井冈山时所感受到的那样:"回忆起井冈山学习到毛主席的建军路线和方针,联系到当时见到的井冈山的部队纪律严明,处处体现出军民一家,军政一体,官兵一致的动人景象,才开始体会到,为什么红军队伍能够有那么强的战斗力,能够有那么高的政治觉悟,我想一个非常重要原因也就是在这里。"[①]这就是说,毛泽东在井冈山根据地建设中贯彻了民主、平等、公平、正义原则,增强了部队的凝聚力和战斗力,最大限度地调动了井冈山广大人民的积极性和自觉性。

毛泽东的成功实践告诉我们,民主、平等、公平、正义是凝聚力,更是战斗力。这对当前各部门单位、各个行业依然具有重要的启示和借鉴意义。党的二十大报告指出:"落实党内民主制度,保障党员权利,激励党员发挥先锋模范作用。"因此,我们各级领导干部要按照二十大的要求,贯彻民主、平等、公平的作风,认真学习借鉴毛泽东的成功经验,抓好班子、带好队伍,形成一个团结的有战斗力的集体。

五、敢于勇于创新,才能不断前进

勇于创新、敢闯新路,是毛泽东领导创建井冈山根据地的一个鲜明特色。在井冈山,毛泽东坚持一切从实际出发、实事求是,把马克思主义的普遍原理与中国具体实际相结合,在反对主观主义特别是反对教条主义的斗争中,形成了党的正确的思想路线。实事求是,是毛泽东思想的精髓,也是毛泽东思想的出发点、根本点。

---

① 井冈山革命根据地党史资料征集编研协调小组、井冈山革命博物馆:《井冈山革命根据地》(下),中共党史资料出版社 1987 年版,第 66 页。

马克思主义认为，无产阶级革命的根本问题是武装夺取政权。由于时代和历史条件的局限，马克思主义的创始人及其在俄国的继承者列宁、斯大林，只提供了西方资本主义国家无产阶级以城市工人武装起义夺取政权的理论和实践。但中国是一个农民占绝大多数的半封建半殖民地的东方大国，在这样一个国度里进行革命，会遇到许多特殊的复杂问题。大革命后期，中国共产党曾试图按照俄国十月革命的道路模式，在上海先后组织了三次工人武装起义，以期推翻北洋军阀的统治，但没有成功，反而被新军阀蒋介石窃取了果实。1927年，蒋介石背叛革命发动"四一二"政变，轰轰的大革命趋于失败。中国共产党人从血泊奋起，在党的八七会议上确定了土地革命和武装起义的方针。由于缺乏经验，当时的中央领导人没有摆脱"城市中心论"的羁绊，在对武装斗争的认识和指导上，仍然坚持以城市工人为中心来指导农民暴动，因而不同程度地遭到了挫折和损失。中国革命的出路在哪里？在这种严峻的形势下，毛泽东从实际出发、实事求是，创建了井冈山革命根据地，从理论上阐述了中国必须走农村包围城市、武装夺取政权的道路。这些观点在当时被共产国际、被我们党内的主流认为是离经叛道的，毛泽东为此也吃了不少的苦头。但后来的实践证明，井冈山道路正是以毛泽东为代表的中国共产党人把马克思主义基本原理与中国革命具体实践相结合的光辉典范。这条道路，马克思主义的本本里没有，苏联的经验里也没有，当时中央的文件里也同样没有。这条道路，是毛泽东悉心研究、紧密结合中国国情的结果，既是一切从实际出发、实事求是的体现，又是勇于创新、敢闯新路的体现。毛泽东的成功实践昭示我们，勇于创新、敢闯新路是我们事业发展、不断进步的前提和保证。所以，我们现在的各项工作依然要坚持勇于创新、敢闯新路。

六、践行群众路线,永远是我们事业发展的力量源泉

毛泽东带领工农革命军在井冈山只待了一年零三个月,可人民群众与红军的感情真是达到了血浓于水的程度。艰难困苦的斗争环境真正考验了军民的关系。

在"三月失败"中,宁冈县茅坪乡苏维埃政府秘书、茅坪乡党支部书记谢甲开不幸落入敌手,坚贞不屈,被敌人开膛破肚、砍成四块;遂川西庄乡赤卫队长曾宝华、妇女主任部桂英夫妻俩,为保护乡苏维埃的红色印章,面对刽子手英勇不屈,最后连自己的幼子一家三口被敌人杀害,烧尸毁迹。"八月失败"后,任莲花县委书记的刘仁堪,因叛徒告密被捕入狱,在敌人的酷刑面前,坚贞不屈,守口如瓶,用脚趾蘸着自己被敌人割掉的舌头鲜血,在地上写下"革命成功万岁"六个大字,显示了革命者的英雄气概。这样的壮烈事迹不胜枚举。

红四军下山,群众依依不舍!"红四军下山的那天,红五军、三十二团的指战员及山上、山下的群众数百人纷纷冒雪前来为红四军主力部队送行。战士们相互紧拉着手,久久舍不得分开,说不尽的送别话语。送行的群众纷纷将带来的熟蛋、布鞋、烟叶等,一一往红军战士们荷包里塞。红四军指战员们想到即将离开养育、经营了一年多的红色根据地,也都别情依依。一时,告别声、宽慰声、勉励声、哭泣声嘤嘤四起,场面异常悲壮感人。"①

井冈山失守,敌人抓了当地的群众,严刑拷打、威逼利诱,甚至残酷杀害很多人,但没有一个人说出红军的去向。"在那斗争的年月里,党和人民群众进一步加强了血肉相关的联系。根据地的人

---

① 余伯流、陈钢著:《井冈山革命根据地全史》,江西人民出版社 2010 年版,第360 页。

民不怕任何艰险,克服一切困难,尽力支援红军。"①最为典型的有这样两个例子:事例一,"有一个老太婆随着儿媳妇躲到深山中的破庙里,一天,她看见一个被敌人打成重伤的红军战士倒在雪地里,还有一丝微气,便背回庙,挖草药,敷伤口,像对待自己亲生儿子一样细心调治,情愿一家人吃树皮草根,用仅有的一点米熬米汤给伤员喝。在老人的照顾下,伤员不久就痊愈了。当这位红军战士辞别老人去找部队的时候,老人家将最后的一点干粮和一块银洋都送给了这位战士。战士哪里肯接受。老人含着热泪说:'只要你找到了红军,那我比什么都高兴,这点东西如果你不带走,我会感到难受的。'这位战士万分激动地向老人表示:'我绝不会忘记你的恩情,为打倒反动派解放受苦人,我回部队后一定坚决战斗到底,直到流尽最后一滴血。'"②事例二,"还有一对夫妇,知道了红军的地址,便把家里的粮食都送给了红军。不幸他们被敌人捉住了,但他们情愿经受敌人的严刑,牺牲三个亲儿子和自己的生命,也没有说出红军的住处。"③"在当时,像这样可歌可泣的事例是很多很多的。红军对人民群众也是无微不至地关怀,找到一个好一点的岩洞或山棚,自己不住,留给群众;从敌人那里缴获到一点吃的东西,自己不吃,也留给群众。为了群众的利益,为了人民的解放,我们红军勇抛头颅,敢洒热血,不惜任何牺牲。人民觉得红军是靠山,红军觉得人民是亲人,军民相依为命,骨肉相连,结成一个战斗的整体,成了革命力量的伟大源泉。"④据不完全统计,在井冈山革命根据地两年零四

---

① 《星火燎原》第一辑(井冈山斗争专辑),解放军出版社1986年版,第403页。
② 《星火燎原》第一辑(井冈山斗争专辑),解放军出版社1986年版,第403页。
③ 《星火燎原》第一辑(井冈山斗争专辑),解放军出版社1986年版,第403页。
④ 《星火燎原》第一辑(井冈山斗争专辑),解放军出版社1986年版,第403—404页。

个月时间里,先后为革命牺牲了4.8万人,"现已查实姓名的烈士就达15744人,还有3万多名烈士连姓名都没有留下。"①

不难看出,当地群众对党的感情、对人民军队的感情,就像亲人一样。当时的军民关系是真正的血肉联系、鱼水情深。为什么会出现上述局面?这是因为井冈山斗争时期,以毛泽东为代表的中国共产党人在艰苦卓绝的环境下,牢固树立了群众观点,确立并践行了党的群众路线。第一条,一切为群众、一切相信群众、一切依靠群众。在井冈山时,毛泽东特别重视群众工作,要求各级组织和广大指战员宣传群众、发动群众,帮助群众建立革命政权,切实维护群众的利益,建立密切的军民关系。陈正人回忆说:"干革命重要的一条是群众觉悟了没有,群众拥护了我们没有。没有这一条,一切都没有;有了这一条,一切都会有。毛泽东同志很强调这一点,要求我们相信群众,要求我们依靠和支持群众。这是一条根本的原理。"②1934年1月在全国工农兵代表大会上,毛泽东明确指出:"真正的铜墙铁壁是什么?是群众,是千百万真心实意地拥护革命的群众。"第二条,切实保护人民群众的利益,不占老百姓一点便宜。部队的一些纪律是怎么来的?很多都是为了保护群众的利益而制定的。比如,在行军中发现有人吃了群众地里的红薯,有人借了老百姓的门板和稻草没有主动归还,有人借住老百姓的房屋没有打扫干净,有人还烧了地主的房子(可以分给老百姓住)等。针对这些问题,前委和毛泽东及时制定和颁布"三大纪律、六项注意"等,并严格检查执行情况,做到了对人民群众的利益秋毫无犯。第三条,宣传群众、发动群众,做群众的思想工作。通过各种宣传教育,讲革命道理,提高群众对革命的认

---

① 梅黎明编著:《走读井冈山》,中国发展出版社2013年版,第110页。
② 井冈山革命根据地党史资料征集编研协调小组、井冈山革命博物馆:《井冈山革命根据地》(下),中共党史资料出版社1987年版,第28页。

识,调动群众参加革命的热情,使大家积极参加到革命中来,比如帮助红军站岗放哨、传送信息、打听敌人情况、抓叛徒坏人等;战争期间,加入红军队伍、抬送伤员、做医务护理、运送武器弹药、送茶送饭等。第四条,给群众办实事、做好事,让群众得到实实在在的利益。这一点很关键。群众不仅看你怎么说的,更关心你是怎么做的。你做到了,给他们带来了实实在在的利益,他们就信任你、拥护你!反之,他们就会怀疑你、抛弃你。我们现在经常讲,一切为了人民,一切依靠人民,并得到人民的拥护,这是我们党的力量源泉。那么,怎样才能得到人民群众的拥护呢?从井冈山的经验来看,就是要让人民群众得到实实在在的利益。当时井冈山的农民最需要解决的问题,就是土地问题。毛泽东就带领大家开展土地革命,打土豪、分田地,解决了土地问题。这是一件了不起的事情。因为我国封建制度延续了几千年,从来都是地主拥有土地,农民只能给地主当长工,现在打了土豪、分了田地,农民得到了渴盼已久的土地。分到土地,你就是土地的主人,就不用给别人打工了,没有分到土地,你就得打工,只能是长工,谁都愿意当土地的主人而不愿意当长工。井冈山地区的土地革命,给农村带来了巨大的冲击,就连永新县有些出家多年的尼姑也禁不住下山还俗、嫁人分田。这样,农民革命的积极性就充分调动起来了。第五条,密切联系群众,建立唇齿相依的党群关系。在毛泽东的带领下,各级干部牢固树立"一切为了群众,一切依靠群众"的群众观点,认真贯彻"从群众中来,到群众中去"的工作方法,深入农村、贴近群众,了解农民的所需所盼,帮助他们解决实际困难,从而建立了鱼水情深、血肉相连的党群关系。这就是井冈山时期我们党受到人民群众信任和拥护的原因所在,也是我们党的力量源泉。这为当前我们开展和推进群众工作提供了宝贵的经验启示。新的形势下,我们依然要坚持井冈山时期好的经验、好的做法,深入贯彻落实党的群众路线。当前,有一些党员干部群众观点淡薄,宗旨意识不强,考虑问题唯书唯上多,着眼群众利益少;调门高、喊口号多,做让群众满意的事少;搞形象工程的多,想群众所想急群众所急的少;浮在表面的多,深入实际深入群众的少。久而久之,就有脱离群众的危险。所以,要提高党员干部的党性修养,牢固树立群众观点,坚持群众路线。要增强党员干部的作风建设,深入实际、体察民情,了解人民真正所需,为群众办实事做好事,让人民群众满意。此外,毛泽东提出的"三大纪律、六项注意",体现了全心全意为人民服务的宗旨,对我们今天加强党内法规建设也具有重要借鉴作用。党的二十大报告指出:"全党要坚持全心全意为人民服务的根本宗旨,树牢群众观点,贯彻群众路线,尊重人民首创精神,坚持一切为了人民、一切依靠人民,从群众中来、到群众去,始终同人民群众保持血肉联系,始终接受人民批评和监督,始终同人民同呼吸、共命运、心连心,不断巩固全国各族人民大团结,加强海内外中华儿女大团结,形成同心共圆中国梦的强大合力。"如何才能做到上述的大好局面呢?我们有必要认真学习毛泽东的成功经验,把他的智慧和方法化为我们的实际行动和有效措施。

七、深入调查研究,才能作出正确的决策

正确的判断基于正确的分析,正确的分析源于全面充分的信息,全面充分的信息源于深入细致的调查研究。毛泽东在井冈山作出了武装斗争、土地革命、根据地建设等一系列的正确决策。为什么能够作出这些正确的决策?主要是源于毛泽东深入细致的调查研究。自1924年冬天毛泽东请假回湖南养病,开始把主要精力投入农民运动,在领导一系列农民运动中他十分注重调查研究。1926年他就提出:"国民革命的大部是解决农民问题,其余问题皆不如农民问题重

要。可以说,中国国民革命是农民革命。"他经过深入调查,给中央写了《湖南农民运动考察报告》,尽管遭到陈独秀的强烈反对,但瞿秋白给了毛泽东意想不到的支持,出版了单行本,并为之写一篇序言,称毛泽东为"农民运动的王"。接下来,毛泽东1927年又在湖南进一步调查,他发现,乡村人口中,贫农占70%,中农占20%,地主和富农占10%。这10%的地主、富农却占有大部分的土地。来到井冈山,在战斗十分频繁的情况下,毛泽东依然把深入群众、调查研究作为一项重要工作来完成。他先后到宁冈、永新等地作了广泛调查。经过调查发现,地主豪绅阶级只占人口的5%,却占有土地60%以上。永新县70%的土地被地主阶级占有。他认为,这种极不平等的土地占有制度,是广大农民生活贫困的经济根源。铲除封建的土地所有制关系和建立在这种关系基础上的剥削制度,解决农民土地的要求,是中国民主革命的主要内容。与此同时,通过这种调查为制定党和苏维埃政府的各项政策提供依据。在三湾,毛主席首度公开提出建立革命根据地的思想。面对文化程度并不高的秋收起义部队官兵,他用通俗易懂的语言解释道:"根据地就好比人的屁股。人要没有屁股,那就坐不下来,一直站着哪能吃得消呢?"我党我军要在农村建立革命根据地,就必须通过解决土地问题把广大农民动员和组织起来,用武装斗争保障土地革命和根据地建设,又以土地革命和根据地建设来支持武装斗争,这三者紧密结合,就是工农武装割据。正是通过调查研究,毛泽东作出了一系列正确、科学的决策,成功地创建了井冈山革命根据地。何长工同志回忆说:"毛泽东同志正确对待群众,广泛争取团结各种力量,不仅使我们在井冈山站住了脚,扎下了根,而且通过调查研究,向群众学习,吸取许多营养。毛泽东同志曾说:我毛泽东不是一上井冈山就有现在这个水平的,我是摸索试探前进的,我们的经验是打出来的。这固然是毛泽东同志谦虚,事实也正式是这样。毛泽东思想确实是党和革命群众智慧的结晶,是无数共产党人革命斗争经验的结晶,是几十年革命实践的产物。"①

毛泽东进行调查研究是多方面的,一是进行专题调查,比如宁冈调查、永新调查等。二是读书调查,比如为了尽可能多地收集研判井冈山和全国的信息,毛泽东甚至还读过范仲淹写的关于江西剿匪的文集。三是收集报纸调查,红军每到一处,毛泽东都要派人到邮局、旧政权机构收集近期报纸,既包括全国性报纸,也包括地方小报。毛泽东看报很仔细,连报纸中间的寻人启事和广告都不放过。四是谈话调查,毛泽东随部队每到一处都设法找到党的同志,了解本地和周围地区的情况。比如,他第一次见到王佐派来的侦查员,就详细询问了井冈山的人口、交通、群众基础等情况,一直谈到深夜;第一次见到江华,就询问了安源、萍乡的情况。每到一处,毛泽东还会找本地农民、工人、商人、教师、乡绅、监狱看守、旧时衙役等人谈话。内容包罗万象,既有政治、经济、文化、土地、人口、社会风俗等。毛泽东作调查研究不是走马观花,不是搞形式、做做样子,而是深入细致、下苦功夫。比较典型的是谭冠三中将亲身经历的一个例子。红四军主力南下来到寻乌,毛泽东马上安排宣传队下去调查研究,并亲自检查。一天,毛泽东听取谭冠三他们的调查情况。谭冠三说:"我们来到赣南的寻邬(即寻乌),在寻邬住了大概有三四天后,毛泽东同志把宣传队集中起来,并问我们:'你们在寻邬作了调查没有?'我们回答说:'调查了。'他又问:'你们在寻邬作了调查,那么你们讲一讲寻邬做生意中有哪一类最多?'他这一问,把我们大家都问住了,我们想了一想说:'大概是酿酒、做豆腐的最多吧。'他接着又问:'就算是酿酒、做豆腐的最多吧!'那么,你们再说一说,寻邬哪几家做豆腐做得

---

① 《何长工回忆录》,解放军出版社1987年版,第106页。

最好？哪几家做的豆腐最容易卖掉？又有哪几家做水酒做得最好？"对于他提出的这一问题,我们谁都答不出来。只好哑口无言。这时,他笑着给我们回答了上面的几个问题。事后,我们分头去调查了一下,和他讲的是完全一样。在这次会上,毛泽东同志既对我们鼓励了一番,又对我们进行了批评。说我们工作不细致,不认真,走马观花,没有下苦功夫,这件事给我印象很深,至今还没忘记。"①"在发动群众的过程中,毛泽东同志要我们学会算账,并要求我们替农民算账,因为有些地方的豪绅地主用小恩小惠拉拢贫苦农民,如减斗把谷,你就得送只鸡给他们,请他们吃饭,这样一来,有些贫苦农民往往不了解他们剥削了自己。……通过算账,使他们知道自己是一个被剥削者。地主不劳动,却过好日子,原来是剥削者。贫苦农民的觉悟一旦提高了,他们就会拥护共产党,拥护红军,就会跟共产党干革命。"②

　　不难看出,毛泽东所做的调查研究,是全面深入、认真细致、系统科学的调查研究,是下苦功夫、真功夫、接地气的调查研究,是发现问题、找出本质、把握规律的调查研究,是为正确决策、科学决策提供充分依据的调查研究。正是有了这些全面系统的调查,他才作出符合实际的正确决策。反之,缺乏调查研究或者调查研究不充分,就会出现决策失误,带来工作困难和问题。比如"大跃进"问题,之所以发生错误,毛泽东认为直接源于思想方法上的主观主义和片面性。为此,毛泽东在 1961 年 1 月 13 日的中央工作会议上作了关于大兴调查研究之风的讲话。3 月 23 日,中央发出《关于认真进行调查工作

---

　　①　井冈山革命根据地党史资料征集编研协调小组、井冈山革命博物馆:《井冈山革命根据地》(下),中共党史资料出版社 1987 年版,第 495 页。

　　②　井冈山革命根据地党史资料征集编研协调小组、井冈山革命博物馆:《井冈山革命根据地》(下),中共党史资料出版社 1987 年版,第 495 页。

问题给各中央局,各省、市、区党委的一封信》。党中央领导人毛泽东、刘少奇、周恩来、朱德、陈云、邓小平等身体力行,深入实际进行调查研究。由毛泽东倡导的在全党大兴调查研究之风,有力地推动了党的经济政策乃至科学、教育、文艺政策的调整。

毛泽东曾就中国共产党"靠什么吃饭"提出六个论断:一、"靠马克思列宁主义的真理吃饭";二、"靠实事求是吃饭";三、"靠科学吃饭";四、"靠解决问题正确吃饭";五、"靠老实吃饭";六、"靠总结经验吃饭"。其实,这六条都离不开深入系统的调查研究。所以,在新的形势下,我们要认真学习毛泽东善于调查研究的经验,深入基层、深入群众,把握时代的脉搏、把握群众的需求,作出符合实际、科学有效、群众满意的决策,推动社会主义现代化事业高质量发展。党的二十大报告强调:"弘扬党的光荣传统和优良作风,促进党员干部特别是领导干部带头深入调查研究,扑下身子干实事、谋实招、求实效。"2023 年 3 月,中共中央办公厅印发了《关于在全党大兴调查研究的工作方案》,可以说正当其时。3 月 13 日,李强总理在十四届全国人大一次会议记者招待会上说得好,"坐在办公室碰到的都是问题,深入基层看到的全是办法。""我们要推动各级干部多到一线去,问需于民、问计于民,向人民群众学习,真正帮助基层解决实际问题。特别是长期在大机关工作的年轻同志,要深入基层、心入基层,更多地接地气。"这为各级领导干部深入开展调查研究提出了要求、指明了方向。

八、大局、担当、斗争,是领导干部做好工作的重要保证

英国作家毛姆说:"要使一个人显示他的本质,最有效的办法是叫他承担一种责任。"八七会议后,中央让毛泽东承担了领导秋收起义的责任。在秋收起义失利后,毛泽东从实际出发,率部转移到井冈山,创建了井冈山革命根据地。在这个过程中,他始终坚持了大局观

念、担当意识和斗争精神。

所谓大局观念，一是坚信马克思主义是正确的理论。毛主席"接受了马克思主义是对历史的正确解释以后"，"对马克思主义的信仰就没有动摇过"。二是坚信为人民利益奋斗是正义的事业，符合历史的潮流，必然胜利。他在谈到大革命后的形势说，"天下是蒋介石的，我们只有几条烂枪，可是，我们的斗争代表着人民的方向"。三是坚持党的事业高于一切。中国共产党是无产阶级的先锋队，是全心全意为人民服务的党，除了无产阶级的利益以外，没有自己的特殊利益。因此，必须坚持党的利益高于一切。

所谓担当意识，就是在为人民利益奋斗的过程中，无论遇到多大的困难、挫折乃至失败，都不会刻意躲避、灰心丧气，能够不屈不挠、一往无前，直至胜利。

所谓斗争精神，首先是敢于同国民党反动派进行义无反顾的斗争；其次是坚持真理、敢讲真话，同各种错误的思想和行为作斗争。

在井冈山，他从党的事业和人民利益的大局出发，力排众议，团结袁文才、王佐，叩开了井冈山的大门；实现朱毛会师，壮大了革命力量；欢迎红五军上山，实行了内线作战与外线作战相结合。

他勇于担当，带领根据地广大军民，将武装斗争、土地革命和根据地建设有机结合起来，充分调动了农民革命的积极性和自觉性，开展了工农武装割据，探索了井冈山革命道路；组织调动了各方面的力量，战胜了内部的矛盾、土豪劣绅的反攻倒算、敌人的经济封锁和"进剿""围剿""会剿"等各种困难。

他敢于斗争，先后多次遭到挫折、失败和打击，但他坚定意志，不屈不挠，勇往直前，始终保持大无畏的革命精神。比如，毛泽东曾被反动民团抓获，险些被害；多次遇到战斗失利，九死一生，但他没有被吓破胆，也没有灰心丧气。比较典型的一例是，在游击大汾途中，部队遭到遂川县靖卫团萧家璧的突然袭击,毛泽东率领的团部与三营失去联系,不得不撤退,正当士气低落时,他站起来,"双脚并拢,身体笔直,对大家说:'现在来站队!我站第一名,请曾连长喊口令!'"这种坚强、镇定、大无畏精神,深深地感染了每一位战士。再比如,遭遇了"三月失败""八月失败"等,但他没有气馁,保持斗志,迎难而上,继续前进。三月失败时,面对年轻高傲的湖南军委特派员居高临下的责难和无礼,毛泽东冷静对待,据理力争,执行党的组织原则;八月失败时,湖南省委关于红四军主力立即向湘南发展的指示错了,毛泽东没有盲从,召开联席会议,集体研究作出不去湘南的决定,虽然没能阻止28团、29团出击湘南,最后遭到严重失败,但毛泽东率领31团官兵,发动群众,开展游击战争,在永新困敌25天。不执行上级的指示,是要承担风险的,弄不好是要被撤职查办的。但毛泽东不唯书、不唯上、只唯实,这背后折射的是大局观念、担当意识和斗争精神!面对这些重大失败,生气、痛惜,那是不可避免的,但大局、担当、斗争,在当时毛泽东的身上表现得淋漓尽致。

毛泽东的经验告诉我们,作为领导干部,必须具备大局观念、担当意识和斗争精神!党的二十大报告也指出:"加强实践锻炼、专业训练,注重在重大斗争中磨砺干部,增强干部推动高质量发展本领、服务群众本领、防范化解风险本领。""加强干部斗争精神和斗争本领养成,着力增强防风险、迎挑战、抗打压能力,带头担当作为,做到平常时候看得出来、关键时刻站得出来、危难关头豁得出来。"

九、提升谈话的水平和艺术,是增强领导干部凝聚力、号召力的重要途径

谈话是一门艺术,是一门凝心聚力的艺术。俗话说得好,"良言一句三冬暖,恶语伤人六月寒。"抓班子、带队伍,是领导干部的基本

职能。这抓班子、带队伍,最主要的就是调动干部职工的积极性、主动性和自觉性。如何才能最大限度地调动干部职工的积极性、主动性和自觉性呢? 谈话是一个重要途径和方法。这是毛泽东登上井冈山、成功地调动了袁文才、王佐以及广大干部群众积极性、主动性和自觉性,给我们的一个重要启示。一开始,袁文才是不同意工农革命军上山的,毛泽东与袁文才在大苍一席谈话,使袁文才的态度一百八十度大转弯,由反对变成了欢迎,后来毛泽东又多次与袁文才、王佐谈话,使他们心服口服,对毛泽东敬佩不已,全力支持和帮助工农革命军在井冈山安家、建立革命根据地、开展工农武装割据。不仅是袁文才、王佐,还包括湘赣边界的各级党组织、工农兵政府等负责同志和干部,毛泽东或与他们单独谈话、或开会讲话,都极大地调动了大家的积极性、主动性和自觉性。实践证明,毛泽东的谈话是成功的,具有很高的艺术性。有人说,毛泽东有"撒豆成兵"的本领,这与他的谈话具有巨大的号召力、凝聚力有直接的关系。毛泽东的成功经验启示我们,作为领导干部,必须着力提升谈话的水平和艺术。怎样才能提升谈话的水平呢?

首先,谈话要从团结的愿望出发。毛泽东曾指出:"共产党员是一种特别的人,他们完全不谋私利,而只为民族与人民求福利。"这就是说,党的领导干部必须抛弃自己的私利,要出于公心,这样才能从团结的愿望出发,围绕团结的主旨展开谈话,这样的谈话才能凝心聚力。毛泽东与袁文才在大苍谈话之所以成功,首先就在于毛泽东出于公心,是满怀团结的愿望来谈的,言谈之中流露出来的是真诚而不是虚伪,是真心而不是假意,是实实在在而不是假大空。这是毛泽东的谈话打动袁文才内心的一个重要因素。而现实中一些领导与下属谈话,往往是例行公事,就事论事,就工作谈工作,就问题谈问题,让人感觉不到团结的愿望、组织的关怀,有的时候让人失望、绝望。在谈话陷入僵局时,有的领导甚至会说:"我是代表组织来给你谈的,这不是我个人的意见。组织的意见,你必须无条件地服从!""我是领导,你是下属,你必须听我的,否则你就是目无组织、目无领导!""我这是代表组织来通知你的,不是来征求你意见的!""你能干就干,不能干就滚蛋!"这样低水平的谈话,带来的是消极因素、负能量! 近年来出现一些领导干部辞职、跳槽、抑郁甚至自杀的现象,这其中与那些低水平的谈话多少也有一定关系。这就说明谈话的重要性。

其次,要充分了解实际情况。谈话之前要弄清楚谈话对象的基本情况,要对谈话内容和要求有所了解、有所分析,要做到事实清楚、依据充分,要言之有物、有针对性,不能大而化之、盲目行事。在与袁文才、王佐谈话之前,毛泽东对他俩的情况,包括他俩的历史、个人特点、顾虑担心、想法打算等,都了然在胸、洞察秋毫,所以每次谈的时候,都能有的放矢、有理有据,让他俩心悦诚服。

第三,要设身处地、换位思考。高质量的谈话,应该是谈话人与被谈话人之间思想认识产生共鸣的过程。如果谈话人只从自己的角度考虑问题、发表意见,而不从被谈话人的角度、身份和实际去考虑问题,也就是说不在一个频道上思考,就难以达成共识,甚至会南辕北辙,谈不拢、意不合。所以,谈话人要学会设身处地、换位思考。毛泽东不仅充分了解袁文才、王佐的历史、特点等,还能设身处地、换位思考,对他们的顾虑、想法和意见予以充分尊重,并加以引导,这样就能经常达成共识,使他们不断提高思想觉悟,逐步接受了党的领导。

第四,要平等相待、以理服人。谈话人如果摆谱、端架子,居高临下、以权压人,被谈话人就会反感、产生对抗心理,这样的谈话一定会失败。所以,谈话时一定要做到平等相待、以理服人。毛泽东到井冈山的时候,也是中央政治局候补委员、秋收起义前委书记,但毛泽东从大苍见面开始,对袁文才等人是平等相待,是同志加朋友,没有以权压人、以大欺小,多次谈话都是以理服人、以情感人,最终打动了这两位绿林好汉。毛泽东的这次谈话堪称经典!

第五,要尊重人、理解人。古人云:君子贵人贱己,先人后己。孔子有个借伞的故事。有一天孔子外出,天要下雨,可是他没有带伞。有人建议说:子夏有,跟子夏借。孔子一听就说:不可以,子夏这个人比较吝啬,我借的话,他不给我,别人就会觉得他不尊重师长,给我,他肯定心疼。这个例子说明:一个人能了解别人的不足很容易,但能理解他人的不足是不容易的,这就需要高品格了。孔子的做法启示我们:有德行的人把别人看得很重,而把自己看得很轻,凡事先考虑别人,后考虑自己。谈话人如果能从这样的品格、修养去尊重人、理解人,自然会看到被谈话人的优点,正确看待别人的不足,还能理解别人也有达不到的局限。相反,当你不屑于人,哪怕别人做得再好,你都会认为做得不够。不站在自己的立场,你计较的东西便会少很多,包容的力度会大很多。朱昌偕、龙超清、王怀等人与袁文才、王佐的很多谈话,恰恰是不能尊重、理解他们,话不投机半句多,疙瘩越结越大,矛盾越陷越深。而毛泽东与他俩的谈话,首先是尊重他们、理解他们,有时是站在他们的角度看问题,理解他们的难处,谅解他们的短处,使他们深深感受到毛泽东的崇高品格,愿意听从毛泽东的话。有这样一个段子:"与老人沟通,不要忘记他的自尊;与儿童沟通,不要忘记他的天真;与男人沟通,不要忘记他的面子;与女人沟通,不要忘记她的情绪;与上级沟通,不要忘记他的尊严。"这段话说明了如何尊重人、理解人的智慧。值得我们学习借鉴。

第六,要突出针对性,接地气。谈话要切合被谈话人的身份、特点、文化程度、内心需求等实际情况,突出针对性,避免说假话、大话、空话、套话,既要讲大道理也要讲小道理,既要讲组织原则和要求,也要贴近实际、接地气,让人感到谈话人说到他心里去了,感到组织的温暖和关心,感到谈话人说得入情入理,打动了内心,从而使被谈话人心悦诚服。比如,1952 年丁秋生中将来到北京见到毛泽东,毛泽东一句话让他眼里噙着泪光。事情原来是这样的:1913 年 11 月 9 日,丁秋生出生在湖南省湘乡县莲花桥一个贫苦人家。7 岁时跟着母亲讨饭来到安源,11 岁时到安源煤矿当童工。1930 年毛泽东率队来到安源招兵,丁秋生下定决心要参加红军,跟着毛泽东闹革命,但他母亲说什么也不同意儿子离开自己,把他关到房子里。后来丁秋生偷着跑出来参加了红军,被编入第三军团特务连四排。遵义会议后,丁秋生担任干部团一营政治委员。有一天他碰见毛泽东,毛泽东叮嘱丁秋生说:"儿行千里母担忧,忠孝不能两全! 将来环境好了,要设法联系上,有机会一定要回去看看她。"1952 年国庆节前,时任三野第 7 兵团政治部主任兼浙江军区政治部主任的丁秋生接到请柬,来北京参加国庆观礼活动,见到了毛泽东。一见面,毛泽东就问:"你回家看过母亲了吗?"丁秋生没有想到毛泽东还记得他的母亲,心里十分感动,赶忙说:"主席,我的母亲已经过世了,我未能见到她老人家。"听到老人家已经过世,毛泽东握住丁秋生的手,紧了又紧,表示安慰。这让丁秋生想起了毛泽东在长征途中说过的话。想到此,丁秋生不由得眼泪在眼圈里打转。毛泽东与丁秋生的谈话,没有虚情假意的客套,没有不着边际的寒暄,而是直达他内心深处的孝道,让丁秋生十分感动! 这样的谈话多么接地气啊!

第七,**要注意谈话技巧和方法**。俗话说,十个指头有长短,出水荷花有高低。人也是这样的,因此谈话要因人而异,注意方法和技巧。孔子是中国历史上一位"以德服人"的教育家。他创造了因材施教的方法,这是他在教育上获得成功的重要原因之一。这对于开展谈话也是很好的一个启发,就是要因人而异、因事施策,针对不同的人、不同的特点施用不同的方法。

比如,有的人比较直、思想简单,就可以开门见山、单刀直入;有的人比较有城府、思想复杂,就可以迂回曲折、旁敲侧击;有的人比较有知识、善于思考,就可以旁征博引、深刻分析、指明实质问题;有的人脸皮薄、承受能力差,就可以循循善诱、由浅入深、把握好度;有的人脸皮厚、承受能力强,就可以点出问题、严厉批评、明确要求;与犯错误的同志谈话,既要说清问题也要肯定成绩,既要看到现实表现也要尊重过去的历史,不能只看缺点和不足,不能一味地批评责备……

总之,谈话要因人而异、把握好度、收放自如。比如,毛泽东与袁文才大苍谈话,首先对袁文才反抗土豪劣绅压迫、敢于同国民党反动派作斗争的革命精神予以高度评价和充分肯定,找到工农革命军与袁文才队伍的一致性,一下子拉近了距离,然后毛泽东知道袁文才是中学毕业生、有一定文化,就向他分析了当时的政治形势,指出革命的道路和前途,以及工农革命军的下一步打算,引发了他思想上的共鸣。虽然袁文才为人高傲,但听了毛泽东精辟透彻的分析,入情入理的打算,受到深刻的教育,消除了原有的疑虑和戒心,这才有随后的热烈欢迎。

再比如,西路军失败后,徐向前历经磨难于 1937 年 6 月回到延安。有人埋怨说:"他把几万人马搞光了,一个光杆司令回来干什么?"但是,毛泽东却很快接见了他。一见面,毛泽东紧握徐向前的双手说:"你受累了,辛苦了,辛苦了。"接着,他听取了徐向前关于西路军情况的汇报。当徐向前讲到西路军血战河西走廊、兵败祁连山的悲壮情景时,再也控制不住自己的感情,声泪俱下、悲痛欲绝。毛泽东赶忙劝慰道:"留得青山在,不怕没柴烧。你能回来就好,有了鸡何愁没有蛋哩!"不仅如此,毛主席对西路军也作出了高度评价,他说:"西路军的广大干部和战士是英勇顽强的,经常没有饭吃,没有水喝,伤员没有医药。他们没有子弹,靠大刀、矛子就和敌人拼命,这种革命精神,永远也不要丢掉。""毛泽东的话,犹如一股暖流涌入徐向前心窝,他深深感谢中央对他的理解和信任,更感谢中央对西路军将士忘我杀敌精神的嘉许。"①时隔47年后,徐向前在1984年创作的《历史的回顾》一书中,用深情的笔触记录下来这次谈话,特别是毛泽东对他说:"留得青山在,不怕没柴烧。你能回来就好,有鸡就有蛋。"这句话,他记忆犹新。可见这次谈话对他的印象之深!

第八,要密切关注谈话的效果。谈话的目标是要提高思想认识,调动积极性、主动性和自觉性。同时还可以及时了解干部的思想状况,发现人才,为做好干部工作打下基础。这是谈话的出发点和归宿。如果通过谈话,提高了被谈话人的思想认识,调动了他们的积极性、主动性和自觉性,说明这样的谈话是成功的。反之,如果谈话之后,被谈话人不服、反感甚至对抗,引发争吵、大打出手、酿成恶劣事件等,这样的谈话就是失败的。谈话之后,要及时了解被谈话人的思想反应和精神状态。如果不理想,还要适时开展第二次或多次谈话,直至达到谈话的目标。

比如,秋收起义的队伍中有这样一位青年,他在武昌中山大学读书时入的党,由于他文化程度高,所以在部队中兼任了管账先生。一次在行军中,竟被两个痞子兵把钱箱骗走了。要知道,当时红军非常困难,这二三百个大洋被骗走,可不是一件小事。按道理是要受到重责的。当时有的领导提出要严肃处理他,这时毛泽东把他找来了解

---

① 以上参见张春生编著:《沿河岸边的毛泽东》,中国社会科学出版社2006年版,第97页。

事情的来龙去脉,通过谈话,毛泽东注意到这位"书生"是一位意志坚定的革命者,不仅没有责怪他,还任命他为特务连党代表。这个人就是罗荣桓。当时也有一部分人不服气,认为毛泽东这样安排不合理。但很快,罗荣桓以自己的模范行为让大家刮目相看! 凡事要求别人做到的,他自己首先做到;打仗时冲锋在前,撤退时掩护在后;行军时为病号扛枪,宿营时下班查铺;吃饭时带党员去站岗放哨,意味着有时要饿肚子。罗荣桓的优异表现不仅受到士兵们的爱戴,而且再次引起毛泽东的重视。一次,毛泽东和秘书冯文彬一起散步,恰巧这时罗荣桓从一旁走过。毛泽东指着罗荣桓对冯文彬说:"这个同志是个人才,是一位很好的干部,对这个同志,我们发现晚了。"1937年7月7日,抗日战争全面爆发。不久,罗荣桓被任命为八路军115师政治部主任,即将奔赴抗日前线。一天,毛泽东派警卫员把罗荣桓新婚妻子林月琴接到他的窑洞。毛泽东与林月琴拉起了家常。毛泽东说:"荣桓同志是个老实人,可又有很强的原则性,能顾全大局,一向对己严,待人宽。做政治工作就需要这样的干部。"最后,毛泽东关切地问:"你们新婚不久就要离别,我是不是有点残酷?"林月琴立即回答:"这是革命的需要嘛!"毛泽东满意地点点头说:"好,以前你当宣传员,提着石灰桶刷标语,动员人家送郎当红军,今天你自己送郎上前线了!"林月琴回到家,向罗荣桓讲述了毛泽东接见她的情景。罗荣桓很受感动,他把毛泽东的关怀和赞誉深深埋进心底,加紧了奔赴前线的准备工作。分别那天,罗荣桓对林月琴说:"我走了,你在延安好好学习、工作。我们都是共产党员,记住毛主席的话,永远做老实人,忠诚于党的事业。"

后来的事实证明,毛泽东的眼光极其精准。罗荣桓在几十年的革命斗争中不负众望,为中国人民的解放事业立下了不朽功勋! 1955年被评为元帅,也是唯一政工出身的元帅。1963年罗荣桓病逝,逝世前的最后一句话是:"我革命这么多年,选定了一条,就是要跟着毛主席走。"毛泽东十分悲痛,连续几天夜不能寐,写下了《七律·吊罗荣桓同志》:"记得当年草上飞,红军队里每相违。长征不是难堪日,战锦方为大问题。斥鷃每闻欺大鸟,昆鸡长笑老鹰非。君今不幸离人世,国有疑难可问谁?"不难看出,毛泽东与罗荣桓、林月琴的谈话,虽然朴实无华,但情真意切,是满满的正能量!

结 束 语

伟人之所以是伟人,就是因为能够站在我们所企及不到的高度,看到我们所看不到的东西,探索创新,敢走新路,带领人民不断前进。正是由于毛泽东等一代伟人的高瞻远瞩,艰辛探索,奋力拼搏,才有我们今天的繁荣富强。

一个人,能不能成为伟人,决不是凭一时的努力、取得的些许政绩就能成为伟人的,也不是靠当权后自己把自己塑造成伟人的,而是用一生的足迹稳健走出来的,是由人民和历史来确认的。绝对没有一步完成的伟大。当初,很多人曾经都比毛泽东地位高,为什么是毛泽东带领共产党建立了新中国?为什么担当领袖责任的,不是陈独秀、张国焘和王明等人,而是毛泽东?毛泽东用自己的实践作出了回答。

纵观毛泽东的一生,他犹如大树,把根深埋于地下,向上生长,用浓密的树叶,给人们提供最大的荫凉。这是他深深根植于广大人民群众之中,一切为了群众,一切相信群众,一切依靠群众的生动写照。他犹如雄鹰,昂首长空,俯瞰大地,用有力的翅膀,去搏击暴风骤雨,向既定的目标不断前行!这是他志存高远,运筹帷幄,力挽狂澜,带领中国人民推翻三座大山,建立新中国,进行社会主义革命和建设,让中华民族巍然屹立于世界民族之林的生动写照。

我们要不断学习,努力像毛泽东一样,向下扎根,向上生长,用更大的格局、更大的胸怀、更大的团结,去拥抱更大的世界;踔厉奋发,勇毅前行,为社会主义现代化建设和中华民族的伟大复兴贡献更大的力量、作出更大的成绩!

2023 年 8 月 11 日

附录一　毛泽东与贺子珍联姻情况考证

　　乍一看这个题目,人们不禁要问,毛泽东的婚姻问题与他在井冈山时期的领导艺术、领导力有何关系呢? 婚姻问题属于个人生活问题,没有必要在本书中介绍。实际上,领袖人物的一言一行,包括婚姻问题,与领袖人物的领导力息息相关。

　　领导力,是动员团队的能力。领导者本人的品质、作风、知识、行为等对被领导者都会地带来一定的影响。领袖人物的个人生活方式,包括婚姻,如果不被人们所接受,他的感召力、影响力、控制力等就会自然而然减弱。毛泽东作为井冈山时期的领袖人物,他的婚姻问题自然与他的领导力有一定的联系。因此,研究毛泽东的领导力,就有必要对他在井冈山时期的婚姻问题进行适当的研究。直到现在还有一些人时不时在媒体和网络上以此为由非议和攻击毛泽东。所以,更有研究的必要。

　　1928 年 6 月,34 岁的毛泽东与 18 岁的贺子珍在井冈山结婚。这里就会有人提出这样的问题:当时杨开慧还没有牺牲,毛泽东怎么就和贺子珍结婚了呢?

　　这个问题应该是个老问题,因为毛泽东当时是井冈山最高领导人,他的一举一动都应该是井冈山人民的表率,他的婚姻肯定会引起大家的广泛关注,如果有悖伦理道德,肯定会遭到人们的反对和谴责,他的领导力和影响力就会下降,甚至会遭到唾弃!从井冈山根据地的历史资料和相关人员的回忆录来看,当时的见证人没有谁作过负面的评论,也就是说,毛、贺的结合是得到大家认可的。为什么会是这样的呢?原来毛泽东与贺子珍联姻源于误信杨开慧已经牺牲。

(一)当时井冈山的政治军事形势。1928 年井冈山的内外斗争形势极为严峻。政治上,毛泽东被撤销中央政治局候补委员和湖南省委委员职务,此决定于 1928 年 3 月传达到井冈山时,被误传为开除党籍。红军开往湘南,造成"三月失败"。6 月,杜修经、杨开明代表湖南省委对前委做法仍提出严厉批评。红四军开往湘南,造成"八月失败"。军事上,湘赣之敌对井冈山连续四次"进剿",毛泽东率领红军在当地军民的支持配合下,顽强地抗击着敌人的"进剿"。从一定意义上讲,当时井冈山上几乎所有的人都处在九死一生之中。交通上,大革命失败后湖南省委遭到几经严重破坏。1927 年 11 月,湖南省委书记任卓宣叛变;1927 年 12 月,新任湖南省委书记王一飞、长沙市委书记涂正楚等 20 余人被捕牺牲;1928 年 1 月,湘鄂赣边特委成立,郭亮任书记,3 月被叛徒苏先俊告密,在长沙被捕牺牲;1928 年 4 月,安源市委交通员邓贞谦牺牲,市委工作中断;1928 年 5 月,湖南省委从长沙迁往湘潭,6 月又迁往安源。安源到宁冈只有四五天路程,这时湖南省委与井冈山的信息交通略有改善。在这兵荒马乱、残酷复杂的战争岁月,除湖南省委曾先后派周鲁、杜修经、袁德生到井冈山外,其他的信息交通几乎都中断了。

(二)几个重要时间节点。

(1)毛泽东与贺子珍结婚时间,是 1928 年 6 月下旬。① 有的书上说是 1928 年 5 月 28 日。

---

① 参见《毛泽东年谱(一八九三——一九四九)》上卷,中央文献出版社 2013 年版,第 245 页。

（2）杨开慧牺牲时间，是 1930 年 11 月 14 日。①

从这两个时间节点来看，难免让人产生疑问：杨开慧 1930 年在长沙才牺牲，毛泽东为什么 1928 年在井冈山就与贺子珍结婚了？

（3）杨开明（又名杨克敏）上井冈山的时间，是 1928 年 6 月。杨开明在给中央的报告中说："我是去年 6 月由湖南省委派去边特工作的。10 月湖南省委又调我回湖工作，因当时患大病不能成行，及今年 1 月病才略好所以脱离边界。"②网上传说杨开明为杨开慧带鞋子等物给毛泽东并告知杨开慧没有牺牲。杨开明，是杨开慧堂弟，1905 年出生，受毛泽东、杨开慧的影响，走上革命道路。1927 年 5 月"马日事变"后一直在安源工作，1928 年调任湖南省委委员、省委秘书，6 月接替毛泽东担任湘赣边界特委书记。1929 年 1 月赴上海汇报井冈山斗争情况，年底在汉口被捕。1930 年 2 月在长沙识字岭壮烈牺牲。据湖南、江西省委党史办相关资料证明，大革命失败后，湖南省委几经严重破坏，先后从长沙迁到湘潭，又迁到安源。这段时间，杨开明没有也不可能回过板仓。研究井冈山革命斗争史的著名学者陈钢曾查遍了当年所有相关资料，均没有查到杨开明带着杨开慧依然还活着这一消息上井冈山的依据。1928 年 6 月底，杨开明上井冈山带去的只能是湖南省委机关和地下交通线多次被严重破坏、交通员被杀、白色恐怖严重的消息。此时，毛、贺已经结婚，杨开明并未因此与毛泽东交恶，可能是杨开明听到了杨开慧已经牺牲的传言。

（4）杨开慧在板仓躲藏的时间，是 1927 年 9 月至 1930 年 10 月。这三年除了几次短时外出，其他时间都是在长沙县板仓故居躲藏。

---

① 参见《毛泽东年谱（一八九三——一九四九）》上卷，中央文献出版社 2013 年版，第 323 页。

② 井冈山革命根据地党史资料征集编研协调小组、井冈山革命博物馆：《井冈山革命根据地》（上），中共党史资料出版社 1987 年版，第 280 页。

板仓距离长沙市约110华里,较为封闭。一方面,杨开慧和当地群众采取多种措施进行掩护。将三个孩子均改姓杨,毛岸英改叫杨永福,毛岸青改叫杨永寿,毛岸龙改叫杨永泰。这期间,敌人先后三次来板仓捉拿杨开慧,但两次因当地群众掩护而化险为夷。为了更好地保护杨开慧,当地群众还刻意四下传播杨开慧已死,用以迷惑敌人。另一方面,杨开慧多次寻找湖南省委,因为省委多次被破坏或搬迁,一直没有联系上。由此可见,我党在1928年至1930年10月井冈山和板仓之间的信息交通已完全断绝。井冈山上流传杨开慧已牺牲的消息,并非空穴来风。

(三)毛泽东在井冈山是如何惦念寻找家人的? 工农革命军在井冈山立足后,毛泽东心中记挂着杨开慧和孩子,他先后做了以下几件事:(1)1927年11月下旬,从宁冈龙市邮局给杨开慧寄去一封信,收信地址为"湖南长沙市西长街'生生盐号'",由店主传"板仓杨霞姑"收。这位盐号的店主是杨开慧六舅父的一个亲戚。信是用两人约好的暗语写的,大意是"我在这里做生意,初时不顺,到现在买卖兴隆,赚了钱,堪以告慰。"但信上并未标明回信的地址,这是毛泽东从防备国民党反动当局寻着地址追查的谨慎之举。在这种情形下,杨开慧是无法给毛泽东回信的。写这封信的目的就是给杨开慧报个平安,让她不要担心。(2)在得不到杨开慧复信的情形下,毛泽东自然放心不下,想到派人去长沙寻找妻子,探明情况。他物色的合适人员就是吴福寿。为什么选吴福寿呢? 这是因为,毛泽东率领工农革命军来到茅坪,当年的茅坪只有一百二十多户人家和几个小店铺,十几分钟就可以走个遍。毛泽东多次到过一间名为"吴义盛号"的小伙铺兼银匠店,认识了店主吴福寿,两人经常在一起交谈。在接触过程中,毛泽东发现吴福寿的社会阅历很广,与他交谈可以了解当地很多事情,而且吴福寿对诗文字画也懂得一些,因而感到谈得来。这样一来二去,两人成了忘年交(吴福寿比毛泽东大 29 岁)。同时,"吴义盛号"也是工农革命军的一个秘密交通站,吴福寿担任秘密交通员。基于以上考虑,毛泽东派他前去打探杨开慧的消息。受毛泽东之托,吴福寿到茶陵、酃县等地没有打听到杨开慧的信息,1928 年 1 月下旬,按照毛泽东提供的地址赴长沙去寻找杨开慧。吴福寿从长沙回到茅坪,当夜来到八角楼向毛泽东复命。毛泽东心情非常迫切,想立刻知道杨开慧的下落,可吴福寿欲言又止。在毛泽东几次催问下,吴福寿才深缓地说了一句:"毛委员,看来你们很难相见了。"毛泽东闻言大为吃惊,又问到底是怎样的情况?吴福寿只是难过地摇头,并不言语。毛泽东心里明白了,吴福寿的弦外之音,就是杨开慧已经不在了。他不再问什么,只是心里痛苦,情不自禁地留下了热泪。吴福寿安慰道:"毛委员,不要太难过了,也许是我打探得不准。"随后告辞了。这就是说,毛泽东于 1928 年 1 月,委托秘密交通员吴福寿到长沙寻找杨开慧,而吴福寿到长沙没有找到杨开慧,打听到的消息是杨开慧已经被敌人杀害。①毛泽东相信吴福寿不会传递假消息,确信杨开慧已经遇害,他悲痛不已!为此,他大病一场。这才引来袁文才安排贺子珍照顾毛泽东生活起居的故事。

　　(四)毛泽东是什么时候知道杨开慧还活着的? 1929 年 11 月 28 日,毛主席从福建长汀给中央政治局常委李立三写了一封信:"多久不和你通讯了,陈毅同志来才知道你的情形。我大病三个月,现虽然好了,但精神未全复元。开慧和岸英等,我时常念及他

---

　　① 参见《毛泽东委托吴福寿寻找杨开慧始末》一文,湖南日报新媒体《新湖南》,2017 年 10 月 12 日;刘晓农(井冈山市委党史办副研究员、中国井冈山干部学院兼职教授、从事井冈山斗争历史研究 40 余年)写的《揭开"杨开慧牺牲后毛贺成姻"的历史谜团》一文,《党史文苑》2013 年 7 月 21 日。

们,想和他们通讯,不知通信处。闻说泽民在上海,请兄替我通知泽民,要他把开慧的通信处告诉我,并要他写信给我。"①从这封信可以看出:陈毅从中央带来了"杨开慧还活着"的信息。陈毅为什么能带来这样的信息呢? 这是因为1929年7月底陈毅离开闽西上杭,代表红四军前委去上海向中央汇报工作,1929年10月22日携中央"九月来信"回到闽西。陈毅到上海,与李立三、周恩来等负责同志有比较广泛深入的交谈,作为毛泽东的故友李立三可能会问及毛泽东的生活情况,也会告诉陈毅关于杨开慧的现状。1929年11月26日,毛泽东在福建省委巡视员、组织部长谢汉秋陪同下,从上杭蛟洋抵达长汀,同朱德、陈毅会合,表示遵照中央指示回前委工作。一病数月,这时身体正在恢复。毛泽东与陈毅交谈后,才确切知道杨开慧还活着这一信息的。所以,他在11月28日主持召开红四军前委扩大会议后,立即写了两封信,一是致信中共中央,报告自己回红四军的情况和目前的工作计划;二是致信李立三,请他通知毛泽民尽快告之杨开慧的通信处。可见他的心情之迫切!②

(五)毛泽东是什么时候知道杨开慧牺牲的? 1930年11月14日,杨开慧英勇就义于长沙识字岭。1931年4月20日,毛泽东从国民党报纸上看到这一消息时,顿感五雷轰顶,悲愤不已,写下了"开慧之死,百身莫赎"如此痛苦欲绝、字字千钧的绝响,其情之深,其悲之切,其中可能还包含自我责备之烈,跃然纸上! 1931年时,中共地下党组织终于秘密联系到杨开智(杨开慧的哥哥),带给他毛泽民的

---

① 《毛泽东年谱(一八九三——一九四九)》上卷,中央文献出版社2013年版,第288页。

② 参见《毛泽东年谱(一八九三——一九四九)》上卷,中央文献出版社2013年版,第287—288页。

口信,让他把毛岸英三兄弟(当时毛岸英 8 岁,毛岸青 7 岁,毛岸龙 3 岁)护送到上海交给党组织。考虑到自己已被敌人盯上,杨开智只能让自己的妻子和年逾六旬的母亲冒着风险送孩子们去上海。所幸一路有惊无险,他们安全到达上海,孩子们被送到党组织手中。此后,杨家人与毛泽东彻底失去了联系。1949 月 8 月,长沙和平解放,毛泽东收到一封来自长沙的信,看到这封信毛泽东既高兴又伤感,高兴的是杨开智和杨母一家人还活着,伤感的是杨开智询问其独生女杨展的情况,而杨展在 1941 年就英勇牺牲了。自此以后,毛泽东每月都给杨母寄去生活费,每当老人遇有困难或过寿的时候便托人前去看望、送上礼金礼物,直到老人去世为止。1950 年,杨母八十大寿时,毛泽东特意让毛岸英回乡替自己给老人家祝寿,次年又让毛岸青替自己去看望杨家。可以说,毛泽东对杨开慧的母亲尽到了赡养的义务。这从一个侧面反映出,毛泽东对杨开慧的深厚感情! 1957 年 2 月,杨开慧当年的好友、柳直荀烈士的夫人李淑一写信给毛泽东,请求抄寄毛泽东 1920 年写给杨开慧的那首《虞美人·枕上》。李淑一的来信,又一次掀起了毛泽东内心世界那难以平息的波澜,他又满怀深情地写下了感天动地的千古绝唱《蝶恋花·答李淑一》。在这首词中,毛泽东向苍天倾泼了对杨开慧的眷恋和思念之情,以及对柳直荀等烈士们的崇敬和思念,这是何等的大爱、深爱! 穿越心海,穿越苍穹! 这与 1929 年 11 月写给李立三之信反映的感情一脉相承。

(六)杨开慧 1928—1930 年间的手稿说明了什么? 杨开慧在 1928 年至 1930 年间写的信件、文稿等一直藏在杨开慧故居的墙壁中,直到 1982 年和 1990 年故居两次整修时才发现,分别是 4000 字和 1000 字,共八篇文稿。从这些文稿可以判断:①杨开慧在秋收起义数月后曾收到过毛泽东的一封信,在 1929 年"古历四月"收到杨开明一信前再无毛泽东任何音信。②杨开慧写的对毛泽东思念诗文及信件,一封也没有送出去。③1929 年 1 月 13 日杨开明奉命从井冈山出发,代表井冈山前委前往上海汇报工作。杨开明到上海后,在中央可能听到杨开慧还没有牺牲的消息,便向板仓试投一封信与杨开慧联系。在信中他透露了党中央有可能调毛泽东到上海工作的消息。这封信从上海辗转到达板仓,杨开慧于 1929 年古历初八(即 1929 年 5 月 16 日),给杨开明写了回信。回信说:"接到来信,万分喜慰";"他(指毛泽东——笔者注)未必能来上海吧?我到(应为"倒"——笔者注)愿意他莫来上海哩,我又要不放心了啊!"她还说:"你(指杨开明——笔者注)能回家一转,极所盼望。"①杨开慧手稿中也明确标明此回信"没有发去"。

不难看出,杨开慧这些文稿至少说明:第一,杨开慧对毛泽东的无限思念;第二,杨开明自大革命失败后,再未回过板仓;第三,在 1928—1930 年间,板仓对外的地下交通尚未恢复;第四,杨开慧与毛泽东的通信联系中断。

(七)袁文才、王佐是如何保媒的? 毛、贺联姻是袁文才、王佐联合保媒促成的。他们是如何做的呢?

第一步,计谋"拴住"毛泽东。1927 年 12 月上旬,毛泽东看到袁文才队伍的军政训练已步入正轨,官兵们的政治面貌正在起着变化,不禁又想到了王佐及其队伍。一天,毛泽东托人给王佐带信,说要派一个党代表到他的队伍工作。王佐拿不定主意即来找袁文才商议。王佐对袁文才说:"老毛要派人到我的部队,我心里总有一点不踏实。我并非不相信老庚对老毛的看法,但我总感到我们对老毛毕竟还不够了解,一旦失误,到时后悔莫及啊!"②为确保毛泽东能长期留在井冈山,而且不吃掉他们,两人商量要设个计谋,把毛泽东"拴

---

① 参见《开慧之死,百身莫赎——杨开慧手稿试读》,《新湘评论》2010 年第 20 期。
② 袁建芳著:《我的爷爷袁文才》,江西人民出版社 2011 年版,第 111 页。

住"。袁文才提出:"我们不妨把贺子珍介绍给毛泽东,让老毛做井冈山的女婿。""子珍配老毛,可谓是郎才女貌。别看老毛眼下处境困难,可他的胆识、才略是无与伦比的。……再说贺子珍,也是个才貌俱全、品学兼优、出类拔萃的女子。如果促成他们这桩婚事,我们的根基将更加稳固,力量也大大增强。"①王佐一听,拍掌叫道是个好主意,接着说:"如果能把他们撮合在一块,不仅为老毛办了一件好事,这样,我们也可以完全放心了。"②实际上,这时贺子珍已有了心上人,这个人叫欧阳洛(江西永新人,毕业于江西省立第一师范学校,与方志敏等人发起成立江西"改造社",1926 年受党组织派遣从南昌回到家乡,先后组建了中共永新县党支部和永新县委,并担任书记。在他的影响下,贺子珍走上了革命道路。1927 年 8 月 3 日欧阳洛参加南昌起义后,奉命转移到上海,1927 年 11 月至 1929 年 8 月,先后任中共沪东区委书记和沪西区委书记,在上海工作期间,与湖南著名烈士沈春农的女儿沈凤音相识相恋并结婚。之后受中央委派,先后担任湖北省委宣传部长、省委书记,1930 年 4 月被捕牺牲)。井冈山斗争时期任宁冈县委常委、组织部长的刘克犹回忆说:"在毛泽东娶贺子珍之前,贺子珍与我们都很熟,与袁文才的友情相当好。要她嫁给毛泽东,也是选三(袁文才的别名)和王南斗(王佐的别名)的主意,他们与永新的贺敏学等人商量过几次,为的是要把毛稳住在井冈山,结个亲家。毛本来喜欢贺子珍,又看在袁、王的情面上,只好娶贺子珍了。"③

第二步,轮番做媒。按照井冈山这一带的风俗,媒人都是清一色的妇女。可毛、贺婚姻却是由两位"山大王"做媒,而且在他们一生

---

① 袁建芳著:《我的爷爷袁文才》,江西人民出版社 2011 年版,第 111—112 页。
② 袁建芳著:《我的爷爷袁文才》,江西人民出版社 2011 年版,第 111—112 页。
③ 袁建芳著:《我的爷爷袁文才》,江西人民出版社 2011 年版,第 112 页。

中是唯一的一次保媒,让他们无法预料的是,这主人公竟是一代伟人毛泽东!袁、王会商后的第三天,袁文才就到茅坪八角楼向毛泽东汇报工作,最后就提出要给毛泽东当个"月下老"。他说:"毛委员,我们的'井冈才女'贺子珍,你看怎么样?""贺子珍可是才貌双全的人才。毛委员,你莫要辜负我们的好意。昨天贺子珍已去了茨坪,王佐怕是已经和贺子珍讲了这件事。"毛泽东连忙摇头说:"不行,不行,这个使不得。"①毛泽东说自己在湖南已有妻室,以婚约在身为由,委婉地拒绝了。这时他尚未派人到长沙打探杨开慧的消息(派吴福寿去长沙打探消息是 1928 年 1 月下旬)。过了一段时间,毛泽东路过茨坪,王佐请他和何长工吃饭,两碗冬酒下去后,王佐就当着何长工的面说:"毛委员呀,我和文才老庚要当你的媒人呢!……我是直来直去的人,我和文才老庚都愿意跟定共产党在井冈山干一番事业。你要是看得起我们,就做我们井冈山的女婿。说实话,子珍姑娘的人品才识都是呱呱叫的,不然我们也不会给你提媒,你可不要嫌弃人家啰。"②面对两位"山大王"的保媒,毛泽东感到左右为难。一方面,自己结过婚,还有三个孩子。另一方面,作为政治家,毛泽东心里清楚,工农革命军之所以能够进驻茅坪、立足井冈,完全得力于袁文才的支持帮助,今后要在湘赣边界开展工农武装割据,还必须依靠袁、王两支地方武装,发挥他们特有的作用。倘若失去他们的支持和帮助,部队上了井冈山也站不住脚。同时,毛泽东也了解到,袁文才与贺敏学是中学同班同学,感情深厚,袁文才夫妇把贺子珍当作自家亲人,贺子珍对袁文才、谢梅香也格外信任。若是断然拒绝了这桩婚事,对袁、王二人,特别是王佐,将是莫大的刺激,这对工农革命军的生存发展,对党和革命的事业都会产生不利的影响。所以,对于他们的热心

①　袁建芳著:《我的爷爷袁文才》,江西人民出版社 2011 年版,第 113 页。
②　袁建芳著:《我的爷爷袁文才》,江西人民出版社 2011 年版,第 114 页。

保媒,不能一口拒绝、置之不理,必须慎重对待、妥善处理。一段时间,毛泽东为保媒之事甚伤脑筋,激烈的思想矛盾,搅得他无法平静。

第三步,刻意安排贺子珍与毛泽东接触,日久生情。袁文才、王佐有了这样的心思,他们就利用一切机会,安排贺子珍与毛泽东接触。毛泽东听不懂当地人的土话,当地人也听不懂毛泽东的湖南话,他们就安排贺子珍给毛泽东当翻译。毛泽东是前委书记,既要管部队的建设,又要管地方党的建设、政权建设,忙得不可开交,需要人抄写整理文件、处理日常事务,他们就推荐贺子珍来前委担任秘书工作。1928年1月,毛泽东从吴福寿口中得知杨开慧已经牺牲的噩耗,悲痛欲绝,大病一场。这时,他们就不失时机地安排贺子珍来照顾毛泽东的饮食起居。后来,贺子珍又陪毛泽东去宁冈、永新两县搞社会调查。这样,贺子珍与毛泽东几乎天天见面。毛泽东也经常向贺子珍了解边界各县的历史、地理、风土人情等情况。工作上,贺子珍认真负责、雷厉风行、办事泼辣,深得毛泽东的赏识。除此之外,贺子珍对毛泽东的个人生活给予无微不至的关心照顾。"她每天给毛泽东收拾房间,隔一段时间把他的被子拆洗一遍。毛泽东换下来的衣服,她拿去洗干净、晒干叠好放在毛泽东枕头旁。毛泽东经常工作到深夜,她就冲一碗炒米粉给毛泽东充饥。"[1]经过一段时间接触,让毛泽东惊讶的是,贺子珍不仅年轻、清秀,有"永新一枝花"之称,而且毛笔字端庄俊秀,誊写文稿工整,对湘赣边界的历史、地理和风土人情相当了解,土籍话、客家话都讲得很好,联系群众的能力很强,善于鼓动人心,有很好的组织才干……原本就具有诗人气质的毛泽东,面对一位与自己朝夕相处、才貌俱佳的年轻女性,怎能不为她的青春魅力所吸引?同样,毛泽东的渊博知识、雄才大略、坚强意

---

[1] 袁建芳著:《我的爷爷袁文才》,江西人民出版社2011年版,第120页。

志和非凡气质,也使年轻的贺子珍产生深深的崇敬之情。特别是作为一代伟人,毛泽东既有崇高的理想,又有浓烈的情感;既有钢铁般的意志,又有细致温暖的柔情,更深深地打动贺子珍的芳心!她经常在想,这样一个以革命为己任的奇男子,又是一位感情至诚至深的伟丈夫,谁能不爱呢?他为了革命事业,抛妻别子来到井冈山,肩上挑着千斤的重担,生活上却没有人照料,他是多么艰难呀,多么需要一个知己的伴侣啊!她逐渐发现,毛泽东才是她真正要等的那个人。这样,34岁的毛泽东与18岁的贺子珍产生了爱慕之情。

第四步,寻找机会,良缘落定。袁文才始终关注着贺子珍与毛泽东的感情进展,曾两次来到象山庵,美其名曰"报告工作",实际是来探听两人感情进展情况的。他从一些迹象看出毛、贺二人已经有了爱慕之情,心中感到高兴,总在寻找机会促成这桩婚事。在朱毛会师、余贲民婚礼等多个场合,他都主动公布毛、贺的恋情,起哄督促,极力撮合,恨不得马上就让他俩举行婚礼。后来,在朱德、陈毅、伍若兰等人的热心配合下,毛、贺终于喜结良缘。两位昔日的"山大王",看到自己设计已久、合力促成这对姻缘,都有一种夙愿已偿、完成一项重大历史使命的兴奋和满足!

(八)当时的婚姻法是如何规定的以及毛贺联姻的艰难过程。

我国的一夫一妻制是在戊戌变法的时候由维新派正式提出来的。具体是谁提出来的,说法不一。有的说是梁启超、谭嗣同提出来的,也有的说是康有为提出来的,均没有明确的记载。1912年,中华民国颁布的《临时约法》规定实行一夫一妻制,但由于多种原因,这一制度没有真正落地,社会上仍有很多一夫多妻的现象。直到新中国成立后,1950年5月1日颁布的《中华人民共和国婚姻法》,才真正彻底废除一夫多妻制,实行一夫一妻制。应该说,在1928年的时候,由于一夫一妻的法律规定没有被真正执行,一夫多妻的现象普遍存在,依然为社会所接受。这就是当时的社会背景。尽管如此,但作为无产阶级先进的政党,中国共产党对它的党员还是倡导一夫一妻制。在这种背景下,毛泽东是怎样做的呢? 当袁文才第一次给他说要为他作"月下老"时,他就拒绝了,说:"不行,不行,这个使不得!"袁文才故意反问:"不般配是吗? 贺子珍可是才貌双全呀。"毛泽东干脆把话挑明:"是我不配人家,文才,我在湖南有妻子哩。""啊,这是当真?"袁文才装出吃惊的样子,接着说:"那天,我也说过,不晓得你在湖南有没有妻室? 王佐老庚一再讲,就是有再娶一个也不打紧,何况天各一方,离得那么远。"①毛泽东说:"文才,感蒙你们的好意,这件事乱来不得。"②后来,毛泽东路过茨坪,王佐请他吃饭,何长工也在。王佐当着何长工的面要给毛泽东当媒人,并趁着酒劲强烈要求毛泽东答应这门亲事,他拉着毛泽东的手说:"毛委员,这件事你莫要打退堂鼓,信得过我俩老庚,就结下这桩姻缘,党代表,你看我说错了吗? ……"③在一般人看来,保媒是一件好事,但毛泽东感到"甚伤脑筋"。为什么呢? 这是因为他已经是井冈山的最高首长,婚姻问题不再是简单的两情相悦、志同道合的事情了,它涉及了政治影响、政治因素。毛泽东与杨开慧谈对象时,他只是一个青年学生、北京大学图书馆的一个临时管理员,他俩的婚姻只要考虑是否两情相悦、志同道合就可以了。如今不同了,他带领秋收起义余部来到井冈山,两位"地头蛇"硬要给他做媒,对于他们心中的"小算盘",毛泽东不会看不出来,如果断然拒绝,就会驳了他们的面子,伤了他们的感情,失去了他们的信任,工农革命军能否在此长期立住将成为一个问题。"此间若是拒绝了这桩婚姻,对他们两个人,特别是王佐,将是

---

① 《井冈双雄——袁文才、王佐传》,江西人民出版社 2011 年版,第 230 页。
② 《井冈双雄——袁文才、王佐传》,江西人民出版社 2011 年版,第 231 页。
③ 《井冈双雄——袁文才、王佐传》,江西人民出版社 2011 年版,第 231 页。

莫大的刺激,将使他们对于割据湘赣边界,进行长期斗争的方略产生怀疑,那个性气豪爽的王佐尤其是这样,不可在这时候冷了他们的心,何长工不也这样讲过吗?"①这样的保媒,就不是单纯的婚姻问题了,既包含了袁、王想把毛泽东"拴在"井冈山的图谋,贺子珍等人的良好期待;又包含了能不能搞好军民团结,工农革命军能不能在井冈山长期立足等问题。所以说,政治人物的婚姻必然会涉及政治因素,与普通人的婚姻是有区别的。如果欣然同意袁、王的保媒,杨开慧和三个孩子怎么办? 作为一代伟人,毛泽东不会不认真考虑,杨开慧是他的结发妻子,是他恩师的女儿,是他一生挚爱的夫人。所以,对袁、王的保媒,他必须综合考量、想出两全之策。为此,1928 年 1 月,毛泽东特意安排井冈山秘密交通员吴福寿到长沙寻找杨开慧母子。结果,打听到的消息是杨开慧已被敌人杀害。毛泽东为此肝胆俱裂,大病一场。袁文才、王佐抓住这个机会安排贺子珍照顾毛泽东的起居,给予无微不至的关怀。在此后四个多月的时间里,贺子珍既当秘书,帮助毛泽东整理文件、抄写文稿、陪同调研……又当生活助理,帮助毛泽东收拾房间、洗衣叠被、烧水做饭……随着时间的推移和接触的加深,两个人慢慢地产生了感情。刘晓农研究员这样写道:体察到贺子珍对自己的爱慕,"胸怀坦荡的毛泽东,把杨开慧和几个孩子的情况告诉了贺子珍。贺子珍听了毛泽东的坦诚之意,心弦被重重地撞击着。同时交织着一种十分矛盾的痛苦心情。"一方面,她已经爱上了这个"确是以天下为己任的奇男子",另一方面,"可是他在湖南却有妻室"。为此,两人一度陷入痛苦的状态,两人的恋情也一度有所停滞。如果再无外力相助,也许这爱情之火就要熄灭。毕竟,贺子珍才 18 岁,以前从来没有遇到过这样的难题,一时拿不定主意。袁

---

① 《井冈双雄——袁文才、王佐传》,江西人民出版社 2011 年版,第 232 页。

文才、王佐知道这个情况后,立即采取措施,加大劝说贺子珍的力度。"在对待与毛泽东的婚姻问题上,贺子珍十分乐意让谢梅香为她出主意、拿意见,而谢梅香看到双方都有这份诚挚的爱意,更为毛泽东满腔的革命热情所感动,故也极力撮合并适时地'穿针引线'。"①此外袁、王不断地把毛、贺的恋情公布于众,添油加火,最后在余贲民的婚礼之后大家嬉闹起哄之下,促成了他们的婚姻。不难看出,这政治人物的婚姻往往是众人撮合的结果,缺少常人花前月下、卿卿我我的浪漫!从整个过程来看,毛泽东对家庭是十分负责的,是深爱杨开慧的,是在误信杨开慧被害的情况下,经袁文才、王佐极力保媒和众人撮合,并在艰难困苦的斗争环境下与贺子珍朝夕相处、日久生情的基础上,结成了革命夫妻。

很显然,毛泽东与杨开慧的婚姻是人世间的真爱,与贺子珍的婚姻也是革命战争年代特殊历史条件下的产物,既没有违反当时的社会风俗,也符合党的要求,没有什么可以挑剔的。如果不从当时的历史条件出发,机械地套用 22 年后制定的婚姻法规定去评判毛泽东那时的婚姻问题,是不客观的,也是不正确的。

(九)当时的见证人和领导人是如何做和说的?

(1)毛贺联姻媒人的说法。袁文才妻子谢梅香也是毛、贺联姻的媒人,当年贺子珍这边的"穿针引线"工作是她具体来做的。1965年毛泽东重上井冈山时,特意接见了袁文才、王佐的遗孀谢梅香、蓝喜莲,还像 38 年前那样亲切而又深情地称呼"袁嫂子""王嫂子",并与她们合影留念。实际上,毛泽东比袁文才、王佐大,之所以这样称呼她俩,是按照贺子珍的身份叫的,也是对她们的尊重。谢梅香是这样说的:"1927 年,贺子珍和永新赤卫队先上的井冈山,贺子珍就住

---

① 袁建芬著:《我的爷爷袁文才》,江西人民出版社 2011 年版,第 116—117 页。

在我家里,毛泽东和秋收起义队伍是后上来的。毛泽东住在八角楼,与我家相隔不远。当时长沙城里白色恐怖很厉害,毛泽东十分牵挂杨开慧。因当时党的地下交通已被敌人破坏,他就动员茅坪的一个小店主吴福寿下山打听消息。第一次,吴福寿到了湖南茶陵和酃县,没有打听到。毛泽东又提供杨开慧的具体地址请他到长沙一带打听。第二次,吴福寿到了长沙,按地址也没有找到杨开慧,听到的却是杨开慧已被敌人杀害的消息。吴福寿上山把这一消息告诉了毛泽东、袁文才、王佐。后来,毛泽东生病了,袁文才、王佐这才安排贺子珍照顾,并力促毛泽东和贺子珍结合。”“袁文才、王佐张罗在象山庵请人聚了聚,吃了一顿饭,算是为毛泽东与贺子珍办了婚礼。”①

(2)朱德、陈毅等人的热心撮合。贺子珍与朱德、陈毅第一次见面要追溯到1928年5月朱毛会师。朱毛会师后,毛泽东忙得不可开交,至1928年5月4日成立了红四军才稍稍空闲下来,他想到尚在永新的贺子珍,给县委书记刘真写信,派龙开富持信前去接人。那时候,贺子珍刚满18岁,穿着一身干净的灰军装,腿上绑得紧紧的,腰间系着一根宽皮带,朝气蓬勃,英姿飒爽,在井冈山大名鼎鼎,人尽皆知。贺子珍回到茅坪,引起了朱德、陈毅等人的好奇,他们打听这个才貌非凡的女子是谁。正好袁文才在场,他笑眯眯地对众人说:“她叫贺子珍,是毛委员的……恋人吧。”袁文才巴不得有机会宣扬一下,这正是他想达到的目的。朱德、陈毅等人才明白过来。再后来,他们又听到很多人说杨开慧已被敌人杀害了,觉得毛泽东应该考虑与贺子珍的恋情,于是决定再加一把火,促成他们的姻缘。1928年5月22日,湘赣边界党的“一大”结束的当晚,毛泽东、朱德、陈毅等十余人,还有朱德妻子伍若兰及贺子珍等几名女同志,来到牛亚陂参加

---

① 转引自《毛泽东与贺子珍联姻源于误信杨开慧已牺牲》,《中国社会科学报》2013年10月23日。

余贲民的婚礼。忽然，袁文才当着众人的面对毛泽东说："毛委员，哪一天喝你的喜酒呀?"毛泽东还在愣神的时候，王佐接着说："毛委员，你与子珍姑娘不早些把婚事办了，还等什么呢?"朱德军长笑眯眯地说道："是呀，润之，你看我和若兰两人，一个胡子，一个麻子，两人马(麻)虎(胡)过，蛮好的嘛。你和子珍应该早日成婚，生活上有个人照应。"①具有诗人气质、儒将风度的陈毅马上用文绉绉的语言说道："两情相悦，郎才女貌，天造地设。眼下军务稍弛，泽东同志又荣升了特委书记，喜结良缘，正及时候。"紧挨贺子珍坐着的伍若兰(1928年3月与朱德同志结婚)看到贺子珍满脸绯红，迎着毛泽东炽热的目光点了头，马上对毛泽东说："好了，王母娘娘开了口，该你表态呀!"在众人的哄笑声中，毛贺两人默认了恋情。1928年5月28日，在袁文才、王佐的操办下，两人在象山庵举行了结婚仪式，办了2桌酒席，朱德夫妇和陈毅等数十人参加。②

1949年贺子珍来到上海，陈毅得知消息后，特意宴请了贺子珍，在座的有第九兵团司令宋时轮、政委郭化若以及贺敏学夫妇。陈毅高兴地说:贺子珍是我的老战友，是井冈山的一位女杰，她与毛泽东主席结合正是在中国革命和武装斗争从弱小开始发展、艰苦开创的最艰难时期。她后来到异国他乡又遭受很大苦难，对这样的战友，我们在胜利的时候不应忘记她对中国革命的贡献。我们上海欢迎贺子珍的到来。子珍同志，请你放心，我们不仅欢迎你，还要把你的生活安排好。他还说:贺子珍来上海，毛主席是很关心的。主席向我提出，贺子珍在上海的生活费用从他的稿费中开支。我对主席说，我们偌大的上海，难道养不起一个贺子珍? 她的开销由我们上海包了。从陈毅1928年参加毛、贺的婚礼，到1949年设宴款待贺子珍等，不

---

① 《井冈双雄——袁文才、王佐传》，江西人民出版社2011年版，第226—227页。
② 参见刘晓农:《重说毛泽东贺子珍婚姻内情》，《文史精华》2012年第4期。

难看出,陈毅等人对毛、贺联姻是支持的、肯定的。

(3)周总理的说法。周恩来当时是中央政治局常委,陈毅到上海向中央汇报工作,就是向周恩来、李立三等人汇报的,所以他对毛、贺的情况肯定是清楚的。"文革"期间,时任《红旗》杂志副总编辑、中办秘书局副局长、中央"文革"小组成员的戚本禹,曾就毛贺联姻问题询问过周总理,总理答复说:当时井冈山的人听说杨开慧已经被国民党反动派杀害了,当时中央对这些问题已经有过解释。

这里有必要介绍一下周总理答复的出处。1994年,海外出版了李志绥的《毛泽东的私人医生回忆录》。这本回忆录,竭尽造谣污蔑之能事,刻意从私生活角度攻击伟大领袖毛主席。1996年6月,香港《明报月刊》发表了《戚本禹批判李志绥的回忆录》,一万多字的问答录把李志绥批得淋漓尽致、体无完肤。戚本禹在"文革"中是罪人,但是在这件事上却说了公道话。他说:"在私生活的问题上,可以指责毛泽东的不是李志绥所编造的那一大堆谎言,而是他在井冈山上同贺子珍的婚姻,因为毛贺联姻时,毛主席与杨开慧的婚约仍然存在。说实话,一九六六年夏天我曾向周恩来询问过这一段历史,周恩来的答复是,当时井冈山的人听说杨开慧已经被国民党反动派杀害了。朱德将军也有过类似的情况(指伍若兰仍在狱中,误以为牺牲,朱德与康克清结婚——笔者注),当时中央对这些问题已经有过解释。"戚本禹的"笔者注"不准确,伍若兰牺牲的时间是1929年2月22日①,康克清与朱德结婚时间是1929年3月②。

(4)毛泽民妻子朱旦华的说法。朱旦华(应为间接见证人)说:"我听毛泽民说过,1927年9月至1928年长沙到井冈山的秘密交通

① 见《浴血罗霄——井冈山革命根据地历史》(修订版),中国发展出版社2014年版,第337页。
② 《朱德年谱》(上卷),中央文献出版社2016年版,第140页。

被敌人切断,井冈山得到消息说杨开慧已被敌人杀害,袁文才这才安排贺子珍照顾毛主席的起居,后来在一座庙里为他们办了简单的结婚酒水。"①

（十）专家学者的论证。

原中央文献研究室副主任、著名党史专家陈晋同志说:"1928年,在井冈山,袁文才、王佐同志听说杨开慧同志牺牲后,他们即对毛主席说,毛委员,你们红军要在井冈山安家落户,你必须要有个'压寨夫人',这个'压寨夫人'就是我们的干妹子——贺子珍。这样我们才能放心,不担心你们要弄我们。"②1930 年 2 月袁文才、王佐等同志被错杀,这也证明了当时袁文才、王佐坚持让毛主席与贺子珍联姻的考虑,不是没有道理的。

中国社会科学院副院长、党组副书记李慎明,曾发表《毛泽东与贺子珍联姻源于误信杨开慧已牺牲》一文。他的结论是:"当年毛泽东与贺子珍在井冈山的联姻,是鉴于当时处在烽火连天的战争年代特别是严酷的白色恐怖环境之中,由于人们的误传和误判所造成的。……不应对此进行过多甚至不当的责难。"

井冈山会师纪念馆馆长、井冈山党史专家、作家、中国井冈山干部学院兼职教授刘晓农,从事井冈山斗争历史研究 40 余年,曾经采访过龙灵(贺子珍的同学、好友,永新人,比贺子珍小一岁)、谢梅香(袁文才遗孀,当年与贺子珍经常同睡一床)、苏兰春(毛主席与袁文才大苍见面时的见证人,曾任古城区工农兵政府文书、东南特区团委书记)、刘克犹(井冈山斗争时期任宁冈县委组织部长,与毛泽东极

---

① 马社香:《对毛泽东婚姻家庭的几点认识——朱旦华访谈录》,《党的文献》2012 年第 5 期。

② 参见《毛泽东与贺子珍联姻源于误信杨开慧已牺牲》,《中国社会科学报》2013 年10 月 23 日。

为熟悉)、谢福生(茅坪洋桥湖人,当年曾参加乡赤卫队)、张桂庭(毛泽东与贺子珍在象山庵举行婚礼时的见证人)等七八位历史见证人或知情人,得出的结论是:毛主席与贺子珍的婚姻,一是袁文才、王佐为了自身利益,共同策划了保媒联姻的计谋;二是毛主席与贺子珍在实际接触中产生了相互倾慕的感情;三是毛主席在得知杨开慧已经遭敌杀害的消息后,由朱德、陈毅等人的热心撮合而最终结缘。

武汉市社会科学院研究员、作家马社香,曾直接采访过朱旦华和袁文才的嫡孙袁建芳、继子肖常隆等人,发表《对毛主席婚姻家庭的几点认识——毛泽民夫人朱旦华访谈录》一文。朱旦华就她提出的关于毛主席家庭婚姻问题明确地说:"公允地讲,我认为毛主席是中国历史上最有才华和男性魅力的一位伟人,文韬武略,高大俊朗,同时他也是一位对婚姻家庭比较严肃的丈夫。"

综上所述,毛泽东误信杨开慧已经被敌人杀害,心中不胜悲痛。正是在这样的情形下,才考虑与贺子珍的恋情,以至于在袁文才、王佐的保媒下,得到朱德、陈毅等人的热心撮合,最后才决定与贺子珍结婚。在当时腥风血雨的战争年代和朝不保夕的白色恐怖环境中,交通阻断、信息隔绝、误传误信在所难免。处于和平时期特别通讯异常发达的今天,我们不应该对此进行无端的怀疑和恶意的责难。现在国内外一些媒体和居心叵测的人,无端非议和攻击伟大领袖毛泽东,目的是抹黑和攻击共产党的领导。所以,我们要保持高度的警惕,旗帜鲜明、理直气壮,有根有据地回答人们的疑问,驳斥别有用心人的肆意造谣和攻击。

附录二　从袁文才、王佐事件看毛泽东的
领导智慧与艺术

　　为了化解土客籍矛盾,毛泽东在下井冈山前采取了一系列措施。俗话说,计划赶不上变化。让毛泽东想不到的是,袁文才(时年31岁)于1929年2月从东固私自离队回了井冈山;因邓乾元于1929年8月赴上海向党中央汇报工作(9、10月间调任红三军团政治部主任兼红8军政委,特委常委何长工调任红8军军长),土籍代表朱昌偕(时年21岁)担任了边界特委书记。这两位土、客籍主要代表人物针尖对麦芒,加上其他因素,最终导致矛盾激化,酿成了袁、王等人被杀的惨案。

　　1.经过。1930年2月22日,"袁、王突然接到'毛委员来信'(实际是边界特委盗用毛泽东的名义给袁、王写的——作者注),说是要袁、王部队配合红五军攻打吉安,将队伍开到永新城听编。"①袁、王历来崇拜毛委员,即欣然率兵前往,傍晚到达永新县城。当时,永新、莲花、茶陵的地方武装也都来了,俨然一片攻打吉安的氛围。还传说袁、王的部队编为红六军三纵队,袁为司令,王为副司令。特委已事先安排好袁、王以及部队的住宿地点,袁住在尹家巷22号,王住在尹家祠。晚上,特委通知开会,袁、王按时出席。会议由中央巡视员彭

---

　　① 余伯流、陈钢著:《井冈山革命根据地全史》,江西人民出版社2010年版,第399页。

清泉(即潘心元,又名潘心源,1927 年任浏阳县委书记,1929 年后任湖南省委委员兼农民部长)主持。彭清泉以整顿思想为由,不点名地指责袁文才、王佐"受编不受调","反对分田","勾结土豪,破坏苏维埃政府,扰害永新赤色政权。"袁文才、王佐对这"莫须有"的责难极为恼火,但仍然耐着性子一一作了辩驳。彭清泉哑口无言,气得把勃朗宁手枪往桌子上一拍,说:"你到底有没有错?"袁文才说:"我错误是有,问题并不是你说的那样严重。"王佐见彭清泉那盛气凌人的样子,也火了,也把手枪往桌子上一拍。那场面是剑拔弩张! 会议弄得不欢而散。尽管如此,但特委对袁、王及其部队仍像往常一样,热情款待。当晚,特委安排戏班子唱《刘海砍柴》。23 日照例,还是好酒好菜招待。让袁、王想不到的是,22 日晚上彭清泉和边界特委已给红五军去信,并派朱昌偕、王怀连夜赶到红五军驻地安福洲湖,请求彭德怀派兵,立即解决袁、王。一开始,彭德怀也是有怀疑的,毕竟王佐和红五军一起守卫井冈山,一起到湘粤赣边界游击过,表现不错,如今会反叛吗? 可眼下,既有中央巡视员的书信,又有边界特委书记朱昌偕的当面请求,而且还说得这么严重。于是军委召开了临时会议,决定派四纵队党代表刘宗义(原名张纯清)带四纵队前往永新执行任务。四纵队 24 日拂晓赶到永新县城,包围了袁、王及其部队驻地,每人手臂上扎白带子为标记,并更换了新的口令,遇到没有白带子的和对不上口令的当即开枪。朱昌偕闯进袁文才的房间,当场把袁文才打死在床上。王佐听到枪声带着几个亲信向县城东门方向跑去,未料东门浮桥已被拆除,情急之下只好涉水过河,因王佐等不会游水,被淹死在东关潭里。"其部 500 余人遭到武力解决"[1],他们的主要骨干先后有 40 余人被杀死、淹死,剩下的战士被关了 3 天,

---

[1] 中国井冈山干部学院著:《井冈山斗争时期的县委书记——袁文才》,中国发展出版社 2015 年版,第 237 页。

愿意留下的编入红五军一部分,编入宁冈游击队一部分,不愿意当兵的发给路费回家。袁、王两支部队从此消失了。就这样,被誉为"井冈双雄"的两位功臣,倒在了自己战友的枪下。

2. 导火索。袁、王被杀,直接的导火索是"罗克绍事件"。罗克绍是茶陵县反动靖卫团团总,又是茶陵、酃县、宁冈、永新、莲花"联防"总指挥。他有一个30多人的兵工厂,能造枪。袁、王一直想把这个兵工厂搞过来,作为边界红军的兵工厂。据时任红四军32团战士的郑善致回忆说:"1930年刚过完阴历年,茶陵新游击队长吴光涛忽然跑来报告,说罗克绍住在茶陵江口二里远的蕉坪他姘头家。"① "正月初四(即2月2日),袁文才、王佐率领部队从新城出发。那天,天气晴朗,早上还打了很大的霜。我们吃过早饭就在草坪上整队集合出发,出发时,袁文才没说什么,只说去打茶陵。其实,他不说我们也都猜到了。部队开到虎爪坪吃晚饭时,袁文才集合部队讲话。他说:'罗克绍有个30多人的兵工厂,每天可造一条七九漏壳枪,我们要把它全部缴过来。对工人不要开枪,要向他们做宣传,要动员他们过来给我们造枪。'傍晚时我们就出发了,那天晚上天空没有云彩,山路还看得清楚。袁文才要求我们不能点火,不能说话,兵分三路,向江口出发。"② 结果,在蕉坪抓住了罗克绍,同时还抓住了罗的28名枪工。郑善致还回忆说"回到新城,袁文才给罗克绍松了绑,摆了酒菜招待他,袁文才还邀了罗克绍打麻将,他一点劲都没有。袁文才一边打麻将还一边跟他谈话。这事引起了谢希安(时任宁冈县委书记——作者注)他们大为不满,提出要杀掉罗克绍,我们也有些不解。中队长向我们解释:

---

① 井冈山革命根据地党史资料征集编研协调小组、井冈山革命博物馆:《井冈山革命根据地》(下),中共党史资料出版社1987年版,第656页。

② 《浴血罗霄——井冈山革命根据地历史》(修订版),中国发展出版社2014年版,第365页。

'杀了他,怎么到长沙去搞钢铁、洋硝。'这时我们才明白。事后,听说谢希安把这事报告了龙超清(土籍代表——作者注)和特委。"①当年的红军战士刘良益在 1969 年 7 月 4 日回忆说:"袁想利用罗沟通五县敌人反水到红军这边来,同时利用枪工,到长沙运来钢铁造枪,一切办妥了再杀罗克绍不迟。当时,谢希安等就向边界特委告袁文才是别有用心。"②时任宁冈东南特区文书的苏兰春回忆说:"睦村战斗后,宁冈靖卫团 196 支枪被我们缴了 14 支,还有 180 多支",而 32 团和地方武装的枪支加起来"总计 128 支"。"袁文才说,我会想办法,待至 1930 年 1 月间,袁文才带领周桂春部下,王佐带领刁飞林、艾成斌 2 个连,共计 300 多人,日夜兼程,跑到茶陵江口,把罗克绍的住房围住,活捉了罗克绍并缴了兵工厂,把罗克绍押到龙市经过时,土籍人主张就在龙市杀掉,袁文才同志不同意,说杀掉罗克绍有什么用,罗克绍还有 600 支枪没有缴来,如果枪支缴齐了,打掉他有点益处。如果不愿缴枪支再作处理,是杀是关不为迟。在新城住了不久,把兵工厂迁到九保,罗克绍关押在山上的棚子里。"③由于袁、王未向特委说明情况,全凭个人意气用事,朱昌偕等人以此为理由,准备了不少材料,给袁、王定了"勾结罗克绍,扰害永新赤色政权"的罪名。袁、王抓住罗克绍不杀,目的是想掌握他的兵工厂,为我所用。然而,正是"罗克绍事件"成为袁、王被杀的导火索。

---

① 井冈山革命根据地党史资料征集编研协调小组、井冈山革命博物馆:《井冈山革命根据地》(下),中共党史资料出版社 1987 年版,第 657—658 页。

② 余伯流、陈钢著:《井冈山革命根据地全史》,江西人民出版社 2010 年版,第 399 页。

③ 井冈山革命根据地党史资料征集编研协调小组、井冈山革命博物馆:《井冈山革命根据地》(下),中共党史资料出版社 1987 年版,第 101—102 页。

3. 根源。 "左"倾错误是袁、王悲剧的根源。在我们党内,自八七会议以来,在反对右倾错误的时候也滋长了"左"倾错误。党的六大通过的《苏维埃政权组织问题决议案》,其中对"土匪武装"不加区别地一律采取"严厉镇压"和对其首领"完全歼除"的决定,实际是一种"左"倾错误政策,为诛杀袁、王提供了政策依据。按照这个政策,袁、王就在"该杀不赦"之列。在这个政策的影响下,"当时边界特委、县委的一些领导人和上级来的巡视员,如杨克敏、刘作抚、邓乾元等人对袁、王的看法也充满了'左'的情绪。他们对毛泽东、朱德、陈毅等同志开创经营了一年多的井冈山革命根据地'罗霄山脉中段政权',极其错误地视为'不是真正的共产党所领导的政权,而是与土匪合作的联合政权'。甚至认为位于肱骨的红色区域中心的宁冈县'党权大半落在土匪手里'。"① 正是这个"左"倾政策条文,使边界特委、县委和上级巡视员带上"有色眼镜",不仅把袁、王视为"土匪",还把毛泽东在柏路会议作出的"不杀袁、王的决定"抛在一边、不予执行。在党的六大之前,尽管土客籍矛盾由来已久,边界特委、县委一些领导人对袁、王意见很大,但由于毛泽东在边界,他们不敢动起杀机。毛泽东下山后,他们就把六大的"左"倾条文当成了"尚方宝剑",借此机会对袁、王欲除之而后快。于是他们多次向中央报告,认为袁、王所部是"土匪"领导的队伍,已成为"足以危害边界的第一个势力"②,要求必须尽快除之。把袁、王定性为土匪首领的依据,就是六大的决议案。"从现有的史实材料来看,至今尚未发现把袁文才、王佐定性为土匪首领的文件是出自 1929 年 2 月之前。这足以证明,在党的六大决

①　中国井冈山干部学院著:《井冈山斗争时期的县委书记——袁文才》,中国发展出版社 2015 年版,第 183 页。

②　中国井冈山干部学院著:《井冈山斗争时期的县委书记——袁文才》,中国发展出版社 2015 年版,第 198 页。

议未传达到井冈山之前,湘赣边界特委和军队的领导人并没有把袁文才、王佐定性为土匪首领。"[1]据史料考证,最早讨论是否要杀袁、王的问题,是在1929年1月4日的柏路会议上。1929年1月初,江西省委将六大决议案送到了井冈山。毛泽东随即召开了红四军前委扩大会议,传达了这个文件。当念到关于土匪的规定时,由于袁文才、王佐在场,毛泽东突然不念了,说休息一下。后来又召开有朱德、陈毅、彭德怀、谭震林、陈正人、龙超清、王怀等人参加的小范围会议,专门研究了袁、王问题。陈正人回忆道:"毛泽东说,决议是对的,但要根据具体情况执行,要对袁文才、王佐作具体分析。毛泽东认为,袁文才这个人本来就是党员(1926年11月入党——作者注),不能杀。王佐这个人虽然原来不是党员,但过去是和豪绅对立的,现在又经过改造,入了党(1928年4月入党——作者注),性质起了变化。他还谈道,由于王佐得到了改造,欢迎和拥护了我们,帮助我们在井冈山安下了家。根据这些情况,毛泽东认为王佐也不能杀,没有理由杀他。但是,王怀和龙超清以前是袁、王的对头,在会上主张杀。毛泽东做了许多工作,反复强调执行六大的决议,应根据具体情况作具体分析,不应机械地执行。最后,会议决定不杀袁、王。"[2]应该说,毛泽东对袁、王的态度是实事求是的,作出的决策是正确的。但毛泽东下山后,边界特委领导人轻率地改变了毛泽东对袁、王的分析和定性,又把他们确定为土匪。由于杨开明、邓乾元向中央的报告中"都提到了湘赣边界的土匪问题,反复提到袁、王这两个人"[3]。朱昌偕在给江西省委和湖南省委的信中,

---

[1] 中国井冈山干部学院著:《井冈山斗争时期的县委书记——袁文才》,中国发展出版社2015年版,第283页。

[2] 中国井冈山干部学院著:《井冈山斗争时期的县委书记——袁文才》,中国发展出版社2015年版,第195页。

[3] 中国井冈山干部学院著:《井冈山斗争时期的县委书记——袁文才》,中国发展出版社2015年版,第315—316页。

仍认为王佐是"土匪"。① 江西省委、湖南省委也会转报到中央。这样，中央就派彭清泉前往江西巡视工作。"上面有中央六大的决议，下面有边界特委的错误报告，由此可以推断潘心元(即彭清泉——作者注)前往江西苏区巡视，一个重要任务就是解决湘赣边界的所谓土匪问题，即袁、王问题。《赣西南特委向省委报告——一九二九年八月以后的赣西南》中也明确提到'彭清泉'是'中央派来解决袁王问题的'。"②潘心元("元"应为"源")到达江西苏区后，没有作深入的调查，只是听了边界特委的汇报，就草率地于 1930 年 1 月 18 日至 21 日在遂川于田召开了湘赣边界特委、赣西特委、红五军军委联席会议，其中一项内容是"对诛杀袁、王进行了布置"。③ "在潘心元("元"应为"源")的领导或指示下，遂川联席会议不仅做出了杀害袁、王的决定，而且对杀害袁、王的方案进行了讨论。"④1930 年 2 月 22 日，潘心源在永新县城主持召开特委会议，罗列了袁、王所谓的问题，当晚派朱昌偕、王怀连夜前往红五军驻地，请求彭德怀派兵，立即解决袁、王。"可见，潘心元("元"应为"源")不但组织而且直接参与了湘赣边界特委对袁王的诛杀活动。"⑤ "他在袁、王被错杀的事件负有不可推卸的责任。"⑥潘心源的错误主要来自他机械地执行上级的指示，对袁、王问

---

① 中国井冈山干部学院著：《井冈山斗争时期的县委书记——袁文才》，中国发展出版社 2015 年版，第 316 页。

② 中国井冈山干部学院著：《井冈山斗争时期的县委书记——袁文才》，中国发展出版社 2015 年版，第 317 页。

③ 中国井冈山干部学院著：《井冈山斗争时期的县委书记——袁文才》，中国发展出版社 2015 年版，第 317 页。

④ 中国井冈山干部学院著：《井冈山斗争时期的县委书记——袁文才》，中国发展出版社 2015 年版，第 318 页。

⑤ 中国井冈山干部学院著：《井冈山斗争时期的县委书记——袁文才》，中国发展出版社 2015 年版，第 317 页。

⑥ 中国井冈山干部学院著：《井冈山斗争时期的县委书记——袁文才》，中国发展出版社 2015 年版，第 314 页。

题未作深入实际的调查了解,主观上是由于历史的局限性,难以从错综复杂的矛盾中看清事物的本质,客观上是受到当时党的"左"倾错误影响,唯书、唯上、不唯实,最终导致悲观的发生。

再看看红五军是如何看待袁、王的?1929年10月,红五军给中央的报告中指出:"这种'抢产主义的来源',就是王佐、袁文才二人所赐,也是他二人造成井冈山土匪化和个人信仰唯一的良策。因为他们在井冈山当大王已年深日久了,现在各个有经常老婆四五个,生活非常舒服。×××(应为袁文才——作者注)兄为第四军三十二团团长,四军离开井冈山时,他任参谋长,到赣最危急时,他就私行回家,现任宁冈县县委书记(应为宁冈县赤卫大队大队长——作者注)。包办一切。××(应为王佐——作者注)先为三十二团二营营长。五军离井冈山后,已把他的枪支编了带到外面游击,欲分散他们的势力,然后图之。不料××二人老奸巨猾,守山成性,受不过劳苦,打不破恶习,为私人的利益结好,消除旧意见,结成新团匪至五军〈回〉湘鄂赣边时,他更利用湘鄂赣边地方主义,造谣五军回平,不得来了,反被××的老部下拖回枪支近百数(内有一大队党代表乘打仗时拖去60多支),他仍就独立行动,党无法制裁和指挥,反形成土匪的尾巴。"①很明显,红五军的报告意欲证明袁文才、王佐就是边界的土匪,边界党的工作之所以开展不好,原因就在于袁、王的掣肘和拖累。"红五军的报告非常鲜明地表示出对袁、王的谴责,还透露出红五军在当初撤离井冈山后,就有分散袁、王的势力,'然后图之'的打算。这表明,尽管柏路会议已做出不杀袁、王的决定,但红五军领导人并不打算执行。"②不难看出,湘赣边

---

① 井冈山革命根据地党史资料征集编研协调小组、井冈山革命博物馆:《井冈山革命根据地》(上),中共党史资料出版社1987年版,第416页。

② 中国井冈山干部学院著:《井冈山斗争时期的县委书记——袁文才》,中国发展出版社2015年版,第232页。

界特委、中央巡视员和红五军领导人都受到六大"左"倾错误的影响，把袁、王视为土匪，并决定杀掉他们。就这样，袁、王被"左"倾错误的执行者一下子给搞掉了。这是历史的教训！

4. 具体原因。

(1)土、客籍矛盾激化。土、客籍矛盾大体可分为三个阶段：第一个阶段，工农革命军上井冈山之前的时期。积怨仇深，斗争不断。土籍的本地人和数百年前从外地迁来的客籍人之间有很大的隔阂，土籍人来得早，占领了平地，客籍人只能占据山地，并时常受到土籍人的压迫，历史上的积怨很深，有时发生激烈的斗争。毛泽东在给中央的报告中讲到："边界各县还有一件特别的事，就是土客籍的界限。土籍的本地人和数百年前从北方移来的客籍人之间存在着很大的界限，历史上的仇怨非常深，有时发生很激烈的斗争。这种客籍人从闽粤边起，沿湘赣两省边界，直至鄂南，大概有几百万人。……我们的区域内，宁冈、遂川、酃县、茶陵，都有土客籍问题，而以宁冈的问题为最严重。"① 第二阶段，工农革命军上井冈山之后至红四军下山这段时间。矛盾增多，整体可控。随着革命斗争的深入、工农兵政权的建立、土地革命的开展等，土客籍矛盾逐渐显露出来。第一点，在人事权力上，土客籍相互倾轧。比如，1928 年 2 月，宁冈工农兵政府成立，毛泽东推举活捉敌县长的土籍农民、暴动队长文根宗出任主席。客籍人有意见，提出要"轮流坐庄"，每届任期三个月，连任不能超过两届。到 5 月份，就换成了客籍人甘金煌任主席。然而，只过一个月，土籍人又以甘金煌"文化低，能力差"为由把他撤换了。对此客籍人又有意见，最后在袁文才的强势要求下，客籍人谢桂标继任主席。毛泽东和工农革命军的负责人曾出面干预，批评了龙超清和袁文才。② 第

---

① 《毛泽东选集》第一卷，人民出版社 1991 年版，第 74 页。
② 参见中国井冈山干部学院著：《井冈山斗争时期的县委书记——袁文才》，中国发展出版社 2015 年版，第 248 页。

二点,在土地革命问题上,宁冈前后分了三次田都因土客籍矛盾未能分好。第三点,边界"八月失败"时,因土籍豪绅的挑唆,土籍农民大部"反水",挂起白带子,带领白军烧屋搜山,压迫客籍人。后来红军打败白军,土籍农民跟着反动派逃走,客籍农民又没收了土籍农民的财物。土客籍农民互相仇恨。第四点,打土豪问题上,意见不一。1927年底,宁冈县农协要捉拿8个土豪,其中土籍6个、客籍2个。一些土籍群众就认为土籍人吃亏了,表现出强烈不满。第五点,烧毁书院,引发极大隔阂。"宁冈有个巽峰书院,是当地土籍子弟读书的最大书院,因土籍豪绅常在此商议'进剿'农民自卫军的事,袁文才一怒之下把它给烧了。对此,土籍人大为恼火,龙超清也不高兴。"①基于以上问题,陷入土、客籍矛盾的龙超清、袁文才等人,为各自代表的一方利益所驱使,始终难以超脱、不能自拔,土客籍矛盾进一步加深。尽管如此,但有毛泽东在,一方面做了大量批评教育说服工作,另一方面采取了不少应对措施,"使得土、客两籍间逐渐趋于相合。"②第三阶段,红四军下山之后至袁、王被杀。失去约束,酿成大祸。"毛泽东和红四军主力下山后,这种矛盾又悄然而起了。"③毛泽东、朱德率领红四军主力下山后,边界的最高领导权掌握在边界特委手里,由于毛泽东不在,土客籍矛盾失去了约束,留下来的宛希先又镇不住朱昌偕、龙超清、王怀等人,致使土客籍矛盾逐步激化,最终酿成了我党我军历史上早期的一桩冤案。这其中有几个关键环节:

第一,袁文才私自离队回井冈山。袁文才跟随毛泽东和红四军

---

① 参见中国井冈山干部学院著:《井冈山斗争时期的县委书记——袁文才》,中国发展出版社2015年版,第293页。

② 《浴血罗霄——井冈山革命根据地历史》(修订版),中国发展出版社2014年版,第352—353页。

③ 《浴血罗霄——井冈山革命根据地历史》(修订版),中国发展出版社2014年版,第361页。

主力出击赣南,这是一件好事,他为什么要私自回来呢? 前边讲到,毛泽东在井冈山的时候,做了大量的工作,土、客籍矛盾虽然突出,但双方能相安共事。为了防止矛盾激化,红四军主力下山前,毛泽东和边界特委断然采取了四项针对性措施:将龙超清调往莲花县工作;将何长工调任宁冈县委书记;特意把宛希先留下;刻意把袁文才、刘辉霄、谢桂标带走。其实,袁文才是不愿意走的。按常理来讲,袁文才被任命为红四军参谋长,这是提拔,说明党对袁文才的器重,他应该高兴地接受。但袁文才心里并不高兴,甚至还恳求毛委员把他留下。原因是这样的,一方面,红 32 团这支队伍从最早的绿林队伍发展成现在的红军劲旅,从当初的几十号人发展到眼下几百号人,这是他呕心沥血、苦心经营起来的,他与这些官兵出生入死、患难与共、情同手足、亲如兄弟,特别是眼下大敌当前、形势严峻,要他离开与之朝夕相处、患难与共的 32 团官兵,他无论如何都难以接受;另一方面,土、客籍矛盾长期存在,边界特委和宁冈县委的一些领导人就是希望他走,"把他带走,其他人就放心了"①。对于袁文才来讲,虽然自己高升了,但好像是被土籍干部"挤走"的感觉,意味着他败给了一直和他争斗不休的土籍领导人。毛泽东洞悉并理解袁文才的矛盾心理,为了使袁文才安下心来,特意把与袁文才感情相投、关系亲密的宁冈同乡刘辉霄,绿林时期就出生入死、肝胆相照的谢桂标一起带上。② 可以说,这是毛泽东力除土客籍矛盾的杰作。让袁文才随红四军下山,就是为了减少他与土籍派的矛盾,也是为了保护他。没有想到的是,当红四军主力到达东固后的第五天,即 1929 年 2 月 22 日,红四军与江西红军第 2 团、第 4 团举行了会师大会。会上毛泽东传达六大文件并发表

---

① 中国井冈山干部学院著:《井冈山斗争时期的县委书记——袁文才》,中国发展出版社 2015 年版,第 78 页。

② 参见袁建芳著:《我的爷爷袁文才》,江西人民出版社 2011 年版,第 132—133 页。

了激情洋溢的讲话。这天晚上,袁文才来到毛主席住处想汇报一下出击赣南以来的感想感悟,恰好毛泽东与贺子珍刚出去不久,警卫员龙开富让他在毛泽东的房间等一等。当袁文才走到毛泽东的房间坐下时,无意中看到桌上摆放着毛泽东在会师大会上传达的那份中共六大决议案,于是他随手拿过来翻一翻。猛然间,他看到了中共六大决议案中对土匪的规定,其中"十:对土匪的关系……他们的头领应当作反革命的首领看待,即令他们帮助武装起义亦应如此。这类首领均应完全歼除。"①这简短的几行文字,犹如同晴天霹雳,使袁文才大吃一惊,寒彻入骨。这时候,他回想到毛泽东在柏路会议上传达六大文件时突然宣布休息时的神情,柏路会议后大家看他和王佐时那种让人难以捉摸的目光,又想到毛泽东耐心劝导他随红四军出征赣南那种感人的情景,似乎找到了答案。让他不可理解和不能接受的是:"自己对党一直忠心耿耿、毫无二心,党为什么非要除掉自己?想到这里,袁文才不由得一阵寒心,伤心欲绝。"②"袁文才在反思自己,究竟做了哪些对不起党的事?没有,确实没有!自从入党那天起,他就把自己的一切交给了党的事业。永新劫狱,他奋不顾身;处决胡亚春(袁文才在马刀队的前任首领,与秋收起义部队为敌——作者注),他深明大义;接受毛泽东安家茅坪,他竭尽全力;出击赣南,他身先士卒;创建井冈山根据地,他尽心尽责;保卫红色政权,他舍生忘死……可这一切,不仅不能得到党的认可,相反,党却不能容纳自己。这世上还有什么天理公道?还有什么是非曲直?"③他本想去找毛委员评评理,发泄自己的不满和怨气,找到解救自己的办法,

---

① 中国井冈山干部学院著:《井冈山斗争时期的县委书记——袁文才》,中国发展出版社 2015 年版,第 82—83 页。

② 中国井冈山干部学院著:《井冈山斗争时期的县委书记——袁文才》,中国发展出版社 2015 年版,第 83 页。

③ 袁建芳著:《我的爷爷袁文才》,江西人民出版社 2011 年版,第 131 页。

可考虑到六大文件是党中央制定的,毛委员也无法改变,再加上红军眼前处在艰苦卓绝、困难重重的境地,他不想再给毛委员增添负担和麻烦了。恰在这时,刘辉霄又来告诉他"井冈山根据地已经失守,彭德怀率红五军向赣南转移了,但王佐还在坚守"①。这对袁文才来说,无异于五雷轰顶、雪上加霜。井冈山这块地盘,是他十多年来用生命和鲜血打下来的,那是他的命根子。六大决议和井冈山失守,像两把无形的剑穿透了袁文才的心,压得他喘不过气来。于是,他把刘辉霄、谢桂标找来,告诉他们六大文件的内容,对他们说:"我虽然早就是共产党的人,但如今党不仅信不过咱,而且还容不了咱……现在井冈山又失守了,我们的亲人,我们那些患难与共的兄弟战友如今生死未卜。我们三个人情同手足,这次一同出来,我希望大家一起回去。待在家乡,毕竟比在外面要更加稳当。""我现在只想,今后我们只要不去做危害党和革命事业的事,无论是在哪里干革命都是一样。"②随后,袁文才、刘辉霄、谢桂标三人私自离队,化装成小贩,经过几天的风餐露宿,"终于在3月2日凌晨到达井冈山的茨坪。"③实际上,就在袁文才去找毛泽东的那天晚上,"毛泽东正在朱德住处研究对策(应对李文彬部、金汉鼎部对东固的攻势——作者注),他们闻知井冈山失守的消息,心情十分沉重,而对眼前的严峻局势,又甚是担忧。"④当天深夜毛泽东才回到住处,龙开富告诉他袁文才来过之事。当毛泽东看到桌上的六大文件时,似乎觉察到袁文才知道了

① 中国井冈山干部学院著:《井冈山斗争时期的县委书记——袁文才》,中国发展出版社2015年版,第84页。

② 中国井冈山干部学院著:《井冈山斗争时期的县委书记——袁文才》,中国发展出版社2015年版,第84页。

③ 中国井冈山干部学院著:《井冈山斗争时期的县委书记——袁文才》,中国发展出版社2015年版,第86页。

④ 袁建芳著:《我的爷爷袁文才》,江西人民出版社2011年版,第135页。

六大文件的内容,他准备抽时间找袁文才直截了当谈这个问题,说开了,袁文才也就安心了。"然而,令人遗憾的是,此刻袁文才已经离队上路,他不仅与他人生中这一关键性的重要转机擦肩而过,而且为他一年后的蒙冤被杀埋下了祸根。"①

由于是私自离队,袁文才没敢直接联系边界特委和32团,他先来到王佐家,对王佐说:"这次我与辉霄、桂标私自离开红四军,固然违反纪律,但并不是我自己愿意要这样做,说到底也是被迫无奈。你知道,我选三并非贪生怕死之辈,但死也要死得明明白白,死得值。"②王佐理解了袁文才的"苦衷",两人多次作了商量。袁文才说:"自从来到你这里已经十多天了,东躲西藏过日子总不是个事。现在我已经做好了打算,干脆主动向组织承认错误。"③之后,他让王佐先找宁冈县委书记何长工透点风、探探口气。何长工一听,觉得问题严重,就让王佐把袁文才接到山上,先后与袁文才谈了五次话。一方面,对其"苦衷"表示一定的理解。明确指出,毛委员之所以把你们几人调任红四军出征赣南,既是对你们的看重和培养,也是为了防止和消除土客籍矛盾带来的不良后果,这是毛委员的一片良苦用心。另一方面,对其违反纪律的问题进行严肃批评和教育。明确指出六大决议案的有关政策规定如有错误,完全可以逐级向上反映,但作为一名党员,不遵守党的纪律,这是不对的;作为党的高级干部,擅自脱离部队,这是犯法的事情,是党纪军规所不容的。听了何长工的话,袁文才认识到自己的错误,悔恨自己的鲁莽行为,愿意接受组织处理,表示要以今后的实际行动来改正自己的错误。不仅如此,他还是有敬畏之心的,

---

① 袁建芳著:《我的爷爷袁文才》,江西人民出版社2011年版,第135—136页。
② 中国井冈山干部学院著:《井冈山斗争时期的县委书记——袁文才》,中国发展出版社2015年版,第87页。
③ 中国井冈山干部学院著:《井冈山斗争时期的县委书记——袁文才》,中国发展出版社2015年版,第86页。

"他就怕毛主席整他。"要何长工"到毛主席那里去替他担保、销差。"①
何长工说:"我碰到毛委员就替你报告,毛委员会接受我这个意见的。
他这才放心。"②鉴于袁文才认错态度较好,有悔改的决心和表现,何
长工认为,袁文才为秋收起义部队立足井冈、创建革命根据地立下了
汗马功劳,不能因为他现在犯了错误,就否定他过去的成绩,不给他改
过的机会。于是,他专门召开宁冈县委常委会议,对袁文才等三人私
自离队问题进行研究处理。到会的宁冈土籍常委龙超清、谢希安、肖
子南等,对袁文才私自离队极为不满,他们从心里害怕袁文才回来,所
以极力反对给袁文才重新安排工作。这使何长工感到很棘手,他只得
向边界特委巡视员宛希先做了汇报。宛希先也理解袁文才私自离队
的"苦衷",但又严肃批评了袁文才无组织无纪律的错误行为。在宛希
先的指导下,宁冈县委给了袁文才一个"党内警告"处分,并把他调回
宁冈担任县赤卫大队大队长,刘辉霄、谢桂标仍回宁冈县委政府工作。
袁文才愉快地接受了处分。"同年5月,袁文才重新出来工作,担任宁
冈县赤卫大队大队长职务,并参加了中共宁冈县委常委。"③袁文才上
任后,想法设法促进赤卫大队的发展,把原先仅剩下2个班、20余支枪
的赤卫队迅速发展到60多人枪,与王佐率领的红军独立1团一起奋
战,先后收复了边界的部分失地。当年11月,他在睦村打垮了宁冈反
动靖卫团,击毙了宁冈县长陈宗经,赤卫大队也发展接近一个营。尽
管如此,但龙超清、朱昌偕、王怀等人对袁文才意见很大。

第二,宛希先被杀。毛泽东在红四军主力下山时把宛希先留

<hr>

① 中国井冈山干部学院著:《井冈山斗争时期的县委书记——袁文才》,中国发展出
版社2015年版,第88页。
② 中国井冈山干部学院著:《井冈山斗争时期的县委书记——袁文才》,中国发展出
版社2015年版,第88页。
③ 中国井冈山干部学院著:《井冈山斗争时期的县委书记——袁文才》,中国发展出
版社2015年版,第90—91页。

下,是希望他能缓解土客籍之间的矛盾、担负起巩固根据地的重任。之所以选择宛希先,一方面,他政治上比较强,是毛泽东十分器重的领导骨干和得力助手。在井冈山他是一位不寻常的人物,各方面声望都很高,是湘赣边界特委班子里唯一的外籍干部。另一方面,他是湖北人,虽然年龄不大(23岁),但资历不浅。1925年加入中国共产党,北伐战争中在国民革命军第二方面军总指挥部警卫团任班长;1927年9月参加秋收起义,任工农革命军第1师第1团1营党代表;三湾改编时他是第一个响应毛泽东号召表示要革命到底的人,被增补为前委委员;曾率部两次攻克茶陵,参与建立了湘赣边界第一个红色政权——茶陵县工农兵政府;1928年5月起,任工农革命军第4军军委委员、第10师党代表、湘赣边界特委委员、常委和巡视员。1929年1月,红军主力离开井冈山,他留下来参与领导边界的斗争,兼任中共茶陵县委书记。毛泽东离开井冈山后,土、客籍矛盾少了约束,进一步尖锐,虽然宛希先做了不少努力,但无意中卷入了土客籍矛盾的漩涡,招来了杀身之祸,主要原因:一、永新县委妇女部长龙家衡之死,宛希先参与处理,招来了土籍派的怨恨。龙家衡,是永新县大土豪龙庆楼(当时有一支五六百支枪的靖卫团,经常配合国民党正规军向九陇山"进剿")的妹妹,但她是一位敢于向旧世道宣战的叛逆者。1926年夏,她与刘真、王怀等共产党员从外地回到永新开展革命活动。1928年春入党,并与担任永新县委书记的刘真结为夫妻,6月担任永新县委妇女部长。他们结婚期间特委有事,特委巡视员宛希先几次派人叫刘真回来视事,刘真没有从命。于是混进革命队伍的坏人就造谣说,龙家女子是内奸,想利用刘真的关系打进来破坏革命工作,将刘真的妻子枪杀了。刘真因此对宛希先恨之入骨。不久,刘真去南昌开会途中被龙庆楼杀害。有人又趁机造谣说,刘真惨死的主因出自宛希先。① 还有一种说法是，1928年8月中旬的一天下午，龙庆衡在永新县九陇山区工作时，突然得知丈夫刘真的父亲病逝的噩耗，来不及向县委、特委请示，就连夜赶到位于白区的刘真家中，料理公公的后事。但她的行踪被敌靖卫团探知，敌靖卫团尾随龙庆衡来到根据地，企图偷袭区委机关和红军医院。恰巧，宛希先率二连红军来到九陇山区，击退了靖卫团的进攻。这就引起大家的怀疑，为什么龙庆衡前脚到、敌人后脚就跟上来了？加上她出身富绅家庭，于是人们对她产生了怀疑，随后宛希先下令对龙庆衡进行审查。没有想到的是，在审查中宛希先的部下无意中枪走火，打死了龙庆衡。② 不管是哪一种情况，结果是龙家衡被杀害了，宛希先参与处理了。由于刘真是朱昌偕的入党介绍人，是王怀的同学，龙家衡与朱昌偕、王怀等人关系甚好，有浓厚的革命友情。因此，朱昌偕、王怀等人对宛希先怀恨在心。二、永新、宁冈两县的"洗党"，损害了部分土籍人的利益，招来了土籍派的强烈不满。"1928年10月间，湘赣边界特委决定在根据地内实行'洗党'，宛希先负责永新、宁冈两县的'洗党'工作。在洗党工作中，由于他对党团骨干要求过严，在对一些干部的错误进行批评与教育时毫不留情，方法上也有不当之处，令许多人下不了台。人们开始对他敬而远之，甚至还给他送了个'暴君'的绰号。同时因打击面过宽、清洗过多，损害了部分土籍人的利益，故再一次引起了朱昌偕、王怀等人的不满。"③三、宛希先与袁、王的关系一向很好，招来了土籍派的忌恨。宛希先积极贯彻

① 参见余伯流、陈钢著：《井冈山革命根据地全史》，江西人民出版社2010年版，第394—395页。

② 参见中国井冈山干部学院著：《井冈山斗争时期的县委书记——袁文才》，中国发展出版社2015年版，第260—261页。

③ 引自中国井冈山干部学院教师肖小华发表在大庆师范学院学报上的《宛希先被错杀的原因及历史教训》一文，2010年1月第30卷，第1期

毛泽东关于对绿林武装团结、改造的方针，对袁文才、王佐不排挤、不轻视，被袁、王视为知心的朋友。在三湾改编时宛希先就接待了袁文才的代表，此后与袁、王相识并结下了深厚的友谊，成为"意气相投、感情甚笃的至交"①。宛希先在很多方面替袁、王说话。因此，土籍派就把宛希先视为眼中钉、肉中刺。四、土籍派力主杀袁、王，宛希先反对，被土籍派视为绊脚石。在族群利益的争夺中，掌握兵权的客籍占了上风，掌握党权的土籍暂居下风。但当中共六大决议案传到井冈山时，土籍的"党"终于找到了向客籍的"枪"发难的机会和依据。在柏路会议间的小范围会议上，龙超清、王怀力主处死袁、王；毛泽东、朱德、陈毅、谭震林、宛希先都明确表示不同意杀袁、王，特别是宛希先，坚定地站在毛泽东的一边，坚决反对杀袁、王，这与土籍派的错误主张格格不入。开国上将陈士榘在回顾这段历史时说："1929 年年初，在红四军前委讨论六大决议案的扩大会议上，永新县委的王怀和宁冈县委的龙超清等人，杀气腾腾地站了起来，他们说道：现在看来，杀掉袁文才、王佐完全符合中央的政策。这些人明明知道毛泽东对袁、王的一贯政策和态度，此时显然是在借用中央的精神要压毛泽东。"②袁文才从东固私自离队回来后，"在处理袁文才的特委常委会议上，宛希先又从大局考虑，与何长工站出来联手保袁，因而打破了他们想借此机会在政治上重创袁文才的图谋，又一次激起了他们的愤怒。"③毛泽东下山后，在边界特委中，宛希先就成了袁、王的唯一依靠，不除掉宛希先，就难以除掉袁、王。为此，

---

① 中国井冈山干部学院著：《井冈山斗争时期的县委书记——袁文才》，中国发展出版社 2015 年版，第 107 页。

② 中国井冈山干部学院著：《井冈山斗争时期的县委书记——袁文才》，中国发展出版社 2015 年版，第 102—103 页。

③ 中国井冈山干部学院著：《井冈山斗争时期的县委书记——袁文才》，中国发展出版社 2015 年版，第 107 页。

朱昌偕、龙超清、王怀等人在强烈的排外思想驱使下,加上"新仇旧恨",终于萌发了诛杀宛希先的念头。

"1929 年 11 月间,湘赣边界特委决定边界各县地方武装统一行动,攻打仍被敌军占据的永新县城。宛希先在茶陵县作了布置,但茶陵工农革命武装要去参加攻打永新县城的消息,被驻扎在茶陵县的国民党军队获悉。国民党在茶陵通往永新的要道上布下重兵,等候茶陵工农武装自投罗网。为保存革命力量,宛希先决定茶陵革命武装不参加攻打永新县城的行动。……朱昌偕对宛希先不服从特委调遣大为恼火,他在永新的大湾村一户富庶人家的宅子里开专门会议,要宛希先说明原因。在会上,无论宛希先怎么解释,朱昌偕等人都置若罔闻,……会议最后以不执行特委决议、破坏对敌斗争的罪名将他关在一间茅屋里。"①为及时向上级组织报告情况,宛希先半夜跳窗逃入大山,计划天亮后再走。朱昌偕、王怀等闻讯后连夜组织一两千人打着火把搜山,搜了两天,结果把宛希先搜出来了。最后,宛希先被"残酷地杀害了"。客观地讲,宛希先是红四军的重要干部,又是井冈山革命根据地的功臣,他的问题与袁、王的问题不同,主要是工作方法问题,处理这样重要的干部应该报请红四军前委或上一级党委批准,而朱昌偕与宛希先是一个班子里朝夕相处的同事,对宛希先的能力和人品应该有一个基本的判断,即使有意见分歧,认为他袒护袁、王,也可以向红四军或上级党组织反映将其调走即可,完全没有必要把他当作敌人来处理。

袁文才对宛希先被害极为愤慨,痛骂永新县委那帮人是秦桧、是奸臣、是注定没有好下场的小人。他和王佐立即赶到永新找朱昌偕评理,大声质问:"朱昌偕,你也太胆大妄为了。宛希先身为特委常

---

① 肖小华:《宛希先被错杀的原因及历史教训》,《大庆师范学院学报》2010 年第 1 期。

委,他究竟犯了什么滔天大罪,你想杀就杀!是谁给你这个权力?"朱昌偕紧绷着脸,扔回一句冷冰冰的话:"谁叫他违抗特委的命令!谁违抗特委的命令,就是这个下场!"袁文才、王佐问得合情合理、有根有据,可朱昌偕回答得无法无天,俨然自己就是个太上皇,有权就任性!随后双方你一言我一句,发生了激烈的争吵。袁文才眼看朱昌偕毫无认错之意,觉得再吵下去也无济于事,于是大声说道:"今天的事还没完,南斗,我们走!总有一天,毛委员会为这件事主持公道!"①朱昌偕、王怀等人看到袁文才、王佐这架势,担心袁、王会为宛希先报仇,于是他们决定对袁、王要先下手为强,以防不测。这样,为宛希先打抱不平的袁、王因此招来了杀身之祸。对此,决定把宛希先留下来的毛泽东该是怎样的感受呢?当毛泽东得知宛希先被杀的消息时,痛心疾首地讲到:"湘赣边界特委怎能杀掉宛希先?"②"宛希先为何被诛杀?归根到底,是永新县委和边界特委内土籍常委对宛希先的积怨怀恨。而这些积怨怀恨,主要又是出于他们的狭隘心理和严重的地方主义。"③1945年,党的七大追认宛希先为革命烈士。1965年5月,毛泽东重上井冈山,曾专门提到宛希先,并满怀深情地说:"实践证明,宛希先是一个很优秀的同志。"

第三,朱昌偕当上边界特委书记。1929年2月,朱昌偕担任边界临时特委书记。5月,原特委书记邓乾元回到边界,朱昌偕即回永新担任县委书记。同年8月,邓乾元离开边界,朱昌偕担任边界特委书记。21岁的他就成为了边界的最高首长。古语说:"一朝权在手,

① 中国井冈山干部学院著:《井冈山斗争时期的县委书记——袁文才》,中国发展出版社2015年版,第109页。
② 中国井冈山干部学院著:《井冈山斗争时期的县委书记——袁文才》,中国发展出版社2015年版,第105页。
③ 中国井冈山干部学院著:《井冈山斗争时期的县委书记——袁文才》,中国发展出版社2015年版,第105页。

便把令来行。"年轻气盛的他,难免有权就任性。在 1929 年 1 月毛泽东、朱德率领红四军主力离开井冈山之前,"朱昌偕及特委副书记王怀、常委刘天干等负责人与袁文才、王佐在工作上并没有太密切的联系,他们之间也无什么矛盾。他们的矛盾是在朱德和毛泽东率部离开井冈山、朱昌偕担任湘赣边界特委书记以后产生并日益加深的。"①朱昌偕与袁文才、王佐的矛盾是如何产生呢?

第一点,袁文才、王佐在湘赣边界是大名鼎鼎、妇孺皆知的人物,比朱昌偕大 10 岁,他们的资历、声望、功绩远在朱昌偕之上,难免会产生"瞧不起人"的心理。"在红军主力离开井冈山后,他们认为朱昌偕、王怀及宁冈县委书记龙超清只会纸上谈兵,耍嘴皮子,真刀真枪不行,因此自己的部队行动常不请示报告,独断专行,引起了特委、宁冈县委的不满,因而双方产生了隔阂和矛盾。"②

第二点,朱昌偕担任临时特委书记后,将袁、王排除在边界特委之外。1929 年 2 月,召开了宁冈、茶陵、永新三县党的联席会议,成立湘赣边界临时特委,朱昌偕任书记,刘真、宛希先、朱昌偕 3 人为常委。3 月 14 日,边界特委扩大会议在永新召开。会议决定取消 1928年 12 月产生的正式特委和 1929 年 2 月三县联席会议产生的临时特委,成立新的临时特委,朱昌偕任书记,何长工、宛希先、刘真、陈正人、朱昌偕 5 人为常委,刘宗义、王怀、龙超清、谭思聪为候补常委。1929 年 5 月,原特委书记邓乾元回到边界,于 5 月 10 日在宁冈古城召开了边界特委第四次执委会。产生了邓乾元、刘天干、陈正人、刘真、谭思聪、滕代远、彭德怀、朱昌偕、宛希先、朱亦岳、龙超清、王佐

---

① 中国井冈山干部学院著:《井冈山斗争时期的县委书记——袁文才》,中国发展出版社 2015 年版,第 257—258 页。

② 中国井冈山干部学院著:《井冈山斗争时期的县委书记——袁文才》,中国发展出版社 2015 年版,第 259 页。

农、周礼、苏瑞兰等15人组成的新的执委会。邓乾元、刘天干、陈正人、刘真、谭思聪5人为常委。邓乾元为书记,刘天干为副书记,陈正人为秘书长,刘天干兼组织委员,刘真兼宣传委员。① "袁文才、王佐在第二届第四次执委会上没有当选执委会成员"。② 从1928年2月到1929年1月,袁文才先后担任8个党政军重要职务:工农革命军第2团团长(2月)、前敌委员会委员(3月)、红四军军委委员(4月)、红四军32团团长(5月)、湘赣边界工农兵政府主席(5月)、中共湘赣边界特委委员(6月、10月两次当选)、中共宁冈县委书记(8月)、红四军参谋长(1929年1月)。③ 王佐是边界第一届、第二届特委委员,担任过32团副团长、团长、红四军军委委员,边界防务委员会主任等多个党政军重要职务,特别是井冈山失守后,他不埋怨、不怯懦,将部队化整为零,顽强地同"会剿"的敌人进行了两个多月的斗争,收复了大部分地区,为边界根据地的恢复和政权建设作出重要贡献。这样的资历和贡献,按道理,应该在特委有一席之地,可朱昌偕、邓乾元就是没有让他俩进特委。不仅如此,这时袁文才只有宁冈县赤卫大队大队长一个职务,王佐也只是湘赣边界红军第一团第一营营长(后改为红五军第六纵队司令)。这样的安排,袁、王不可能没有意见。袁、王不可能不想,毛泽东在的时候,他俩是井冈山的"两朵花",而朱昌偕等人执政,他们就是"两只虾"。如此巨大的反差,势必会激起袁、王的不满和怨气。有了不满和怨气,袁、王自然就不会主动接受边界特委的领导和指挥。对于边界特委和宁冈县委来说,你袁文

---

① 参见《浴血罗霄——井冈山革命根据地历史》(修订版),中国发展出版社2014年版,第350—354页。

② 中国井冈山干部学院著:《井冈山斗争时期的县委书记——袁文才》,中国发展出版社2015年版,第258页。

③ 参见中国井冈山干部学院著:《井冈山斗争时期的县委书记——袁文才》,中国发展出版社2015年版,第130页。

才、王佐是下级，凡事你都要请示汇报，不请示汇报，你就是无组织无纪律。双方互不相让，矛盾越积越大。"罗克绍事件"就是明显的例证。"一直与朱昌偕、谢希安等人较着劲的袁文才，认为这次军事行动完全出于公心，是出于对加强边界武装力量的考虑，加之心不服气不顺，所以，事先也没有跟特委通气，更谈不上报告了。而事后，谢希安等宁冈土籍干部提出要杀掉罗克绍，袁文才又不同意。这下可是麻烦大了。谢希安等便故意借机造势，立即上告特委，硬说袁文才、王佐是'勾结罗克绍'，要'叛变投敌'。"①

第三点，边界特委主要由土籍人所掌控。井冈山革命根据地失守后，"实际在特委工作的只有邓乾元、朱昌偕、龙超清、刘真、刘天干、陈正人、宛希先、朱亦岳等人，书记先后为邓乾元、朱昌偕。"②这其中有一个关键人物龙超清，他与朱昌偕、刘真、王怀等人关系密切，和袁文才是死对头。"龙超清认为袁文才刚愎自用、目空一切，而袁文才则与龙超清那种工于心计、缺乏坦诚的性格格格不入。"③毛泽东在下山前，采取了一系列措施："将龙超清调往莲花县工作；将袁文才任命为红四军参谋长；将擅长做政治工作的何长工调任宁冈县委书记；对边界县区委干部也作了调整。"④实际上，龙超清没有去莲花赴任。他"1929 年 3 月后，选为边界特委候补常委、特委执委、宣传部长"⑤。这时正是朱昌偕担任边界临时特委书记，可见他

① 中国井冈山干部学院著：《井冈山斗争时期的县委书记——袁文才》，中国发展出版社 2015 年版，第 114 页。

② 中国井冈山干部学院著：《井冈山斗争时期的县委书记——袁文才》，中国发展出版社 2015 年版，第 274 页。

③ 中国井冈山干部学院著：《井冈山斗争时期的县委书记——袁文才》，中国发展出版社 2015 年版，第 104 页。

④ 中国井冈山干部学院著：《井冈山斗争时期的县委书记——袁文才》，中国发展出版社 2015 年版，第 294 页。

⑤ 余伯流、陈钢著：《井冈山革命根据地全史》，江西人民出版社 2010 年版，第 492 页。

对毛泽东作出的决定不予执行。毛泽东消除土客籍矛盾的"力作"就这样被朱昌偕给破坏掉了。"此时的边界特委主要是由对袁、王抱有很深成见的宁冈、永新等土籍领袖所领导。加上宁冈、永新两县委也是与袁、王矛盾很深的谢希安、刘真、朱昌偕等人任书记,边界特委的这种人员构成是造成袁、王被杀的组织基础。"①

第四点,由于六大决议的影响,"朱昌偕、王怀、龙超清等人始终未把袁、王当成自己人,对他们戒备多于信任。""袁、王也心知朱昌偕为首的特委一班人对自己另眼相看,不相信,便生出不满和怨气。这样一来,双方的矛盾也就与日俱增了。"②在恢复和巩固根据地的斗争中,双方尚能以大局为重,共同对敌,矛盾未公开化。到1929年11月,因宛希先被特委错杀,袁文才、王佐与朱昌偕发生了激烈的争吵,双方对骂,矛盾激化。朱昌偕"对袁、王既恼怒又警惕,认为此二人桀骜不驯、目无特委,今后一定会危及革命,难怪党的六大作出决议,要严厉镇压这些人,自此萌发了铲除袁、王的念头。"③

1930年1月,中央巡视员彭清泉来到永新,朱昌偕、龙超清向他汇报了袁、王的情况,特别提到了对袁、王的担心。于是,彭清泉于1月18日主持召开了于田会议,根据六大文件和龙超清的情况汇报,做出了解决袁、王的决定。朱昌偕回到永新,与王怀、龙超清等人商议如何解决袁、王。龙超清、王怀认为,袁、王虽然目无特委、独断专行、难以指挥,但至今尚无反对革命、投靠敌人的行为,现在解决袁、王难以服众,必须从长计议。朱昌偕思量再三,同意了龙超清和王怀的意见。

---

① 中国井冈山干部学院著:《井冈山斗争时期的县委书记——袁文才》,中国发展出版社2015年版,第274页。

② 中国井冈山干部学院著:《井冈山斗争时期的县委书记——袁文才》,中国发展出版社2015年版,第259页。

③ 中国井冈山干部学院著:《井冈山斗争时期的县委书记——袁文才》,中国发展出版社2015年版,第264页。

1930年2月,宁冈县委负责人谢希安向边界特委汇报,说袁、王勾结茶陵县反动靖卫团总罗克绍叛变投敌。"袁文才、王佐所做的一切,事关重大,却没有向宁冈县委、湘赣边界特委请示汇报,宁冈县委、湘赣边界特委对此事全然不知。"[1]于是朱昌偕"连夜召集边界特委负责人及永新、宁冈县委领导人,开会研究对策。朱昌偕认为,虽然目前尚不清楚袁、王勾结罗克绍反水是真是假,但袁、王不请示特委擅自释放罗克绍(此处有误,袁、王被杀后,袁文才的部下谢角铭把罗克绍带回茶陵释放并发表反共通电,见《井冈山斗争时期的县委书记——袁文才》一书第285页)却是不争的事实。再说,倘若袁、王反水是真的,那后果不堪设想,为了革命不致遭到损失,应该果断地先下手为强,除掉袁、王。……最后会议通过了立即解决袁、王的决定。"[2]鉴于袁、王部队有700多人,作战勇猛不怕死,硬碰硬难以对付,朱昌偕提出要"设法把袁、王骗到永新来",以特委的名义(实际是冒用毛泽东的名义)给袁、王去一封信,让他们赶到永新接受改编,配合红五军攻打吉安,待袁、王到永新后,将安排他们与部队分开住宿,晚上即可行事。袁、王不知是计,率部于2月22日晚上赶到永新,24日凌晨被诛杀。杀害袁、王无疑是错误的,主谋是朱昌偕,他对这一事件负有不可推卸的责任。

(2)袁、王自身的缺点错误。**第一点**,他们虽已编入了正规红军,但许多人过惯了自由散漫的生活,游民习气很重,组织纪律观念差。**第二点**,袁、王两人性情高傲,个性强、疑心重,"只信仰个人,不信仰组织"。比如袁文才,毛泽东在时,只佩服毛泽东个人,说"毛泽东是中央才","我就听一个毛委员的"[3]。他们对毛泽东言听

---

① 中国井冈山干部学院著:《井冈山斗争时期的县委书记——袁文才》,中国发展出版社2015年版,第265页。

② 中国井冈山干部学院著:《井冈山斗争时期的县委书记——袁文才》,中国发展出版社2015年版,第265—266页。

③ 刘克犹:《井冈山斗争点滴回忆》,1978年8月24日,内部采访资料。

计从,但对新成立的边界特委则有些敷衍了事,时听时不听,让特委的同志特别是朱昌偕觉得他们目中无人。第三点,袁文才对宁冈"土籍的党"现象看不惯,在打土豪、分田地、人事安排等问题上与龙超清多有不合。袁文才"自己有点见解,个性也比较固执,有点看不起宁冈当时的县委书记龙超清和永新县委书记王怀,认为他们二人年轻,本事不大"。① 第四点,袁文才本已随军下山,但中途私自离队,这是严重的违纪行为。第五点,对策反罗克绍这样的大事,既不请示,又不商量,擅自行动,这是无组织无纪律的表现。第六点,特别是宛希先被杀后,应该向上一级党组织或红四军前委反映,不应该与朱昌偕等人大吵大闹,甚至威胁对方。

(3)湘赣边界特委的错误认识和处理。第一点,杨开明、邓乾元、朱昌偕等先后担任湘赣边界特委书记,他们都把袁、王所部视为湘赣边界的主要危险、潜在的敌人,认为党与他们的利益冲突终究是要爆发的。第二点,六大文件传到边界后,他们没有正确认识袁、王的特点和变化,没有具体问题具体分析,就认为袁、王是土匪,是足以危害边界政权的第一个势力。比如,1929 年 2 月 25 日,杨克敏在《关于湘赣边界苏区情况的综合报告》中写道:"边界的土匪有两部,一为袁文才,一为王佐部……袁王二人都非常狡猾,且有能力,对党的认识很薄弱,小资产阶级意识非常浓厚,信仰各(个)人,不相信群众。"②邓乾元在《关于湘赣边界五月至八月工作对中央的报告》写道:"边界政权的危机——足以危害边界的第一个势力就是土匪。"③

---

① 中国井冈山干部学院著:《井冈山斗争时期的县委书记——袁文才》,中国发展出版社 2015 年版,第 184 页。

② 井冈山革命根据地党史资料征集编研协调小组、井冈山革命博物馆:《井冈山革命根据地》(上),中共党史资料出版社 1987 年版,第 278 页。

③ 井冈山革命根据地党史资料征集编研协调小组、井冈山革命博物馆:《井冈山革命根据地》(上),中共党史资料出版社 1987 年版,第 338 页。

第三点，他们认为边界政权并不是真正的共产党领导的政权，而是与土匪合作的政权。邓乾元在报告中写道："本来边界的政权并不是真正的共产党所领导的政权，而是与土匪合作的政权。"①**第四点**，夸大了"土匪"问题的严重性。邓乾元在报告中还写道："现在土匪问题更加严重，袁王现在对我们处处怀疑，袁有另找出路脱离我们的象征，王在袁的影响之下，亦与我们的关系日益恶化。"②还把处理土匪问题作为急待决定问题之一，"边界原有三策：第一是调开，此为上策，二是敷衍以图安，此为中策，三照六次全会的指示解决之，此为下策。上策能行固好，不能行则请问是否执行下策或另想办法？"③"从报告的前后逻辑来看，他力主执行下策。"④**第五点**，边界特委混淆了两类不同性质的矛盾。应该承认，袁、王是有缺点和错误的，然而这些问题均属于党内矛盾，不是敌我矛盾，完全可以用处理党内矛盾的办法去处理。边界特委的同志混淆了两类不同性质的矛盾，带着偏见，只看到了袁、王的缺点和不足，没有看到他们的优点成绩和变化。"客观地说，袁、王对井冈山革命根据地的创建、巩固、发展都做出了重大贡献。"⑤袁文才从 1928 年 2 月到 1929 年 1 月，在不到一年的时间里，共先后担任八个党政军职务，可以看出袁文才在井冈山的地位和作用。应该说，他是井冈山革命根据地的功臣。可边界特委一些负责人对袁文才等人意见很大，多次向中央反映袁、王的问题，把袁、

---

①　井冈山革命根据地党史资料征集编研协调小组、井冈山革命博物馆：《井冈山革命根据地》（上），中共党史资料出版社 1987 年版，第 338 页。

②　井冈山革命根据地党史资料征集编研协调小组、井冈山革命博物馆：《井冈山革命根据地》（上），中共党史资料出版社 1987 年版，第 338—339 页。

③　井冈山革命根据地党史资料征集编研协调小组、井冈山革命博物馆：《井冈山革命根据地》（上），中共党史资料出版社 1987 年版，第 346 页。

④　中国井冈山干部学院著：《井冈山斗争时期的县委书记——袁文才》，中国发展出版社 2015 年版，第 317 页。

⑤　中国井冈山干部学院著：《井冈山斗争时期的县委书记——袁文才》，中国发展出版社 2015 年版，第 312 页。

王归之于"土匪"之列,推向对立面,尤其是对革命同志的问题没有做到实事求是。"当时,杀袁、王的'理由'主要是:①认定袁、王是"土匪";②认为袁、王有两大罪状:'一是反对分田反对苏维埃;二是勾结茶陵靖卫团,扰害永新赤色政府。'这些罪名,实际上都是站不住脚的,是强加在袁、王头上的。"①之所以说这些罪名是强加在袁、王头上的,是因为:第一,毛泽东在上井冈山之前就知道,袁、王所部是党的武装。在安源张家湾军事会议上,王兴亚就向毛主席介绍过袁、王的情况。在毛主席率领秋收起义部队来到莲花县时,宋任穷送来江西省委书记汪泽楷的信,信中说:"宁冈有我们党的武装,有几十支枪。"②这里指的是袁、王的武装,这说明当时江西省委给袁、王所部的定性是"党的武装"。袁文才1926年入党,这时已是共产党员。正是汪泽楷的来信,确认井冈山袁、王是党的武装,才坚定了毛泽东引兵井冈的信心和决心。可以说,"这封信对秋收起义部队的走向起了很大的导向性、决策性作用。"③第二,在工农革命军茅坪安家、建立以宁冈为中心的工农武装割据中,袁、王立下了汗马功劳,做出了不可磨灭的贡献。没有袁、王的大力配合、支持和帮助,工农革命军想在井冈山立足都很困难,更不要说建立根据地了。应该说,袁、王是创建井冈山革命根据地的功臣。第三,性质发生了变化。过去,袁、王早年加入过绿林队伍,当过"土匪",但他们信守的是"劫富济贫、除暴安良"的原则;工农革命军上井冈山后,他们接受前委的领导,接受了革命军对他们队伍的教育、训练和改造,1928年2月改编为工农革命军第1军第1师第2团,5月改编为红四军32团,是红四军4个主力团之一。袁、王

---

① 《浴血罗霄——井冈山革命根据地历史》(修订版),中国发展出版社2014年版,第369页。

② 余伯流、陈钢著:《井冈山革命根据地全史》,江西人民出版社2010年版,第56页。

③ 余伯流、陈钢著:《井冈山革命根据地全史》,江西人民出版社2010年版,第56页。

也由过去的绿林首领,转变为党的干部,王佐于 1928 年 4 月入党,两人都担任了边界党、政、军重要领导职务,为根据地的建设发挥了重要作用,立了不少战功,帮助工农革命军解决了不少难题。这时再纠缠过去的历史,说他们是土匪,显然是不客观、不公正的。第四,反对分田、反对苏维埃,是没有事实根据的。1928 年 7 月 28 日,谢觉哉在《湘南湘东赣西革命势力之扩张》一文中说:"宁冈土地已分配完毕,永新大部分土地已(分)配好!"陈正人同志也回忆说:"井冈山最早土地革命是在宁冈进行的,因为那里是个巩固的根据地。"①可以想象到,如果袁文才、王佐坚决反对分田,事情就很难办成,更不会进展这么顺利、这么快。实际上,经过毛泽东做工作,袁文才、王佐都亲自领导打土豪分田地,王佐还把自己家的土地分给了农民。说他们"反对苏维埃",更说不通。袁文才担任湘赣边界工农兵政府主席,他总不至于自己反对自己吧。他要是反对苏维埃,他也不会去当这个政府主席。实际上,边界工农兵政府成立以后,土地革命和政权建设等工作取得了显著成绩。第五,袁、王抓罗克绍并不是反水。根据各种史料来看,"袁、王捉罗克绍的目的并不是什么勾结罗克绍、扰害永新赤色政府,而是为了搞枪,搞兵工厂。"②从以上情况分析,杀袁、王的理由是不能成立的,罗列这些罪名,明显是边界特委要除掉袁、王的借口。

(4)红五军的轻听轻信。"当时红五军军委和领导人受'六大'决议案的影响,不察当时边界党和红军内的复杂情况,缺乏审慎的调查研究,轻信了特委某些人的不实之词,出兵弹压,也是酿成袁、王悲

---

① 中国井冈山干部学院著:《井冈山斗争时期的县委书记——袁文才》,中国发展出版社 2015 年版,第 179 页。

② 中国井冈山干部学院著:《井冈山斗争时期的县委书记——袁文才》,中国发展出版社 2015 年版,第 181 页。

剧的一大教训。"①后来彭德怀在《往事回忆》中是这样说的："如果朱昌偕同志反映的事实不符,那么我就犯了轻听轻信的严重错误。"②如果说"轻听轻信"能成立的话,那么让人难以理解的是:一、柏路会议期间,毛泽东召开的一个小范围的会议,专门讨论袁文才、王佐的问题,认为袁、王都加入党组织,不属于"土匪"之列,会议决定不杀袁、王。彭德怀参加了这个会议,对这些情况是清楚的。这里要补充说明的是,彭德怀和王佐一样,都是1928年4月入的党。二、王佐与红五军一起守山,井冈山失守后掩护红五军突围;红五军转兵赣南后,王佐收拢残部继续在井冈山坚持斗争;红五军重返井冈山,王佐率部与红五军一起战斗、夺取失地;红五军挺进粤北开展游击活动,王佐主动提出前往,在多次战斗中都表现得十分勇敢,保持高昂的革命斗志等。彭德怀对王佐这些情况也是了解的。实际上,朱昌偕反映的情况与事实是不符的。三、杀死袁、王后,边界特委让红五军继续追杀袁王在井冈山的余部。开国上将李聚奎回忆说:"在'解决'王佐、袁文才并改编他们的部队后,湘赣边界特委对王、袁在井冈山的余部,仍不放心,遂令红五军第三纵队派出部队上山进行'搜索'。……我于四月初带领四大队上了井冈山,到处搜寻王、袁余部的行踪,并派一些战士化装进行侦察,结果一无所获。……我们问村里的群众,'王佐的部队上哪里去了?'得到的答复却是:'我们不知道,我只知道红五军反水了'……""从这里也可以看出,王、袁的部队是得到人民群众拥护的。他们自身可能在组织纪律上存在很多问题,同湘赣特委某些领导人也可能发生过多次冲突,但说王、袁要叛变是没有任何根据的,充其量不过是内部矛盾而已。而湘赣边特委的一些领导人用对待敌人的办法来

① 余伯流、陈钢著:《井冈山革命根据地全史》,江西人民出版社2010年版,第404页。
② 井冈山革命根据地党史资料征集编研协调小组、井冈山革命博物馆:《井冈山革命根据地》(下),中共党史资料出版社1987年版,第592页。

对待有缺点错误的同志,直至不惜残酷地杀害他们,显然是极其错误的。"①袁、王所部是红四军的主力32团,和红五军是兄弟部队,是同甘共苦的战友,咋能下得了杀手呢? 袁、王已被杀,为什么还要对其他兄弟战友赶尽杀绝呢? 这确实让人不好理解。

"以前大多数研究认为,红五军之所以会从安福派兵到永新诛杀袁、王,是因为边界特委的错误导向,彭德怀犯了'轻听轻信'的错误。其根据是彭德怀、滕代远、张平凯等人的相关回忆。但苏杭、姚金果、胡龙生等人的研究认为,彭德怀对袁、王性质的认定早有自己的想法。正因为彭德怀对袁、王已产生'刻板效应'或者说已经有了先入为主的效应,所以当湘赣边界特委向红五军要求派兵解决袁、王时,红五军给予了极大的配合和支持。"②这就是说,在湘赣边界特委来请求红五军出兵之前,红五军已把袁、王视为土匪。

应该看到,革命的道路是曲折的,当时处在残酷、复杂的战争年代,我们的党还是缺乏经验的年轻的党,处理这起事件的领导同志也是血气方刚的年轻人,难免会冲动冒进、不计后果。这也是造成袁、王被杀历史悲剧的一个客观原因。

袁王被杀的原因,目前史学界比较公认的是六大"左"倾错误政策、土客籍矛盾激化、袁王自身的缺点错误、边界特委的错误认识和处理、红五军的偏听偏信等5个方面的因素。但我觉得还不够,因为毛泽东在井冈山的时候,这几个因素也存在,为什么毛泽东没有杀袁、王? 在团结改造袁、王方面,为什么毛泽东"能",而边界特委其他领导人就"不能"? 这两个问题还没有解释清楚。我认为至少还

① 井冈山革命根据地党史资料征集编研协调小组、井冈山革命博物馆:《井冈山革命根据地》(下),中共党史资料出版社1987年版,第643—644页。

② 中国井冈山干部学院著:《井冈山斗争时期的县委书记——袁文才》,中国发展出版社2015年版,第319页。

有以下三个原因：第一个，能力素质问题；第二个，方法智慧问题；第三个，格局胸怀问题。我们来逐一分析：

第一，能力素质问题。和毛泽东比，主张杀袁、王的这几个领导人的能力素质显然是不够的。在我们党的幼年时期，急需大批年轻有知识的干部。那时有知识有文化的相对比较少，有点知识、文化的人就是宝贝，但知识不等于能力、素质。潘心源（毕业于长沙岳云中学）、杨开明（1924 年毕业于湖南省立甲种工业学校）、邓乾元（1925年毕业于湖南省高等工业学校）、龙超清（1921 年在南昌求学）等都是有知识有文化的人，年纪轻轻就走上领导岗位。潘心源担任浏阳县委书记时 23 岁；杨开明担任湘赣边界特委书记时 23 岁；邓乾元担任湘赣边界特委书记时 24 岁；龙超清担任宁冈县委书记时 23 岁；朱昌偕出身寒微、当过学徒，21 岁就当上了边界特委临时书记。但这并不等于他们的素质就高、能力就强。比如，在对袁、王武装的定性上，他们就认为是"土匪"，一方面，他们没有正确地分析当时井冈山的主要矛盾和次要矛盾、矛盾的主要方面和次要方面，而事物性质则是由矛盾的主要方面决定的；另一方面，受六大文件中对土匪的政策规定的影响，他们机械地执行中央文件精神和上级指示，生搬硬套，没有做到具体问题具体分析，做出错误的判断。再比如，就朱昌偕而言，他1928 年 7 月被任命为永新县委常委、县总工会委员长，同年 10 月当选为湘赣边界特委委员，同年 12 月担任特委常委兼永新县委书记，1929年 2 月担任湘赣边界临时特委书记，1929 年 8 月担任湘赣边界特委书记。这种"火箭式"的提拔，说明朱昌偕"精力充沛，工作有魄力，能打开局面，永新的工作多次受到特委、前委的表彰"①。特别是井冈山失守后，1929 年 8 月邓乾元离开边界后，朱昌偕担任特委书记，"积极领

① 中国井冈山干部学院著：《井冈山斗争时期的县委书记——袁文才》，中国发展出版社 2015 年版，第 256 页。

导边界各县整顿党的组织和地方武装,恢复和建立红色政权,经过一段时间的艰苦工作,使湘赣边界出现了新的斗争局面。"这是他的优点和成绩方面,应该肯定。另一方面,"朱昌偕在其威信日益提高的同时,也渐渐显露出工作和性格上的一些缺陷:他工作雷厉风行,处理问题坚决果断,但有时却存在考虑不周和失之偏颇;他性格急躁而固执,情绪冲动,听不进反面意见,气量有些偏狭。正是由于这些缺点,导致了他以后在处理宛希先和袁文才、王佐问题上的重大失误,造成了井冈山斗争史上的悲剧。"①作为边界特委的一把手,处理复杂问题的能力显然不够,领导素质明显有缺陷。总的来看,由于战争年代的缘故,边界党和军队的领导人"虽然身为党和军队的领导人,但没有机会进行系统的政治理论学习""缺乏马克思主义理论素养和高水平的政治素养""这样的缺陷导致他们政治判断能力不高,容易受客观因素的影响和支配,以致难以从错综复杂的矛盾中看清事物的本质,做出正确的决策"②。而毛泽东熟读马克思主义的理论、熟知中国的优秀传统文化,具有深厚的理论素养,深谙中国的国情,能够把马克思主义基本原理与井冈山革命实际紧密结合,客观看待袁、王武装的由来和变化,最后做出正确的判断。这就是毛泽东与边界特委其他领导人之间的不同,也是能力素质的差别。

第二,方法智慧问题。作为领导干部,就是要抓班子、带队伍,调动大家的积极性和创造性;就是要做决策、抓落实,把党的方针政策落到实处、见到实效;就是要面对复杂的矛盾和棘手的问题,注重领导方法、智慧和艺术,团结一切可以团结的力量,最大限度地调动一切可以

①　中国井冈山干部学院著:《井冈山斗争时期的县委书记——袁文才》,中国发展出版社 2015 年版,第 257 页。
②　中国井冈山干部学院著:《井冈山斗争时期的县委书记——袁文才》,中国发展出版社 2015 年版,第 235 页。

调动的积极因素。刘备三顾茅庐请出诸葛亮并事之以师,所以诸葛亮鞠躬尽瘁、死而后已;对张飞的莽撞、关云长的自负高傲既批评又宽容,待之亲如手足,所以张飞、关云长一生追随、忠心耿耿。这才是领导的方法智慧问题。在我们掌握的史料中,看到的多是杨开明、邓乾元、朱昌偕等人对袁文才、王佐的指责、批评和不信任,很少看到他们对袁、王耐心教育、改造的情节,很少发现他们对有缺点的干部采取有效的政策和策略。比如 1929 年 2 月 25 日,杨开明向中央作了《关于湘赣边苏区情况的综合报告》,说"袁、王二人都非常狡猾,且有能力,对党的认识很薄弱,小资产阶级意识非常浓厚,信仰个人,不信群众……但都是个性很强,尤不接受批评的,为边界'特殊党员'。他们二人根本无改变之可能,因为一则不接受批评,二则不看党的书报(王不识字),只相信自己万能,枪杆子万能而已,对我们的政策,常常面是而心非,口便而腹夸(?)甚或全然不接受(如袁文才从前不主张宁冈分田,说宁冈农民根本不能革命)。"[1]再比如,宛希先被杀后,袁文才、王佐来到大湾村向朱昌偕要个说法、讨个公道。朱昌偕毫不客气地说:"宛希先违抗特委决议,是罪有应得!谁违抗特委决议,就是这个下场!"[2]朱昌偕的话中明显带有警告和威胁的意味。王佐是粗人,火爆脾气马上发作,大声嚷道:"姓朱的,你们莫不是想把反对你们的人斩尽杀绝?老子天不怕、地不怕,还怕你们这几个鼠肚鸡肠的人?有本事就试试看?"朱昌偕喝道:"王佐,你太放肆了,你莫不是想威胁特委?"[3]双方发生激烈争吵,互不相让、剑拔弩张。作为边界的一把手,朱昌偕只会

① 井冈山革命根据地党史资料征集编研协调小组、井冈山革命博物馆:《井冈山革命根据地》(上),中共党史资料出版社 1987 年版,第 278 页。
② 中国井冈山干部学院著:《井冈山斗争时期的县委书记——袁文才》,中国发展出版社 2015 年版,第 263 页。
③ 中国井冈山干部学院著:《井冈山斗争时期的县委书记——袁文才》,中国发展出版社 2015 年版,第 263 页。

以权要横,不知以柔克刚;只会火上浇油,不知釜底抽薪,显然缺乏驾驭这种复杂局面的方法和智慧。而毛泽东对袁、王采取了正确的政策和策略:一是在古城会议上,毛泽东力排众议,确定了"团结、教育、改造"的方针,他说:"不能只看到几十个人、几十杆枪的问题,是个政策问题","对他们只能用文,不能用武,要积极地争取改造他们,使他们变成跟我们一道走的真正革命武装"①。二是"上井冈山后,毛泽东就做他们的工作,很快争取他们入党,吸收他们参加领导工作,还派军官训练他们的部队,使他们成为正规红军"②,先后派出游雪程、徐彦刚、宋任穷、熊寿祺等 20 多名军政干部去训练袁、王的部队,毛泽东还亲自给他们上政治课。三是对袁、王从政治上给予高度关心和信任。"早在 1927 年 12 月中旬,毛泽东在写给中共湖南省委的报告中,就建议省委批准袁文才担任前委委员或特委委员,让他直接参与前委或特委的领导工作。在井冈山斗争时期,袁文才在湘赣边界党、政、军中一直担任重要的领导职务。从党内职务来看,他是两届的湘赣边界特委委员,是宁冈县委书记;从政府职务来看,他是湘赣边界工农兵政府主席;从军队职务来看,他是团长,两届的红四军军委委员,红四军参谋长。王佐是副团长,两届的湘赣边界特委委员,红四军军委委员,边界党的二大之后,又担任边界防务委员会主任,承担整个根据地的后勤保障工作。"③1928 年 5 月,毛泽东给中央的报告中写道:"我们的永久通讯处:宁冈袁文才。"④从这一点上就可看出,

---

① 中国井冈山干部学院著:《井冈山斗争时期的县委书记——袁文才》,中国发展出版社 2015 年版,第 306 页。

② 中国井冈山干部学院著:《井冈山斗争时期的县委书记——袁文才》,中国发展出版社 2015 年版,第 155—156 页。

③ 中国井冈山干部学院著:《井冈山斗争时期的县委书记——袁文才》,中国发展出版社 2015 年版,第 307—308 页。

④ 中国井冈山干部学院著:《井冈山斗争时期的县委书记——袁文才》,中国发展出版社 2015 年版,第 155—156 页。

毛泽东对袁文才是充分信任的。四是"宁冈的大事、井冈山的大事，不得到袁文才、王佐的同意，我们就不做"①。五是"无论是宁冈成立县委，还是宁冈成立地方武装，都征求了袁文才的意见，得到了他们的同意"②。六是毛泽东亲自交代上山改造王佐部队的何长工："这些人重义气，要面子，自尊心强，疑心很重，同他们打交道，一方面要策略灵活，一方面坦诚相待，改造工作既不能缓，又不能急。"③"是说服，还是压服，两种办法，两个前途。"④正是因为毛泽东注重领导方法、智慧和艺术，采取正确的政策和策略，所以"袁文才、王佐非常佩服毛主席，说毛主席是中央才"⑤。他们对毛泽东的批评也虚心接受。比如杨开明说袁文才不主张宁冈分田，事实上"井冈山最早土地革命是在宁冈进行的，因为那里是巩固的根据地"。"当时袁文才还深入到坝上乡，领导打土豪分田地。乡政府决定把步云山寺前面最大的一丘，可割十五六担谷的好田，叫燕塘丘的，分给袁文才，袁文才不要，转让给了别人。""王佐在山上有千多亩（应为担——笔者注）水田，毛泽东同志劝他不要保持土地菩萨。他听毛泽东同志的话后把土地分给了农民。"⑥这背后都有毛泽东对袁、王二人的批评、教育和引导。再看看中央巡视员是如何处理袁、王问题的。一是只

---

① 中国井冈山干部学院著：《井冈山斗争时期的县委书记——袁文才》，中国发展出版社 2015 年版，第 155 页。

② 中国井冈山干部学院著：《井冈山斗争时期的县委书记——袁文才》，中国发展出版社 2015 年版，第 156 页。

③ 中国井冈山干部学院著：《井冈山斗争时期的县委书记——袁文才》，中国发展出版社 2015 年版，第 302—303 页。

④ 井冈山革命根据地党史资料征集编研协调小组、井冈山革命博物馆：《井冈山革命根据地》（下），中共党史资料出版社 1987 年版，第 262 页。

⑤ 中国井冈山干部学院著：《井冈山斗争时期的县委书记——袁文才》，中国发展出版社 2015 年版，第 155 页。

⑥ 中国井冈山干部学院著：《井冈山斗争时期的县委书记——袁文才》，中国发展出版社 2015 年版，第 180 页。

听边界特委的汇报,偏听则暗。"作为中央巡视员的潘心源,位高权重,身居要职,掌握着袁、王的生杀大权。""假如潘心源能够多一点调查研究,多一点务实精神,多一点民主作风,亲自找袁文才、王佐了解情况,多做一些思想教育和矛盾的转化工作,袁、王被杀的悲剧完全能够避免。"①二是居高临下,以指责批评的态度与袁文才、王佐谈话。1930 年 2 月 22 日,"晚上,特委通知开会。袁、王皆按时出席。会议由中央巡视员彭清泉(又名潘心源——作者注)主持。未料,彭清泉以整顿思想为由,不点名地指责袁、王'受编不受调','反对分田','勾结土豪,破坏苏维埃政府,扰害永新赤色政权'。袁文才、王佐对如此莫须有的责难,极为恼火,却耐着性子一一作了辩驳。彭清泉哑口无言,气愤地把勃朗宁手枪往桌上一拍,说:'你到底有没有错误?'袁文才说:'我错误是有,问题并不是你们说的那么严重。'王佐是个烈性子,见彭清泉如此,也把手枪往桌上一拍,与彭清泉对斥起来。会议弄得不欢而散。"②从这段记录来看,作为中央巡视员,缺乏起码的谈话水平,一是事实没有弄清楚,证据不充分;二是没有摆事实、讲道理,以理服人、以情感人;三是缺乏应有的气度和涵养,在理屈词穷的情况下,不应该以权压人、以势凌人,动辄把手枪拿出来。这样的谈话,只会引发争吵甚至大打出手。这样的谈话是低水平的,必然招致失败。这样谈话怎么能让袁、王心服口服呢?这样的领导怎么能让袁、王敬佩呢?比较而言,中央巡视员和边界特委的这些年轻领导人更缺乏的是科学高明的领导方法、智慧和艺术。这也是导致袁、王被杀的一个深层次原因。

---

①　中国井冈山干部学院著:《井冈山斗争时期的县委书记——袁文才》,中国发展出版社 2015 年版,第 112 页。

②　《浴血罗霄——井冈山革命根据地历史》(修订版),中国发展出版社 2014 年版,第 367 页。

第三,**格局胸怀问题**。何谓格局? 格,指的是人格品行,局,指的是胸怀气度。格局折射的是一个人的认知、眼界、胸襟、胆识等内心要素。所谓大格局,就是一种气质,一种境界,更是一种智慧。有这么一句话,叫做"格局决定你的结局,眼界决定你的世界"。当我们在二楼的时候,看到的会是满地的垃圾;而在二十二楼的时候,将会是满城的风景,尽收眼底。不同的楼层,就会有不同的视野和心态。人也一样,当我们迈入一个新的高度,达到了更高的境界,就会有不一样的视野和境界。具有大格局,就会站得更高、看得更远、做得更大。反之,就会站得低、看得近、做得小。何谓胸怀? 是指一个人的胸襟、气度。比如,在曹操一生所打的败仗中,最刻骨铭心的当属宛城之败。在这一战中,曹操被张绣偷袭,险些丧了性命,他的长子曹昂、侄子曹安民、爱将典韦均被杀害。他的夫人也因为曹昂的死与他离婚。尽管有了这样的深仇大恨,但当张绣前来投降时,曹操还是尽释前嫌,拉着张绣的手和他欢宴,与他结为儿女亲家,还拜张绣为扬武将军。这就是曹操的胸怀。从格局、胸怀这两个角度看,土客籍矛盾之所以加剧,袁、王之所以被杀,一方面是袁文才、王佐的格局不大、胸怀不宽,另一方面是龙超清、朱昌偕、王怀等人的格局更小、胸怀更窄。作为边界特委的领导人,应该比袁文才、王佐站得更高、看得更远,但是他们没有跳出自己的个人利益、土籍的利益、小圈子的利益,心胸狭隘、手段卑劣、罔顾事实、欺上瞒下,对革命同志痛下杀手。比如,袁、王被杀后,他们的部下很多人被关押,如何正确处理这些人? 是从党和人民的利益出发还是从个人利益和小圈子利益出发来考虑问题,这是个胸怀和格局的问题。时任 32 团老战士的郑善致回忆说:"几个中队和县一级的干部陈梦平、大队长周桂春、中队长谢华光(土籍人)、朱游庭等被关在另一个地方,龙超清说这些人不能放,放回去他们会帮袁文才报仇的,后来全部办了死罪。"①而作为党的创始人,毛泽东早已把个人利益置之度外,以天下为己任,以全中国劳苦大众得解放为目标,所以,他是大格局、大胸怀,能够一切从党和人民的利益出发,实事求是,具体问题具体分析,及时作出正确的决策,团结一切可以团结的各类干部,最大限度地调动各方面的积极性、主动性,不断推动中国革命向前发展。比如,在1929年1月4日—7日召开的柏路会议上,如果按照当时党的六大文件精神,应该杀掉袁、王。可结果呢?非但没有杀,而且袁、王还被提拔使用,袁文才升为红四军参谋长,王佐由副团长升为团长。在大敌当前的严峻形势下,这就充分调动了32团广大指战员的积极性和自觉性。话又说回来,六大文件,是中央的文件,全党都得执行。不执行中央的决定和指示,是违反组织原则的,是要受纪律处分的,这是有很大风险的。敢于实事求是,具体问题具体分析,作出不杀袁、王的决定,体现毛泽东作为一代伟人的大智大勇,体现了毛泽东作为无产阶级革命家的胆略和气魄,更体现了毛泽东的格局和胸怀!这是毛泽东与边界特委等相关领导人之间的又一点不同,也是格局、胸怀的差距。

5. 严重后果。两人的惨死给我们党和革命事业的发展造成了无法挽回的损失。当时的国民党反动派利用这次恶性事件大肆挑拨土籍、客籍以及红军的关系,让共产党背上了背信弃义、"过河拆桥"的恶名,不仅袁、王这支革命队伍消失了,更为可怕的是,在袁、王及其40多个骨干被害后,"袁文才的部下谢角铭(袁文才妻叔——作者注)把茶陵县靖卫团团总罗克绍带回茶陵释放并发表反共通电,王佐的哥哥王云龙把他的部下带到遂川投奔反动民团首领萧家璧并发

① 井冈山革命根据地党史资料征集编研协调小组、井冈山革命博物馆:《井冈山革命根据地》(下),中共党史资料出版社1987年版,第262页。

表反共通电。随后,王云龙被国民党委任为井冈山防共"剿匪"指挥部主任,带领国民党军队进驻井冈山。"①从此,井冈山军事根据地陷入敌手,从红区变为白区,直到1949年解放,长达19年之久。谢角铭、王云龙等人由革命走向反革命,令人气愤!但是在他们通电反共之前,曾于1930年3月初,给彭德怀写了一封信,读来确实让人心酸!"据近年新发现的史料《宁冈县16名党员就袁王事件致彭德怀转特委、军委信》记述:袁、王被害时,袁、王旧部谢角铭、刘克犹等16个共产党员'被拘禁在永新',联名致信彭德怀转特委、军委和各党部,认为边界特委'设此圈套','将袁、王等包围处死','殊令人犀疑满腹,切齿痛心',是'兄等和中央巡视员'误听了一些人的谗言,才'有出此不正确之执行'。信中恳切地表示'舍共产而无他从','若得奉命,自当然加培(倍)工作','期待上级之明了我们苦衷也。'然而,谢角铭等人的恳求信,彭德怀是否收到尚不知晓,特委、军委是否知道也不清楚。"②从上述情况分析,有两种可能:一是信没有发出去,二是信发出后没有反应。到底是哪种情况,据现有资料已无法得知。但不管是哪一种情况,都可以看出永新县委和边界特委在工作上是存在失误的。第一点,这些人是"被拘禁在永新",按道理,在没有作出正式结论或处理之前,应该严加看管,但结果没有看住,人逃出去了,说明工作失误了。第二点,对于这些人,理应做深入细致的思想感化工作,防止矛盾进一步激化,对他们的思想动态要及时掌握,他们写的信也应该能够知悉,从后来的结果看,没有做到。第三点,这是16名党员的联名

① 中国井冈山干部学院著:《井冈山斗争时期的县委书记——袁文才》,中国发展出版社2015年版,第285页。

② 余伯流、陈钢著:《井冈山革命根据地全史》,江西人民出版社2010年版,第401—402页。

信,信中没有反动的内容,而且言辞恳切,表态很好,稍加解释和抚慰,是能够妥善处理的。按理讲,这封信是可以送出去的。最终上级党组织也未派人前来作解释和抚慰。在没有其他选择的情况下,谢角铭、王云龙遂率领部分士兵反抗突围,在死伤多人后逃出永新,全部投靠了国民党。这不能不说,永新县委和边界特委是错上加错,造成了更大的历史遗憾!

历史是严正无情的。由于袁、王旧部的反水投敌,也由于客籍民众倒向敌人一边,井冈山军事根据地再也恢复不过来了。1929 年春,毛泽东说:“井冈山是不能丢的,那是革命最早的根基之地,是革命的母胎。”袁、王被害后,由于失去民心,无论边界特委再怎么努力,红军也先后六次发起进攻,包括后来萧克率领红 17 师攻到黄洋界山脚下,也只能远眺井冈山,望而兴叹。直到新中国成立后,人民军队才重新回到井冈山。这是朱昌偕、龙超清等一班土籍领导人所始料未及的。陈正人同志回顾这段历史时说:“袁、王被杀,帮助了敌人,使国民党反动派本来做不到的事情,我们反而帮他们做了。也就是帮助国民党反动派夺去了我井冈山革命根据地,使我们苦心经营起来的井冈山长期被敌人占领,直到 1949 年江西全境获得解放时才得到解放。”①这说得多么深刻! 很显然,这是一起让亲者痛、仇者快的惨痛事件! 袁、王被杀,可以说是我党我军早期历史上的一起冤案。最心痛的恐怕就是毛泽东! 作为井冈山革命根据地的创始人,他经过多少艰难、付出多少心血,才打造出来的全国第一块红色根据地,就这样丢失了,可以想象,他的心情会是什么样的? 那是痛彻心扉的“大痛”啊! 更让朱昌偕、王怀、龙超清等人无法想到的是,一年后,1930 年 10 月,龙超清在赣西党内肃反中被诬告为 AB 团首要分

① 中国井冈山干部学院著:《井冈山斗争时期的县委书记——袁文才》,中国发展出版社 2015 年版,第 121 页。

子,1931 年底在江西广昌县被杀。① 1931 年 8 月,朱昌偕被误指为"AB 团主犯",自杀身亡。1932 年 5 月,王怀被错杀。② 血的事实充分证明,毛泽东关于改造地方武装的政策是完全正确的。何长工同志说:"改造袁文才、王佐部队,是搞军事统一战线。""毛主席说我们要当山大王,是新式的山大王,特殊的山大王,是共产党领导的山大王,走向革命胜利的山大王。旧式的山大王多得很呢,历史上哪一个朝代把山大王消灭了呢? 没有。我们要把那些山大王、旧式军队、封建武装,都变成我们革命的队伍。只有共产党才有这个气魄,否则共产党是无能的。以后,袁、王不是被杀嘛? 杀错了,那就吃了苦头了。正反两方面一对比,毛主席的政策是对的:耐心地改造,帮助人家发展。"③

最让人痛心的是,朱昌偕等人以罗克绍事件为由把袁文才、王佐杀了,却没有把该杀的罗克绍杀了。"袁、王被杀后,谢角铭反水,把罗克绍放掉了。"④但朱昌偕没有安排人继续追杀罗克绍,直到新中国成立后罗克绍依然逍遥法外。1950 年 11 月,一封由中央发出的急电赫然摆在湖南省人民政府的案头,电报上醒目地写着:"湖南省人民政府,着即查明茶陵县罗克绍此人是否在? 在则从速逮捕。"落款毛泽东。这是新中国诞生后,第一封由毛泽东亲自起草的逮捕令。罗克绍是湖南省茶陵县反动靖卫团团总,在江口乡阻击过工农革命军,在茶陵县周边对红军穷追猛打,杀害过 18 名苏维埃干部,这便是著名的尧水惨案,还多次攻打我党根据地。20 多年过去了,让

---

① 参见中国井冈山干部学院著:《井冈山斗争时期的县委书记——袁文才》,中国发展出版社 2015 年版,第 121 页。

② 井冈山革命根据地党史资料征集编研协调小组、井冈山革命博物馆:《井冈山革命根据地》(上),中共党史资料出版社 1987 年版,第 492—498 页。

③ 《星火燎原》第一辑(井冈山斗争专辑),解放军出版社 1986 年版,第 159 页。

④ 中国井冈山干部学院著:《井冈山斗争时期的县委书记——袁文才》,中国发展出版社 2015 年版,第 181 页。

毛泽东耿耿于怀,一定要惩治他,恐怕与袁文才、王佐的死有着更重要的联系。这两个人的死,对毛泽东触动非常大,导致袁、王被杀的导火索恰恰就是罗克绍事件。毛泽东不会忘记,井冈山革命根据地的建立离不开这两个人的支持和帮助。俗话说,恶有恶报,善有善报,不是不报,时候未到。1951年2月10日,湖南省人民法院对罗克绍进行了公审,判处死刑,立即执行。

6. 应汲取的深刻教训。作为组织来讲:(1)必须肃清党内"左"倾错误的影响。邓小平曾经说过:"'左'的东西在我们党的历史上可怕呀!一个好好的东西,一下子被他搞掉了。"①袁、王在井冈山干得好好的,一下子就被"左"倾错误的执行者给搞掉了。这对党和革命的事业是极大的破坏。(2)必须要坚持具体问题具体分析,不能搞一刀切。毛泽东在袁、王的问题上始终坚持正确的原则,透过现象看本质,具体问题具体分析,灵活地执行了中央的政策。但边界特委机械地执行上级的指示和政策,导致了悲剧的发生。所以,在贯彻执行党的方针政策时,一定不能脱离实际,要坚持具体问题具体分析。(3)必须要正确区分和处理两类不同性质的矛盾。袁、王是有缺点和错误的,但终究属于党内矛盾,而不是敌我矛盾。当时的边界特委混淆两类不同性质的问题,带着私心和偏见,酿成了悲剧。所以,对待有问题的同志,首先要分清是什么性质的问题,不能混淆两类不同性质的矛盾,不能带有私心和偏见,要牢记人的头不是韭菜,割下了就再也长不起来了,一旦错了,就无法挽回了。处理人的问题,一定要慎之又慎。(4)必须要提高干部的素质和政策水平。在柏路小范围会议上,毛泽东、朱德、陈毅、谭震林等多数人认为袁、王已是党员、不属"土匪",不能杀,只有王怀、龙超清等极少数人主张杀袁、王。

---

① 《邓小平文选》第三卷,人民出版社1993年版,第375页。

很显然,这少数人与袁、王有矛盾,对袁、王有看法。毛泽东、朱德、陈毅等人是站在党和革命的利益上看问题的,而龙超清等人是站在个人立场、小团体立场上看问题的,这就是干部素质和政策水平的差别。所以,要采取多种措施,努力提高干部的素质和政策水平。在处理复杂和重大问题时,一定要让高素质、懂政策的干部来主持或参与。

(5)必须坚持实事求是,注重调查研究,防止偏听偏信。当时边界特委对袁王的问题向中央报告时,确有不实之词,但中央巡视员彭清泉没有进行深入细致的调查,只是听信边界特委的报告;红五军只听边界特委朱昌偕、王怀等人的一面之词,没有作审慎的调查研究,就匆忙派兵弹压,不能不说是十分草率的!所以,我们要认真汲取这血的历史教训!(6)必须加强领导干部的团结。冰冻三尺,非一日之寒。袁、王被杀,是边界党组织和地方武装中的干部长期不团结的结果,既有历史的原因,比如土客籍的矛盾,又有干部个人素质不高,缺乏在党的利益和宗旨下的团结意识。所以,领导干部要自觉加强党性修养,带头加强团结,大事讲原则、小事讲风格,不能为一己之私,丧失原则;坚持民主集中制,自觉把自己置于党委集体领导和监督之下,以大局为重、以事业为重,增加正能量,为党和人民的事业作出最大的贡献!

作为个人来讲:(1)必须树立牢固的组织纪律观念。要认识到自己是组织的人,是组织的一员,要执行组织的决定;不能目无组织,自作主张、为所欲为,更不能有令不行、有禁不止。袁、王处理罗克绍这样的大事,既不请示,又不汇报,这是违反组织原则的。恰好,这件事又被别有用心的人所利用,成为他们被杀的导火索。(2)必须知敬畏、懂规矩。不能全凭个人意气办事;无权不能要横,有权不能任性;无功不要抢功,有功不能自傲。袁、王等人过惯了自由散漫的生活,组织纪律观念差,加之两人"性情高傲",不把一般人放在眼里,我行我素,很难不得罪人。比如,1928年3月,宁冈县党、政、军主要负责人集中开会,会议由龙超清(时任宁冈县委书记)主持。当时龙超清佩戴一支在战斗中缴获的新枪,十分显眼。袁文才当众下了龙超清的枪,并振振有词:"你是县委书记,管全县的党务又不上前线,要手枪干什么?"龙超清气得青筋直爆。客观地说,袁文才缺乏起码的干部素质和修养,骄横狂妄!这样的粗暴行为,能不引起众怒吗?长期的矛盾积累形成了量变(有意见),量变到一定程度就发生了质变(被杀)。(3)必须相信组织、依靠组织。不能"只信仰个人,不信仰组织"。袁文才盛赞毛泽东是"中央才",愿意执鞭牵马,跟他打天下。王佐也说:"毛委员是最有学问的,跟他谈一次话,真是胜读十年书。"敬佩毛泽东是可以理解的,也是对的,但是不能只听一个人的,要听组织的,也要尊重其他领导人,团结大多数同志。毛泽东的确是天纵雄才,能使袁、王心悦诚服、无怨无悔地投奔在他的麾下,至死不渝。毛泽东到井冈山仅4个月,昔日的井冈"绿林双雄"便正式成为他帐下的两员骁将。到朱毛会师时,袁、王分别担任32团正副团长。32团在建设、保卫井冈山根据地过程中,作出了突出贡献,赢得了党的高度信任。袁、王同时当选为红四军军委委员,进入军队的最高领导层。在1928年5月和10月分别召开的两次中共湘赣边界党的代表大会上,他俩两次被推举为特委委员。他们在井冈山的住址,也被视为与党中央保持联系的可靠通讯处。不能不说,他俩是井冈山革命根据地的功臣。但是,再大的功劳也不能居功自傲,目空一切,也要讲大局、讲党性,尊重其他领导人,团结同志。正是因为袁、王二人有时不讲大局,不尊重其他领导人,致使有的同志对他俩有意见,"边界特委一些负责人对袁文才等意见很大,几欲除之而后快,多次向中央报告反映袁文才、王佐的问题,把袁、王归之于'土匪'之列,推向对立面。"[1]如果

---

① 余伯流、陈钢著:《井冈山革命根据地全史》,江西人民出版社 2010 年版,第395 页。

毛泽东在,袁、王也许不会被杀,但茫茫人海,像毛泽东这样的领袖毕竟是凤毛麟角,全中国也没有几个,而大家工作生活中所接触到的人绝大多数人都是普普通通的人,没有毛泽东那样的境界、格局、本领和修养,在这些"凡人"主政的背景下,袁、王的悲剧也就不可避免了。在当下我们的工作生活中,也还存在这样的现象,有的人与单位一把手关系好,往往觉得自己后台硬,就不把其他领导放在眼里,口大气粗,胆大妄为,甚至走上了违纪违法道路。当前惩处的腐败分子中有不少就是这类的典型。袁、王个人的教训永远值得我们去汲取!

● **部分当事人、见证人是如何看待袁、王被杀的?** 对于袁文才、王佐被杀,许许多多革命老前辈在当时就感到不可理解、无法接受。让我们来看一看这些当事人、见证人是怎样的看法,他们的感受和意见是真实、准确、可靠的,具有一定的权威性、可信性。时任红四军军长的朱德同志曾说:"袁文才是在农民讲习所受过训练的,井冈山的干部经过训练,江西的基本革命力量很大。"[1]1962年3月,"76岁高龄的朱德携夫人康克清回到井冈山,特意来到茅坪接见了袁文才妻子谢梅香。朱德紧紧握住谢梅香老人的手,详细询问了她的身体生活状况,要她好好保重身体,并亲自交代当地政府领导,要照顾、安排好谢梅香的晚年生活。"[2]他在延安时曾对一位美国记者说:"王佐是个好同志,他是当地农民的领袖。"[3]从朱德同志的讲话和接待谢梅香的细节不难看出,他对袁、王被杀是十分惋惜的。时任32团党代表的何长工同志与袁王才、王佐在一起朝夕相处、共同工作一年

---

① 井冈山革命根据地党史资料征集编研协调小组、井冈山革命博物馆:《井冈山革命根据地》(下),中共党史资料出版社1987年版,第9页。

② 中国井冈山干部学院著:《井冈山斗争时期的县委书记——袁文才》,中国发展出版社2015年版,第222页。

③ 中国井冈山干部学院著:《井冈山斗争时期的县委书记——袁文才》,中国发展出版社2015年版,第222页。

左右,对袁、王的情况更有发言权。他与袁文才、王佐感情很深,对错杀袁、王深感悲痛。他回忆说:"处理袁、王的问题时,我在鄂东南。以后我听说是彭德怀率部由永新出发打天河,特委的王怀亲自跑到彭德怀那里,说袁文才、王佐太荒唐,倾巢而出,占领了永新城,威胁了特委的生存,要彭德怀保护特委。彭德怀在特委的要求下派队伍去解决袁、王问题。……这件事已经过了五十多年,但事实证明,那样处理袁、王是搞错了,应该恢复历史的本来面貌。"①陈士榘上将对此讲道:"何长工也愤愤不平地说,袁文才、王佐的死是我们党早期犯的错误,应该毫不留尾巴地把人家作井冈山革命根据地的创始人之一。你想想,我当年代表党去谈判,他们把自己的武装交给了党,后来又把人家杀掉。为了做工作,我向王佐的母亲都打了保票,还和他们拜了把子,结果愧对两个结义兄弟。如果不给人家彻底恢复名誉,我死不瞑目!"②时任红五军党代表、新中国成立后任铁道部长、全国政协副主席的滕代远同志回忆说:"我们错误地只听一面之词,彭德怀同志当即下决心,派郭炳生这个纵队到永新把袁文才、王佐部队解决了。"③谭震林同志说:"他俩是地头蛇,没有他们两人支持,建立井冈山根据地没那么容易。我们上了井冈山,有了这个险要地方,也还要靠他们来守,群众拥护他们,他俩对建立井冈山革命根据地是有功劳的。"④陈正人同志(1930 年 2 月已不在特委,调任安福县委书记——作者注)回忆说:"王佐这个人

---

① 中国井冈山干部学院著:《井冈山斗争时期的县委书记——袁文才》,中国发展出版社 2015 年版,第 152 页。

② 中国井冈山干部学院著:《井冈山斗争时期的县委书记——袁文才》,中国发展出版社 2015 年版,第 126 页。

③ 井冈山革命根据地党史资料征集编研协调小组、井冈山革命博物馆:《井冈山革命根据地》(下),中共党史资料出版社 1987 年版,第 594 页。

④ 井冈山革命根据地党史资料征集编研协调小组、井冈山革命博物馆:《井冈山革命根据地》(下),中共党史资料出版社 1987 年版,第 19 页。

是有一定功劳的,毛泽东同志到井冈山后,他没有做过什么坏事,他和当地豪绅封建势力是对立的。袁文才有个人英雄主义,1929年还私自逃跑回来,这是他在政治上一个严重错误,应该受到批判和处分,记得当时曾给过他一个党纪处分。但杀袁文才是不应该的。袁、王被杀,帮助了敌人,使国民党反动派本来做不到的事情,我们反而帮他们做了。也就是帮助国民党反动派夺去了我井冈山革命根据地,使我们苦心经营起来的井冈山长期被敌人占领,直到1949年江西全境获得解放时才得到解放。"①当年与袁文才和王佐共同战斗、曾任永新赤卫大队长、32团党委书记、新中国成立后任福建省副省长的贺敏学同志回忆说:"毛泽东同志上了井冈山以后,王佐就稳定了,跟着共产党干革命了。毛泽东同志在井冈山的威信很高,袁文才、王佐都听他的话,只要是毛主席讲的,他们都会照办。""袁、王不存在什么受编不受调的问题""杀掉袁、王是不应该的。杀袁、王是永新县委王怀、朱昌偕等,这些人要负责任的。"②时任32团4连战士(王佐的部下)、新中国成立后任成都军区政委、中央军委委员的张国华中将说:"毛泽东、朱德同志领导的红军,能够在井冈山站住脚,除附近各县党组织的作用外,与袁文才、王佐接受共产党的领导分不开,如果他们继续其绿林生活,红军要在那井冈山站住脚是困难的,因为他们都有一定的社会基础,后来把他们俩人杀了,山上的革命斗争就停止了"。③"王佐部队是党领导的,他完全是按照毛泽东同志的规定搞的,有党团支部,有士兵委员会等各种组织。""为什

---

① 井冈山革命根据地党史资料征集编研协调小组、井冈山革命博物馆:《井冈山革命根据地》(下),中共党史资料出版社1987年版,第25页。
② 井冈山革命根据地党史资料征集编研协调小组、井冈山革命博物馆:《井冈山革命根据地》(下),中共党史资料出版社1987年版,第245—246页。
③ 井冈山革命根据地党史资料征集编研协调小组、井冈山革命博物馆:《井冈山革命根据地》(下),中共党史资料出版社1987年版,第264页。

么要解决呢？当时有的人说他们不听指挥,公开说他们'反水','反水'是没有的,是冤枉的,不听指挥则有的,或者说有点闹独立性,但决不是叛变,这点可以肯定。""那时红五军只有 1000 多人,王佐他们有 500 多人,战斗力不亚于红五军,但那时,袁、王部队没有打一枪。从这个形势看,也不是反水。"①时任井冈山前委委员、32 团一连党代表、新中国成立后担任中央民族学院院长的熊寿祺同志回忆说:"从全面来看,他们是拥护毛主席、拥护党的,接受了改造,接受了党的领导,成为党领导下的革命武装,而且对红军在井冈山的斗争起了积极作用,这些都是应当肯定的,是主要的方面。把他俩杀掉是不对的。"②"没有与袁文才、王佐的联合,我们红军是不容易上井冈山的,就是上了井冈山也难站住脚。如同红军长征到延安,跟刘志丹起的作用一样。"③宋任穷上将(在袁文才、王佐部都工作过)回忆说:"袁文才是大革命时期入党的党员,王佐也在1928 年入党。他们帮助红军在井冈山落脚,并主动要求红军派干部去帮助他们进行军事政治训练,也很尊重派去的干部。我们在其部队发展党员、进行党的政治工作、建立士兵委员会等,都得到他们的积极支持。经过党的教育以及革命斗争的锻炼和考验,袁文才、王佐经历了许多战斗,作战勇敢,逐渐成为无产阶级的坚强战士。他们虽有缺点错误,但不坚持错误,仍不失为优秀的共产党员、杰出的红军指挥员。袁文才、王佐二人被杀,是'左'倾错误的恶果,应引为深刻教训。1950 年,袁、王被追认为烈士。我们永远怀念这两位为建立

---

① 井冈山革命根据地党史资料征集编研协调小组、井冈山革命博物馆:《井冈山革命根据地》(下),中共党史资料出版社 1987 年版,第 264 页。

② 中国井冈山干部学院著:《井冈山斗争时期的县委书记——袁文才》,中国发展出版社 2015 年版,第 123 页。

③ 中国井冈山干部学院著:《井冈山斗争时期的县委书记——袁文才》,中国发展出版社 2015 年版,第 155 页。

和发展井冈山革命根据地、为中国人民的解放事业做出贡献的革命先烈。"①张宗逊上将回忆说:"袁文才、王佐问题的处理,说明党在幼年时期,还不成熟。现在看来,群众领袖不管怎么样,不管有多少缺点,但群众听他的话,有影响,就应该承认他。在陕北时,刘志丹是那里的群众领袖,'左'倾盲动主义者把他关起来,毛主席到那里就把他放了,团结了陕北的革命力量。井冈山也是这个问题。袁、王在井冈山有武装、有群众,红军上山后,袁、王接受了共产党的领导,拥护毛主席,对红军也有很多的帮助。尽管袁、王有缺点错误,但其主要方面还是要革命的。……袁、王被杀是湘赣特委的主意,湘赣特委的负责人是朱昌偕。杀袁、王这件事,彭德怀也是有责任的,他没有把情况搞清楚。"②江华同志回忆说:"可惜毛主席率红四军主力下山以后,在'左'倾路线的错误下,杀害了袁文才、王佐,一块好根据地,就再也没有恢复,直到全国解放,才回到人民手中。"③此外,还有贺子珍、张令彬、张平化(时任鄱县县委书记)、郑善致、龙开富、萧克、李聚奎、陈伯钧、苏兰春等战斗在井冈山的革命前辈,都对袁、王的历史贡献给予很高的评价,对诛杀袁、王表示愤愤不平。

● **毛泽东是如何看待这件事的?** 当袁文才、王佐被杀的消息传到赣南时,毛泽东惋惜不已,顿足长叹:"这两个人杀错了。"毛泽东作为井冈山革命根据地的主要创建者,对袁、王的情况非常了解。比如,袁、王被杀后,赣西南特委(此时湘赣边界特委已合并到该特委)发了一个"党内通告",其中有一个罪名是"反对分田反对苏维埃"。

---

① 中国井冈山干部学院著:《井冈山斗争时期的县委书记——袁文才》,中国发展出版社2015年版,第140页。

② 中国井冈山干部学院著:《井冈山斗争时期的县委书记——袁文才》,中国发展出版社2015年版,第153—154页。

③ 中国井冈山干部学院著:《井冈山斗争时期的县委书记——袁文才》,中国发展出版社2015年版,第141页。

事实上,在毛泽东的劝说下,王佐早已将自己在井冈山上的土地拿出来全部分给农民群众了。所以,在1931年1月,毛泽东这样谈论过:袁文才本来就是党员,不能杀;王佐虽然入党较晚,但经过改造,身上的坏习气已经起了变化,不能视为"土匪",没有理由杀他。1930年和1950年在多个场合表达了对这两位英雄的深切缅怀。1936年,毛泽东在保安与斯诺谈及袁、王时说:"这两个人虽然过去当过土匪,可是率领军队投身于革命,准备向反动派作战。我在井冈山期间,他们是忠实的共产党人,是执行党的命令的。"开国大典时,毛泽东特地邀请了袁文才的儿子袁耀烈与王佐的儿子王寿生参加了开国大典。陈正人同志回忆说:"1930年10月,在红军最后一次打吉安时,我见到了毛泽东同志,把袁、王被杀的事情告诉了他。他说这两个人杀错了,这是不讲政策。解放后,大概是在1950年,那时我任江西省委书记,向毛泽东同志汇报江西工作情况的时候,有时也还提到袁、王的事情,毛泽东同志的看法和以前一样,没有改变,还是认为杀袁、王是杀错了。"[①]1965年5月,时隔38年,毛泽东重上井冈山时,还特意会见了袁文才妻子谢梅香、王佐妻子蓝喜莲。袁、王两人在50年代已平反,被追认为烈士。这就是说,如果毛泽东当时在,是不会杀袁、王的;毛主席认为杀袁、王是"不讲政策"。后来毛泽东在总结党的历史经验时曾说过一句名言:"政策和策略是党的生命。"这句名言的背后,自然也与这次"不讲政策"有一定的联系。

毛泽东不仅对诛杀袁、王深感痛惜,而且对"左"倾机会主义的"残酷斗争、无情打击"和肃反扩大化也有切肤之痛,也是坚决反对的。比如,1930年10月,在第一次反"围剿"之初,按照中央的要求,红一方面军总前委开展了打AB团活动,由于时任红一方面军总政

---

① 井冈山革命根据地党史资料征集编研协调小组、井冈山革命博物馆:《井冈山革命根据地》(下),中共党史资料出版社1987年版,第25页。

治部政务处长的李韶九搞刑讯逼供,肃反扩大化,引发了"富田事变",尽管总前委、苏区中央局、党中央三级组织先后进行调查并作出处理,但扩大化的问题没有解决,给党和革命的事业造成了不应有的损失。毛泽东的伟大之处就在于,他很快发现了问题,觉醒得快,即在1930年12月召开的"黄陂会议"(总前委会议)上,就提出了反对逼供信和注重调查研究,纠正当时肃反扩大化的做法,总前委还发了文件,以解决地方肃反出现的问题。到延安整风,就不准搞逼、供、信,"一个不杀,大部不抓"了。

7. 从袁、王事件看毛泽东团结人、改造人的智慧和艺术。历史不能假设,但可以分析,可从历史中总结出经验教训来,启迪后人。让我们从头至尾看一下井冈山根据地创建与丢失的大致过程。从一开始,袁、王不同意毛泽东上井冈山,到最后接到"毛委员来信"就赶到永新被杀;两人从当年啸聚山林的土匪,到革命的功臣;井冈山也从一个地势险要的穷山沟,到全国闻名的革命根据地,这其中经历了多少坎坎坷坷、艰难险阻。这一步步、一件件,渗透了多少毛委员的心血,凝聚了多少革命力量,才使井冈山根据地成为名副其实的中国革命旗帜。这化腐朽为神奇、化消极为积极的过程,体现了毛泽东在团结人、改造人上的远见卓识和高超的智慧!最让人泪目的是,袁、王对边界特委是怀疑戒备的,但接到"毛委员来信"就带着队伍及时赶到了永新,不幸误入边界特委设计的圈套而被杀。这一细节,充分说明袁、王对毛泽东是发自内心的敬佩和服从,只要毛泽东说的话,他们就能令行禁止,就是积极因素,就是正能量。可宁冈县委、永新县委、边界特委呢,没有谁能让他俩心服口服,没有人能镇得住他俩,只能出此下策,斩杀革命功臣,导致红区沦为白区。这一比较,不能不说,毛泽东团结人、改造人的智慧和艺术就是高!高在何处呢?我认为,主要有以下几个方面:

（1）始终以党的利益、革命的利益为出发点团结人。秋收起义失败后，毛泽东带领部队来到江西省永新县三湾村，进行了著名的"三湾改编"，改编后的部队不足 800 人，当时这支部队可以说已经到了"山穷水尽"的地步，随时都有被敌人消灭的危险，这是革命的最低潮时期。在这种情况下，必须要找一个安全的地方落脚，摆脱困境、渡过难关，保存革命的火种，然后再图发展。这是党的利益、革命的利益之所在。为什么要上井冈山，因为那里地势险要，是山区农村，国民党统治力量薄弱，还有一定的群众基础，"有党领导的武装"，即袁文才、王佐的农民武装等。毛泽东在张家湾军事会议上就从王兴亚的汇报中得知袁、王的情况，让毛泽东感兴趣的，不是他们加在一起的一百多支枪，而是大革命失败后各地农会、工会都被敌人缴枪的时候，唯独袁、王敢于保持武装，率队上山，而且竟然立住了脚，敌人奈何不得。这就给毛泽东一个启发，这两支小小的农民自卫军在井冈山都能站住脚跟，那工农革命军更没有问题了。在毛泽东看来，井冈山是个安全的地方，上了井冈山就可以保存和发展革命力量，还可以建立革命根据地。但上井冈山，没有袁文才、王佐的同意和支持是不行的。"那时是革命低潮时期，不靠袁文才、王佐，我们就没有办法坚持武装斗争。没有井冈山就无法生存，在井冈山一年多渡过了革命的难关。"①为了党的利益、革命的利益，毛泽东就主动团结袁、王等人。从大苍见面，茅坪安家，大陇升编，多次反"进剿""会剿"，到最后离开井冈山，毛泽东始终在积极地团结袁文才和王佐。当然毛泽东这样做也不是无原则的一团和气。毛泽东也清楚地知道，袁、王过去当过土匪，是绿林首领，难免带有绿林习气，但这时袁文才已经是党员，"他们的队伍都是当地的贫苦农民，这些农民深

---

① 中国井冈山干部学院著：《井冈山斗争时期的县委书记——袁文才》，中国发展出版社 2015 年版，第 215 页。

受当地土豪劣绅的剥削压迫,被逼得走投无路。所以他们打的是'劫富济贫,除暴安良'的口号,专门与地主豪绅作斗争。而且他们还参加过反抗国民党反动派的武装暴动。"①毛泽东考虑到:一方面,袁、王的队伍是一支贫苦农民的队伍,具有强烈的革命性;另一方面,他们熟悉当地情况、山势地形,是创建罗霄山脉中段政权必须联合的一支重要力量。所以,在古城会议上,毛泽东力排众议,确定了对袁、王实行"团结、教育、改造"的方针,要把他们联合起来,变成革命的队伍。这就是说,毛泽东始终以党的利益、革命的利益为出发点,正确对待袁、王这两支绿林武装,而不是从个人利益、小团体利益出发,采取大鱼吃小鱼的吞并政策或者武力解决、彻底消灭。这种团结,是在维护党的利益、革命的利益基础上的团结,是维护绝大多数人利益基础上的团结,这才是真正意义上的大团结。正是这种团结,才使弱小的红军和党的队伍不断发展壮大,最终战胜了强大的敌人。而当年的边界特委和永新、宁冈县委领导人以及中央巡视员,事实上没有从党的利益、革命的利益出发来正确对待袁、王问题,更多的是考虑土籍的利益、小团体的利益、个人的利益。正如陈正人所说的那样:"在我党我军的历史上,'左'倾思想杂以个人恩怨和狭隘的私利,对自己人刀戈相见,严重损害党的事业的悲剧,已经够多的了,我们应该牢牢汲取这些血的教训。"②

(2)始终以真诚的态度和真实的感情打动人。毛泽东与袁文才从大苍见面开始,在井冈山相处1年3个月多,下山时毛泽东还把袁文才带上,期间与袁文才、王佐朝夕相处,经常还彻夜长谈……

① 中国井冈山干部学院著:《井冈山斗争时期的县委书记——袁文才》,中国发展出版社2015年版,第306页。
② 中国井冈山干部学院著:《井冈山斗争时期的县委书记——袁文才》,中国发展出版社2015年版,第142页。

毛泽东不是"鸠占鹊巢",不是"过河拆桥",不是损人利己,而是把他们当同志、当亲人、当朋友,可以说,毛泽东用真诚的态度和真实的感情,打动了这两位英雄好汉。大苍见面,袁文才埋伏了20名"刀斧手",这是一场典型的"鸿门宴"。毛泽东只带7个人,而且赤手空拳,没有与他计较,最后还赠给他100支枪。毛泽东以自己的真诚和睿智,深深地打动了袁文才,弄得他都不好意思,只好借钱回赠1000块大洋。毛泽东对袁、王实行"团结、教育、改造"的方针,"不是一时的权宜之计,更不是耍什么手段和玩什么花样,而是出于对革命事业的考虑所采取的一种政策和策略,更是对袁、王在政治上和前途上的关爱和感情上的信任。"①工农革命军上山安顿好以后,很快就开展了党的建设、军事斗争、土地革命和政权建设等一系列工作,先后建立了相应的党、政、军机构,涉及到人事安排问题。作为政治家,毛泽东深谙"能用人者,可以无敌于天下"(王夫之语)的道理,为了充分调动袁、王的积极性和自觉性,先后安排袁、王担任多个党政军重要职务。可以想象到,由于长期存在的土客籍矛盾,边界特委和永新、宁冈县委领导人肯定会有意见,甚至阻挠。毛泽东下山后,边界特委对柏路会议作出的决定很多就没有执行。这就是一个例证。毛泽东没有因为袁、王的历史问题而嫌弃他们、排斥他们,而是根据他们的现实表现和做出的成绩,大胆地信任和使用他们,体现出一个无产阶级革命家的胆略气魄和超人眼光。袁、王不是傻子,他们深深领悟到了毛泽东对他俩的真诚态度和真实感情,发自内心地敬佩毛泽东。

(3)始终以自己的远见卓识和高尚的人格征服人。毛泽东制定的红军三项任务、三大纪律六项注意,建立的各级党组织、政权组织

---

① 中国井冈山干部学院著:《井冈山斗争时期的县委书记——袁文才》,中国发展出版社2015年版,第307页。

和群众组织,开展的土地革命、武装斗争、根据地建设,采取的一系列政治、军事、经济等政策,都让袁文才、王佐感到耳目一新。毛泽东对形势的判断,对问题的分析,作出的各项预测和决策,实践证明都是正确的,让人心服口服。比如,毛泽东利用何长工率部配合王佐部队消灭尹道一这件事及时对王佐进行思想教育,他说:"干绿林的人,其结果并不很好,不是被国民党吃掉,就是被国民党骗去'招安',也有的自相残杀。"①毛泽东这一席话既委婉平实、入情入理,又一针见血、直击要害。让王佐感到,毛泽东一眼就看透了绿林问题的本质,为自己指明了方向。从此,王佐更加坚定了紧跟共产党的决心。毛泽东作为我们党的创始人,又在国民党当过代理宣传部长,月薪680个大洋,他放弃自己优越生活,背井离乡,顾不上妻儿的死活,跑到穷山沟里,与普通战士一样过着极其艰苦的生活,他一心为着天下劳苦大众的高尚人格,确实征服了袁文才、王佐这些当地人。所以,袁文才说"毛泽东是中央才"。他们还为此促成了毛泽东与贺子珍的婚姻。

(4)始终以正确的革命理想信念改造人。毛泽东经常与袁、王谈心谈话,举办培训班,把支部建在连上,派何长工到袁、王的部队当党代表,派20多名军政干部到袁、王部队开展军事政治训练,自己给袁、王的队伍上政治课。通过这些措施,给这两支部队讲革命道理,宣传我们党的理想信念,使大家认识到:我们革命是为自己革命、是为天下劳苦大众革命;军队是党的军队、人民的军队,人民军队要爱人民;红军有三大任务,不仅要打仗,还要宣传群众、发动群众,帮助群众建立自己的政权,让人民群众当家作主等。这些革命大道理使袁文才、王佐心服口服。可以说,毛泽东以革命的理想信念不仅改造了军队,也改造了袁文才、王佐等人。思想是行为的先导。如果袁、

①　刘恩营整理:《从井冈山走进中南海——陈士榘老将军回忆毛泽东》,中共党校出版社1993年版。

王在思想认识上没有提高,就不会有行动上的自觉。改造后的袁、王为井冈山革命根据地的创建和巩固,为党的事业忠心耿耿、任劳任怨、竭尽全力。从一些小细节也可以看出他们对党的事业的忠诚。比如,朱毛会师后,人员大增,加上敌人实行残酷的经济封锁,井冈山地区面临严重的困境。"袁文才跟毛泽东、朱德一样深感忧虑。他积极出主意、想办法来努力摆脱这种困境。没有粮食,他从当地挖掘潜力,从土豪、地主身上打主意,从山下挑运粮食进行调剂;没有食盐,袁文才亲自动手,与红军指战员一起,采用当地土办法,用老墙土熬成硝盐,以解燃眉之急;没有药品,他利用当地丰富的中草药资源,采取中西医相结合的办法为红军伤病员治病治伤;没有衣穿,他设法从白区弄来布匹,自己创办被服厂。"①

(5)始终以"人无完人""扬长避短"的原则宽容人、挽救人。袁文才、王佐优点突出,缺点也明显。绿林出身的他们桀骜不驯,组织纪律观念差,加之井冈山土客籍矛盾由来已久,他们与宁冈县委、永新县委和边界特委经常有分歧。对此,毛泽东认为,"金无足赤,人无完人",看人要看主流、看大局,对缺点错误要批评教育、要扬长避短。在井冈山时,毛泽东做了一系列工作,使边界土客籍矛盾得到缓解,下山时决定把袁文才、刘辉霄调到红四军和前委工作,随军南下。在柏路会议期间,毛泽东专门召集朱德、陈毅、彭德怀、谭震林、王怀、龙超清等人开了一个小会,对袁、王问题进行讨论。之所以让龙超清、王怀参加,就是因为他们与袁、王矛盾很大。毛泽东"做了许多工作","最后,会议决定不杀袁、王。"②毛泽东就是这样对待有缺点同志的,不是一棍子打死,而是批评教育、多方挽救、给予出路。历史

---

① 中国井冈山干部学院著:《井冈山斗争时期的县委书记——袁文才》,中国发展出版社 2015 年版,第 73 页。
② 陈正人:《毛主席创建井冈山根据地的伟大实践》。

和现实中,我们很多同志不是这样做的,对待有缺点的同志,往往是批评责难、排挤打击,甚至置于死地而后快。这往往是发生悲剧的重要原因。当年,正是因为上有中央六大文件精神,下有边界特委的错误思想及处置,还有红五军"轻听轻信"、出兵弹压,导致我党我军早期历史上的一起冤案。让我们从历史中借鉴经验、汲取教训吧!

后　记

2021年,党中央在全党组织开展了党史学习教育。这本书是本人参加党史学习教育的一个成果。

欲知大道,必先为史。习近平总书记指出:"历史是最好的教科书,也是最好的清醒剂。"

按照党中央提出的"学史明理、学史增信、学史崇德、学史力行"要求,本人在认真阅读指定书目的基础上,重点学习了井冈山革命斗争史,坚持问题导向,结合工作实际,密切联系干部职工的实际需求,"聚焦"毛泽东的领导方法、智慧和艺术,在"接地气"上下功夫,在"实用管用"上下功夫。经过三年多的学习和研究,围绕毛泽东在井冈山时期遇到的困难和问题,他是如何解决这些困难和问题的,以及在这个过程中,体现了哪些高超的领导方法、智慧和艺术,对后人有何启示等,形成了《毛泽东井冈山时期的领导艺术》一书。写作本书的一个追求,是希望本书对各级党员领导干部和管理者抓班子、带队伍有所助益。

在成书过程中,得到了国务院研究室原主任魏礼群同志,中共党史学会副会长、原中共中央党史研究室副主任李忠杰同志,原中共中央文献研究室副主任陈晋同志,以及中共中央党史和文献研究院刘荣刚、武志军、王继凯等领导和同志的大力支持和帮助!特别是在党史学习教育时,本人曾写过几篇文章,得到魏礼群、陈晋两位领导的悉心指导和热情鼓励！本书成稿后，他们进行了审阅，提出了重要的修改意见。他们的关心、指导和帮助，让我非常感动！李忠杰主任给予了精心指导和大力支持，在百忙中审阅了书稿，并为本书作序。武志军同志看了书稿后说："你的书质量很高，我晚上回家读你的文章时，如果家人不叫我，我都停不下来。"人民出版社政治编辑一部副主任刘敬文同志得知本书的内容，明确表示：希望这本书能在人民出版社出版，期盼以后多合作。他们的肯定和鼓励更加坚定了我的信心！人民出版社总编辑辛广伟同志对本书的出版给予了大力支持和帮助，也体现了他对作者的关心和厚爱！借此机会，我要向以上各位领导和同志表示由衷的感激之情！

写作过程中，本人深入研读了井冈山革命根据地全史、毛泽东年谱和传记等大量的文献资料。我要向《井冈山革命根据地全史》的作者余伯流、陈钢两位研究员，中国井冈山干部学院院务委员、对外交流与培训开发部主任肖华孝同志，中央文献书店经理李小军同志，中国井冈山干部学院和井冈山博物馆的相关专家，中共中央党史和文献研究院的有关专家，以及本书引文所涉的专家等，表示最衷心的感谢！最后还要感谢关心此书写作、出版、发行的各位领导、同事和朋友。

由于本人能力和水平有限，加之书中引用资料繁多，部分资料年代久远，故难免存在疏漏和不足之处，恳请有关专家和读者指正。

2024 年 4 月 20 日

责任编辑:刘敬文

图书在版编目(CIP)数据

毛泽东井冈山时期的领导艺术 / 王超著. -- 北京 ：
人民出版社，2025. 6. -- ISBN 978－7－01－027255－9

Ⅰ. A841.64

中国国家版本馆 CIP 数据核字第 2025Z3X124 号

毛泽东井冈山时期的领导艺术
MAOZEDONG JINGGANGSHAN SHIQI DE LINGDAO YISHU

王 超 著

人民出版社 出版发行
(100706 北京市东城区隆福寺街 99 号)

中煤(北京)印务有限公司印刷 新华书店经销

2025 年 6 月第 1 版 2025 年 6 月北京第 1 次印刷
开本:710 毫米×1000 毫米 1/16 印张:31
字数:385 千字

ISBN 978－7－01－027255－9 定价:80.00 元

邮购地址 100706 北京市东城区隆福寺街 99 号
人民东方图书销售中心 电话 (010)65250042 65289539